독자의 1초를
아껴주는 정성을
만나보세요!

세상이 아무리 바쁘게 돌아가더라도 책까지 아무렇게나 빨리 만들 수는 없습니다.

인스턴트 식품 같은 책보다 오래 익힌 술이나 장맛이 밴 책을 만들고 싶습니다.

땀 흘리며 일하는 당신을 위해 한 권 한 권 마음을 다해 만들겠습니다.

마지막 페이지에서 만날 새로운 당신을 위해 더 나은 길을 준비하겠습니다.

 **길벗 IT 도서 열람 서비스**

도서 일부 또는 전체 콘텐츠를 확인하고 읽어볼 수 있습니다.
길벗만의 차별화된 독자 서비스를 만나보세요.

더북(TheBook) ▶ https://thebook.io

더북은 (주)도서출판 길벗에서 제공하는 IT 도서 열람 서비스입니다.

컴퓨터 밑바닥의 비밀
The Secret of the Underlying Computer

초판 발행 · 2024년 3월 11일
초판 2쇄 발행 · 2024년 6월 21일

지은이 · 루 샤오펑
옮긴이 · 김진호
발행인 · 이종원
발행처 · (주)도서출판 길벗
출판사 등록일 · 1990년 12월 24일
주소 · 서울시 마포구 월드컵로 10길 56(서교동)
대표 전화 · 02)332-0931 | **팩스** · 02)323-0586
홈페이지 · www.gilbut.co.kr | **이메일** · gilbut@gilbut.co.kr

기획 및 책임편집 · 이다인(dilee@gilbut.co.kr) | **디자인** · 장기춘 | **제작** · 이준호, 손일순, 이진혁, 김우식
마케팅 · 임태호, 전선하, 차명환, 박민영, 지운집, 박성용 | **유통혁신** · 한준희 | **영업관리** · 김명자 | **독자지원** · 윤정아

교정교열 · 김윤지 | **전산편집** · 박진희 | **출력·인쇄·제본** · 금강인쇄

▸ 잘못 만든 책은 구입한 서점에서 바꿔 드립니다.
▸ 이 책은 저작권법에 따라 보호받는 저작물이므로 무단전재와 무단복제를 금합니다.
  이 책의 전부 또는 일부를 이용하려면 반드시 사전에 저작권자와 ㈜도서출판 길벗의 서면 동의를 받아야 합니다.

ISBN 979-11-407-0881-9 93000
(길벗 도서번호 080396)

정가 33,000원

독자의 1초를 아껴주는 정성 길벗출판사

(주)도서출판 길벗 | IT교육서, IT단행본, 경제경영, 교양, 성인어학, 자녀교육, 취미실용 www.gilbut.co.kr
길벗스쿨 | 국어학습, 수학학습, 어린이교양, 주니어 어학학습, 학습단행본 www.gilbutschool.co.kr

페이스북 · www.facebook.com/gbitbook

루 샤오펑 지음   김진호 옮김

길벗

이 책은 제가 가졌던 두 가지 질문에서 출발합니다. **코드가 동작하는 것처럼 보이기는 하는데 어떻게 움직이는 것일까요? 코드가 실행될 때 컴퓨터의 저수준 계층에서는 어떤 일이 일어나고 있을까요?**

현대 컴퓨터 시스템의 구조는 사실 햄버거처럼 계층별로 추상화되어 있습니다. 고수준 계층에서 고급 언어를 사용하여 코드를 작성하는 프로그래머는 내부의 세부 사항에는 신경 쓸 필요가 없기에 개발 효율성을 크게 향상시킬 수 있습니다. 하지만 때때로 더 다루기 어려운 문제에 직면하면 많은 사람이 속수무책으로 당하게 됩니다. 이런 문제가 발생하는 원인은 대부분 저수준 계층에 대한 이해가 부족하기 때문이며, 이에 더해 문제 그 자체를 이해하지 못할 때도 있습니다. 과연 이 상황에서 문제를 해결하는 것이 가능할까요?

입만 열면 문제 핵심을 꿰뚫어 볼 수 있는 프로그래밍 고수에게 이렇게 해결하기 어려워 보이는 문제들은 언급할 가치조차 없는 경우가 많습니다. 당신이 며칠 동안 해결하지 못했던 문제들도 그들 손에만 넘어가면 순식간에 해결되기도 합니다. 이는 할당받은 메모리의 저수준 계층에서 어떤 일이 일어나는지 정확하게 알고 있는 것처럼, 코드 한 줄이 컴퓨터 시스템에 어떤 영향을 미치는지 정확하게 알고 있기 때문입니다. 영어에는 멘탈 모델(mental model)이라는 매우 직관적인 단어가 있는데, 이 책은 여러분에게 프로그래밍 고수의 멘탈 모델과 컴퓨터 시스템의 깊은 곳에 숨어 있는 심오한 비밀 등 더 많은 것을 보여 줄 것입니다.

필자는 이 책에서 내용을 설명하는 데 직관적으로 표현하는 것이 무엇보다도 더 중요하다고 생각했기에 그림 한 장이 1000단어만큼 가치가 있다고 여겼습니다. 그래서 책에는 내용 설명을 돕는 그림이 341개 들어 있습니다. 다음으로 내용의 가독성도 매우 중요하기에 책에서는 일반적으로 이해하기 쉬운 예제를 통해 특정 개념이 어떻게 생겨났는지 설명하는 것부터 시작합니다. 나아가 그 개념은 무엇이고, 왜 그러한지, 어떻게 개념이 발전해 왔는지를 가능한 한 이해하기 쉽게 풀이했습니다.

물론 앞서 언급한 이 책의 실용적인 목적을 따지지 않더라도 흥미로운 것들을 배워 나가는 것 자체로 큰 가치가 있다고 생각합니다. 컴퓨터 시스템은 사실 너무나 흥미로운 이야기이지만, 여러분이 흥미롭지 않다고 생각한다면 컴퓨터 시스템을 충분히 이해하지 못했기 때문일 것입니다. 컴퓨터 시스템 속에서 발견할 수 있는 수많은 설계는 매우 흥미로운 것들이므로 호기심 때문이라도 이해할 필요가 있습니다. 리누스(Linus)가 말했듯이 "Just for fun!"

이 책의 구성

이 책은 모두 여섯 장으로 구성되어 있습니다.

- 1장에서는 프로그래밍 언어(programming language)가 정확히 무엇인지, 컴파일러(compiler)는 어떻게 작동하는지, 코드에서 실행 파일이 어떻게 생성(build)되는지에 초점을 두고 프로그래밍 언어를 설명합니다.

- 2장에서는 프로그램이 실제로 어떤 형태로 실행되는지, 운영 체제(operating system)와 프로세스(process), 스레드(thread), 코루틴(coroutine)은 실제로 무엇이고 왜 이 개념을 알아야 하는지, 콜백 함수(callback function)와 동기화(synchronization), 비동기화(asynchronization), 블로킹(blocking), 논블로킹(non-blocking)이 무엇인지, 프로그래머에게 어떤 기능을 제공하는지 등 프로그램의 실행 시간(runtime)에 일어나는 신비로운 일들을 집중적으로 설명합니다.

- 3장에서는 메모리(memory)를 살펴봅니다. 메모리가 없으면 프로그램을 실행할 수 없습니다. 따라서 메모리 본질이 무엇인지, 포인터(pointer)란 정확히 무엇인지, 힙 영역(heap segment)과 스택 영역(stack segment)이 있는 이유는 무엇인지, 함수 호출의 구현 원리는 무엇인지, 메모리 할당을 요청하면 실제로 저수준 계층에서 어떤 일이 일어나는지, 메모리 할당자(memory allocator)는 어떻게 직접 구현할 수 있는지 등을 이해해야 합니다.

- 4장에서는 컴퓨터 시스템에서 가장 중요한 CPU를 소개하고 CPU 구현 원리는 무엇인지, CPU를 어떻게 단계별로 구축하는지, CPU는 숫자를 어떻게 인식하는지, 유휴(idle) 상태일 때 CPU는 무엇을 하는지, CPU는 어떻게 진화하고 발전하고 있는지, 복잡한 명령어 집합(complex instruction set)과 축소 명령어 집합(reduced instruction set)이 있는 이유는 무엇인지, CPU와 스택 영역의 조합을 사용하여 함수 호출과 인터럽트 처리(interrupt handling), 스레드 전환(thread switching), 시스템 호출(system call) 등 작동 방식(mechanism)을 구현하는 방법을 설명합니다.

- 5장에서는 컴퓨터 시스템의 캐시(cache)란 무엇인지 알아보고, 왜 캐시가 필요하며 프로그래머가 캐시 친화적인 코드를 작성하려면 어떻게 해야 하는지 설명합니다.

- 6장에서는 컴퓨터 시스템이 어떻게 입출력(input/output)을 구현하는지, 프로그래머가 read 함수를 호출할 때 어떻게 저수준 계층에서 파일 내용을 단계별로 읽는지, 어떻게 프로그래머가 입출력을 효율적으로 처리할 수 있는지 등 입출력을 중점적으로 다룹니다.

우선 WeChat 공개 계정인 '프로그래머의 무인도 서바이벌' 열성 독자분께 감사의 말씀을 전합니다. 여러분은 제가 지금까지 계속 이어 올 수 있도록 지지해 주고 필자가 하는 일이 가치 있다고 느끼게 한 분들이자, 이 책의 출판을 가능하게 한 분들입니다.

다음으로 아내에게 특별히 감사합니다. 당신의 격려는 내가 글쓰기의 길을 걸을 수 있게 했습니다. 이전에는 내 인생이 글쓰기와 관련이 있을 것이라고 생각하지 않았기에, 당신은 마치 다시 태어난 것처럼 새로운 나를 발견하게 해 주었습니다.

마지막으로 부모님께 감사하다는 말씀을 드리고 싶습니다. 가볍게 전장에 나가면 누군가가 나 대신 짐을 져야 한다는 말처럼 한없이 베풀어 주신 부모님께 이 책을 바칩니다.

루 샤오펑(陆小风)(@프로그래머의 무인도 서바이벌)

베이징, 2022년 12월 27일

제가 프로그래밍을 시작하던 1984년 국내에서는 이제 막 8비트 컴퓨터들이 시장에 나오던 시기였지만, 사실 미국에서는 이미 80286에 이어 80386이 한창 개발되던 시기였습니다. 따라서 당시 우리나라 컴퓨터 시장과 해외 컴퓨터 시장의 격차는 10년이 훨씬 넘었다고 보아도 무방합니다.

이 책에서도 이야기하고 있지만, 당시에 프로그래밍이라는 것은 매우 극소수만 접할 수 있는 분야였고 하드웨어의 설계나 구조는 말할 필요도 없었습니다. 따라서 관련 자료를 찾는 것이 너무나 힘들었음에도 여러 경로를 통해 알음알음 외서를 구해 오거나 복사해서 돌려 보던 시기였습니다.

당시에 구했던 외서 중 하나가 바로 노턴 유틸리티(Norton Utilities)로 유명한 피터 노턴(Peter Norton)이 쓴 〈IBM-PC의 내부 구조(Inside the IBM PC)〉*였습니다. 이 책은 신기한 기계로만 여겼던 PC가 어떻게 구성되어 있고, 실제로 입력하는 키가 내부에서 어떤 과정을 거쳐 화면에 출력되는지, 그 사이에 내부에서 무슨 일이 일어나는지 등을 매우 상세하게 설명하고 있었습니다. 놀랍게도 저는 그 책을 아직도 가지고 있습니다. 지금도 가끔 꺼내서 읽어 보곤 합니다. 그만큼 재미있는 책이고, 또 읽을 때마다 새로운 것들을 발견하는 책입니다.

똑같은 이야기를 계속하고 있는 것 같지만, 30년 전만 해도 사실 컴퓨터를 사용한다는 것과 프로그래밍은 거의 같은 의미였습니다. 그렇기에 모든 컴퓨터 사용자는 잠재적인 소프트웨어 개발자이자 하드웨어 개발자였습니다. 지금은 집에 TV는 없어도 컴퓨터 몇 대 정도는 있는 세상이 되었습니다. 대다수 컴퓨터 사용자는 프로그래밍과는 전혀 상관없는 삶을 살고 있습니다. 하지만 이 책을 손에 들고 있는 여러분은 분명히 프로그래밍 세계에 이미 발을 담갔습니다. 그렇기에 단순하게 눈앞에 보이는 코드 몇 줄이 오류 없이 돌아가는 것에 만족하기보다는 그 안에서 무슨 일이 벌어지고 있는지, 그것이 내 코드에 어떤 영향을 미치는지 고민함으로써 한 단계 더 성장할 수 있는 계기를 마련했다고 봅니다.

---

* 역주 〈IBM-PC의 내부 구조〉, 김석환 외 번역, 대영사, 1990년 10월(〈Inside the IBM PC〉, by Peter Norton, January 1, 1985)

이 책은 이런 성장을 원하는 여러분이 첫걸음을 내딛을 수 있도록 도와주는 몇 안 되는 책 중 하나라고 자부합니다. 여기저기 인터넷에 흩어져 있는 정보들을 보다 지쳐 있을 여러분에게 체계적인 흐름과 개념 인지를 부여해 주는 책이면서, 이제껏 알지 못했던 세계에 호기심을 불러일으키는 길잡이가 되어 주는 책입니다.

부디 이 책으로 여러분이 작성할 코드가 조금이라도 더 나은, 조금이라도 더 의미 있는 코드가 될 수 있다면 열심히 번역한 저에게 많은 보람으로 다가올 것 같습니다.

책에서는 무분별하게 영어 단어로 쓰이고 있는 일종의 'IT 업계의 영어 사투리'를 가급적 배제하고, 의미를 명확하게 이해할 수 있는 단어를 사용하려고 노력했습니다. 또 실제로도 TTA 등에서 공식적으로 제공하는 용어라는 점도 다시 한 번 강조하고 싶습니다.

그리고 이 책을 번역하는 데 많은 도움을 주신 도서출판 길벗의 이다인 에디터님과 관계자 여러분께 감사드립니다. 오랜만에 읽으면서 즐거운 책을 번역할 수 있었습니다.

언제나 열심히, 그리고 치열하게 활동하고 계신 제 우상인 윤태진 아나운서님께도 이 자리를 빌려 감사를 드립니다. 특히 책에 이름을 사용해도 되느냐는 외람된 부탁에도 흔쾌히 허락해 주셔서 정말 행복했습니다. 앞으로도 건강하고 행복하게 활동하시는 모습을 기대합니다.

마지막으로 이 책을 번역하면서 막힐 때마다 옆에서 도움을 주었던 제 부인냥에게도 무한한 사랑과 감사를 보냅니다. 부인냥의 도움이 없었으면 이 책 내용이 어디로 튀어 나갔을지 생각만 해도 아찔합니다.

여러분이 선택한 그 길이 올바른 길임을 의심치 말고 앞으로 달려가다 보면 언젠가는 정상에서 내려다보는 날이 있을 것이라고 믿으며 인사를 마칩니다.

한강을 바라보며, 김진호(Choonholic) 드림

2024년 2월

컴퓨터의 작동 원리를 이해하는 것은 좋은 프로그래머가 되기 위해 반드시 거쳐야 하는 과정입니다. 전산 관련 전공자라면 운영 체제와 컴퓨터 구조 등의 과목에서 이미 이런 내용을 공부한 적이 있겠지만, 해당 내용을 난해하게 느끼면서도 부분적인 지식으로 만족한 채 개발을 하고 있는 사람들을 현장에서 쉽게 만나 볼 수 있습니다. 이 책은 컴파일부터 CPU, 메모리, 캐시, I/O까지 구간을 뛰어넘어 여행하면서 자연스럽게 밑바닥에 도달하게 하기에 저수준 계층에 대한 시야를 넓히는 데 도움을 줍니다. 특히 모든 부분에서 비유를 적절하게 활용하고 있어 좀 더 쉽고 재미있게 내용을 이해할 수 있습니다. 마지막에 수록된 컴퓨터 시스템을 거리로 환산한 지연 시간을 보면서는 책으로 학습한 내용을 구간별로 잘 최적화하는 것이 그만큼 중요함을 새삼 느꼈습니다.

박수빈, 엔씨소프트 안드로이드 개발자

컴퓨터에 관심이 있는 사람이라면 본체를 들여다보며 한 번쯤 가졌을 만한 궁금증이 있습니다. '메모리보다 저렴한 SSD를 메모리처럼 사용하면 안 되는 것일까? CPU의 캐시 메모리는 도대체 무엇일까? 코딩할 때 컴파일러는 실제로 어떻게 작동할까?' 이 책은 이런 궁금증들을 컴퓨터 구조론, 운영 체제 등 전공을 기반으로 알기 쉬운 비유를 들어 재미있게 풀어 주고 있습니다. 개발자, 컴퓨터 공학, 특히 컴퓨터 교육에 관심이 있는 교사들도 꼭 한 번 읽어야 하며, 오래 동행해야 할 책입니다. 컴퓨터 기본 지식을 어느 정도 갖추고 있는 독자에게 추천합니다.

이동준, 이화여자고등학교 수학&정보 교사

AI를 이용하여 프로그래밍을 하는 시대가 도래했지만, 그럴수록 본질을 이해하는 것이 중요한 시대입니다. 중국의 베스트셀러 1위 도서를 양질로 번역해 준 역자님께 감사드리며, 번역본이 나오지 않았다면 제목조차 들어 보지 못했을 이 책을 통해 프로그램이 구동되는 컴퓨터 내부를 쉽고 재미있으면서 깊게 들여다 볼 수 있었습니다. CPU를 제대로 이해하기 위해 트랜지스터를 설명하는 등 전공 책에서 다룰 법한 최신 트렌드를 잘 설명한 책입니다.

전봉규, LG CNS 시스템 소프트웨어 개발자

컴퓨터 관련 전공을 선택하고 대학에 입학하면 처음 듣는 과목 중 하나가 바로 '컴퓨터 구조론'입니다. 이 책은 해당 과목에서 다루는 내용을 코드 예제와 함께 알려 줍니다. 더불어 현대 시스템에서 많이 활용되는 코루틴, 다중 프로세스, 동시성과 관련된 내용도 소개하고 있어 해당 내용을 이해해야 하는 독자들에게 도움이 될 것이라고 생각합니다. 무엇보다도 교과서적이고 딱딱한 내용이 아닌 저자의 현실적인 예시와 비유를 함께 소개하여 가볍게 읽기에 좋은 책입니다.

강찬석, LG전자 소프트웨어 엔지니어

고수준 계층 작업을 하기 위해서는 결국 프로그램이 작동하는 저수준 계층부터 알아야 합니다. 눈에 보이지 않는 부분이라 프로그래머가 간과하기 쉽지만 결국 매우 중요한 내용이고, 돌고 돌아 다시 맞이하게 되는 부분이기 때문입니다. 이 책은 프로그램 작동 원리와 저수준 계층 설명을 어렵지 않은 용어로 제공하며 누구나 이해할 수 있을 정도로 손쉽게 써 있습니다. 프로그래머 혹은 컴퓨터 구조에 관심이 있는 독자에게 큰 도움이 될 이 책을 추천합니다.

오지현, TmaxAI 소프트웨어 엔지니어

저는 게임 서버 개발 관련 교육을 업으로 삼고 있습니다. 이 책은 시니어보다는 학생 혹은 주니어 개발자에게, 특히 C/C++와 게임 서버 개발자에게 큰 도움이 될 만한 책입니다. 1장에서 C/C++로 만든 코드가 어떻게 프로그램으로서 동작하는지 쉽게 설명하고 있으며, 게임 서버 개발에서 자주 사용되는 개념인 동기와 비동기, 콜백, 메모리 관리 등도 알려 줍니다. 서버 개발자라면 알아야 할 개념을 폭넓게 잘 설명하는 책입니다. 운영 체제에 관한 책을 바로 읽기가 어려웠던 독자라면 이 책을 먼저 읽기를 바랍니다.

최흥배, 컴투스 게임 서버 개발자

이 책은 컴퓨터 시스템의 핵심 기술을 다루며, 프로그래밍 언어의 본질, 운영 체제, 프로세스, 스레드, 코루틴, 메모리, 힙 및 스택 영역, CPU 구성, I/O 등을 다룹니다. 시각적인 설명과 그림을 이용하여 기술을 이해하기 쉽게 풀어 놓았습니다. 어려운 학부 전공 수업이 아닌 흥미롭고 접근하기 쉬운 방식으로 컴퓨터 작동 원리를 설명합니다. 다양한 그림 자료가 수록되어 있는데, 기술 이해의 문턱을 최대한 낮추려는 작가의 노력을 느낄 수 있었습니다. 현대 컴퓨터 시스템은 추상화되어 있습니다. 이는 개발 효율성을 향상하지만, 본인이 작성한 코드가 컴퓨터에 어떤 영향을 미치는지는 모르게 만듭니다. 본인이 작성한 코드가 컴퓨터에 어떤 영향을 미치는지 궁금하다면 이 책을 강력하게 추천합니다. 최근 읽은 책 중 가장 좋은 책이었습니다.

이학인, 대법원 실무관

컴퓨터를 마주할 때마다 떠오르는 생각의 과제가 있습니다. '컴퓨터는 과연 어떻게 동작할까?' 그 질문에 대답해 주는 최적의 책입니다. 컴퓨터가 동작하는 방법을 세세하지만 쉽고 부담 없는 방식으로 설명합니다. 책을 읽는 동안 적절한 깊이의 지식을 전달하는 저자의 노력과 능력에 감탄했고, 주로 그림을 기반으로 설명하기 때문에 개념을 이해하기에도 매우 수월했습니다. 이 책을 읽는다면 컴퓨터 시스템에 대한 이해도를 높일 수 있으며 이 책의 지식을 기반으로 더욱 깊은 지식과 탐구를 이어 갈 수 있을 것입니다. 컴퓨터와 더욱 친숙해지고 싶은 개발자에게 이 책을 추천합니다.

문주영, 스타트업 프런트엔드 개발자

3장 저수준 계층? 메모리라는 사물함에서부터 시작해 보자 **195**

6장 입출력이 없는 컴퓨터가 있을까? **423**

프로그래밍 언어부터 프로그램 실행까지, 이렇게 진행된다

여러분 안녕하세요. 탐색 여행 열차에 탑승하신 것을 환영합니다. 이 열차는 소프트웨어부터 하드웨어까지, 고수준 계층에서 저수준 계층까지 컴퓨터 시스템 내부의 멋진 풍경 속으로 떠나는 여행으로 우리를 안내할 것입니다. 모두가 함께 즐거운 시간을 보낼 수 있기를 진심으로 희망합니다.

이 여행의 첫 번째 역에서는 프로그래머가 코드를 작성할 때 어떤 일이 일어나는지 살펴봅니다.

프로그래밍 언어는 프로그래머들 사이에서 가장 많이 논의되는 주제입니다. 아웃사이더가 대부분인 프로그래머는 언제나 프로그래밍 언어로 이야기를 시작하며, 프로그래밍 언어를 둘러싼 다양한 농담도 있습니다. Q&A 사이트나 포럼에서 가장 인기 있는 토론 대부분은 프로그래밍 언어에 대한 것이기도 합니다. 그러다 보니 컴퓨터를 배운다는 것은 프로그래밍 언어를 배우는 것과 같다고 오해하기 쉬운데, 사실은 그렇지 않습니다. 이 책을 모두 읽고 나면 프로그래밍 언어가 컴퓨터 과학의 매우 작은 부분에 불과함을 알 수 있을 것입니다.

프로그래밍 언어는 프로그래머가 컴퓨터에 명령을 내리는 도구일 뿐입니다. 따라서 프로그래밍 언어는 1장에서만 다루며, 책의 나머지 부분에서는 컴퓨터 시스템을 설명할 것입니다.

지금부터 프로그래밍 언어 그 자체와 그 뒤에 숨은 이야기를 살펴보겠습니다.

여러분은 프로그래머로서 코드가 도대체 어떻게 작동하는지, 내가 작성한 코드를 컴퓨터가 어떻게 인식할 수 있는지 궁금했던 적이 있나요?

코드

```
#include <stdio.h>

int main()
{
    printf("hello, world\n");
    return 0;
}
```

누군가는 프로그래머가 작성한 코드를 기반으로 컴파일러가 실행 파일을 생성하면 그 프로그램이 실행될 수 있다고 말할 수도 있을 것입니다.

이것은 정확한 표현이기는 하지만, 너무 광범위합니다. 컴파일러는 어떻게 코드를 기반으로 실행 파일을 생성(build)할까요? 여러분은 이 질문에 프로그래밍 언어 때문이라고 말할 수도 있습니다. 그렇다면 프로그래밍 언어는 어떻게 만들었을까요? 실행 파일은 왜 실행될 수 있을까요? 또는 실행 파일은 어떤 형태로 어떻게 실행될까요? 실행되고 나면 어떤 형태를 갖추게 될까요? 어떻게 하면 더 효율적으로 실행할 수 있을까요?

이 질문은 이 책 전체에 걸쳐 제기될 것이고, 이 책을 다 읽고 나면 이해할 수 있을 것입니다.

먼저 프로그래밍 언어부터 알아봅시다. 프로그래밍 언어를 깊이 이해하는 가장 좋은 방법은 프로그래밍 언어를 직접 새로 만들어 보는 것입니다. 만약 직접 프로그래밍 언어를 발명하라는 요청을 받았다면 합시다. 여러분은 이 문제를 어떻게 해결하겠습니까?

다음 내용을 읽기 전에 잠시 멈추고, 어떻게 해야 할지 스스로 생각해 보세요.

어떻게 해야 할지 모르겠다고요? 정상입니다! 아무런 기초도 없이 어떻게 할지 바로 떠올랐다면, 당장 이 책을 덮고 대학원에서 박사 과정을 신청하세요. 여러분은 컴퓨터 과학계에 꼭 필요한 인재니까요!

1.1
SECTION
여러분이 프로그래밍 언어를 발명한다면?

영리한 인류는 간단한 스위치를 조합하면 복잡한 불 논리(boolean logic)를 표현할 수 있다는 사실을 발견하고 이를 기반으로 CPU를 만들었습니다.[1] 따라서 CPU는 간단한 개폐(on-off)만 이해할 수 있으며 이를 숫자로 표현하면 0과 1이 됩니다. 스위치가 CPU로 변하는 과정을 그림 1-1과 같이 표현해 보았습니다.

▼ **그림 1-1** 스위치에서 CPU로

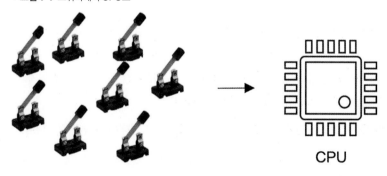

CPU

---

1 역주 4장에서 CPU가 어떻게 구성되는지 설명합니다.

1.1.1 창세기: CPU는 똑똑한 바보

CPU는 단세포 생물처럼 매우 원시적입니다. 따라서 데이터를 한곳에서 다른 곳으로 옮기고 간단히 연산한 후 다시 그 데이터를 또 다른 자리로 옮기는 작업 외에는 할 줄 모릅니다. 이 과정에 고난이도 동작 따위는 전혀 없는데 보기에 따라서는 매우 간단하고 멍청한 작업처럼 보이기도 합니다. 하지만 CPU가 가진 무엇과도 비교할 수 없는 장점이 있다면 바로 엄청나게 빠르다는 것입니다. 이 빠른 속도는 CPU의 멍청함을 상쇄하고도 남으며, 인간이 아무리 똑똑하다고 하더라도 간단한 연산에서는 CPU를 절대로 따라잡을 수 없습니다. **CPU가 등장한 이후, 인간은 두 번째 두뇌를 가지게 되었습니다.**

이렇게 원시적인 종(種)이 프로그래머라고 알려진 다른 종을 지배하기 시작합니다.

일반적으로 인간과 새처럼 서로 다른 두 종이 의사소통을 하는 데는 두 가지 방식이 있으며, 이 방식은 누가 더 강한가에 따라 정해집니다. 새가 인간의 언어로 말하고 인간이 이를 이해하는 방식이 있으며, 인간이 '새의 언어'로 말하고 새가 이를 이해하는 방식이 있습니다.

최초의 프로그래머와 CPU가 의사소통을 원했을 때는 CPU가 승리했습니다. 따라서 프로그래머가 '새의 언어'로 말하게 되고, CPU가 자신을 지배하고 있다는 것을 진지하게 느끼면서 겨우 CPU에 일을 시킬 수 있게 됩니다. 아래에서 최초의 프로그래머가 어떻게 '새의 언어'로 이야기를 했는지 느껴 보세요. 그때는 그림 1-2와 같이 천공 카드(punched card)를 이용하여 컴퓨터 작업을 제어했습니다.

▼ **그림 1-2** 천공 카드로 컴퓨터 작업 제어

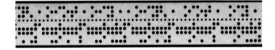

프로그래머는 CPU 의지에 따라 직접 0과 1로 구성된 명령어를 작성했습니다. 여러분이 잘못 본 것이 아닙니다. 이것이 바로 코드(code)고, 이것이 바로 소스(source)입니다. 천공 카드를 통해 명령어를 컴퓨터에 입력하면 컴퓨터가 작업을 시작하기 때문에, 이런 프로그램은 종이가 약간 낭비되기는 하지만 눈에 보이기도 하고 만질 수도 있었습니다.

이 시기의 프로그래머들은 CPU 관점에서 코드를 작성해야 했고, 그 형태는 다음과 같습니다.

코드

```
1101101010011010
1001001100101001
1100100011011110
1011101101010010
```

언뜻 보고 이것이 무슨 뜻인지 알아차릴 수 있나요? 모르는 것이 당연하고, 속으로도 '이게 뭔소리야?'라고 생각할 것입니다. 하지만 CPU는 이 뜻이 무엇인지 알고 있을 뿐만 아니라, '이것은 세상에서 가장 아름다운 언어다!'고 생각할 것입니다.

1.1.2 어셈블리어 등장

드디어, 어느 날 프로그래머는 '새의 언어'에 지쳐 이래 봬도 영장류인데 '새의 언어'로 짹짹거리는 것이 너무 수치스럽다고 느낍니다. 그래서 여러분은 프로그래머들이 인간 언어로 말할 수 있도록 도와주는 중요한 업무를 맡습니다.

여러분은 불필요한 몸 고생과 마음 고생을 하는 대신 CPU를 주의 깊게 연구했습니다. 그 결과, CPU는 가산 명령어, 점프 명령어 등 겨우 몇 가지 명령어만 실행할 수 있다는 사실을 발견합니다. 따라서 **기계어와 해당 특정 작업을 간단하게 대응시켜 기계어를 인간이 읽고 이해할 수 있는 단어와 대응시켰습니다.** 이제 앞에서 0과 1로 구성되었던 문자열은 다음과 같이 바뀝니다.

> **코드**

```
sub  $8, %rsp
mov  $.LC0, %edi
call puts
mov  $0, %eax
```

이제 프로그래머는 딱딱한 1101...을 기억할 필요 없이 add, sub, mov처럼 인간이 인식할 수 있는 단어만 기억하면 됩니다. 그림 1-3과 같이 인간이 인식할 수 있는 기계 명령어를 CPU가 인식할 수 있는 0과 1로 구성된 바이너리로 변환하는 프로그램을 사용합니다.

▼ **그림 1-3** 기계 명령어를 0과 1로 구성된 바이너리로 변환한다

이렇게 어셈블리어(assembly language)가 탄생했고, 처음으로 인간이 직접 인식할 수 있는 프로그래밍 언어가 탄생했습니다.

이 시점에서 프로그래머는 마침내 더 이상 '짹짹'거리는 것이 아니라 '아바아바'로 한 단계 올라섰습니다. 비록 인간이 '아바아바'라는 단어를 알고 있지만, 우리가 일상적으로 사용하는 인간 언어 형식과는 아직 많은 차이가 있습니다.

1.1.3 저수준 계층의 세부 사항 대 고수준 계층의 추상화

어셈블리어에는 이미 인간이 인식할 수 있는 단어가 있지만, 어셈블리어는 기계어와 마찬가지로 여전히 저수준 언어(low-level language)입니다.

다시 말해 저수준 언어는 여러분이 모든 세부 사항에 대해 신경을 써야 한다는 의미입니다.

그렇다면 어떤 세부 사항을 신경 써야 할까요? 앞서 말했듯이 CPU는 매우 원시적이라 데이터를 한곳에서 다른 곳으로 이동하고, 간단히 연산한 후 또다시 다른 곳으로 이동하는 것만 할 수 있습니다. 따라서 저수준 언어를 이용하여 프로그래밍을 하면 '데이터를 한곳에서 다른 곳으로 이동시키고, 간단히 연산한 후 또다시 다른 곳으로 이동시키는 것'처럼 몇 가지 간단한 명령어를 사용하여 정렬 같은 복잡한 문제를 구현해야 합니다.

이 말이 아직 실감나지 않는다면 그림 1-4와 같이 '저에게 물 한 잔 주세요'를 표현하고 싶은 상황을 가정해 봅시다.

▼ **그림 1-4** 추상적 표현

여러분이 이를 어셈블리어처럼 저수준 언어로 표현하려면 그림 1-5와 같이 세부 사항을 구체적으로 전부 나열해야 합니다.

▼ **그림 1-5** 세부 사항을 구체적으로 표현한다

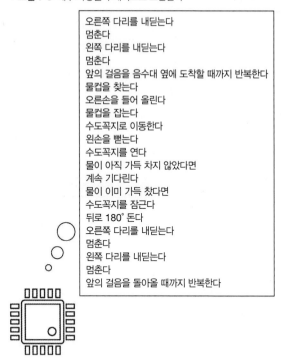

오른쪽 다리를 내딛는다
멈춘다
왼쪽 다리를 내딛는다
멈춘다
앞의 걸음을 음수대 옆에 도착할 때까지 반복한다
물컵을 찾는다
오른손을 들어 올린다
물컵을 잡는다
수도꼭지로 이동한다
왼손을 뻗는다
수도꼭지를 연다
물이 아직 가득 차지 않았다면
계속 기다린다
물이 이미 가득 찼다면
수도꼭지를 잠근다
뒤로 180° 돈다
오른쪽 다리를 내딛는다
멈춘다
왼쪽 다리를 내딛는다
멈춘다
앞의 걸음을 돌아올 때까지 반복한다

이제는 이해했으리라 생각합니다.

CPU는 실제로 너무 단순합니다! 심지어는 '저에게 물 한 잔 주세요'처럼 말을 조금만 추상적으로 바꾸어도 이해하지 못할 정도입니다. 반면 인간은 천성적으로 추상적인 표현에 익숙합니다. 그렇다면 인간과 기계 사이의 거리를 좁힐 수 있는 방법이 있을까요?

다시 말해 **인간의 추상적인 표현을 CPU가 이해할 수 있는 구체적인 구현으로 자동으로 변환할 수 있는 방법이 있다면** 프로그래머 생산성을 획기적으로 높일 수 있을 것입니다. 이제 이 문제는 여러분이 해결해야 합니다.

그림 1-6은 저수준 계층의 세부 사항과 고수준 계층의 추상화 사이의 간극을 메우는 방법을 표현합니다.

▼ **그림 1-6** 저수준 계층의 세부 사항과 고수준 계층의 추상화 사이 간극 메우기

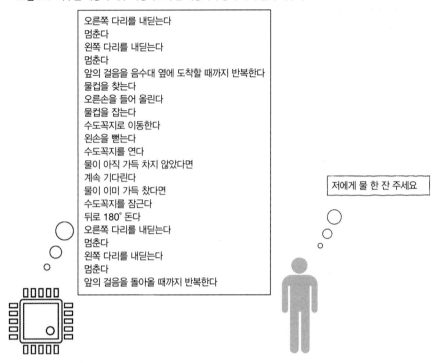

오른쪽 다리를 내딛는다
멈춘다
왼쪽 다리를 내딛는다
멈춘다
앞의 걸음을 음수대 옆에 도착할 때까지 반복한다
물컵을 찾는다
오른손을 들어 올린다
물컵을 잡는다
수도꼭지로 이동한다
왼손을 뻗는다
수도꼭지를 연다
물이 아직 가득 차지 않았다면
계속 기다린다
물이 이미 가득 찼다면
수도꼭지를 잠근다
뒤로 180° 돈다
오른쪽 다리를 내딛는다
멈춘다
왼쪽 다리를 내딛는다
멈춘다
앞의 걸음을 돌아올 때까지 반복한다

저에게 물 한 잔 주세요

1.1.4 가득한 규칙: 고급 프로그래밍 언어의 시작

나름대로 열심히 고심했지만 어떻게 해야 인간이 이해할 수 있는 추상적인 표현을 CPU가 이해할 수 있는 구체적인 구현으로 자동 변환할 수 있는지 알아내지 못했습니다. 포기하고 싶다는 마음이 스멀스멀 커져 가던 그 순간, 여러분은 CPU가 이해할 수 있는 세부 사항 목록을 다시 한 번 훑어봅니다. 그 순간 전광석화처럼 한 줄기 빛이 내려옵니다. 세부 사항이 규칙 또는 패턴으로 가득하다는 것을 발견합니다.

CPU가 실행하는 명령어는 대부분 그림 1-7과 같이 매우 단도직입적입니다.

▼ **그림 1-7** 명령어는 대부분 단도직입적이다

1. 오른쪽 다리를 내딛는다
2. 멈춘다
3. 왼쪽 다리를 내딛는다
4. 멈춘다
5. 앞의 걸음을 음수대 옆에 도착할 때까지 반복한다
6. 물컵을 찾는다
7. 오른손을 들어 올린다
8. 물컵을 잡는다
9. 수도꼭지로 이동한다
10. 왼손을 뻗는다
11. 수도꼭지를 연다
12. 물이 아직 가득 차지 않았다면
13. 계속 기다린다
14. 물이 이미 가득 찼다면
15. 수도꼭지를 잠근다
16. 뒤로 180° 돈다
17. 오른쪽 다리를 내딛는다
18. 멈춘다
19. 왼쪽 다리를 내딛는다
20. 멈춘다
21. 앞의 걸음을 돌아올 때까지 반복한다

그림 1-7에서 볼 수 있듯이, 이 명령어는 CPU에 특정 작업을 수행하라고 단도직입적으로 말하고 있습니다. 여러분은 이 단도직입적인 명령어에 문(statement) 또는 문장이라는 이름을 붙였습니다.

또 이 규칙에는, 다시 말해 이 명령어 중에는 구체적으로 특정 행동을 하는 것 외에도 특정 상황에 따라 어떤 명령어를 실행할지 결정해야 하는 선택이 필요하다는 것을 발견했습니다. 이 규칙을 인간의 방식으로 표현하면 '만약 ⋯⋯라면 ⋯⋯하고, 그렇지 않다면 ⋯⋯한다.'가 됩니다.

코드

```
if ***
    blablabla
else ***
    blablabla
```

또 어떤 경우에는 일정한 명령어를 계속 반복해야 하는데, 이 규칙은 마치 다람쥐가 쳇바퀴를 도는 것처럼 보입니다.

```
while ***
    blablabla
```

마지막으로 이 안에는 그림 1-8에서 볼 수 있듯이 거의 같은 명령어가 매우 많습니다.

▼ **그림 1-8** 반복되는 명령어가 있다

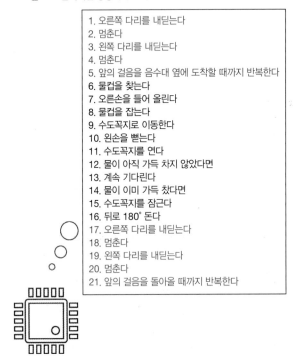

1. 오른쪽 다리를 내딛는다
2. 멈춘다
3. 왼쪽 다리를 내딛는다
4. 멈춘다
5. 앞의 걸음을 음수대 옆에 도착할 때까지 반복한다
6. 물컵을 찾는다
7. 오른손을 들어 올린다
8. 물컵을 잡는다
9. 수도꼭지로 이동한다
10. 왼손을 뻗는다
11. 수도꼭지를 연다
12. 물이 아직 가득 차지 않았다면
13. 계속 기다린다
14. 물이 이미 가득 찼다면
15. 수도꼭지를 잠근다
16. 뒤로 180° 돈다
17. 오른쪽 다리를 내딛는다
18. 멈춘다
19. 왼쪽 다리를 내딛는다
20. 멈춘다
21. 앞의 걸음을 돌아올 때까지 반복한다

그림 1-8에서 별색으로 표시된 명령어는 개별적인 세부 사항만 다소 차이가 있을 뿐 계속 반복되고 있습니다. 이런 차이를 매개변수(parameter)라고 하며, 이를 별도로 분리하고 매개변수를 제외한 나머지 명령어를 하나로 묶어 하나의 코드로 지정하기만 하면 됩니다. 이렇게 함수가 탄생합니다.

```
func abc:
    blablabla
```

이제 여러 가지 규칙을 발견했습니다.

```
// 조건에 따른 이동
if ***
    blablabla
else ***
    blablabla

// 순환
while ***
    blablabla

// 함수
func abc:
    blablabla
```

이는 인간이 사용하는 언어에 매우 가깝기 때문에 어셈블리어와 비교하면 비약적인 발전입니다.

이제 다음 두 가지 문제가 여러분 앞을 가로막고 있다는 것을 알게 됩니다.

1. 이 안에 있는 blablabla는 무엇인가요?
2. 앞의 코드처럼 인간이 인식할 수 있는 문자열을 어떻게 CPU가 인식할 수 있는 기계 명령어로 변환할 수 있을까요?

1.1.5 <인셉션>과 재귀: 코드 본질

앞 절에서 대부분의 코드가 단도직입적인 문장이라고 설명했었습니다. 그렇다면 이 안의 blablabla도 단순한 문장일까요?

확실히 아닙니다. blablabla는 문장이 될 수도 있고, 조건에 따른 이동인 if else일 수도 있으며, 순환인 while일 수도 있고, 함수 호출이 될 수도 있습니다. 사실 이것이 맞는 말이기는 합니다.

네, 더 말이 되는 것은 맞는데……. 곧 또 다른 심각한 문제를 발견합니다.

blablabla 안에는 if else와 같은 문도 포함될 수 있는데, 그 if else와 같은 문 안에 또 blablabla가 포함될 수 있습니다. 그리고 그 blablabla 안에 또다시 if else와 같은 문도 포함될 수 있고, 그 if else와 같은 문 안에 또 blablabla가 포함될 수 있습니다. 그 blablabla 안에 또 if else와 같은 문이 포함됩니다.

하나의 꿈속에 또 다른 꿈이 있고 그 꿈속에 또 다른 꿈이 반복되는 영화 〈인셉션(inception)〉처럼, 그림 1-9와 같이 단계 안에 단계가 포함되어 있고 자식과 손자 관계가 끝없이 이어집니다.

▼ **그림 1-9** 〈인셉션〉과 재귀

이쯤 되면 이것들이 너무 복잡하다 보니 확실히 여러분 뇌세포 용량을 초과하고 있다는 느낌을 받습니다. 그리고 절망이 여러분을 집어 삼키기 시작합니다. '누가 나 좀 구해 줘요!'

이때 고등학교 수학 교사[2]가 어깨를 툭 치며 고등학교 수학 교과서를 건넵니다. 여러분은 '이것을 왜 던져 주는 거야! 내가 지금 고민하고 있는 문제는 이런 고등학교 수학 교과서로는 해결할 수 없을 만큼 고차원적이고 심오한 문제야!'라고 분노하며 짜증을 내는 동시에 교과서를 바닥에 내동댕이칩니다.

그때 요정이 바람을 일으켜 교과서를 펼쳤고, 그 안에는 다음과 같은 수열 표현식이 적혀 있습니다.

$$f(x) = f(x-1) + f(x-2)$$

이 수열 표현식은 무엇을 의미할까요? $f(x)$ 값은 $f(x-1)$에 의존하고, $f(x-1)$ 값은 다시 $f(x-2)$와 $f(x-3)$에 의존하며, $f(x-2)$ 값은 다시 $f(x-3)$과 $f(x-4)$에 의존합니다. 그림 1-10은 수열이 자식 수열에 의존하는 것을 표현하고 있습니다.

---

2 **역주** 원문에서는 과목 대표(课代表)라는 단어를 사용했는데, 중국에서는 반마다 과목별로 가장 우수한 학생을 한 명 지정하는 제도가 있습니다. 그러나 한국에는 이 제도가 없으므로 이해를 위해 교사로 대체했습니다.

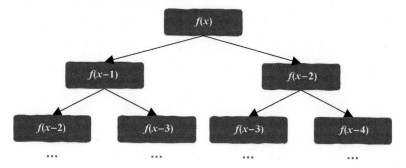

단계 안에 단계가 중첩되고 꿈속의 꿈, 꿈속의 꿈속의 꿈, if 문 안에 포함되어 있는 statement, 그 statement 안에 또다시 if 문이 포함됩니다.

잠깐 이것이 바로 재귀 아닌가요? 앞의 끝없이 중첩된 것처럼 보이는 것도 사실은 재귀로 표현할 수 있다는 의미입니다!

수학 교사는 고개를 들어 웃었고, 여러분은 고등학생 수준의 수학 지식으로 이렇게 어려운 문제를 해결할 수 있다는 사실에 놀라 온몸에 전율이 흐릅니다.

이 재귀라는 개념이 더해지면서 영리한 지성이 다시 높은 지위를 차지합니다.

이것은 그저 단계별로 계속 중첩되는 것에 불과하지만, 재귀는 원래 이것을 표현하려고 만든 것입니다. 여기에서 주의할 점은 지금 설명하고 있는 표현은 완전하지 않으며 실제 프로그래밍 언어도 그리 간단하지 않다는 것입니다.

코드

```
if: if expr statement else statement
for: while expr statement
statement: if ¦ for ¦ statement
```

앞서 이야기했던 단계가 또 다른 단계에 중첩되는 〈인셉션〉은 이렇게 간결한 문장 몇 개로 표현할 수 있다는 것을 알았습니다. 여러분은 이 몇 가지 표현에 **구문**(syntax)이라는 고급스러운 이름을 붙였습니다.

　수학은 모든 것을 이렇게 우아하게 만들 수 있습니다.

세상의 모든 코드는 아무리 복잡하더라도 결과적으로는 모두 구문으로 귀결됩니다. 이것이 가능한 이유는 매우 간단한데 모든 코드는 구문에 기초하여 작성되기 때문입니다.

이렇게 인간이 인식할 수 있는 진정한 프로그래밍 언어를 발명했습니다.

앞서 언급한 첫 번째 문제는 해결되었지만 언어가 있다는 것만으로는 아직 충분하지 않습니다.

1.1.6 컴퓨터가 재귀를 이해하도록 만들기

이제 해결해야 할 또 다른 문제가 있습니다. 프로그래밍 언어를 컴퓨터가 인식할 수 있는 기계 명령어로 변환하려면 어떻게 해야 할까요?

인간은 구문에 따라 코드를 작성할 수 있는데, 이 코드는 사실 문자열에 불과합니다. 그렇다면 컴퓨터가 재귀 구문으로 표현된 문자열을 인식할 수 있게 하려면 어떻게 해야 할까요?

이것은 인간 운명이 걸린 문제이기 때문에 막중한 책임감을 느끼지 않을 수 없지만, 이 마지막 단계가 너무 어려워 보이기 때문에 '컴퓨터는 정말 어려워!'라고 말하며 하늘을 향해 한숨을 내쉬게 됩니다.

이때 중학교 교사가 어깨를 툭 치며 중학교 식물학 교과서를 건넵니다. 여러분은 '이것을 왜 던져 주는 거야! 내가 지금 고민하고 있는 문제는 이런 중학교 교과서로는 해결할 수 없을 만큼 고차원적이고 심오한 문제야!'라고 분노하며 짜증을 내는 동시에 교과서를 바닥에 내동댕이칩니다.

이때 또 한 번 요정이 바람을 일으켜 그림 1-11과 같은 나무가 있는 페이지를 펼칩니다. 여러분은 믿을 수 없다는 표정으로 이 페이지를 쳐다볼 수밖에 없습니다.

▼ **그림 1-11** 나무와 이를 통해 알 수 있는 것들

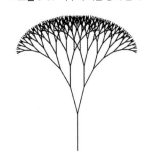

나무줄기에는 나뭇가지가 있고, 그 나뭇가지에는 잎이나 또 다른 나뭇가지가 있을 수 있습니다. 그 나뭇가지에는 또 다른 나뭇가지가 있고, 또 나무줄기에는 나뭇가지가 있습니다. 물론 그 나뭇가지에는 또 다른 나뭇가지가 있겠죠.

단계 안에 단계가 중첩되고 꿈속의 꿈, 끝없는 자식 관계…… 잠깐만, 이것도 재귀였네요! 다시 말해 재귀 구문에 따라 작성된 코드를 트리(tree) 구조로 표현할 수 있습니다. 그림 1-12는 구문 트리(syntax tree)를 표현한 것입니다.

▼ **그림 1-12** 구문 트리

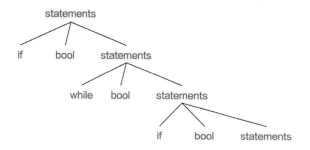

중학교 교사는 어려워 보이는 문제를 중학생 수준의 지식만으로 풀었다는 사실에 고개를 들어 웃음을 터뜨립니다.

1.1.7 우수한 번역가: 컴파일러

컴퓨터는 프로그래밍 언어를 처리할 때 구문 정의에 따라 트리 형태로 코드를 구성할 수 있습니다. 이 트리는 구문에 따라 생성되기 때문에 여러분은 여기에 구문 트리라는 매우 고급스러운 이름을 붙였습니다.

이제 코드는 트리 형태로 표현될 수 있습니다. 자세히 살펴보면 사실 리프 노드(leap node)의 표현이 매우 간단하게 바뀌어서 매우 간단하게 기계 명령어로도 번역할 수 있다는 것을 알 수 있습니다. 따라서 리프 노드를 기계 명령어로 번역하기만 하면 그 결과를 리프 노드의 부모 노드에 적용할 수 있습니다. 이렇게 번역 결과를 차례대로 부모 노드에 적용하는 방식으로 올라가다 보면 결국 전체 트리를 구체적인 기계 명령어로 번역할 수 있습니다. 그림 1-13은 구문 트리에서 기계 명령어를 생성하는 과정을 보여 줍니다.

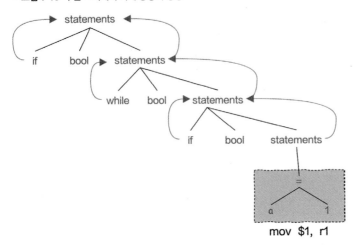

▼ **그림 1-13** 구문 트리에서 기계 명령어 생성

이 작업을 담당하는 프로그램을 완성하기 위한 화룡점정은 이름을 붙이는 것입니다. 이름을 붙일 때는 반드시 보기에 심오하고 이해하기 어려워야 한다는 이상한 원칙이 있습니다. 이것은 '이해 불가능' 원칙으로 알려져 있는데, 이에 따라 여러분은 듣기에 그리 명쾌하지 않은 이름인 컴파일러(compiler)라는 이름을 붙였습니다.

여기까지 온 여러분, 아직도 이진 트리(binary tree)와 같은 데이터 구조가 쓸모없다고 생각하나요?

이렇게 고급 프로그래밍 언어(high-level programming language)라는 놀라운 발명이 탄생했습니다. 이 시점부터 프로그래머는 인간이 인식할 수 있는 언어를 사용하여 코드를 작성할 수 있었고, 컴파일러는 이를 CPU가 인식할 수 있는 기계 명령어로 번역하는 역할을 담당하게 되었습니다. 이것으로 프로그래머 효율성이 급증하고 소프트웨어 산업이 번성하기 시작했습니다.

1.1.8 해석형 언어의 탄생

이후 인류는 또 다른 문제를 발견합니다. 세상에는 각양각색의 다양한 CPU가 있는데, A 형식의 CPU에서 생성된 기계 명령어를 B 형식의 CPU에서는 실행할 방법이 없다는 것입니다.

그림 1-14와 같이 형식이 다른 CPU는 각각 자신만의 고유한 언어가 있습니다.

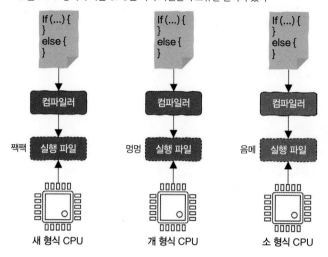

▼ **그림 1-14** 형식이 다른 CPU는 각각 자신만의 고유한 언어가 있다

이는 마치 x86 플랫폼용으로 생성한 실행 파일을 ARM 플랫폼에서 직접 실행할 방법이 없는 것과 같습니다. 프로그래머가 작성한 코드가 가능한 한 많은 플랫폼에서 실행되기를 원하지만, 다시 컴파일하고 싶지는 않다면 어떻게 해야 할까요?

이 문제 때문에 몹시 힘들어 하고 있을 때, 초등학교 영어 교사가 어깨를 툭 치며 초등학교 영어 교과서를 건넵니다. 여러분은 다시 한 번 짜증을 내며 분노합니다. '이것을 왜 던져 주는 거야! 내가 지금 고민하고 있는 문제는 이런 초등학교 영어 교과서로는 해결할 수 없을 만큼 고차원적이고 심오한 문제야!'라고 생각하며 교과서를 바닥에 내동댕이칩니다.

이때 또 한 번 요정이 바람을 일으켜 어떤 페이지를 펼칩니다. 그 페이지에는 이렇게 쓰여 있었죠. '오늘날 세계의 많은 나라가 영어를 국제 통용어로 사용하고 있습니다.'

통용과 표준? 잠시만요. CPU에는 각양각색의 유형이 있고, 이는 하드웨어 제조사가 설계한 것이기 때문에 바꿀 수 없습니다. CPU는 기계 명령어를 실행하는 존재라는 것을 떠올리면 **우리도 직접 표준 명령어 집합을 정의해서 CPU의 기계 명령어 실행 과정을 모방하는 프로그램을 작성하여 사용할 수도 있을 것입니다.** 따라서 각양각색의 CPU마다 상응하는 시뮬레이션 프로그램을 준비하면 우리 코드를 직접 서로 다른 플랫폼에서 실행할 수 있습니다. 이것이 바로 '한 번의 코드 작성으로 어디서나 그 코드를 실행'하는 방법입니다.

이 심오해 보이는 문제가 초등학생 인식 수준에서 해결될 줄은 몰랐네요.

이번에도 여러분은 '이해 불가능' 원칙에 따라서 CPU 시뮬레이션 프로그램에 가상 머신(virtual machine)이라는 이름을 붙였습니다. 이 가상 머신에는 인터프리터(interpreter)라는 별명도 붙어 있습니다.

그림 1-15는 인터프리터가 실행 코드를 해석하는 과정을 보여 줍니다.

▼ **그림 1-15** 인터프리터가 실행 코드를 해석하는 과정

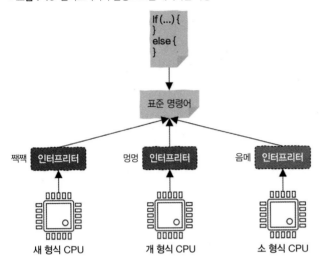

이제 앞에서 이야기했던 모든 문제가 해결되었고, 이 아이디어를 바탕으로 C/C++, 자바, 파이썬 등 프로그래밍 언어가 만들어졌습니다.

다행히도 1.1절이 거의 끝나갑니다. 그렇지 않았다면 컴퓨터 과학의 난제를 해결하기 위해 유치원의 지식 수준까지 동원해야 했을지도 모르겠네요.

세상의 모든 프로그래밍 언어는 특정 구문에 따라 작성됩니다. 컴파일러는 언어 구문에 따라 코드 구문을 분석하여 구문 트리로 만들고, 이 구문 트리를 C/C++ 언어처럼 기계 명령어로 번역하여 CPU로 직접 넘기거나 자바처럼 바이트 코드(byte code)로 변환한 후 가상 머신으로 넘겨 실행합니다.

이때 고급 언어는 추상적 표현이 뛰어나서 사용하기 쉽지만 저수준 계층에 대한 제어 능력이 떨어집니다. 따라서 직접 저수준 계층의 세부 사항을 제어할 수 있어야 하는 운영 체제 중 일부분은 어셈블리어로 작성됩니다.

1.1절에서는 프로그래밍 언어에 대한 쉬운 이해를 위해 많은 부분을 생략했습니다. 이 절에서 설명한 구문은 실제 함수와 표현식 등을 모두 반영하지 않았으며, 실제 프로그래밍 언어의 구문은 훨씬 더 복잡합니다. 1.2절에서도 설명하겠지만 컴파일러 역시 설명과 달리 구문 트리를 기계 명령어로 직접 번역하지 않습니다.

지금까지 빛처럼 빠른 속도로 프로그래밍 언어를 살펴보았습니다. 다음 1.2절은 컴파일러 내용인데요. 컴파일러는 매우 중요하기 때문에 잠시 멈추어 서서 살펴볼 필요가 있습니다. 따라서 1.2절에서 컴파일러 작동 원리를 좀 더 자세히 알아보겠습니다.

1.2 / 컴파일러는 어떻게 작동하는 것일까?
SECTION

아마 프로그래머에게 컴파일러는 가장 친숙한 도구일 것입니다. 적어도 사용 방법에서는 실행 (run) 버튼을 누르기만 하면 될 정도로 매우 간단하니까요! 하지만 여러분은 이 단순함 뒤에서 컴파일러가 무엇을 묵묵히 해내고 있는지 알고 계십니까?

1.2.1 컴파일러는 그저 일반적인 프로그램일 뿐, 대단하지 않다

컴파일러란 무엇인가요?

컴파일러는 고수준 언어를 저수준 언어로 번역하는 프로그램입니다. 컴파일러는 여러분이 작성하는 단순한 'helloworld' 프로그램과 근본적으로 다르지 않은 평범한 프로그램에 불과합니다. 단지 복잡도 면에서 볼 때 컴파일러가 훨씬 더 복잡한 프로그램일 뿐, 우리가 다룰 수 없는 대단한 프로그램이 아니라는 점을 인지하고 있어야 합니다.

1.1절에서 설명했던 프로그래밍 언어의 구문 규칙에 따라 프로그래머가 인간이 인식할 수 있는 단어로 코드를 작성하면 코드는 일반적인 텍스트 파일 형태의 파일로 저장되는데, 이를 소스 파일(source file)이라고 합니다. 이 소스 파일을 컴파일러에 먹여 주면 컴파일러는 이것을 꼭꼭 씹고 뜯고 맛본 후 실행 파일 형태로 뱉어 냅니다. 이 파일에 저장된 것이 바로 CPU가 직접 실행할 수 있는 기계 명령어입니다. 그림 1-16은 컴파일러가 소스 코드를 기계 명령어로 번역하는 과정을 나타냅니다.

▼ **그림 1-16** 컴파일러가 소스 코드를 기계 명령어로 번역하는 과정

소스 코드　　　　　　　　　　　　　　　　실행 파일

이어서 컴파일러가 씹고 뜯고 맛보는 과정을 살펴볼까요? 컴파일러라는 것은 크게 보면 번역기고, 작게 보면 텍스트 처리 프로그램(text processor)이라는 것을 알 수 있습니다. 이렇게 생각하면 여러분이 컴파일러에 갖는 두려움을 조금은 해소할 수 있을 것입니다.

이제 간단한 코드를 한번 살펴보겠습니다.

코드

```
int a = 1;
int b = 2;

while (a < b)
{
    b = b - 1;
}
```

인간의 관점에서 볼 때 이 코드는 무엇을 의미할까요? 바로 다음과 같습니다.

코드

```
a 변수에 1을 할당합니다;
b 변수에 2를 할당합니다;
a < b이면 b가 1씩 줄어듭니다;
더 이상 a < b가 성립하지 않을 때까지 앞의 문장을 반복합니다;
```

CPU는 이런 추상적인 표현을 직접 이해할 수 없습니다. 드디어 이제 컴파일러가 신의 능력을 보여 줄 때입니다.

1.2.2 각각의 토큰 추출하기

컴파일러는 먼저 각 항목을 잘게 쪼갭니다. 이때 각 항목이 가지고 있는 추가 정보를 함께 묶어서 관리합니다. 여기에서는 코드 첫 줄의 첫 번째 단어인 int를 예로 들어 보겠습니다. 이 항목에는 ❶ 이것이 키워드(keyword)고 ❷ 그중에서도 int 키워드라는 추가 정보 두 개가 포함됩니다. 이렇게 각 항목에 추가로 정보를 결합한 것을 전문 용어로 토큰(token)이라고 합니다.

컴파일러가 하는 첫 번째 작업은 소스 코드를 돌아다니면서 모든 토큰을 찾아내는 것입니다. 앞의 소스 코드를 처리하면 다음과 같은 토큰 24개가 추출됩니다.

코드

```
T_Keyword      int
T_Identifier   a
T_Assign       =
T_Int          1
T_Semicolon    ;
T_Keyword      int
T_Identifier   b
T_Assign       =
T_Int          2
T_Semicolon    ;
T_While        while
T_LeftParen    (
T_Identifier   a
T_Less         <
T_Identifier   b
T_RightParen   )
T_OpenBrace    {
T_Identifier   b
T_Assign       =
T_Identifier   b
T_Minus        -
T_Int          1
T_Semicolon    ;
T_CloseBrace   }
```

각각의 줄은 하나의 토큰을 의미합니다. T로 시작하는 왼쪽 열은 토큰 의미를 나타내고, 오른쪽 열은 각각의 토큰이 가지는 값을 나타냅니다.

이렇게 소스 코드에서 토큰을 추출하는 과정을 어휘 분석(lexical analysis)이라고 합니다.[3]

1.2.3 토큰이 표현하고자 하는 의미

이제 소스 코드가 하나의 토큰으로 바뀌었습니다. 하지만 이 토큰을 보는 것만으로는 아무 소용이 없으며, 프로그래머가 전달하고자 하는 토큰 의도를 표현해야 합니다.

우리는 1.1절에서 코드가 구문에 따라 작성되어야 함을 확인했습니다. 그렇다면 컴파일러가 구문에 따라 토큰을 처리해야 한다는 것은 무슨 의미일까요?

아래의 while 구문을 살펴보겠습니다.

> **코드**

```
while (표현식)
{
    반복 내용
}
```

이것이 while 구문입니다. 컴파일러가 while 키워드의 토큰을 찾으면 다음 토큰이 (라는 것을 알고 있는 상태로 기다리게 됩니다. 하지만 다음 토큰이 while 키워드에 필요한 토큰이 아니라면, 컴파일러는 문법 오류(syntax error)를 보고하기 시작합니다. 반면에 이 과정을 무사히 넘어가면 다음 토큰이 불(bool) 표현식이어야 한다는 것을 알고 기다립니다. 이어서)과 {를 거쳐 마지막에 }를 만날 때까지 계속 기다리고 처리하는 과정을 반복합니다.

이런 과정을 해석(parsing)이라고 하며, 컴파일러는 구문에 따라 한 글자도 놓치지 않고 꼼꼼하게 작업을 진행합니다.

컴파일러가 구문에 따라 해석해 낸 '구조'는 어떻게 표현할까요? 이를 표현하는 가장 좋은 방법은 트리로 표현하는 것입니다.

3 　역주　또는 스캐닝(scanning)이라고도 합니다.

그림 1-17은 해석을 통해 생성된 구문 트리를 표현하고 있습니다.

▼ **그림 1-17** 해석을 통해 생성된 구문 트리

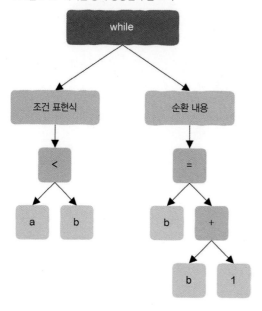

그림 1-17에서 구문 규칙에 따라 토큰을 해석한 후 생성된 트리가 1.1절에서 설명했던 구문 트리이며, 이 트리를 생성하는 전체 과정을 '구문 분석'이라고 합니다.

1.2.4 생성된 구문 트리에 이상은 없을까?

구문 트리가 생성되고 나면 우리는 구문 트리에 이상이 없는지 확인해야 합니다. 예를 들어 정수 값에 문자열을 더하면 안 되고, 비교 기호의 좌우에 있는 값 형식이 다르면 안 됩니다.

이 단계를 통과하면 프로그램에 이상이 없기 때문에 컴파일 오류가 없다는 것이 증명되는데, 그림 1-18에서 볼 수 있듯이 이 과정을 의미 분석(semantic analysis)이라고 합니다.

▼ **그림 1-18** 의미 분석

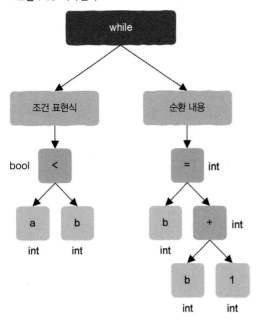

1.2.5 구문 트리를 기반으로 중간 코드 생성하기

의미 분석이 끝나면 컴파일러는 구문 트리를 탐색한 결과를 바탕으로 좀 더 다듬어진 형태인 중간 코드(Intermediate Representation Code, IR Code)를 생성합니다.

앞의 구문 트리는 다음과 같은 중간 코드로 표현할 수 있습니다.

코드

```
    a = 1
    b = 2
    goto B
A: b = b - 1
B: if a < b goto A
```

물론 어떤 경우에는 중간 코드에 추가적인 최적화가 진행되기도 합니다. 예를 들어 순환 구문 내 순환 상태와 관계없이 계산 가능한 값이 있다면, 이런 계산은 순환 구문 외부에서 먼저 진행될 수 있습니다.

1.2.6 코드 생성

이 과정이 완료되면 컴파일러는 앞의 중간 코드를 어셈블리어 코드로 변환합니다. 다음 코드는 x86 어셈블리어 기반의 예입니다.

```
코드

    movl    $0x1,-0x4(%rbp) // a = 1
    movl    $0x2,-0x8(%rbp) // b = 2
    jmp     B               // b로 점프
A:  subl    $0x1,-0x8(%rbp) // b = b - 1
B:  mov     -0x4(%rbp),%eax
    cmp     -0x8(%rbp),%eax // a < b ?
    jl      A               // a < b이면 A로 점프
```

마지막으로 컴파일러는 이 어셈블리어 코드를 기계 명령어로 변환합니다. 이런 방식으로 컴파일러는 인간이 소스 코드라고 부르는 문자열을 CPU가 실행할 수 있는 기계 명령어로 번역합니다.

여기에서 설명한 짧고 축약된 내용이 여러분에게 컴파일러가 매우 간단하다는 그릇된 인상을 주지 않기를 바랍니다. 실제로 현재 우리가 사용하는 컴파일러는 매우 지능적이고 복잡하며, 이 짧은 내용이 모든 것을 정확하게 설명할 수는 없습니다. 컴파일러를 구현하는 것은 어려운 일이며, 특히 좋은 컴파일러를 구현하는 것은 훨씬 더 어려운 일입니다.

그렇다면 이것으로 전체 컴파일 과정은 끝났을까요? 지금까지 설명한 모든 단계가 끝나면 소스 코드는 실행 파일이 되는 것일까요? 사실 그렇게 간단하지 않습니다.

GCC 컴파일러를 예로 들어 보겠습니다. 앞서 예를 들었던 소스 코드 조각이 전체 소스 코드 파일인 code.c의 일부분이라고 가정해 보겠습니다. 그리고 앞서 설명했던 컴파일 과정을 거쳐 생성된 기계 명령어 데이터는 code.o라는 파일에 저장됩니다. 이때 .o 확장자를 가지는 파일을 대상 파일(object file)이라고 합니다.

즉, 모든 소스 파일에는 각각의 대상 파일이 있습니다. 프로젝트가 더 복잡해서 소스 파일이 세 개 있다고 가정하면 대상 파일은 모두 세 개가 되는 것입니다. 하지만 우리가 원하는 것은 하나의 실행 파일입니다. 따라서 이 대상 파일 세 개를 하나의 실행 파일로 합쳐 주는 무엇인가가 있어야만 합니다.

대상 파일을 병합하는 이 작업은 링크(link)라는 매우 직관적인 이름이 있습니다. 컴파일(compile)을 담당하는 프로그램을 컴파일러라고 하는 것과 마찬가지로, 링크를 담당하는 프로그램을 링커(linker)라고 합니다.

링크 과정은 컴파일만큼 잘 알려져 있지 않기 때문에 많은 사람은 링크라는 단계가 있다는 사실조차 모를 수 있습니다. 일반적으로 링커는 뒤에 숨어서 잘 동작하고 있는데, 왜 우리가 굳이 링커를 알아야 할까요?

1.3 SECTION / 링커의 말할 수 없는 비밀

프로그래머라면 '바퀴를 다시 발명하지 마라(Don't reinvent the wheel)'는 말을 모두 들어 보았을 것입니다. 다른 사람이 작성한 훌륭한 프로그램이 있다면 직접 가져와서 사용하기만 하면 되겠지만, 문제는 어떻게 가져와서 사용할지를 고민해야 한다는 것입니다. 물론 소스 코드를 제공받을 수 있다면 비교적 간단하게 문제를 해결할 수 있습니다. 하지만 일반적으로 외부 코드는 정적 라이브러리(static library) 또는 동적 라이브러리(dynamic library) 형태로 제공되는데, 이 경우에는 어떻게 자신의 프로젝트에 코드를 가져와 사용할 수 있을까요?

아, 잠깐만요. 이전에 정적 라이브러리와 동적 라이브러리라는 단어 두 개를 언급했습니다. 이 단어들이 뜻하는 바를 정확하게 이해하고 어떻게 동작하는지 잘 알고 있다면 시간을 낭비하지 말고 이 절을 건너뛰어도 좋습니다. 반면에 그렇지 않다면 이 절을 제대로 읽어 보기를 권합니다.

이외에도 C/C++ 언어를 학습하다 보면 가끔 "undefined reference to ***"라는 오류를 만나는데, 이 오류는 어떻게 해결해야 할까요?

이 모든 질문의 이면에는 링커라는 하나의 공통점이 있습니다.

링커를 이해하면 복잡한 소프트웨어 엔지니어링을 탐색하는 능력이 크게 향상됩니다.

1.3.1 링커는 이렇게 일한다

링커는 컴파일러와 마찬가지로 일반적인 프로그램에 불과합니다. 링커는 압축 프로그램이 파일 여러 개를 하나의 압축 파일로 묶어 주는 것처럼, 컴파일러가 생성한 대상 파일 여러 개를 하나로 묶어 하나의 최종 실행 파일을 생성합니다.

소스 코드를 담고 있는 func.c 파일이 있다고 가정해 봅시다. 이 파일을 컴파일하면 func.o라는 이름의 기계 명령어에 해당하는 코드를 저장하는 파일이 생성되는데, 이 파일을 대상 파일(object file)이라고 합니다. 윈도에서 우리가 흔히 보는 EXE 형식의 실행 파일이나 리눅스의 ELF 파일 같은 실행 파일은 링커가 필요한 대상 파일을 한데 모아 구성합니다. 이는 "helloworld" 같은 간단한 응용 프로그램(application)부터 웹 브라우저나 웹 서버 같은 복잡한 응용 프로그램까지 예외가 없습니다.

이제 링커가 어떤 일을 하는지 간단하게 알았으니, 실제 링커가 어떻게 일하는지 살펴봅시다.

실제로 링크의 전체 과정은 저자 여러 명이 각각 특정 부분을 맡아 장(chapter)별로 따로 집필하고, 개별 장을 묶어 책 한 권으로 출판하는 것과 비슷합니다.

1. 이때 책의 특정 장이 다른 장의 내용을 참고할 때가 있는데, 이것은 우리가 작성하는 프로그램이 다른 모듈의 프로그래밍 인터페이스(programming interface)[4] 또는 변수(variable)를 참조하는 것과 같습니다. 예를 들어 우리가 list.c에서 일종의 연결 리스트(linked list)를 구현하고 다른 모듈에서 그 연결 리스트를 사용해야 한다면, 이때 이 두 모듈 사이에 종속성(dependency)[5]이 있다고 표현합니다. 링커가 하는 일 중 하나는 종속성이 올바르게 설정되어 있는지, 다시 말해 인터페이스 구현이 종속된 모듈에서 사용 가능한지 확인하는 것입니다. 앞서 설명했던 책의 출판을 예로 들자면, 책 한 권이 오류 없이 완성되려면 서로 참고한 내용이 실제로 그 책 안에 있도록 정리해야 합니다. 링크 과정에서도 비슷한 일이 일어납니다. 우리가 참조하고 있는 외부 심벌(external symbol)에 대한 실제 구현이 어느 모듈이든지 단 하나만 있어야 합니다. 그러면 링커는 이를 찾아내 연결하는 작업을 하는데, 이 과정을 심벌 해석(symbol resolution)이라고 합니다.

2. 각 저자가 자신의 분량을 모두 집필하고 나면 이를 한데 모아 하나로 합쳐야 책 한 권이 완성될 수 있습니다. 이렇게 완성된 책 한 권은 링크 과정을 마친 후 최종적으로 생성된 실행 파일에 비유할 수 있습니다.

3. 책에서는 어떤 하나의 장에서 다른 장의 내용을 인용할 때 몇 페이지의 내용이라고 언급해야 합니다. 지금 여러분이 보고 있는 이 책을 예로 들어 봅시다. 필자가 만약 CPU 내용을 인용하고 싶다면 일단 'CPU에 대한 자세한 설명은 N쪽을 참고하세요.' 라고 쓸 것입니다. 그러나 필자가 이 문장을 쓰고 있을 때는 CPU 내용이 어느 페이지에 들어가게 될지 아직 알 수 없습니다. 그 이유는 매우 간단합니다. 아직 CPU 내용을 쓰지 않았기 때문이죠. 따라서 지금은 임시로 N쪽이라고 표시한 것입니다. 이후 책이 최종적으로 편집 작업에 들어가야만 이 N쪽이 몇 쪽인지 결정됩니다. 예를 들어 CPU 관련 내용이 100쪽에 있다고 가정하면, 원고를 전부 싹 뒤져서 N쪽이라고 표시된 부분을 전부 100쪽이라고 고쳐야 합니다. 이 과정을 재배치(relocation)라고 하며, 그림 1-19는 이 재배치 과정을 보여 줍니다.

---

4 역주 또는 API(Application Programming Interface)라고 합니다.
5 역주 또는 의존성이라고 합니다.

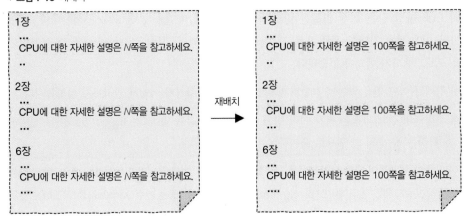

▼ 그림 1-19 재배치

코드 안에서도 같은 형태의 재배치가 일어납니다. 특정한 소스 파일에서 다른 모듈에 정의되어 있는 print() 함수를 참조할 때, 컴파일러가 이 소스 파일을 컴파일하는 시점에는 함수가 어느 메모리 주소(memory address)에 위치할지 정확히 알 수 없습니다. 따라서 컴파일러는 이 함수를 N으로 표시해 두고 일단 넘어갑니다. 이후 링크 과정에서 링커가 이런 표시들을 확인하고 한데 모아 실행 파일을 생성하는 과정에서 함수의 정확한 주소를 확인하고, N을 실제 메모리 주소로 대체합니다.

지금까지 심벌 해석, 실행 파일 생성, 재배치 등 링커의 작업 과정에서 만날 수 있는 몇 가지 중요한 단계들을 살펴보았습니다. 지금부터 심벌 해석부터 시작해서 각 단계를 좀 더 자세히 설명해 보겠습니다.

1.3.2 심벌 해석: 수요와 공급

심벌은 무엇을 뜻할까요? 바로 전역 변수(global variable)와 함수(function)의 이름을 포함하는 모든 변수 이름을 의미합니다. 지역 변수(local variable)는 모듈 내에서만 사용되어 외부 모듈에서 참조할 수 없기 때문에 링커의 관심 대상이 아닙니다.

이 단계에서 링커가 해야 할 일은 대상 파일에서 참조하고 있는 각각의 모든 외부 심벌마다 대상 정의가 반드시 존재하는지, 단 하나만 존재하는지 확인하는 것입니다.

이어서 C 언어로 작성된 코드를 하나 살펴보겠습니다. 이 코드는 func.c 소스 파일의 일부입니다.

```
int g_a = 1;              // 전역 변수

extern int g_e;           // 외부 변수

int func_a(int x, int y); // 함수 참조

// 함수 구현
int func_b()
{
    int m = g_a + 2;

    return func_a(m + g_e);
}
```

이 코드에서 사용되는 변수는 다음 두 종류로 나눌 수 있습니다.

- **지역 변수**: func_b 함수 내 m 변수가 지역 변수입니다. 지역 변수는 변수를 선언한 함수 소유이기 때문에 외부에 공개되지 않습니다. 여러분 코드에서 다른 모듈 내 선언된 지역 변수를 참조할 방법이 없기 때문에 링커는 이런 변수에는 관심을 두지 않습니다.
- **전역 변수**: 소스 파일 func.c에는 자체적으로 전역 변수 g_a와 func_b 두 개가 정의되어 있습니다. 이 심벌 두 개는 다른 모듈에서 참조할 수 있습니다. 또 이 소스 파일에서는 다른 모듈에서 정의된 g_e 변수와 func_a 변수 두 개를 참조하고 있습니다.

링커가 실제로 관심을 갖는 것은 전역 변수입니다. ❶ 소스 파일에 다른 모듈에서 참조할 수 있는 심벌 두 개가 있다는 것과 ❷ 소스 파일이 다른 모듈에서 정의한 심벌 두 개를 참조한다는 두 가지 정보를 알고 있어야 합니다.

문제는 링커가 이런 정보를 어떻게 알 수 있느냐는 것입니다. 그 답은 당연하게도 컴파일러가 알려 줍니다. 그렇다면 컴파일러는 이 정보를 어떻게 링커에게 알려 줄까요?

1.1절에서 인간이 이해할 수 있는 코드를 기계 명령어로 번역하고, 그 정보를 대상 파일에 저장하는 것이 컴파일러가 하는 일이라고 이야기했습니다. 실제로 컴파일러는 기계 명령어를 생성할 뿐만 아니라 이 명령어를 실행시키는 데이터도 생성하는데, 이 데이터는 대상 파일에 반드시 포함되어야 합니다. 따라서 이렇게 생성된 대상 파일에는 매우 중요한 두 영역이 포함되어 있습니다.

- **명령어 부분**: 소스 파일에 정의된 함수에서 변환된 기계 명령어가 저장되는 부분입니다. 앞으로 이 부분을 코드 영역(code section)이라고 하겠습니다.
- **데이터 부분**: 소스 파일의 전역 변수가 저장되는 부분입니다. 앞으로 이 부분을 데이터 영역(data section)이라고 하겠습니다. 참고로 로컬 변수는 프로그램이 실행된 후 스택 영역에서 생성되고 사용하면 제거되기 때문에 대상 파일에는 별도로 저장되지 않습니다.

지금까지 설명한 내용을 바탕으로 생각하면, 대상 파일은 그림 1-20과 같이 간단히 코드 영역과 데이터 영역으로 구성된 것으로 이해할 수 있습니다.

▼ **그림 1-20** 소스 코드에서 대상 파일 생성

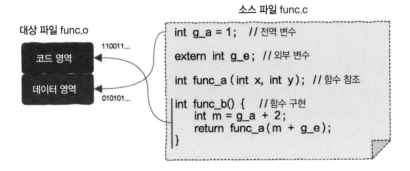

컴파일러는 컴파일 과정에서 외부에서 정의된 전역 변수나 함수를 발견할 경우, 해당 변수의 선언이 존재하는 한 그 변수가 실제로 정의되었는지 여부는 신경 쓰지 않고 유쾌하게 다음 단계로 넘어갈 것입니다. 참조된 변수 정의를 찾는 일은 컴파일러가 아닌 링커 몫입니다.

비록 컴파일러가 링커에 이 작업을 떠넘기기는 하지만, 링커 부담을 조금이나마 줄여 주고자 대신 다른 작업을 더 합니다. 소스 파일마다 외부에서 참조 가능한 심벌이 어떤 것인지 그 정보를 기록하고, 반대로 어떤 외부 심벌을 참조하고 있는지도 기록합니다. 이렇게 컴파일러가 외부 심벌 정보를 기록하는 표를 심벌 테이블(symbol table)이라고 합니다.

기본적으로 전체 심벌 테이블은 공급과 수요라는 두 가지 내용만 표현합니다.

- 내가 정의한 심벌, 즉 다른 모듈에서 사용할 수 있는 심벌
- 내가 사용하는 외부 심벌

예를 들어 앞서 예로 든 소스 코드에서는 g_a와 func_b 두 심벌을 정의하며 외부 심벌 g_e와 func_a를 참조합니다.

그렇다면 컴파일러는 생성한 심벌 테이블을 어디에 저장할까요? 컴파일러는 이 테이블을 대상 파일에 저장합니다. 이제 대상 파일에는 코드와 데이터 외에 그림 1-21과 같이 심벌 테이블도 함께 저장됩니다.

▼ **그림 1-21** 대상 파일에 저장된 심벌 테이블

대상 파일은 링커가 작업 과정에서 필수적으로 사용하는 파일이므로, 여러분은 이제 링커가 어떻게 필요한 정보를 얻어 내는지 알 수 있습니다.

이런 정보가 있다면 나머지는 간단합니다. 링커는 공급이 수요를 충족하는지 확인해야 하며, 심벌 해석 과정은 다음과 같은 게임이라고 상상할 수 있습니다.

새 학기가 시작되면 유치원생은 다른 원아들과 함께 나눌 선물을 가져옵니다. 모든 어린이는 각각 자신이 원하는 선물 목록을 가지고 다른 어린이들의 선물 중 원하는 것을 고르는 과정을 거칩니다. 이 과정을 모두 거치면 모든 어린이는 자신이 원하는 선물을 가질 수 있습니다.

이 게임에서 아이들은 대상 파일에, 모든 아이가 직접 가져온 선물은 대상 파일에 정의된 심벌에 비유할 수 있습니다. 또 가지고 싶은 선물 목록은 각각의 대상 파일에서 참조할 외부 심벌로 볼 수 있습니다. 따라서 심벌 해석은 각 대상 파일에서 사용할 외부 심벌이 심벌 테이블에서 유일한 정의(unique definition)를 발견 가능한지 확인하는 작업입니다.

실제 코드를 작성할 때는 공급이 수요를 초과할 수 있습니다. 다시 말해 실제로는 사용하지 않는 함수를 많이 정의할 수도 있습니다. 반대로 수요가 공급을 초과하는 상황이 발생해서는 안 되는데, 이때는 다음 코드처럼 심벌에 대한 참조가 없다는 오류가 발생할 수 있기 때문에 주의해야 합니다.

코드

```
void func();

void main()
{
    func();
}
```

이 코드는 C 언어로 작성된 간단한 예제로 main.c라는 이름의 소스 파일로 저장되어 있는데, 이 파일을 컴파일한 결과는 다음과 같습니다.

코드

```
# gcc main.c
/tmp/ccPPrzVx.o: In function 'main':
main.c:(.text+0xa): undefined reference to 'func'
collect2: error: ld returned 1 exit status
```

코드에서 볼 수 있듯이 컴파일 오류는 발생하지 않았지만, 유일하게 undefined reference to 'func' 오류가 발생한 것을 알 수 있습니다. func는 참조되었지만 정의되지는 않은 심벌로, 이 오류는 링커가 func 함수에 대한 정의를 찾지 못했을 때 불평하는 것입니다.

다시 책 출판을 예로 들어 보겠습니다. '다음 내용은 func장을 참고하세요.'라고 미리 써 두었지만, 막상 책을 완성해 보니 func 내용이 전혀 없는 상황과 같습니다. 결국 이 책은 올바르지 않은 내용을 서술한 것이 됩니다.

지금까지 링크 과정 중 심벌 해석 단계를 살펴보았습니다. 이어서 링크 과정의 실행 파일 생성 단계를 살펴보겠습니다.

1.3.3 정적 라이브러리, 동적 라이브러리, 실행 파일

기반 팀(infra team)은 기능이 많은 강력한 유틸리티 함수들을 구현하고, 사업 팀(business team)에서는 기반 팀에서 구현한 함수 중 그들에게 필요한 것들만 골라 사업 관련 코드를 구현하는 상황이라고 가정해 보겠습니다. 처음에는 이 두 팀의 코드가 함께 관리됩니다. 하지만 회사가 성장하면서 기반 팀의 코드는 점점 더 복잡해지고, 그에 따라 프로젝트를 컴파일하는 시간도 점점 길어집니다. 그러면서 사업 팀에서 사업 관련 코드를 구현하기 위해 어떤 함수를 사용해야 하는지 찾아내는 것이 점점 더 힘들어지게 됩니다.

이때 기반 팀의 코드를 별도로 컴파일한 후 패키지로 묶고, 구현된 모든 함수의 선언을 포함하는 헤더 파일(header file)을 제공하는 것은 어떨까요? 물론 가능합니다. 이것을 바로 정적 라이브러리(static library)라고 합니다. 윈도에서는 확장자가 .lib인 파일이고, 리눅스에서는 확장자가 .a인 파일입니다.

정적 라이브러리 기능을 사용하면 그림 1–22와 같이 소스 파일 여러 개를 미리 개별적으로 컴파일하고 링크하여 정적 라이브러리로 생성할 수 있습니다. 이때 기억할 점은 소스 파일마다 단독으로 컴파일을 한다는 것입니다.

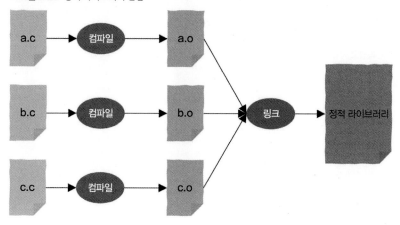

이후 실행 파일을 생성할 때는 자신의 코드만 컴파일하며, 미리 컴파일이 완료된 정적 라이브러리는 다시 컴파일할 필요 없이 링크 과정에서 그대로 실행 파일에 복제됩니다. 코드가 의존하는 외부 코드를 매번 컴파일하지 않아도 되기 때문에 컴파일 속도가 빨라집니다. 그림 1-23은 이 과정을 보여 주며, 이를 정적 링크(static linking)라고 합니다.

▼ **그림 1-23** 정적 링크와 실행 파일 생성

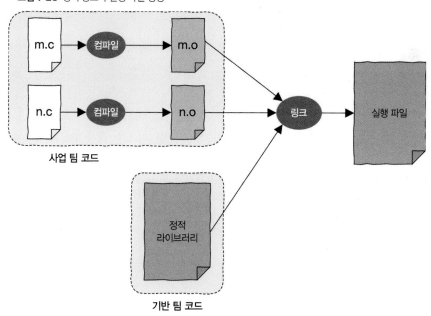

정적 링크는 그림 1-24와 같이 대상 파일을 한데 모아 각각의 대상 파일에서 데이터 영역과 코드 영역을 각각 결합하는 것으로 간단히 이해할 수 있습니다.

▼ **그림 1-24** 실행 가능한 파일로 병합

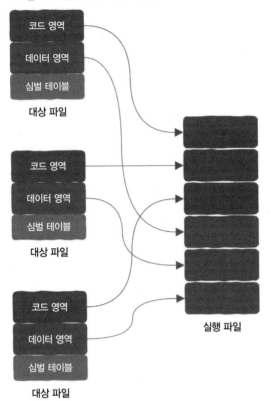

여기에서 알 수 있는 점은 실행 파일에도 코드 영역과 데이터 영역이 있어 대상 파일과 매우 유사해 보인다는 것입니다. 하지만 실행 파일에는 특수한 심벌인 _start가 있으며, CPU는 이 심벌 주소에서 프로그램을 실행하는 데 필요한 기계 명령어를 찾습니다. 이 기계 명령어를 실행한 후에야 비로소 우리가 작성한 main 함수를 실행하기 시작합니다.

정적 링크는 라이브러리를 실행 파일에 직접 복사하기 때문에 C 표준 라이브러리(C standard library)처럼 거의 모든 프로그램에 적용되는 표준 라이브러리를 사용한다면 정적 링크로 생성된 실행 파일은 모두 동일한 코드와 데이터의 복사본을 갖게 됩니다. 이 경우 디스크와 메모리를 엄청나게 낭비할 수 있습니다. 다시 말해 정적 라이브러리 크기가 2MB고 해당 라이브러리를 사용하는 실행 파일이 500개라면, 1GB 크기의 데이터가 중복된 데이터로 구성된다는 의미입니다. 또 정적 라이브러리의 모든 내용에 종속성이 있다고 가정하면, 정적 라이브러리의 코드가 변경될 때마다 해당 정적 라이브러리에 종속된 프로그램 역시 매번 다시 컴파일해야 합니다.

그렇다면 이 문제를 어떻게 해결할 수 있을까요? 정답은 바로 동적 라이브러리를 사용하는 것입니다.

동적 라이브러리(dynamic library)는 공유 라이브러리(shared library) 또는 동적 링크 라이브러리(dynamic linked library)라고도 합니다. 윈도에서 흔히 볼 수 있는 DLL 파일이 바로 동적 라이브러리이며, 윈도 시스템에서는 동적 라이브러리를 매우 많이 사용합니다. 반면에 리눅스의 동적 라이브러리는 .so 확장자를 사용하며, 접두사로는 lib를 사용합니다. 예를 들어 숫자 연산에 사용되는 Math 라이브러리를 컴파일하고 링크하여 생성된 동적 라이브러리 이름은 libMath.so입니다.

만약 두 소스 파일 a.c와 b.c가 있을 때 이를 동적 라이브러리 foo로 생성하고 싶다면, 리눅스에서는 다음 명령어를 사용하여 동적 라이브러리를 생성할 수 있습니다.

코드

```
$ gcc -shared -fPIC -o libfoo.so a.c b.c
```

라이브러리라는 이름에서 알 수 있듯이, 동적 라이브러리에도 정적 라이브러리와 마찬가지로 기본적으로 우리가 이미 살펴보았던 코드 영역, 데이터 영역 등이 포함되어 있습니다. 단지 동적 라이브러리의 사용 방식과 사용 시간이 정적 라이브러리와 다를 뿐입니다.

정적 라이브러리를 사용하면 그림 1-25와 같이 정적 라이브러리의 코드 영역과 데이터 영역을 모두 한데 묶어 실행 파일에 복사(copy)합니다.

▼ **그림 1-25** 정적 라이브러리와 실행 파일

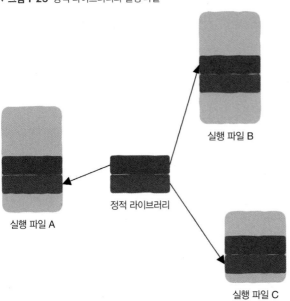

반면에 동적 라이브러리를 사용하면 정적 라이브러리가 실행 파일에 라이브러리 내용을 모두 복사했던 것과 달리, 참조된 동적 라이브러리 이름, 심벌 테이블, 재배치 정보 등 필수 정보만 실행 파일에 포함됩니다. 이는 그림 1-26과 같이 정적 라이브러리에 비해 실행 파일의 크기를 확실히 줄일 수 있다는 점에서 매우 중요합니다.

▼ **그림 1-26** 동적 라이브러리와 실행 파일

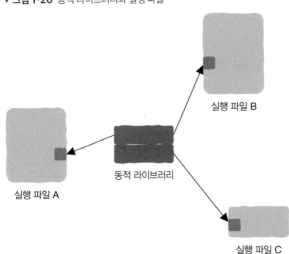

그렇다면 참조된 동적 라이브러리의 필수 정보는 어디에 저장될까요?

이 정보는 실행 파일 내 저장되며, 이제 실행 파일이 포함할 수 있는 내용은 그림 1-27과 같이 더 늘어납니다.

▼ **그림 1-27** 실행 파일에는 동적 라이브러리에 대한 필수 정보가 포함되어 있다

이 필수 정보는 어느 시점에 사용될까요? 정답은 동적 링크(dynamic linking)가 일어날 때입니다.

정적 라이브러리는 컴파일 단계에서 실행 파일에 함께 복사되기 때문에 실행 파일에는 정적 라이브러리의 전체 내용이 포함됩니다. 하지만 동적 라이브러리에 의존하는 실행 파일에는 컴파일 단계에서 필수 정보만 저장되기 때문에 동적 링크는 실제 프로그램의 실행 시점까지 미룹니다.

동적 링크에는 다음 두 가지 방식이 있습니다.

첫 번째 방식에서는 프로그램이 메모리에 적재(loading)될 때 동적 링크가 진행됩니다. 여기에서 적재는 실행 파일을 실행하기 위해 디스크에서 읽어 메모리의 특정 영역으로 이동시키는 과정으로, 이 과정에서 적재 도구(loader)라는 전용 프로세스가 실행됩니다.

실행 파일을 적재하고 나면 적재 도구는 실행 파일이 동적 라이브러리에 의존하는지 여부를 확인할 수 있습니다. 동적 라이브러리가 필요하다면 동적 링커(dynamic linker)라는 별도의 프로세스가 실행되어 참조하는 동적 라이브러리 존재 여부와 위치, 심벌의 메모리 위치 등을 확인하여 링크 과정을 마무리합니다. 이렇게 동적 링크 과정을 정상적으로 완료하고 나면 프로그램이 시작되며, 동적 링크 과정에 문제가 발생하면 윈도는 그림 1-28과 같이 종속된 동적 라이브러리를 발견하지 못했다는 오류 메시지를 표시하고 실행이 종료됩니다.

▼ **그림 1-28** 필요한 동적 라이브러리가 없으면 프로그램이 시작되지 않는다

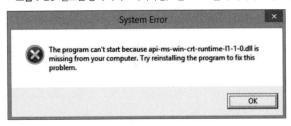

이렇게 적재 중 동적 링크를 사용하려면 실행 파일이 어떤 동적 라이브러리를 참조하는지 컴파일러에 명시적으로 알려 주어야 합니다. 예를 들어 동적 라이브러리 libfoo.so에 의존하는 소스 파일 main.c가 있고 이를 컴파일하여 pro라는 실행 파일을 생성하려면, 다음 명령어처럼 명시적으로 라이브러리를 지정해야 합니다. 이때 이 명령어는 컴파일 과정과 링크 과정을 모두 포함하고 있다는 점을 잊으면 안 됩니다.

코드

```
$ gcc -o pro main.c /path/to/libfoo.so
```

pro와 같은 방식으로 생성된 실행 파일은 적재되는 시점에 동적 링크가 일어납니다.

두 번째 방식에서는 적재 중 고정적으로 일어나는 동적 링크 외에도 프로그램이 먼저 실행된 후, 프로그램의 실행 시간(runtime) 동안 코드가 직접 동적 링크를 실행할 수 있습니다. 실행 시간이란 CPU가 프로그램을 실행하기 시작한 시점부터 실행이 완료되어 프로그램이 종료된 시점까지 시간을 의미합니다.

실행 시간 동적 링크(runtime dynamic linking)는 실행 파일이 실행될 때까지 어떤 동적 라이브러리에 의존하는지 알 필요가 없기 때문에 좀 더 동적인 링크 방식입니다. 런타임 동적 링크는 링크 과정을 프로그램이 실행된 이후로 미룹니다.

이 방식에서는 실행 파일을 생성하는 과정에서 실행 파일 내부에 동적 라이브러리 정보가 저장되지 않습니다. 그 대신 프로그래머가 코드에 특정 API를 사용하여 필요할 때마다 동적 라이브러리를 직접 동적으로 적재할 수 있습니다. 예를 들어 리눅스에서는 dlopen, dlsym, dlclose 등의 함수들로 런타임 동적 링크를 사용할 수 있습니다.

이어서 동적 라이브러리의 장단점을 살펴봅시다.

1.3.4 동적 라이브러리의 장단점

최신 컴퓨터 시스템에는 용도가 서로 다른 수많은 프로그램이 설치되어 있는데, 리눅스에서는 이런 프로그램들이 거의 대부분 C 표준 라이브러리에 의존하고 있습니다. 이 프로그램들이 전부 정적 라이브러리를 사용한다면, 내용이 동일한 수많은 C 표준 라이브러리 코드 복사본이 디스크에 저장되기 때문에 디스크 공간이 분명히 낭비될 것입니다.

동적 라이브러리는 이 문제의 좋은 해결책입니다. 동적 라이브러리를 사용하면 의존하는 프로그램 개수가 얼마가 되었든 상관없이 디스크에는 동적 라이브러리의 복사본 하나만 저장됩니다. 마찬가지로 메모리에 적재되는 동적 라이브러리의 코드 역시 모든 프로세스가 하나의 코드를 공유하기 때문에 하나면 충분합니다. 이렇게 메모리 적재와 디스크 저장에 필요한 리소스를 대폭 절약할 수 있기 때문에 동적 라이브러리를 공유 라이브러리라고도 합니다.

이외에도 동적 라이브러리에는 또 다른 장점이 있습니다. 동적 라이브러리의 코드가 수정된다고 할지라도 해당 동적 라이브러리만 다시 컴파일하면 되는 것입니다. 앞서 설명했듯이, 실행 파일에는 동적 라이브러리에 대한 필수 정보만 저장되어 있습니다. 그렇기에 실행 파일을 매번 다시 컴파일할 필요 없이 동적 라이브러리만 새 버전으로 교체하면 다음에 실행 파일이 실행될 때 새 버전의 동적 라이브러리가 사용됩니다. 동적 라이브러리의 이런 특성은 프로그램 업그레이드와 버그 수정을 매우 쉽게 만들어 줍니다. 우리가 평소에 사용하는 각종 사용자 프로그램들 역시나 대부분 동적 라이브러리의 이런 장점을 누리고 있습니다.

동적 라이브러리의 장점은 여기에서 그치지 않습니다. 앞서 우리는 동적 링크가 프로그램 실행 시간에 일어나는 것도 가능하다고 이야기했습니다. 이런 동적 링크의 특성을 사용하여 프로그램 기능을 쉽게 확장할 수 있는데, 그 방법은 무엇일까요? 아마 여러분은 이 마법의 무기를 이미 들어 보았을 것입니다. 맞습니다. 바로 플러그인(plug-in)입니다. 여러분은 플러그인이 어떻게 구현되는지 생각해 본 적이 있나요? 우선 사전에 함수 여러 개를 미리 정의해 두고, 플러그인에서는 이 함수들을 구현합니다. 마지막으로 동적 라이브러리의 방식을 따라 플러그인을 적재하여 프로그램이 사용할 수 있도록 합니다. 이렇게 새로운 동적 라이브러리를 제공하기만 하면 프로그램은 곧바로 새로운 기능을 가지게 되며, 이것이 플러그인을 구현하는 방법 중 하나입니다.

동적 라이브러리의 강력한 장점은 여러 언어를 혼합하여 개발할 때도 매우 유용합니다. 우리는 파이썬을 사용하면 프로젝트의 개발 속도가 빨라진다는 것을 알고 있지만, 파이썬의 성능은 C/C++에 미치지 못합니다. 그렇다면 파이썬의 빠른 개발 속도와 C/C++의 높은 성능을 함께 누릴 수 있는 방법은 없을까요? 물론 있습니다. 더 높은 성능이 요구되는 부분은 C/C++를 사용하여 작성한 후에 컴파일하여 동적 라이브러리를 생성하는 것입니다. 프로젝트의 나머지 부분은 여전히 파이썬으로 작성되지만, 더 높은 성능이 요구되는 코드의 핵심 부분은 동적 라이브러리를 통해 C/C++로 작성된 함수를 직접 호출할 수 있습니다. 동적 라이브러리를 사용하면 하나의 프로젝트에서 여러 언어를 혼합하여 개발할 수 있는데, 코드의 재사용 효율도 훨씬 높일 수 있습니다.

우리는 이제 동적 라이브러리에 이렇게 많은 장점이 있다는 것을 알았습니다. 그렇다면 동적 라이브러리의 단점은 무엇일까요?

동적 라이브러리는 프로그램이 적재되는 시간 또는 실행 시간에 링크되기 때문에 동적 링크를 사용하는 프로그램은 정적 링크를 사용할 때보다 성능이 약간 떨어집니다. 또 동적 라이브러리의 코드는 특정 메모리 주소와 독립적으로 동작하기 때문에 위치 독립 코드(position-independent code)로 불립니다. 동적 라이브러리는 메모리에 단 하나의 복사본만 존재하고 해당 코드는 여러 프로세스가 공유할 수 있기 때문에 동적 라이브러리의 코드는 임의의 메모리 절대 주소(absolute address)로 참조할 수 없습니다. 절대 주소는 foo 함수를 호출하는 다음 명령어처럼 고정적으로 기록된 값입니다.

코드

```
call 0x4004d6 # foo 함수 호출
```

함수의 주소 값인 0x4004d6은 변경이 불가능한 절대적인 값입니다. 하지만 동적 라이브러리에서는 이런 방식으로 함수를 호출하는 명령어를 사용할 수 없는데, 그 이유는 다음과 같습니다. 동적 라이브러리는 다른 프로세스를 통해 적재되고 나면 서로 다른 주소 공간을 가지게 되는데, 이때 다른 프로세스에서 적재한 foo 함수의 메모리 주소가 0x4004d6이라고 특정하는 것은 절대 불가능하기 때문입니다. 주소 독립적이란 어떤 프로세스에서 foo 함수를 호출하든지 간에 해당 함수의 정확한 실행 주소를 찾을 수 있다는 것을 의미합니다. 이런 주소 독립적 설계는 동적 라이브러리의 변수를 참조할 때 좀 더 '간접적인 접근'을 해야 하지만, 동적 라이브러리를 사용할 때 얻는 이점이 이런 성능 손실보다 더 큰 가치가 있습니다.

동적 라이브러리의 장점은 사실 단점이 될 수도 있습니다. 적재할 때 동적 링크를 수행하는 프로그램은 실행 파일만으로는 실행이 불가능합니다. 즉, 종속된 동적 라이브러리를 제공하지 않거나 그 버전이 호환되지 않을 경우 프로그램이 실행되지 않습니다. 이런 동적 라이브러리 종속성 문제로 프로그램의 설치와 배포에 어려움을 겪을 수 있습니다.

고전적인 C 코드인 'helloworld' 프로그램을 다시 한 번 살펴봅시다.

```
#include <stdio.h>

int main()
{
    printf("hello, world\n");

    return 0;
}
```

여러분은 printf 함수가 실제로 어디에 구현되어 있는지 궁금해 한 적이 있나요? 이런 종류의 함수는 C 표준 라이브러리에 구현되어 있는데, 이 표준 라이브러리는 동적 라이브러리로서 링커가 실행 파일에 자동으로 링크합니다. 리눅스에서는 ldd 명령어를 사용하여 실행 파일이 어떤 동적 라이브러리에 의존하는지 확인할 수 있습니다. 예를 들어 'helloworld' 프로그램을 컴파일한 실행 파일이 'helloworld'라고 가정하면, ldd 명령어는 다음과 같이 사용할 수 있습니다.

```
# ldd helloworld
    linux-vdso.so.1 => (0x00007ffee3bae000)
    libc.so.6 => /lib64/libc.so.6 (0x00007fd1562fd000)
    /lib64/ld-linux-x86-64.so.2 (0x00007fd1566cb000)
```

이처럼 'helloworld' 프로그램이 여러 동적 라이브러리에 의존하고 있음을 알 수 있습니다. 이 중에서 libc.so가 바로 앞에서 이야기했던 C 표준 라이브러리입니다. 이 정도는 이제 여러분도 알고 있겠죠? 이와 같이 가장 간단한 프로그램조차도 동적 라이브러리의 도움이 필요합니다.

지금까지 링커가 실행 파일을 생성하는 과정을 살펴보았습니다. 이어서 링커의 재배치 (relocation) 기능을 살펴보겠습니다.

1.3.5 재배치: 심벌의 실행 시 주소 결정하기

우리는 모든 변수나 함수에 메모리 주소가 있다는 것을 알고 있습니다. 어셈블리어로 작성된 코드를 살펴보면, 명령어에 변수 정보가 전혀 없는 대신 전부 메모리 주소를 사용하고 있음을 알 수 있습니다. 어떤 코드가 foo 함수를 호출하려고 할 때, 그에 대응하는 기계 명령어는 다음 형태를 가집니다.

```
call 0x4004d6
```

이 명령어는 실행을 시작하기 위해 메모리 주소 0x4004d6으로 이동하라는 의미로, 0x4004d6이 바로 foo 함수의 첫 번째 기계 명령어가 위치하고 있는 주소입니다.

링커가 실행 파일을 생성할 때 프로그램이 실행되는 시점에 함수가 적재될 메모리 주소를 확정해야 합니다. 하지만 함수를 호출하는 call 명령어 뒤에 들어갈 메모리 주소인 0x4004d6을 링커가 어떻게 알 수 있을까요?

이 문제에 대한 고민은 대상 파일을 생성할 때부터 시작됩니다. 컴파일러는 컴파일을 통해 대상 파일을 생성할 때 foo 함수가 어느 메모리 주소에 적재될지, 다시 말해 call 명령어 뒤에 어떤 메모리 주소를 넣어야 할지 알 수 없습니다. 따라서 이 시점에는 일단 다음과 같이 간단하게 0x00으로 지정하여 호출한다는 사실만 기록해 둡니다.

```
call 0x00
```

이렇게 컴파일러가 떠넘긴 부분은 이제 링커가 채워야 합니다. 그렇다면 링커는 이 call 명령어를 찾아서 뒤의 0x00을 해당 함수가 최종적으로 실행되는 시점의 메모리 주소로 변경해야 한다는 것을 어떻게 알 수 있을까요? 다행히 컴파일러도 링커가 오늘 하루를 좀 더 즐겁게 보낼 수 있도록 약간의 단서를 남겨 두었습니다. 즉, 메모리 주소를 확정할 수 없는 변수를 발견할 때마다 .relo.text에는 해당 명령어를 저장하고 .relo.data에는 해당 명령어와 관련된 데이터를 저장합니다. 이제 대상 파일은 그림 1-29와 같이 더 많은 내용을 담게 됩니다.

▼ **그림 1-29** 실행 시 메모리 주소를 알 수 없는 변수는 대상 파일에 저장된다

예를 들어 foo 함수의 경우, 컴파일러는 call 명령어를 생성하면서 .relo.text에 다음 메시지를 기록합니다. '코드 영역(code segment)의 시작 주소(start address) 기준 오프셋(offset)이 60바이트인 위치에서 foo 심벌을 발견했지만, 실행 시에 어떤 주소에서 실행해야 할지 알 수 없습니다. 따라서 링커인 여러분께서 실행 파일을 생성할 때 이 명령어를 수정해야 합니다.'

이어서 앞서 설명했던 심벌 해석(symbol resolution) 단계입니다. 링커는 심벌 해석을 완료해야만 링크 과정에 오류가 없다고 확신할 수 있습니다. 다음 단계는 그림 1-30과 같이 대상 파일에서 동일한 유형의 영역끼리 병합하는 과정입니다.

▼ **그림 1-30** 실행 파일에서 결정되는 심벌 주소

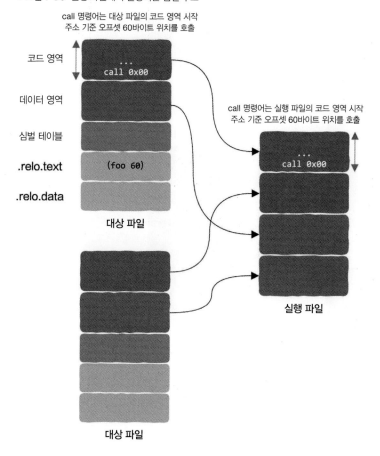

대상 파일에서 각 유형의 영역이 모두 결합되면 모든 기계 명령어와 전역 변수가 프로그램 실행 시간에 위치할 메모리 주소를 결정할 수 있습니다.[6] 이제 foo 함수의 실행 시간 메모리 주소가 0x4004d6이라는 것을 알 수 있습니다.

이어서 링커는 각 대상 파일의 .relo.text 영역(segment)을 하나씩 읽어 기계 명령어를 수정해야 하는 foo라는 심벌이 있으며, 이 심벌의 코드 영역 시작 주소 기준 오프셋이 60바이트라는 것을 확인합니다. 링커는 이렇게 확인한 정보를 이용하여 그림 1-31과 같이 실행 파일에서 해당 call 명령어를 정확히 찾고, 이동할 소스 주소를 0x00에서 0x4004d6으로 수정할 수 있습니다.

▼ **그림 1-31** 재배치

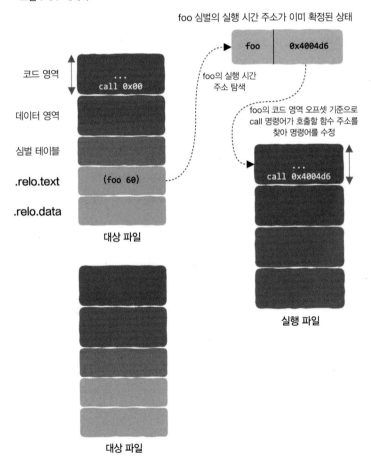

이와 같이 심벌의 메모리 주소를 수정하는 과정을 재배치(relocation)라고 합니다.

6　**역주** 이유는 뒤에서 다시 설명합니다.

이 과정은 앞서 몇 차례 설명했던 책의 출판 사례와 매우 유사합니다. 책이 최종적으로 편집되는 과정을 거쳐야만 'CPU에 대한 설명은 N쪽을 참고하세요.'에서 N이 실제로 몇 쪽인지, 그리고 전체 책 분량에 걸쳐 몇 개의 N이 존재하는지 확인할 수 있습니다. 모든 N을 확인하고 나면 이제 N이 사용된 모든 위치를 찾아서 실제 최종 페이지로 바꿀 수 있으며, 이것은 본질적으로 재배치와 동일합니다.

그런데 지금까지 내용을 주의 깊게 읽었다면, 링커가 프로그램이 실행된 후의 변수나 기계 명령어의 메모리 주소를 확인할 수 있는 이유가 무엇인지 궁금할 수 있습니다. 변수나 명령어의 메모리 주소는 프로그램이 실행될 때마다 변경되기 때문에 실제로 그 시점이 되어야 알 수 있지 않나요?

링커는 예언자일까요?

네, 링커는 정말 예언자입니다. 그렇다면 링커가 변수의 실행 시간 메모리 주소를 미리 알 수 있는 방법은 무엇일까요?

이 문제를 해결하기 위해 최신 운영 체제의 절묘한 설계인 가상 메모리(virtual memory)가 탄생했습니다.

1.3.6 가상 메모리와 프로그램 메모리 구조

궁금해 한 적이 있는지 모르겠지만, C 언어를 배우다 보면 그림 1-32의 그림[7]을 볼 기회가 자주 있습니다.

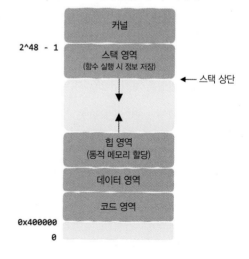

▼ 그림 1-32 프로그램이 실행된 후 메모리 상태

---

7   역주 64비트 시스템을 기준으로 합니다.

그림 1-32에서 힙 영역(heap segment), 스택 영역(stack segment), 데이터 영역(data segment) 등을 볼 수 있습니다. 그렇다면 이것들이 실제로 의미하는 바는 무엇일까요?

프로그램이 실행되면 해당 프로그램의 프로세스(process)[8]가 메모리에 적재됩니다. 그림 1-32는 이 프로세스가 어떤 형태로 메모리에 적재되는지 보여 줍니다. 메모리의 상위 주소(higher address)에 스택 영역이 존재합니다. 그리고 그 아래에 비어 있는 큰 공간이 존재하고, 이어서 힙 영역이 존재합니다. malloc 함수가 바로 힙 영역에서 메모리를 할당받습니다. 마지막으로 데이터 영역과 코드 영역(code segment)이 위치하는데, 이 두 영역은 실행 파일의 내용이 메모리에 적재되는 곳입니다. 여러분은 이런 내용을 반드시 알아 둘 필요가 있습니다.

하지만 여기에서 정말 흥미로운 것은 코드 영역이 시작되는 위치입니다. 모든 프로그램은 실행된 후 코드 영역이 예외 없이 메모리 주소 0x400000에서 시작합니다. 뭔가 이상하지 않나요? 두 프로그램 A와 B가 동시에 실행 중이라고 가정할 때, CPU가 메모리 주소 0x400000에서 가져오는 기계 명령어는 프로그램 A의 코드일까요, 아니면 프로그램 B의 코드일까요?

이 문제에 대한 답이 떠올랐나요?

정답은 CPU가 프로그램 A를 실행할 때 메모리 주소 0x400000에서 가져온 명령어는 프로그램 A에 속하고, 프로그램 B를 실행할 때 메모리 주소 0x400000에서 가져온 명령어는 프로그램 B에 속한다는 것입니다. 둘 다 메모리 주소 0x400000에서 가져온 것이지만 그 데이터는 서로 동일하지 않습니다. 신기하지 않나요? 도대체 어떻게 이런 일이 가능할까요?

이렇게 마법 같은 일을 가능하게 하는 것은 바로 운영 체제의 가상 메모리 기술입니다.

가상 메모리는 말 그대로 물리적으로 존재하지 않는 가짜 메모리입니다. 가상 메모리는 각각의 프로그램이 실행 중일 때, 자기 자신이 모든 메모리를 모두 독점적으로 사용하고 있는 것처럼 착각하게 만듭니다. 예를 들어 32비트 시스템에서는 실제로 시스템에 설치된 물리적 메모리가 얼마가 되었든 자신이 2^{32}바이트, 즉 4GB 메모리를 독점하고 있다고 생각합니다.

따라서 그림 1-32의 모습은 실제 물리 메모리의 형상이 아닌 논리로만 존재하는 허상일 뿐입니다. 이는 마치 우리가 파일을 연속적으로 읽고 있다고 생각하지만, 실제로는 그 데이터가 디스크 전체에 무작위로 흩어져 있는 것과 마찬가지입니다.

---

8 역주 프로세스 개념은 2장에서 설명합니다.

이것이 바로 모든 프로그램이 그림 1-32에서 볼 수 있는 것처럼 동일한 표준적인 메모리 구조를 가질 수 있는 이유입니다. 따라서 프로그래머는 코드를 작성할 때 이런 표준 메모리 구조를 기반으로 프로그램을 작성할 수 있습니다. 또 링커가 실행 파일을 생성하자마자 실행 시 심벌의 메모리 주소를 결정할 수 있는 것도 프로그램 실행 여부와 관계없이 프로세스 메모리 구조를 알고 있기 때문입니다. 64비트 시스템을 예로 들면 코드 영역은 언제나 메모리 주소 0x400000에서 시작하고, 스택 영역은 항상 메모리의 상위 주소에 위치합니다. 이런 메모리 구조를 사용하면 메모리 주소가 가상이라고 하더라도 실행 시 심벌의 메모리 주소를 확인할 수 있습니다. 하지만 사실상 링커는 프로그램이 실행될 때 명령어나 데이터가 실제로 존재하는 물리 메모리(physical memory)의 어디에 위치하는지 전혀 신경 쓰지 않습니다.

표준적인 가상 메모리 공간에 대해 실행 시 메모리 주소를 생성하면 링커 설계가 매우 크게 간소화됩니다.

하지만 결국에는 데이터와 명령어가 물리 메모리에 저장되어야 합니다. 그렇다면 CPU가 프로그램 A를 실행하여 메모리 주소 0x400000에 접근할 때, 실제로 명령어를 꺼내는 물리 메모리 주소는 어떻게 찾아야 할까요?

실행 파일을 실행하려면 물리 메모리에 적재되어야 한다는 것은 이미 알고 있습니다. 실행 파일의 코드 영역이 물리 메모리 주소 0x80ef0000에 적재된다고 가정하면, 시스템에는 다음과 같은 사상(mapping)[9] 관계가 추가됩니다. 여기에서 더 깊게 다루지는 않을 예정이지만, 실제 운영 체제의 모든 메모리 주소에 대해 이런 사상 관계를 유지하는 것은 아니며 메모리 페이지(memory page) 단위로 관리됩니다.

```
가상 메모리      물리 메모리
0x400000        0x80ef0000
```

이런 사상 관계를 기록한 표를 페이지 테이블(page table)이라고 합니다. 각각의 프로세스에는 자신만의 페이지 테이블이 있으며, 그림 1-33과 같이 CPU가 프로그램 A를 실행하고 메모리 주소 0x400000에 접근하면 특별히 설계된 하드웨어가 페이지 테이블을 참조하여 물리 메모리 주소 0x80ef0000으로 변환한 후 접근합니다.

---

9 역주 寫像. 매핑이라고도 합니다.

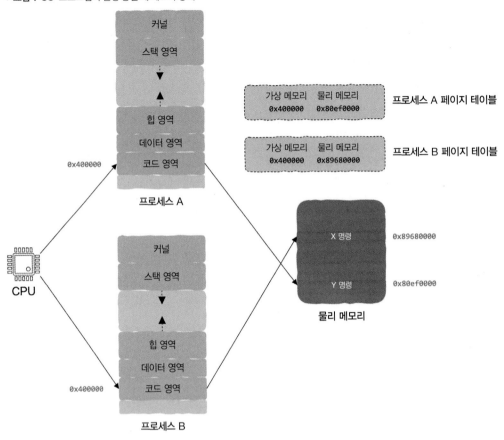

▼ **그림 1-33** 프로그램이 실행 중일 때 메모리 상태

또 그림 1-33에서 다음과 같은 중요한 정보 몇 가지를 얻을 수 있습니다.

1. 모든 프로세스의 가상 메모리는 표준화되어 있고 크기가 동일합니다. 프로세스마다 각 영역의 크기가 다를 수는 있지만 영역이 배치되는 순서는 동일합니다.

2. 실제 물리 메모리의 크기는 가상 메모리의 크기와는 무관하며 물리 메모리에는 힙 영역, 스택 영역 등 영역 구분조차 존재하지 않습니다. 단, 운영 체제마다 이는 조금씩 다를 수 있습니다.

3. 모든 프로세스는 자신만의 페이지 테이블을 가지고 있으며, 같은 가상 메모리 주소라도 페이지 테이블을 확인하여 서로 다른 물리 메모리 주소를 획득합니다. 이런 이유로 CPU는 동일한 가상 메모리 주소에서 서로 다른 내용을 가져올 수 있습니다.

이것이 가상 메모리의 기본 원리입니다. 가상 메모리는 앞으로도 책의 나머지 부분에서 계속해서 이야기할 것입니다.

좋습니다! 링커 내용은 여기까지 다루겠습니다. 실제 실행 파일을 생성하는 링크 과정은 컴파일만큼 잘 알려져 있지는 않지만, 링크는 실행 파일을 생성할 때 매우 중요한 단계입니다. 링크는 실행 파일로 대표되는 컴파일 시간과 프로세스로 대표되는 실행 시간 사이를 이어 주는 핵심적인 다리로, 최신 운영 체제 설계에서 매우 중요하고 흥미로운 부분인 가상 메모리의 비밀을 품고 있습니다. 이 점을 제대로 이해해야만 프로그램이 실행되는 방식도 명확하게 이해할 수 있습니다.

지금까지 우리는 프로그래밍 언어가 무엇인지, 고급 프로그래밍 언어를 어떻게 기계 명령어로 전환하는지 알아보았습니다. 또 컴파일러와 링커가 함께 프로그래머가 이해할 수 있는 코드를 CPU가 실행할 수 있는 기계 명령어로 전환한다는 것도 확인할 수 있었습니다.

컴파일러와 링커는 컴퓨터 과학에서는 초석과도 같은 매우 중요한 역할을 맡고 있습니다. 현대의 프로그래머가 기계 명령어와 같은 세부 사항에 신경 쓰지 않고도 효율적으로 프로그래밍할 수 있는 것은 바로 추상화(abstraction) 덕분입니다. 따라서 추상화는 컴퓨터 과학에서 가장 중요한 개념이라고 할 수 있습니다.

이어 추상화 역할을 구체적으로 살펴보겠습니다.

1.4 SECTION / 컴퓨터 과학에서 추상화가 중요한 이유

우리가 여전히 개인마다 이름을 붙이지 않는 사회에서 살고 있다면, '윤태진 씨는 예쁜 사람이에요.'라는 표현 대신 어떤 표현을 사용해야 할까요? 아마 이렇게 해야 하지 않을까요?

"제가 전에 말씀드렸던 여성을 기억하십니까? 그녀는 하루 종일 꽃무늬 드레스를 입고 다닙니다. 목동에서 일하고 집은 서울 서부 모처에 있지요. 노래방 마이크를 들고 다니면서 매일 꾸준하게 노래를 연습하고 공도 차면서 방송하는 그 사람을 말하는 겁니다. 그 사람은 예쁜 사람입니다."

둘의 차이가 느껴지나요? 이름이 존재하지 않는 상황에서는 모든 세부 사항을 구체적으로 명확하게 설명해야 하기 때문에 그 사람이 예쁜 사람이라는 한 가지 사실조차 제대로 설명하기가 매우 어렵습니다. 하지만 이런 세부 사항을 한데 묶어 '윤태진'이라는 이름으로 추상화를 하면 모든 것이 매우 간단하게 해결됩니다. 더 이상 세부 사항을 모두 나열하지 않고도 추상화를 통해 의사소통을 할 수 있습니다. 이와 같이 추상화는 표현력을 크게 향상시키고 의사소통의 효율을 올려 줄 뿐만 아니라 세부 사항을 노출할 필요가 없으므로 보호할 수도 있습니다. 이것이 추상화의 힘입니다.

컴퓨터 세계에서도 이것은 마찬가지입니다.

1.4.1 프로그래밍과 추상화

프로그래머 역시 추상화를 통해 다음 이점을 얻을 수 있습니다. 소프트웨어는 복잡하지만, 프로그래머는 추상화를 통해 복잡도를 제어할 수 있습니다. 예를 들어 모듈 기반의 설계를 사용할 때 각 모듈이 간단한 API들을 추상화하면, 각각의 모듈을 사용할 때 다양하고 복잡한 내부의 구현 사항을 고민할 필요 없이 추상화된 API에만 집중할 수 있습니다.

모든 프로그래밍 언어는 추상화를 지원하기 위해 각자 자신만의 작동 방식(mechanism)을 제공합니다. 예를 들어 객체 지향 언어(object-oriented programming language)의 주요 장점은 바로 다형성(polymorphism)과 추상 클래스(abstract class) 등을 이용하여 프로그래머가 손쉽게 추상화를 할 수 있다는 것입니다. 이것으로 프로그래머가 구체적인 내부 구현이 아닌 추상화만 고려하여 프로그래밍을 할 수 있어 프로그램 확장성이 향상되고 요구 사항 변화에도 더 잘 대응할 수 있습니다.

1.4.2 시스템 설계와 추상화

컴퓨터 시스템은 기본적으로 추상화라는 기반 위에 구축됩니다.

CPU를 이야기해 봅시다. CPU의 하드웨어는 트랜지스터 여러 개로 구성되어 있지만, 명령어 집합(instruction set)이라는 개념으로 내부 구현 세부 사항을 보호합니다. 따라서 프로그래머는 트랜지스터의 세부 사항은 전혀 고려할 필요 없이 명령어 집합에 포함된 기계 명령어를 사용하여 CPU에 작업을 지시하기만 하면 됩니다. 그리고 기계 명령어에 대한 추상화 계층(abstract layer)은 다시 1.1절에서 언급했던 고급 프로그래밍 언어로 이어집니다. 따라서 고급 언어로 프로그래밍하는 프로그래머는 기계 명령어의 세부 사항에 신경 쓸 필요가 없으며, 고급 언어를 이용하여 CPU를 '직접' 제어할 수 있기 때문에 프로그래밍의 질적 효율성이 크게 높아집니다.

입출력(input/output) 장치는 파일(file)로 추상화되어 있습니다. 따라서 파일을 사용할 때 파일 내용이 정확히 어떻게 저장되는지, 다시 말해 어느 트랙(track)의 어느 섹터(sector)에 정확히 저장되는지[10] 등 세부 사항은 전혀 신경 쓸 필요가 없습니다.

실행 중인 프로그램은 프로세스로 추상화됩니다. 프로그래머는 프로그램을 작성할 때 자신의 프로그램이 CPU를 독점한다고 가정할 수 있기 때문에 단일 CPU 시스템에서도 수많은 프로세스가 동시에 실행될 수 있습니다.

물리 메모리와 파일은 가상 메모리로 추상화됩니다. 프로그래머는 물리 메모리의 크기가 서로 다른 경우에도 자신의 프로그램이 표준적이고 동일한 크기의 메모리에 독점적으로 접근할 수 있다고 가정할 수 있습니다. 또 mmap 작동 방식을 이용하여 가상 메모리를 사용하더라도 실제 메모리를 읽고 쓰는 것처럼 쉽게 파일을 조작할 수 있습니다.

네트워크 프로그래밍(network programming)은 소켓(socket)으로 추상화됩니다. 프로그래머는 네트워크 패킷(packet)이 계층별로 어떻게 해석되는지, 네트워크 카드가 어떻게 데이터를 송수신하는지 전혀 신경 쓸 필요가 없습니다.

프로세스와 프로세스에 종속적인 실행 환경은 컨테이너(container)로 추상화됩니다. 프로그래머는 더 이상 개발 환경과 실제 배포 환경의 차이를 걱정할 필요가 없습니다. 프로그래머가 가장 선호하는 '제 환경에서는 잘 동작하는데요.' 같은 '책임 떠넘기기' 기술은 이제 공식적으로 역사의 뒤안길로 사라졌습니다.

CPU, 운영 체제, 응용 프로그램(application)은 가상 머신으로 묶여(packaging) 추상화됩니다. 프로그래머는 더 이상 예전처럼 여러 가지 하드웨어를 구입하여 직접 운영 체제를 설치하고 프로그램을 구성하고 서버 환경을 운영할 필요가 없습니다. 가상 머신은 일종의 데이터로서 빠르게 복제가 가능하기 때문에 프로그래머는 이제 한 손으로 수많은 서버를 운영하고 유지하고 관리할 수 있습니다. 이런 모습은 이전에는 상상조차 할 수 없었지만, 이것은 현재 한창 불타오르고 있는 클라우드 컴퓨팅을 지원하고 있는 기술이기도 합니다.

추상화는 프로그래머를 저수준 계층에서 점점 더 멀어지게 만들고, 점점 더 저수준 계층의 세부 사항도 신경 쓸 필요가 없도록 만듭니다. 또 프로그래밍의 문턱도 점점 더 낮추어 컴퓨터 기초가 전혀 없는 사람도 며칠 동안 간단한 학습만으로도 괜찮은 프로그램을 작성하게 해 줍니다. 이것이 추상화의 위력입니다.

하지만 정말로 프로그래머가 저수준 계층에 관심을 가질 필요가 전혀 없을까요?

---

10 **역주** 이는 디스크(disk)의 경우에 해당하는 개념이며, SSD는 페이지(page)와 블록(block)으로 구성됩니다.

각각의 추상화 계층은 본질적으로 그 안에 편안하게 머물면서 프로그래밍을 즐길 수 있는 낙원이라고 할 수 있습니다. 하지만 추상화 계층을 넘어서거나 자신만의 낙원을 만들고 싶다면 필연적으로 가장 아래에 위치한 저수준 계층을 이해할 필요가 있습니다. 저수준 계층에 대한 철저한 이해는 고급 프로그래머를 남들과 구분 짓는 특징 중 하나입니다.

이렇게 프로그래밍 언어와 실행 파일의 비밀을 알아보았습니다. 여행의 두 번째 코스에서는 프로그램이 실행되고 난 후 우리를 기다리고 있는 멋진 광경이 무엇인지 확인할 수 있도록 계속해서 저수준 계층을 탐험해 보겠습니다.

1.5 요약

프로그래머가 작성한 코드는 실제로 문자열 나열에 지나지 않으며, 텍스트 파일에서 볼 수 있는 단락과 다를 바 없습니다. 물론 텍스트 파일 내용은 주어, 술어, 목적어 등 특정 문법을 따르기 때문에 우리가 직접 읽을 수 있다는 점이 다르기는 하지만요.

마찬가지로 코드는 프로그래밍 언어의 문법을 따릅니다. 하지만 CPU는 if else 같은 문법을 직접 이해할 수 없으며, 기계 명령어만 실행할 수 있습니다. 이때 컴파일러는 번역기 역할을 하여 프로그래밍 언어 문법에 따라 코드를 구문 분석하고, 최종적으로 기계 명령어를 생성합니다. 컴파일러는 CPU를 세부 사항에서 보호하여 프로그래머가 기계 명령어를 전혀 알지 못해도 프로그래밍이 가능하게 해 주는데, 이것이 바로 추상화의 힘입니다.[11] 마지막으로 링커는 모든 코드와 데이터, 라이브러리를 한데 묶어 실행 파일을 생성하는 역할을 합니다.

이제 실행 파일이 생성되었습니다. 이 프로그램이 실행되면 또 어떤 흥미로운 이야기가 우리 앞에 펼쳐질까요?

---

11 역주 CPU는 4장에서 다시 설명합니다.

프로그램이 실행되었지만, 뭐가 뭔지 하나도 모르겠다

코드라는 인간이 인식할 수 있는 문자열을 CPU가 실행할 수 있는 기계 명령어로 변환하는 과정은 매우 흥미로웠으며, 프로그램이 실행될 때 어떤 일이 일어나는지 그 이야기도 그에 못지않게 흥미로웠습니다.

이제 정적인 코드에서 프로그램의 동적 실행으로 시선을 옮겨 봅시다. 그러자 우리를 당혹스럽게 하는 몇 가지 질문이 떠오릅니다. 프로그램은 어떻게 실행될까요? 프로그램이 실행되고 나면 그 모습은 어떻게 변화할까요? 운영 체제와 같은 것들은 왜 필요할까요? 프로세스, 스레드, 최근 몇 년 사이에 등장한 코루틴은 도대체 무엇인가요? 콜백 함수, 동기화, 비동기화, 블로킹, 논블로킹은 도대체 무슨 뜻일까요? 프로그래머가 이런 개념들을 이해해야 하는 이유는 무엇일까요? 이런 개념에서 프로그래머는 무엇을 할 수 있을까요? 이런 개념을 사용하여 기계 성능을 최대한 활용하려면 어떻게 해야 할까요?

이번 여행의 두 번째 역에서 다룰 주제는 프로그램의 실행 시간 동안 일어나는 비밀에 관한 것입니다.

운영 체제, 프로세스, 스레드의 근본 이해하기

지금부터 컴퓨터 시스템이 어떻게 지금의 모습을 갖추게 되었는지 그 근원을 살펴보겠습니다.

2.1.1 모든 것은 CPU에서 시작된다

아마도 왜 CPU부터 시작해야 하는지 궁금하겠지만, 사실 그 이유는 간단합니다. **여기에는 혼란스러운 개념이 없고 모든 것이 너무나도 단순해서 문제 본질을 보다 명확하게 들여다볼 수 있기 때문입니다.**

CPU는 사실 스레드, 프로세스, 운영 체제 같은 개념을 전혀 알지 못합니다.

CPU는 단지 다음 두 가지 사항만 알고 있습니다.

1. 메모리에서 명령어(instruction)를 하나 가져옵니다(dispatch).
2. 이 명령어를 실행(execute)한 후 다시 **1.**로 돌아갑니다.

그림 2-1은 CPU가 명령어를 가져와 실행하는 과정을 보여 줍니다.

▼ **그림 2-1** CPU가 명령어를 가져와 실행하는 과정

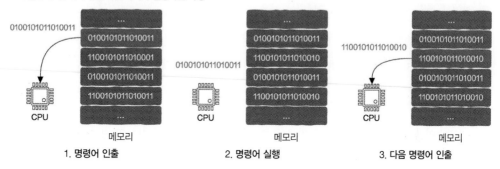

1. 명령어 인출　　　　　　　2. 명령어 실행　　　　　　　3. 다음 명령어 인출

여기에서 CPU는 실제로 프로세스나 스레드 같은 것들이 무엇인지 알지 못합니다.

CPU는 어떤 기준으로 메모리에서 명령어를 가져올까요? 이 질문에 대한 답은 프로그램 카운터(program counter), 줄여서 PC라고 불리는 레지스터(register)에서 찾을 수 있습니다. 이때 레지스터를 너무 신비한 존재로 여길 필요는 없습니다. 그저 용량은 매우 작지만 속도는 매우 빠른 일종의 메모리라고 이해하면 됩니다.

PC 레지스터에 저장되는 것은 무엇일까요? 바로 메모리에 저장된 명령어 주소입니다. 그렇다면 어떤 명령어 주소를 저장할까요? 그림 2-2에서 볼 수 있듯이, CPU가 다음에 실행할 명령어입니다.

▼ **그림 2-2** PC 레지스터는 다음에 실행할 명령어 주소를 저장한다

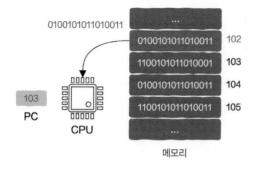

PC 레지스터의 명령어 주소는 누가 설정할까요?

PC 레지스터가 저장하는 주소는 기본적으로 1씩 자동으로 증가합니다. 대부분 CPU가 주소를 하나씩 증가시키면서 차례대로 명령어를 실행하기 때문에 이런 동작 방식은 당연하게도 매우 일리가 있습니다. 하지만 if else 또는 함수 호출 같은 명령어를 만나면 이런 순차적인 실행 순서는 파괴됩니다. 이런 명령어를 실행할 때 CPU는 연산 결과 또는 명령어에서 지정한 점프할 대상 주소에 따라 PC 레지스터 값을 동적으로 변경합니다. 이 방식으로 CPU는 실행해야 할 명령어로 정확하게 점프할 수 있습니다.

그렇다면 최초의 PC 레지스터 값은 어떻게 설정되었을까요?

이 질문에 답하기 전에 우리는 CPU가 실행하는 명령어가 어디서 오는지 알 필요가 있습니다. 명령어는 메모리에 저장되어 있는데, 메모리에 저장된 명령어는 디스크에 저장된 실행 파일에서 적재되고, 그 실행 파일은 컴파일러로 생성됩니다. 그렇다면 컴파일러는 무엇을 기반으로 기계 명령어를 생성할까요? 정답은 바로 프로그램이 작성된 코드입니다. 그림 2-3에서 볼 수 있는 이 과정은 이미 1장에서 자세히 설명했습니다.

▼ 그림 2-3 소스 파일부터 프로세스까지

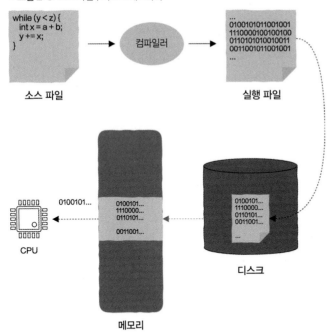

우리가 작성하는 프로그램에는 반드시 시작 지점이 있어야 하는데, 여러분이 잘 알고 있는 main 함수가 바로 그것입니다. 프로그램이 시작되면 먼저 main 함수에 대응하는 첫 번째 기계 명령어를 찾고, 이어서 그 메모리 주소를 PC 레지스터에 기록합니다. 물론 실제 상황은 훨씬 더 복잡해서 main 함수를 실제로 실행하기 전에 일부 레지스터의 초기화처럼 별도의 초기화 과정이 진행된다는 점에 유의해야 합니다.

2.1.2 CPU에서 운영 체제까지

이제 우리는 CPU가 프로그램을 실행하게 하려면 실행 파일을 수동으로 메모리에 복사한 후 main 함수에 해당하는 첫 번째 기계 명령어를 메모리에서 찾아 그 주소를 PC 레지스터에 적재하면 된다는 것을 알고 있습니다. 이렇게 하면 운영 체제가 없어도 우리가 직접 CPU에 프로그램을 실행하도록 할 수 있습니다. 사실 이런 작업이 불가능한 것은 아니지만, 이 과정은 매우 복잡하고 번거롭습니다. 우리가 다음 모든 작업을 실제로 직접 해야 하기 때문입니다.

- 프로그램을 적재할 수 있는 적절한 크기의 메모리 영역을 찾습니다.
- CPU 레지스터를 초기화하고 함수의 진입 포인트(entry point)를 찾아 PC 레지스터를 설정합니다.

또 순수하게 수동으로 프로그램을 실행하는 이 방법에는 다음과 같은 여러 가지 단점이 있습니다.

1. 한 번에 하나의 프로그램만 실행할 수 있습니다. 다시 말해 음악을 들으면서 동시에 코드를 작성할 수 없습니다. 이런 종류의 수동으로 관리해야 하는 시스템은 멀티태스킹(multi-tasking)을 지원할 방법이 없어 한 번에 코드 작성만 가능하거나 음악 감상만 가능합니다. 다중 코어를 최대한 활용하고 싶다고요? 미안하지만 불가능합니다.

2. 모든 프로그램은 사용할 하드웨어를 직접 특정 드라이버와 연결해야 하며, 그렇지 않으면 프로그램이 외부 장치를 전혀 사용할 수 없습니다. 프로그램이 사운드 카드를 사용한다면 사운드 카드 드라이버를 연결해야 합니다. 또 프로그램이 네트워크 카드를 사용한다면 네트워크 카드 드라이버를 연결해야 합니다. 아! 거의 잊을 뻔했네요. 네트워크로 통신하려면 TCP/IP 스택 소스 코드에도 연결해야 합니다.

3. print 함수를 사용하여 helloworld를 출력하고 싶나요? 미안하지만 print 함수를 직접 구현해야 합니다. 최신 운영 체제는 유용한 라이브러리를 다양하게 제공합니다. 이런 라이브러리가 없다고요? 매번 바퀴를 직접 만드는 것을 좋아하는 프로그래머라면 매우 행복할지도 모릅니다.

4. 아름다운 상호 작용 인터페이스(interactive interface)를 원한다면 이 모든 것을…… 직접 구현해 보세요!

사실 이것은 1950~1960년대에 프로그램을 작성하던 방식입니다. 지금 와서 생각해 보면 당시 사용자 경험(user experience)[1]은 매우 끔찍했습니다.

1　**역주** 흔히 줄여서 UX라고 합니다.

왜 프로그램을 실행할 때마다 실행 파일을 메모리에 수동으로 복사해야만 할까요? 이 지루하고 반복적인 작업을 대신 수행하도록 프로그램을 작성할 수는 없을까요? 컴퓨터는 이런 종류의 작업에 매우 능숙하다는 것을 상기해야 합니다.

이야기가 나왔으니 한번 실습해 봅시다. 여러분은 적재 도구(loader)라는 이름의 프로그램을 하나 작성했고, 이 적재 도구를 실행하면 프로그램이 메모리에 적재됩니다. 그렇다면 프로그램이 실행된 이후에는 어떻게 될까요? 여전히 한 번에 하나의 프로그램만 실행할 수 있을까요? CPU가 하나뿐인 단일 코어 컴퓨터에서 웹 서핑과 코드 작성을 동시에 하고 싶다면 어떻게 해야 할까요? 실행 중인 프로그램을 '관리'해야 하지 않을까요?

CPU는 한 번에 한 가지 일만 할 수 있습니다. 따라서 프로그램 A의 기계 명령어를 실행하거나 프로그램 B의 기계 명령어를 실행하는 것 중 하나만 할 수 있습니다. 그렇다면 프로그램 A와 프로그램 B가 동시에 실행되는 것처럼 보이게 하는 방법은 없을까요? 이는 매우 간단합니다. CPU는 먼저 프로그램 A를 실행했다가 이를 잠시 중지하고 프로그램 B의 실행으로 넘어갑니다. 그리고 프로그램 B를 실행했다가 이를 잠시 중지하고 다시 프로그램 A의 실행으로 돌아갈 수 있습니다. 이때 CPU의 전환 빈도가 충분히 빠르다면 그림 2-4와 같이 프로그램 A와 프로그램 B가 '동시에 실행'되는 것처럼 보입니다.

▼ **그림 2-4** CPU는 여러 프로그램 사이를 빠르게 전환한다

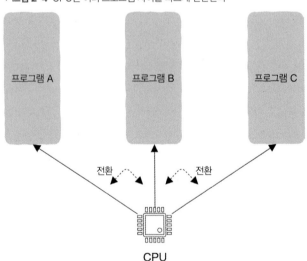

이제 멀티태스킹에 대한 기본 아이디어가 여러분 머릿속에서 구체화되었습니다. 괜찮아 보이기는 하지만, 실제로 구현하려면 어떻게 해야 할까요?

여기에서 관건은 어떻게 하면 프로그램을 일시 중지했다가 다시 시작하느냐 하는 것입니다. 이는 물고기를 급속 냉동했다가 해동하면 다시 깨어나 헤엄치는 것에 비유할 수 있습니다. 물론 좋은 비유이기는 하지만, 문제를 해결하는 데 큰 도움은 되지 않습니다. 여러분은 고민하다가 농구 경기를 떠올립니다.

농구 경기도 타임 아웃으로 일시 중지할 수 있습니다. 일시 중지하는 동안 모든 플레이어는 자신이 어디에 있는지와 누가 공을 가지고 있는지, 게임 시간이 얼마나 남았는지를 기억합니다. 이후 게임이 재개되면 모든 플레이어는 자신의 위치로 돌아가고 심판에게 공을 넘겨받으면 게임 시간은 다시 흘러갑니다. 농구 경기를 일시 중지했다가 다시 재개할 때 중요한 점은 게임이 일시 중지되었을 때 상태가 유지되고, 그 유지되었던 상태를 이용하여 다시 경기를 재개한다는 것입니다. 지금 우리에게 필요한 것이 바로 이런 작동 방식입니다.

이때 저장되는 상태를 상황 정보(context)라고 합니다.

프로그램 실행 역시 농구 경기와 비슷합니다. CPU가 어떤 기계 명령어를 실행했는지와 CPU 내부의 기타 레지스터 값 등 상태 값이 있습니다. 이 정보를 저장할 수 있다면 프로그램을 일시 중지했다가도 저장된 상황 정보를 이용하여 마치 물고기를 해동하듯 프로그램 실행을 재개할 수 있습니다. 이런 아이디어가 떠오른 여러분은 다음과 같이 프로그램 실행 상태를 저장하고 복구할 때 사용할 구조체(structure)를 정의하는 코드를 직접 작성하기 시작합니다.

> **코드**

```
struct ***
{
    context ctx; // CPU의 상황 정보 저장
    ...
};
```

실행 중인 모든 프로그램은 필요한 정보를 기록할 수 있는 이런 형태의 구조체를 가지고 있어야 합니다. 이제 '이해 불가능' 원칙에 따라 이 구조체에 듣기에 매우 신비한 단어인 프로세스(process)라는 이름을 붙입니다.

이렇게 프로세스가 탄생했습니다. 이제 모든 프로그램은 실행된 후 프로세스 형태로 관리됩니다.

프로세스를 사용하면 모든 프로세스를 원하는 대로 일시 중지하거나 다시 시작할 수 있습니다. 따라서 CPU가 프로세스 사이를 충분히 빠르게 전환하는 한, CPU가 하나뿐인 시스템에서도 수많은 프로세스를 동시에 실행하거나 적어도 동시에 실행 중인 것처럼 보이게 할 수 있습니다.

이렇게 가장 간단하고 정상적으로 동작하는 기본 멀티태스킹 기능을 구현했습니다.

여러분은 모든 사람이 프로그램을 자동으로 적재해 주는 적재 도구와 멀티태스킹을 실현해 주는 프로세스 관리 도구처럼 지금까지 직접 구현한 이 엄청나게 멋진 기능들을 사용하기 원한다는 것을 알았습니다. 이 여러 가지 기반 기능의 프로그램을 모아 둔 도구에도 이름이 필요하게 되었고, '이해 불가능' 원칙에 따라 이 '간단한' 프로그램에 운영 체제(operating system)라는 이름을 붙였습니다.

운영 체제가 탄생하면서 프로그래머는 더 이상 실행 파일을 수동으로 적재하거나 프로그램을 수동으로 유지 관리할 필요가 없어졌습니다. 이제 모든 것을 운영 체제에 맡기기만 하면 됩니다.

우리는 종종 코드 재사용성을 이야기합니다. 코드 재사용성이라고 하면 많은 사람이 라이브러리, 프레임워크(framework), 함수 등을 떠올립니다. 하지만 제가 보기에 운영 체제야말로 코드 재사용성이라는 단어에 가장 어울립니다. 최신 운영 체제는 우리가 걱정하는 대부분의 문제에서 해방시켜 줍니다. 따라서 시스템에서 실제로 실행 중인 타 프로세스가 몇 개인지, CPU가 몇 개인지, 물리 메모리의 용량이 얼마인지 신경 쓰지 않고 간단하게 내가 지금 사용하는 프로그램이 CPU와 표준 크기의 메모리를 독점하고 있다고 생각할 수 있습니다.

운영 체제는 여러분을 도와 이 모든 것을 뒤(background)에서 처리합니다.

고급 프로그래밍 언어, 컴파일러, 링커, 운영 체제는 철저하게 프로그래머의 생산성을 발휘할 수 있게 도와주는 초석에 해당하는 소프트웨어 제품군입니다.

이렇게 프로세스와 운영 체제가 모두 준비되었습니다. 이제 모든 것이 매우 완벽하게 느껴집니다.

2.1.3 프로세스는 매우 훌륭하지만, 아직 불편하다

다음과 같은 간단한 코드가 있다고 가정하겠습니다.

코드

```
int main()
{
    int resA = funcA();
    int resB = funcB();

    print(resA + resB);

    return 0;
}
```

이 프로그램이 실행 중일 때 메모리 내 해당 프로세스의 상황은 그림 2-5와 같습니다.

앞서 언급했듯이, 운영 체제의 가상 메모리는 그림 2-5와 같이 각각의 프로세스가 표준적인 메모리 크기를 독점적으로 사용하는 것처럼 보이게 합니다. 여기에서 그림 2-5를 프로세스 주소 공간(process address space)이라고 하겠습니다. 프로세스 주소 공간은 매우 중요하며, 이후에도 주소 공간이라는 용어를 많이 사용하게 될 것입니다. 프로세스 주소 공간은 아래에서 위의 방향을 기준으로 각각 다음과 같습니다.

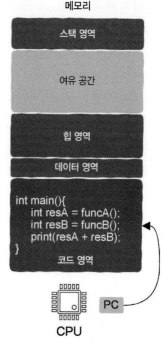

▼ **그림 2-5** 프로세스 주소 공간

- **코드 영역(code segment)**: 코드를 컴파일하여 생성된 기계 명령어가 저장됩니다.
- **데이터 영역(data segment)**: 전역 변수 등이 저장됩니다.
- **힙 영역(heap segment)**: `malloc` 함수가 요청을 반환한 메모리가 여기에 할당됩니다.
- **스택 영역(stack segment)**: 함수의 실행 시간 스택입니다.

이 중에서 데이터 영역과 코드 영역은 1장에서 이미 설명했고, 힙 영역과 스택 영역은 3장에서 자세히 설명할 예정입니다. 일단 그림 2-5와 같이 실행 흐름(flow of execution)이 하나뿐인 이 시점에 코드 논리를 다시 한 번 살펴보겠습니다.

이 코드는 매우 간단합니다. 그림 2-6에서 볼 수 있듯이 먼저 funcA 함수를 호출하여 그 결과를 얻고, funcB 함수를 호출하여 결과를 얻은 후 이 두 결과를 더합니다.

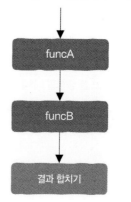

▼ **그림 2-6** 직렬 형태의 코드 논리

매우 간단하지 않습니까? 하지만 이 시점에서 여러분은 문제를 하나 발견했습니다. 사실 funcB 함수의 실행 결과는 funcA 함수의 실행과 아무런 관계가 없기 때문에, 이 두 함수는 서로 독립적입니다. 앞서 설명했던 코드에서는 funcA 함수의 실행이 끝날 때까지 기다려야만 funcB 함수의 실행이 시작되는 것을 볼 수 있습니다. 이 두 함수가 실행되는 데 필요한 시간이 각각 3분과 4분이라고 가정한다면, 이 코드를 실행하는 데는 총 7분이라는 시간이 필요합니다. 하지만 이 두 함수는 분명히 서로 독립적입니다. 이 경우 프로그램의 전체 실행 속도를 높일 수 있는 방법이 있지 않을까요?

누군가는 그리 간단하지 않은 문제라고 반문할 수도 있겠지만 사실은 간단합니다. 우리에게는 프로세스가 있으니까요. 먼저 프로세스 A와 프로세스 B를 생성하여 각각 funcA와 funcB의 결과를 얻은 후 프로세스 B의 결과를 프로세스 A에 전달하여 값 두 개를 더하는 것입니다. 가능하기는 하지만, 프로세스 B의 결과를 프로세스 A로 전달할 때 프로세스 사이에 통신 문제가 발생할 수 있습니다. 그림 2-7에서 다중 프로세스 프로그래밍(multi-process programming)과 프로세스 간 통신(inter-process communication)[2]의 모습을 살펴볼 수 있습니다.

▼ **그림 2-7** 다중 프로세스 프로그래밍과 프로세스 간 통신

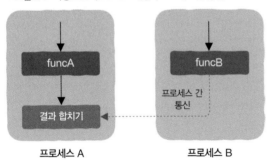

이것이 바로 다중 프로세스 프로그래밍입니다. 하지만 이 다중 프로세스 프로그래밍에는 다음과 같은 단점이 있습니다.

1. 프로세스를 생성할 때 비교적 큰 부담(overhead)이 걸립니다.
2. 프로세스마다 자체적인 주소 공간을 가지고 있기 때문에 프로세스 간 통신은 프로그래밍하기에 더 복잡합니다.

그렇다면 더 좋은 방법은 없을까요?

---

2 **역주** 일반적으로 IPC로 줄여서 부릅니다.

2.1.4 프로세스에서 스레드로 진화

잘 생각해 봅시다. 프로세스의 주소 공간에는 CPU가 실행하는 기계 명령어와 함수가 실행될 때 스택 정보가 저장됩니다. 그리고 우리가 프로세스를 실행하려면 main 함수의 첫 번째 기계 명령어 주소를 PC 레지스터에 기록해야 합니다. 이 과정을 거치면 명령어 실행 흐름이 형성됩니다.

프로세스 단점은 진입 함수(entry function)가 main 함수 하나밖에 없어 프로세스의 기계 명령어를 한 번에 하나의 CPU에서만 실행할 수 있다는 것입니다. 그렇다면 CPU 여러 개가 동일한 프로세스의 기계 명령어를 실행하게 할 방법은 없을까요?

앞서 언급했듯이 main 함수의 첫 번째 명령어 주소를 PC 레지스터에 기록할 수 있다는 사실에서 착안했을 때 아마도 main 함수와 다른 함수 간에 어떤 차이점이 있을지 궁금할 것입니다.

사실 차이점은 존재하지 않습니다. 물론 main 함수는 프로그램이 시작될 때 CPU가 실행하는 첫 번째 함수라는 점에서 특별하지만, 그 외에는 특별할 것이 전혀 없습니다. PC 레지스터가 main 함수를 가리키게 할 수 있듯이 PC 레지스터가 다른 어떤 함수라도 가리키게 할 수 있으며, 이를 통해 새로운 실행 흐름을 형성할 수 있습니다.

가장 중요한 점은 이런 실행 흐름이 동일한 프로세스 주소 공간을 공유하므로, 그림 2-8에서 볼 수 있듯이 더 이상 프로세스 간 통신이 필요하지 않다는 것입니다.

▼ **그림 2-8** 프로세스 주소 공간을 공유하는 여러 실행 흐름

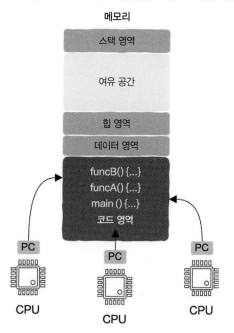

이렇게 사고를 해방한 결과, 하나의 프로세스에 진입 함수가 두 개 이상 있을 수 있음을 알았고 하나의 프로세스에 속한 기계 명령어를 CPU 여러 개에서 동시에 실행할 수 있었습니다.

이것은 프로세스 자체와는 다른 개념으로, 프로세스를 생성할 때는 메모리에서 실행 파일을 적재할 적절한 영역을 찾은 후 CPU의 PC 레지스터를 main 함수의 주소로 지정해야 합니다. 이런 이유로 하나의 프로세스에는 단 하나의 실행 흐름만 존재할 수 있다고 했던 것입니다.

하지만 이제는 다릅니다. CPU 여러 개가 한 지붕 아래에 있는 것과 마찬가지로 공유 프로세스 주소 공간에서 동일한 프로세스에 속한 명령어를 동시에 실행할 수 있습니다. 다시 말해 하나의 프로세스 안에 여러 실행 흐름이 존재할 수 있습니다.

실행 흐름이라는 용어는 너무 이해하기 쉬우니 다시 한 번 '이해 불가능' 원칙을 적용해서 여기에 이해하기 힘든 스레드(thread)라는 이름을 붙였습니다.

이것이 바로 스레드가 탄생한 배경입니다.

이제 스레드가 있으니 코드를 다음과 같이 개선할 수 있습니다.

코드

```
int resA;
int resB;

void funcA()
{
    resA = 1;
}

void funcB()
{
    resB = 2;
}

int main()
{
    thread ta(funcA);
    thread tb(funcB);

    ta.join();
    tb.join();

    print(resA + resB);

    return 0;
}
```

여기에서는 스레드 두 개를 생성하고, 먼저 funcA와 funcB를 각각 구분해서 실행합니다. 그리고 그 결과를 전역 변수인 resA와 resB에 저장하고, 마지막으로 이 값을 서로 더하는 방식으로 funcA와 funcB를 동시에 스레드 두 개에서 실행할 수 있습니다. 앞의 경우처럼 두 함수의 실행 시간이 각각 3분과 4분이라고 가정합니다. 또 이상적인 상황에서 이 스레드 두 개가 CPU 코어 두 개[3]에서 동시에 실행된다고 가정하면, 전체 프로그램의 실행 시간은 더 오래 실행되는 함수에 따라 달라지므로 4분이 걸립니다.

여기에서는 두 값을 더하는 과정에서 프로세스 간 통신이 일어나지 않았다는 점에 주목할 필요가 있습니다. 심지어 스레드 사이에는 근본적으로 통신이라는 개념이 존재하지 않는데, 이는 resA 변수와 resB 변수가 다중 프로세스 프로그래밍 때처럼 더 이상 서로 다른 주소 공간이 아닌 동일한 프로세스 주소 공간에 속해 있기 때문입니다. 이 경우 동일한 프로세스 내에 있는 모든 스레드는 이 변수들을 직접 사용할 수 있습니다. 이것은 스레드가 자신이 속해 있는 프로세스의 주소 공간을 공유한다는 의미이며, 이는 스레드가 프로세스보다 훨씬 가볍고 생성 속도가 빠른 이유이기도 합니다. 이런 이유로 스레드를 경량 프로세스(light weight process)[4]라고도 합니다. 그림 2-9는 스레드가 프로세스 주소 공간을 공유하는 모습을 표현한 것입니다.

▼ **그림 2-9** 스레드는 프로세스 주소 공간을 공유한다

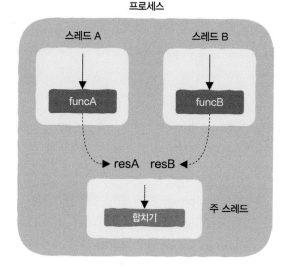

---

3 **역주** 다중 코어 시스템(multi-core system)인 경우를 가정합니다.
4 **역주** 약어로 LWP라고도 합니다.

스레드라는 개념이 생겼으니, 이제 우리는 프로세스를 시작하고 스레드 여러 개를 생성하기만 하면 다중 코어를 충분히 이용하여 모든 CPU를 최대한 활용할 수 있습니다. 이것이 바로 고성능과 높은 동시성의 기초가 됩니다.

물론 다중 코어가 있어야만 다중 스레드(multi-threading)를 사용할 수 있는 것은 아니며, 단일 코어인 상황에서도 스레드 여러 개를 생성할 수 있습니다. 이는 스레드가 운영 체제 계층에 구현되며 코어 개수와는 무관하기 때문입니다. CPU가 기계 명령어를 실행할 때도 실행 중인 기계 명령어가 어떤 스레드에 속해 있는지 인식하지 못합니다. 또 스레드에는 다중 코어를 충분히 활용하는 것 외에 또 다른 용도가 있습니다. 예를 들어 그래픽 사용자 인터페이스(graphics user interface) 프로그래밍을 할 때 특정 이벤트(event)를 처리하는 데 많은 시간이 필요하여 응답이 없는 상황을 방지하고자 해당 이벤트를 처리하는 별도의 스레드를 생성할 수 있습니다.

각 스레드가 프로세스의 메모리 주소 공간을 공유하기 때문에 자연스럽게 스레드 간 '통신'을 위한 운영 체제의 지원도 필요하지 않습니다. 이것은 프로그래머에게 큰 편의성을 제공하지만, 그와 동시에 끝없는 문제를 일으킵니다. 다중 스레드가 공유 리소스에 접근할 때 오류가 발생하는 것은 CPU가 명령어를 실행할 때 스레드를 전혀 고려하지 않기 때문입니다. 따라서 프로그래머는 상호 배제(mutual exclusion)와 동기화(synchronization)를 이용하여 다중 스레드 공유 리소스 문제를 명시적으로 직접 해결해야 합니다. 이어지는 두 절에서 이 문제를 집중적으로 살펴볼 것입니다.

2.1.5 다중 스레드와 메모리 구조

이제 우리는 스레드와 CPU의 관련성, 즉 CPU의 PC 레지스터에 스레드의 진입 함수 주소를 지정하면 스레드를 실행시킬 수 있다는 것을 알았습니다. 이것이 바로 스레드를 생성할 때 진입 함수를 반드시 지정해야 하는 이유입니다. 그렇다면 스레드와 메모리는 어떤 관련이 있을까요?

함수가 실행될 때 필요한 정보에는 함수의 매개변수(parameter), 지역 변수, 반환 주소(return address) 등이 있습니다. 이런 정보는 대응하는 스택 프레임(stack frame)에 저장되며, 모든 함수는 실행 시에 자신만의 실행 시간 스택 프레임(runtime stack frame)을 가집니다. 함수가 호출되고 반환될 때마다 이 스택 프레임은 후입선출(last in first out)[5] 순서로 증가하거나 감소하며, 이런 스택 프레임의 증감이 프로세스 주소 공간에서 스택 영역을 형성합니다. 이것은 3장에서 다시 다루겠습니다.

---

5 역주 일반적으로 LIFO라는 약어로 사용됩니다.

이 스레드라는 개념이 존재하기 전에는 프로세스 내에 실행 흐름은 단 하나만 존재했었고, 스택 영역도 하나만 있었습니다. 하지만 스레드가 있는 경우에는 어떻게 될까요?

스레드를 사용한 이래 하나의 프로세스에 실행 진입점(execution entry point)이 여럿 존재할 수 있게 되었고, 동시에 실행 흐름도 여러 개 존재할 수 있게 되었습니다. 실행 흐름이 하나뿐인 프로세스는 실행 시 정보를 저장하는 스택 영역이 하나만 있으면 됩니다. 확실한 점은 실행 흐름 여러 개를 가지는 프로세스는 각 흐름이 실행될 때 정보를 저장하기 위해 스택 영역이 여러 개 필요하다는 것입니다. 또 프로세스의 주소 공간에 각 스레드를 위한 스택 영역이 별도로 있어야 합니다. 즉, 모든 스레드는 각자 자신만의 스택 영역을 가지는데, 스레드가 이를 인지하고 있는 것이 매우 중요합니다. 그림 2-10은 프로세스 주소 공간에 스레드가 추가된 모습을 보여 줍니다.

▼ **그림 2-10** 스레드가 추가된 프로세스의 주소 공간

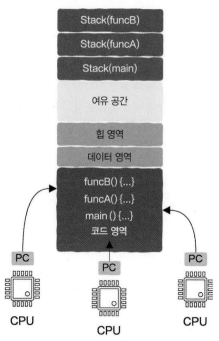

여기에 더해 스레드를 생성하면 그림 2-10에서 알 수 있듯이, 프로세스의 메모리 공간이 소모된다는 점도 주의할 필요가 있습니다.

2.1.6 스레드 활용 예

이제 스레드 개념이 도입되었습니다. 그렇다면 이 스레드를 어떻게 활용할 수 있을까요?

수명 주기(lifecycle) 관점에서 볼 때, 스레드가 처리해야 하는 작업에는 긴 작업(long task)과 짧은 작업(short task)이라는 두 가지 유형이 있습니다. 먼저 긴 작업을 살펴봅시다.

이름에서 알 수 있듯이, 긴 작업은 매우 긴 시간 동안 활동하는 작업입니다. Word를 예로 들어 봅시다. Word에서는 문서를 편집하면서 디스크에 저장해야만 합니다. 이때 디스크에 데이터를 쓰는 행위 자체가 하나의 작업이기 때문에 디스크 기록 작업을 전담하는 스레드를 생성하는 것이 좀 더 나은 방법이라고 할 수 있습니다. 이때 이 디스크 기록 스레드의 수명 주기와 Word 기반 프로세스의 수명 주기는 동일합니다. Word를 실행함과 동시에 이 스레드가 생성되고, Word가 종료될 때 이 스레드도 함께 종료됩니다. 따라서 이런 상황은 긴 작업에 해당합니다.

이런 상황에서 어떤 특정한 작업을 처리하기 위해서는 전용 스레드를 생성하는 것이 가장 적합하며, 사실 이런 상황은 비교적 간단합니다.

긴 작업이 있다면 그에 상응하는 짧은 작업도 있습니다.

짧은 작업의 개념 역시도 매우 간단합니다. 짧은 작업이란 네트워크 요청, 데이터베이스 쿼리 등 처리 시간이 매우 짧은 작업으로, 이런 종류의 작업은 단시간에 빠르게 처리할 수 있습니다. 따라서 짧은 작업은 웹 서버, 데이터베이스 서버, 파일 서버, 메일 서버 등 각종 서버에서 많이 볼 수 있습니다. 이 또한 인터넷 업계에서 가장 일반적인 상황으로, 앞으로 중점적으로 이야기하게 될 것입니다.

이런 상황에는 두 가지 특징이 있는데, 그중 하나는 작업 처리에 필요한 시간이 짧다는 것입니다. 다른 하나는 작업 수가 엄청나게 많다는 것입니다.

이런 작업을 처리하라는 요청을 받는다면 어떻게 구현해야 할까요?

아마 여러분은 서버가 하나의 요청을 받으면 해당 작업을 처리하는 스레드를 생성하고 처리가 완료되면 스레드를 종료하면 된다고 간단하게 생각할지도 모르겠습니다.

이 방법은 일반적으로 요청당 스레드(thread-per-request)라고 합니다. 이는 요청이 들어올 때마다 매번 스레드가 생성된다는 의미로, 긴 작업 대상으로는 매우 잘 동작합니다. 하지만 대량의 짧은 작업에서는 구현이 간단한 장점이 있는 동시에 다음 몇 가지 단점이 있습니다.

1. 스레드의 생성과 종료에 많은 시간을 허비합니다.
2. 스레드마다 각자 독립적인 스택 영역이 필요한데, 많은 수의 스레드를 생성하면 메모리와 기타 시스템 리소스를 너무 많이 소비하게 됩니다.
3. 스레드 수가 많으면 스레드 간 전환에 따른 부담이 증가합니다.

이는 여러분이 공장의 사장이고, 주문이 매우 많은 상황에 비유할 수 있습니다. 주문 하나가 새로 추가될 때마다 새로운 근로자를 고용한다고 생각해 봅시다. 제품 생산 과정이 매우 간단하고 짧기 때문에 근로자는 주문을 빠르게 처리할 수 있습니다. 주문 처리가 완료되면 천신만고 끝에 고용한 근로자를 금방 해고하고, 새로운 주문이 들어오면 어렵사리 또 다른 근로자를 고용합니다. 이처럼 일하는 시간은 단 5분이지만 고용에 드는 시간은 10시간이므로, 한 번 근로자를 고용한 후 써먹고 나면 바로 해고하는 대신 주문이 들어오면 주문을 처리하고 없을 때는 모두 휴식하는 것이 훨씬 더 나은 전략입니다.

이것이 바로 스레드 풀(thread pool)이 탄생하게 된 이유입니다.

2.1.7 스레드 풀의 동작 방식

스레드 풀의 개념은 매우 간단합니다. 단지 스레드 여러 개를 미리 생성해 두고, 스레드가 처리할 작업이 생기면 해당 스레드에 처리를 요청하는 것입니다. 스레드 여러 개가 미리 생성되어 있기 때문에 스레드의 생성과 종료 작업이 빈번하게 발생하지 않으며, 이와 동시에 스레드 풀 내에 있는 스레드 수도 일반적으로 일정하게 관리되기 때문에 불필요하게 많은 메모리를 소비하지 않습니다. 이 개념에서 중요한 점은 스레드를 재사용하는 것입니다.

이제 스레드는 생성되어 있지만, 이런 작업을 어떻게 스레드 풀 내에 있는 스레드에 전달해야 할까요?

너무나 당연하게도 이런 시나리오에 적합한 것은 자료 구조(data structure)의 대기열(queue)입니다. 여기에서 작업을 전달하는 것은 생산자(producer)이며, 작업을 처리하는 스레드는 소비자(consumer)입니다. 사실 이것은 고전적인 생산자-소비자 패턴(producer-consumer pattern)으로 그림 2-11에서 볼 수 있습니다.

▼ **그림 2-11** 생산자와 소비자 스레드

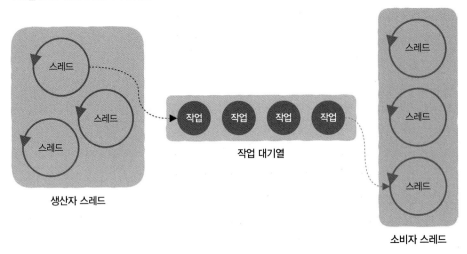

여기에서 스레드 풀에 전달되는 작업은 어떤 모습인지 살펴보겠습니다.

본질적으로 스레드 풀에 전달되는 작업은 ❶ 처리할 데이터와 ❷ 데이터를 처리하는 함수 두 부분으로 구성되며, 이는 다음과 같이 정의할 수 있습니다.

코드

```
struct task
{
    void* data;      // 작업이 처리할 데이터
    handler handle; // 데이터 처리 함수
}
```

먼저 스레드 풀의 스레드는 작업 대기열(jobs queue)에서 블로킹 상태로 대기합니다. 생산자가 작업 대기열에 데이터를 기록하면 스레드 풀의 스레드가 깨어나고, 깨어난 스레드는 작업 대기열에서 앞서 정의한 구조체를 가져온 후 구조체의 handle이 가리키는 처리 함수(handler function)를 실행합니다.

코드

```
while (true)
{
    struct task = GetFromQueue(); // 작업 대기열에서 데이터 꺼내기

    task->handle(task->data);      // 데이터 처리
}
```

092

여기까지 다룬 내용이 스레드 풀의 핵심 부분이며, 거의 모든 스레드 풀이 동일한 흐름을 따릅니다. 여기에서 작업 대기열(task queue)은 여러 스레드 간에 공유되는 리소스이므로 동기화를 할 때 상호 배제(mutual exclusion in synchronization) 문제도 반드시 처리해야 합니다.

이런 내용을 모두 이해하고 나면 스레드 풀이 어떻게 동작하는지 이해할 수 있습니다.

2.1.8 스레드 풀의 스레드 수

이제 스레드 풀이 도입되었습니다. 그렇다면 스레드 풀의 스레드 수는 몇 개여야 할까요?

스레드 풀의 스레드 수가 너무 적다면 CPU를 최대한 활용할 수 없으며, 너무 많은 스레드를 생성하면 반대로 시스템의 성능 저하, 메모리의 과다한 점유, 스레드 전환으로 생기는 부담 등 문제가 발생합니다. 따라서 스레드 수는 너무 많아도 안 되고 적어도 안 됩니다. 그렇다면 도대체 몇 개가 적당할까요?

이 질문에 답하려면 스레드 풀에서 처리할 작업이 어떤 것인지 알 필요가 있습니다. 이때 누군가는 이미 앞에서 긴 작업과 짧은 작업이라는 두 가지 종류가 있다고 하지 않았느냐고 반문할 수도 있습니다. 하지만 이것은 수명 주기 관점에서 작업을 구분한 것입니다. 작업을 처리할 때 필요한 리소스 관점에서 바라보고 작업을 구분하자면, CPU 집약적인 작업(CPU intensive task)과 입출력 집약적인 작업(input/output intensive task)으로 구분할 수 있습니다.

CPU 집약적인 작업이란 과학 연산, 행렬 연산 등 작업을 처리할 때 외부 입출력에 의존할 필요 없이 처리할 수 있는 작업을 의미합니다. 이 경우 스레드 수와 CPU의 코어 수가 기본적으로 동일하다면 CPU의 리소스를 충분히 활용할 수 있습니다.

입출력 집약적인 작업이란 연산 부분이 차지하는 시간은 많지 않은 대신 대부분의 시간을 디스크 입출력이나 네트워크 입출력 등에 소비하는 작업을 의미합니다. 이 경우 필요한 스레드 수의 계산은 좀 더 복잡한데, 성능 테스트 도구를 사용하여 WT(Wait Time)라는 입출력 대기 시간과 CT(Computing Time)라는 CPU 연산에 필요한 시간을 평가해야 합니다. N개의 코어를 가진 시스템에서 적절한 스레드 수는 대략 $N \times (1 + WT \div CT)$이며, WT와 CT가 동일하다고 가정하면 대략 $2N$개의 스레드가 있어야 CPU 리소스를 최대한 활용할 수 있습니다. 하지만 이는 이론적인 값에 불과하며, 일반적으로 입출력에 소요되는 시간을 평가하는 것은 쉬운 일이 아닙니다. 여기에서는 실제 상황을 기반으로 테스트를 실시하여 필요한 스레드 수를 결정하길 추천합니다.

여기에서 볼 수 있듯이, 스레드 수를 결정하는 절대 공식은 없으며, 이를 위해서는 구체적인 상황과 그에 대한 분석이 필요합니다.

이 절에서는 저수준 계층에서 고수준 계층, 하드웨어에서 소프트웨어까지 전반에 걸쳐 운영 체제, 프로세스, 스레드라는 매우 중요한 개념을 설명했습니다. 이 안에서 사용된 개념을 활용하는 데 특정 프로그래밍 언어가 필요한 것은 아닙니다. 비록 스레드는 프로그래밍 언어 수준의 개념은 아니지만,[6] 스레드를 제대로 이해하면 어떤 프로그래밍 언어에서도 잘 활용할 수 있을 것입니다.

스레드는 프로그래머에게 매우 중요한 개념이기 때문에 이어지는 두 절에서도 계속해서 스레드를 집중적으로 다룰 것입니다. 다음 절에서는 스레드 안전 문제를 해결하는 핵심인 스레드 간에 공유되는 프로세스 리소스를 알아보겠습니다.

2.2 스레드 간 공유되는 프로세스 리소스

프로세스와 스레드는 프로그래머가 피할 수 없는 두 가지 주제로, 실제로 운영 체제가 제공하는 이 두 가지 추상화 개념은 너무나 중요합니다! 이제 프로세스와 스레드에 대한 매우 고전적인 질문을 던져 봅시다. 프로세스와 스레드의 차이점은 무엇인가요?

이미 '프로세스는 운영 체제가 리소스를 할당하는 기본 단위고, 스레드는 스케줄링(scheduling)의 기본 단위이며, 프로세스 리소스는 스레드 간에 공유된다'고 유창하게 '외우고' 있는 사람도 있을 것입니다.

하지만 이 문장을 정말 제대로 이해하고 있는 것일까요? 도대체 스레드 간에 어떤 프로세스 리소스를 공유하고 있을까요? 공유 리소스는 무엇을 의미하나요? 공유 리소스는 어떤 방식으로 작동할까요? 여러분 머릿속에 이 질문들에 대한 답이 준비되어 있지 않다면 정확하게 동작하는 다중 프로세스 프로그램을 작성하는 것은 매우 어렵습니다. 이 절에서는 이를 고민하는 여러분을 위해 준비된 내용을 다룰 것입니다.

사실은 질문을 뒤집어 생각해 볼 수 있습니다. 스레드 전용 리소스(thread-private resource)에는 어떤 것이 있나요?

---

6 **역주** 여기에서는 사용자 상태 스레드(user mode thread)는 고려하지 않았습니다.

2.2.1 스레드 전용 리소스

상태 변화 관점에서 보면 스레드는 사실 함수 실행입니다. 함수 실행에는 항상 하나의 시작점이
존재하는데, 이 시작점이 바로 진입 함수입니다. CPU는 진입 함수에서 실행을 시작하여 하나
의 실행 흐름을 생성하는데, 이 실행 흐름에 인위적으로 스레드라는 이름을 붙인 것에 불과합니
다. 이것은 이미 2.1절에서 설명한 바 있습니다.

스레드가 상태 변화 관점에서 보았을 때 함수를 실행하는 것이라면, 함수 실행에는 어떤 종류의
정보가 존재할까요?

함수의 실행 시간 정보는 스택 영역을 구성하는 스택 프레임에 저장됩니다. 이때 스택 프레임에
는 그림 2-12와 같이 함수의 반환값, 다른 함수를 호출할 때 전달되는 매개변수, 함수 내에서
사용되는 지역 변수와 레지스터 정보가 저장됩니다. 스택 프레임에 대한 자세한 설명은 3장을
참고하세요.

▼ 그림 2-12 스택 프레임과 프로세스의 주소 공간

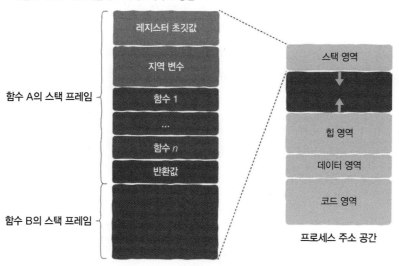

CPU는 하나의 진입 함수의 명령어를 실행하여 실행 흐름인 스레드를 형성합니다. 이때 각 스
레드는 자신만 사용할 수 있는 스택 영역을 가지므로 스레드 여러 개가 있을 때는 그림 2-13과
같이 여러 스택 영역이 존재하게 됩니다.

▼ **그림 2-13** 각 스레드에는 해당 스레드가 독점적으로 사용하는 스택 영역이 있다

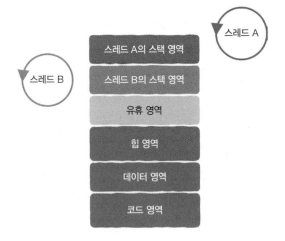

이외에도 다음에 실행될 명령어 주소를 저장하는 PC 레지스터(register), 스레드 스택 영역에서 스택 상단(stack top) 위치를 저장하는 스택 포인터(stack pointer) 등 CPU가 기계 명령어를 실행할 때 내부 레지스터 값도 스레드의 현재 실행 상태에 속합니다. 이런 레지스터 정보도 역시 스레드 전용으로, 다른 스레드에서는 이런 레지스터 정보에 접근할 수 없습니다.

우리는 앞서 했던 설명에서 스레드에 속한 스택 영역과 프로그램 카운터, 스택 포인터, 함수 실행 시 사용되는 레지스터 정보가 모두 해당 스레드 전용이라는 것을 알 수 있습니다.

이 모든 정보를 통틀어 스레드 상황 정보(thread context)라고 합니다.

이제 스레드 전용 리소스가 무엇인지 알았을 것입니다. 앞서 설명한 전용 리소스를 제외한 나머지는 모두 스레드 간에 공유되는 리소스에 해당합니다.

또 어떤 것이 남아 있는지 그림 2-14에서 찾아볼 수 있습니다.

스레드는 프로세스 주소 공간에서 스택 영역을 제외한 나머지 영역을 모두 공유합니다. 이어서 별도로 설명하겠습니다.

▼ **그림 2-14** 프로세스 주소 공간

2.2.2 코드 영역: 모든 함수를 스레드에 배치하여 실행할 수 있다

프로세스 주소 공간의 코드 영역에는 프로그래머가 작성한 코드, 더 정확하게는 컴파일한 후 생성된 실행 가능한 기계 명령어가 저장됩니다. 이런 기계 명령어는 실행 파일에 저장되어 있으며, 그림 2-15와 같이 프로그램이 시작될 때 프로세스 주소 공간에 적재됩니다.

▼ 그림 2-15 프로그램에서 프로세스까지

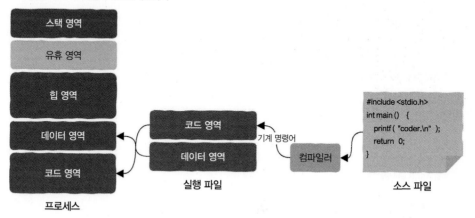

코드 영역은 스레드 간에 공유되므로 어떤 함수든지 모두 스레드에 적재하여 실행할 수 있고, 특정 함수를 특정 스레드에서만 실행되도록 하는 것은 불가능합니다. 이런 관점에서 볼 때, 이 영역은 모든 스레드가 공유하는 영역입니다.

여기에서 한 가지 주의할 점은 코드 영역은 읽기 전용(read-only)이기 때문에 프로그램이 실행되는 동안에는 어떤 스레드도 코드 영역 내용을 변경할 수 없다는 것입니다. 이는 프로그램의 올바른 실행을 위해 당연한 것입니다. 따라서 프로세스 내 모든 스레드가 코드 영역을 공유하고 있지만, 코드 영역에 관해서는 스레드 안전 문제(thread safety issue)가 발생하지 않습니다.

2.2.3 데이터 영역: 모든 스레드가 데이터 영역의 변수에 접근할 수 있다

데이터 영역은 전역 변수가 저장되는 곳입니다.

전역 변수란 무엇일까요? C 언어에서는 다음과 같이 정의합니다.

```
char c; // 전역 변수

void func() {

}
```

이 안에서 문자형(char) c는 전역 변수로서 그림 2-16과 같이 프로세스 주소 공간의 데이터 영역에 저장됩니다.

▼ **그림 2-16** 전역 변수

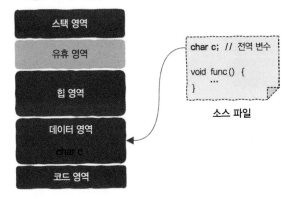

소스 파일

프로그램이 실행되는 동안 데이터 영역 내에 전역 변수의 인스턴스(instance)[7]는 하나만 있기 때문에 모든 스레드는 이 전역 변수에 접근할 수 있습니다. 다시 말해 어떤 스레드가 이 전역 변수 값을 변경하면 이후 다른 스레드에서 이 전역 변수 값을 확인해도 변경된 상태라는 의미입니다.

2.2.4 힙 영역: 포인터가 핵심이다

힙 영역은 프로그래머에게는 비교적 친숙한 영역으로, C/C++ 언어에서 malloc 함수와 new 예약어로 요청하는 메모리가 이 영역에 할당됩니다. 물론 모든 스레드는 해당 변수 주소만 알고 있다면, 다시 말해 포인터(pointer)를 얻을 수 있다면 포인터가 가리키는 데이터에 접근할 수 있습니다. 따라서 힙 영역은 그림 2-17과 같이 스레드 간 공유 리소스이기도 합니다.

---

7 **역주** 특정 데이터 정의에 따라 메모리상에 저장된 실체를 의미합니다.

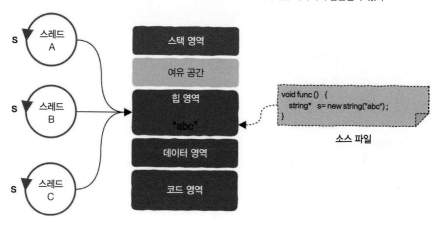

▼ **그림 2-17** 모든 스레드는 포인터 s를 획득하면 해당 포인터가 가리키는 데이터에 접근할 수 있다

2.2.5 스택 영역: 공유 공간 내 전용 데이터

누군가 제게 이렇게 물을 수도 있습니다. 잠시만요! 방금 전에 스택 영역이 스레드 전용 리소스라고 하지 않았나요? 왜 다시 스택 영역을 이야기하죠?

실제로 스레드의 추상화 측면에서 바라보면 스택 영역은 스레드 전용 공간입니다. 하지만 실제구현 측면에서 바라본다면 스택 영역은 엄밀하게 격리된 스레드 전용 공간은 아닙니다. 도대체무슨 의미일까요?

서로 다른 프로세스의 주소 공간은 서로 격리되어 있으며, 가상 메모리 시스템은 매우 특별한경우를 제외하고 다른 프로세스의 주소 공간에 속한 데이터에 직접 접근하지 못하도록 보장합니다. 서로 다른 스레드의 스택 영역 간에는 이런 보호를 위한 작동 방식이 존재하지 않습니다.따라서 하나의 스레드가 다른 스레드의 스택 프레임에서 포인터를 가져올 수 있다면 해당 스레드는 다른 스레드의 스택 영역을 직접 읽고 쓸 수 있습니다. 이는 그림 2-18에서 볼 수 있듯이,다른 스레드의 스택 영역에 속한 변수를 임의로 수정할 수 있음을 의미합니다.

▼ **그림 2-18** 스레드는 다른 스레드의 스택 영역에 속한 변수를 수정할 수 있다

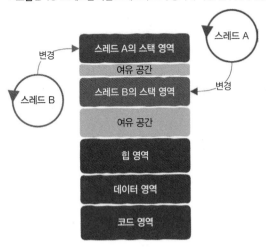

어떤 면에서 프로그래머에게는 매우 편리하지만, 그와 동시에 해결이 매우 어려운 버그(bug)로 이어질 수 있습니다.

프로그램이 원활하게 실행되고 있다 갑자기 오류가 발생한 상황을 가정해 봅시다. 오류가 발생한 코드 위치는 찾았지만, 아무리 살펴보아도 오류 원인을 찾을 수 없다고 상상해 보세요. 물론 프로그램, 즉 오류가 발생한 스레드 자체의 코드에는 문제가 없었지만, 다른 스레드의 오류로 함수 스택 프레임이 손상될 수 있으며 이것으로 버그가 발생할 수도 있습니다. 이런 오류는 일반적으로 원인을 찾기 매우 어려우며 전체 프로젝트의 코드를 매우 잘 이해하고 있더라도 마찬가지입니다. 또 이 경우에는 일반적으로 사용되는 디버깅 도구(debugging tool)가 그리 도움이 되지 않을 가능성이 높습니다.

여기까지 읽은 후 하나의 스레드가 어떻게 다른 스레드의 스택 영역 내 데이터를 바꿀 수 있는지 궁금할 수 있습니다. 이제부터 코드로 설명해 보겠습니다. 참고로 매우 간단한 코드이니 겁먹을 필요는 없습니다.

코드

```
void foo(int* p)
{
    *p = 2;
}

int main()
{
    int a = 1;
```

```
    thread t(foo, &a);

    t.join();

    return 0;
}
```

이것은 C++11 규격으로 작성된 코드로 다음 의미가 있습니다.

먼저 int a = 1; 줄로 주 스레드(main thread)에서 스택 영역에 저장되는 지역 변수가 하나 정의되는데, 이 지역 변수 a는 주 스레드의 전용 데이터에 속합니다. 이어서 또 다른 스레드가 생성되는데, 이때 주 스레드의 지역 변수인 a의 주소가 매개변수 형태로 새로 생성되는 스레드에 전달됩니다. 이제 새 스레드의 진입 함수인 foo가 다른 스레드에서 실행되면서 매개변수를 통해 지역 변수 a의 포인터인 p를 얻게 됩니다. 포인터 p가 가리키고 있는 대상 값을 2로 변경하면 그림 2-19와 같이 새로 생성된 스레드가 주 스레드 전용인 데이터를 수정하는 결과를 얻습니다.

▼ **그림 2-19** 외부 스레드에서 주 스레드의 지역 변수 변경

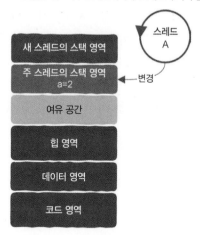

비록 스택 영역은 스레드 전용 데이터에 속하지만, 스택 영역에는 별도의 보호를 위한 작동 방식이 존재하지 않기 때문에 다른 스레드에서 특정 스레드의 스택 영역을 볼 수 있다는 것을 알았습니다. 다시 말해 스레드 여러 개가 하나의 프로세스에 속하는 경우에는 하나의 스레드가 다른 스레드의 스택 영역이라고 하더라도 모두 데이터를 읽고 쓸 수 있습니다.

스레드 간 느슨한 격리 작동 방식[8]은 프로그래머 입장에서 편리하기도 하지만, 반대로 수많은 문제를 일으킬 가능성이 있습니다. 앞서 예로 든 코드를 생각해 봅시다. 만약 프로젝트에 필요한 코드라면 딱히 더 이상 할 이야기가 없지만, 버그로 의도치 않게 다른 스레드에 속한 전용 데이터를 수정하는 경우라면 오류 원인을 찾아내는 것이 가끔 매우 어려운 일로 변질될 수 있습니다. 오류로 보이는 코드와 실제 오류를 일으키는 코드가 서로 멀리 떨어져 있을 수 있기 때문입니다.

2.2.6 동적 링크 라이브러리와 파일

지금까지 프로세스 주소 공간에 대해 많은 것을 이야기했지만, 아직도 이야기하지 않은 부분들이 있습니다. 과연 무엇일까요? 먼저 링커부터 이야기를 시작해 봅시다. 링커는 잊지 않으셨죠? 1.3절에서 다룬 적이 있습니다.

링크는 컴파일 후 최종적으로 실행 파일을 생성하는 핵심적인 단계입니다. 링크에는 정적 링크와 동적 링크 두 가지 유형이 있습니다.

정적 링크는 종속된 모든 라이브러리가 실행 파일에 포함되는 것을 의미합니다. 이와 같은 프로그램의 실행 파일에는 모든 코드와 데이터가 포함되어 있기 때문에 프로그램을 시작할 때 추가적인 작업이 필요하지 않습니다. 동적 링크에는 실행 파일에 종속된 라이브러리의 코드와 데이터가 포함되어 있지 않기 때문에 프로그램을 시작할 때 또는 실행 중일 때 종속된 라이브러리의 코드와 데이터를 찾아서 프로세스 주소 공간에 넣는 링크 과정이 완료되어야 합니다.

그렇다면 이 데이터와 코드는 프로세스 주소 공간에서 어디에 놓여야 할까요?

이 데이터와 코드를 스택 영역과 힙 영역 중간에 있는 여유 공간에 배치하면 그림 2-20과 같이 프로세스 주소 공간의 항목이 더 늘어납니다.

---

8 **역주** 사실상 격리가 이루어지지 않습니다.

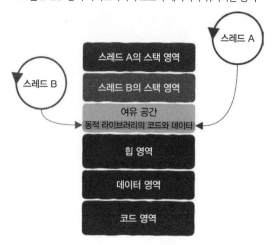

그렇다면 이것이 스레드의 공유 리소스와는 어떤 관련이 있을까요? 주소 공간에서 이 부분은 모든 스레드가 공유하고 있습니다. 다시 말해 프로세스 내 모든 스레드가 동적 라이브러리 코드의 데이터를 사용할 수 있다는 의미입니다.

마지막으로 프로그램이 동작 중에 특정 파일을 열면 프로세스 주소 공간에 열린 파일 정보도 저장됩니다. 프로세스가 연 파일 정보는 모든 스레드에서 사용할 수 있으며, 이것 역시 스레드 간 공유 리소스에 속합니다.

2.2.7 스레드 전용 저장소

사실 스레드 전용 데이터 목록에 마지막으로 추가해야 할 기술이 하나 더 있습니다. 바로 스레드 전용 저장소(thread local storage)입니다.

무엇을 의미할까요?

사실 그 이름에서도 알 수 있듯이, 스레드 전용 저장소에 저장되는 변수는 다음과 같은 두 가지 의미가 있습니다.

- 이 영역에 저장된 변수는 모든 스레드에서 접근할 수 있습니다.
- 모든 스레드가 동일한 변수에 접근하는 것처럼 보일 수 있지만, 사실 변수의 인스턴스는 각각의 스레드에 속합니다. 따라서 하나의 스레드에서 변수 값을 변경해도 다른 스레드에는 반영되지 않습니다.

간단한 C++ 코드를 살펴보겠습니다.

코드

```cpp
int a = 1; // 전역 변수

void print_a()
{
    cout << a << endl;
}

void run()
{
    ++a;
    print_a();
}

void main()
{
    thread t1(run);

    t1.join();

    thread t2(run);

    t2.join();
}
```

이것은 C++11 규격으로 작성된 코드로, 다음과 같은 의미가 있습니다.

- 먼저 초깃값이 1인 전역 변수 a가 생성됩니다.
- 이어서 스레드 두 개가 생성되고, 각 스레드가 각자 a 변수에 1을 더합니다.
- join 함수는 스레드 실행이 완료되기를 기다립니다.

이 코드를 실행하면 어떤 결과가 출력될까요?

전역 변수 a의 초깃값은 1입니다. 첫 번째 스레드가 a에 1을 더하면 2가 되므로 2가 출력됩니다. 이어서 두 번째 스레드가 다시 a에 1을 더하면 3이 되어 3이 출력됩니다. 실행 결과는 어떨까요?

코드

```
2
3
```

이 분석이 올바른 것 같습니다. 스레드 두 개가 전역 변수에 각각 1을 더한 결과 3이 됩니다.

이번에는 a 변수의 정의를 약간 수정합니다. 이때 코드의 나머지 부분은 변경되지 않습니다.

코드

```
__thread int a = 1; // 스레드 전용 저장소
```

전역 변수 a 앞에 __thread라는 수식어가 붙는데, 이는 컴파일러가 전역 변수 a를 스레드 전용 저장소에 넣도록 지시하는 것입니다. 이 수식어가 프로그램 실행 결과에 영향을 미칠까요? 실행 결과를 봅시다.

코드

```
2
2
```

여러분이 생각한 것과 결과가 같나요? 이 결과가 놀랍게 느껴질 수도 있습니다. 전역 변수인 a에 분명히 1을 두 번 더했는데도 두 번째 스레드의 실행 결과가 왜 3이 아니라 여전히 2일까요?

기본적으로 이것이 바로 스레드 전용 저장소의 효과입니다. 스레드 t1에서 실행된 전역 변수 a에 대한 수정은 스레드 t2에는 영향을 미치지 않습니다. 따라서 스레드 t1이 전역 변수 a에 1을 더한 후 그 값이 2로 바뀌었지만, 스레드 t2의 입장에서 보면 이때 전역 변수 a 값은 여전히 1이기 때문에 1을 더한 후에도 그 값은 여전히 2가 됩니다.

이렇게 스레드 전용 저장소를 사용하면 각각의 스레드에서 독점적으로 변수를 사용할 수 있습니다. 즉, 이 변수들은 모든 스레드에서 접근할 수 있지만 해당 변수는 초기화한 후 각각의 스레드가 복사본을 가지게 되며, 그림 2-21과 같이 하나의 스레드에서 변수 값을 변경하더라도 다른 스레드에는 영향을 미치지 않습니다.

▼ **그림 2-21** 각각의 스레드에 복사본이 존재한다

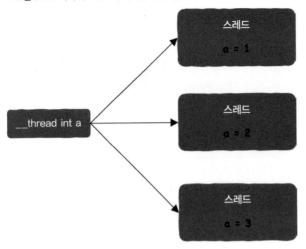

2.2.5절과 2.2.6절에서 기초를 닦은 후 2.2.7절에서는 다중 스레드를 어떻게 올바르게 사용해야 하는지 살펴보았습니다. 아마도 많은 사람이 다중 스레드 프로그래밍을 만나기만 해도 마치 길들이기 힘든 괴수를 만난 양 두려움에 떨었을 것이라고 확신합니다. 하지만 사실 이것은 여러분이 다중 스레드를 이해하지 못했기 때문이며, 마치 붉은 천 조각으로 소를 길들이려는 행위에 비유할 수 있겠습니다. 따라서 여러분 모두는 다중 스레드 특성을 진지하게 이해할 필요가 있으며, 다중 스레드를 다루는 올바른 방법을 익혀야 무기 창고에 보관되어 있는 날카로운 무기처럼 여러분에게 더 나은 결과를 제공할 것입니다.

이어서 다중 스레드 코드를 살피러 떠나 봅시다.

2.3 SECTION 스레드 안전 코드는 도대체 어떻게 작성해야 할까?

다중 스레드 코드를 올바르게 작성하기 어려운 이유는 무엇일까요?

여러분이 아직 완전히 이해하지 못했을 수도 있는 단어를 하나 짚고 넘어가야 합니다. 스레드 안전(thread safety)[9]이 바로 그것입니다. 여러분이 스레드 안전을 이해하지 못한다면 다중 스레드 프로그래밍을 이야기하는 것은 더 이상 의미가 없습니다.

이제 스레드 안전이 무엇인지, 스레드 안전을 어떻게 달성할 수 있는지 살펴볼 것입니다. 이 문제들을 이해하고 나면 다중 스레드라는 이 괴수가 어느새 온순한 아기 고양이로 변하는 것을 발견하게 될 것입니다.

2.3.1 자유와 제약

누구나 자신의 집에서는 분명히 자유로움을 느낄 것입니다. 그 이유는 매우 간단한데, 집은 사적인 공간이자 내 행동에 대해 다른 사람이 간섭할 수 없기 때문입니다. 그렇다면 우리는 언제 다른 사람들과 마주치게 될까요?

바로 공공장소입니다.

공공장소에서 여러분은 자신의 집에서 하던 것처럼 마음대로 행동할 수 없습니다. 공중 화장실에 가려면 줄을 서서 차례를 기다리는 등 규칙을 지켜야 합니다. 공중 화장실은 누구나 사용할 수 있는 공공 자원이므로 이전 사람이 사용을 마쳐야만 다음 사람이 사용할 수 있습니다. 이것이 바로 공공 자원을 사용할 때 적용되는 제약에 해당합니다.

이 문단에서 설명한 규칙은 매우 간단합니다!

이 내용을 이해할 수 있다면 다중 스레드라는 괴수를 길들이는 것에서 더 이상 이야기할 것이 없습니다.

지금부터 여러분 자신을 스레드라고 상상해 봅시다. 스레드가 자신만의 전용 데이터를 사용한다면 스레드 안전합니다. 이런 데이터에는 2.2절에서 언급했던 함수의 지역 변수와 스레드 전용 저장소 등이 있으며, 이런 종류의 리소스는 여러분이 마음대로 어떻게 사용하든지 간에 다른 스레드에는 영향을 미칠 수 없습니다.

스레드가 공유 리소스를 읽고 쓰는 것을 공공장소에 가는 것에 비유할 수 있습니다. 공유 리소스를 사용할 때는 반드시 그에 상응하는 제약이 필요하며, 특정 스레드가 다른 스레드의 공유 리소스 사용 순서를 방해하지 않는 한 스레드 안전을 달성할 수 있습니다.

이런 이유로 여기에는 두 가지 시나리오가 있는 것을 알 수 있습니다.

---

9 **역주** 스레드 안전을 단독으로 이야기할 때는 thread safety라고 하며, 다른 단어를 수식할 때는 thread safe라고 합니다.

- 전용 리소스를 사용하는 스레드는 스레드 안전을 달성할 수 있습니다.
- 공유 리소스를 사용하는 스레드는 다른 스레드에 영향을 주지 않도록 하는 대기 제약 조건에 맞게 공유 리소스를 사용하면 스레드 안전을 달성할 수 있습니다.

이 절에서는 지금부터 이 두 가지 시나리오를 중심으로 스레드 안전 문제를 이야기할 것입니다. 그렇다면 스레드 안전이란 정확히 무엇을 의미할까요?

2.3.2 스레드 안전이란 무엇일까?

어떤 코드가 주어졌을 때, 그 코드가 스레드 몇 개에서 호출되든 이 스레드들이 어떤 순서로 호출되든 간에 상관없이 올바른 결과가 나온다면, 이 코드를 스레드 안전이라고 말합니다.

간단히 말해 여러분 코드가 단일 스레드에서 실행되든 다중 스레드에서 실행되든 올바른 결과가 나와야 합니다. 다음 코드는 스레드 안전 문제가 발생하지 않는 코드 예입니다.

```
코드
```

```
int func()
{
    int a = 1;
    int b = 1;

    return a + b;
}
```

이 코드는 여러분이 얼마나 많은 스레드에서 동시에 호출하든 어떻게 호출하든 언제 호출하든 간에 2를 반환합니다. 따라서 이 코드는 스레드에 안전합니다.

그렇다면 어떻게 해야 스레드에 안전한 코드를 작성할 수 있나요?

이 질문에 답하려면 코드가 언제 자기 집에 머물면서 전용 리소스를 사용하고 언제 공공장소로 가서 공유 리소스를 사용하는지 알아야 합니다. 다시 말해 스레드의 전용 리소스와 공유 리소스에는 어떤 것들이 있는지 파악해야 한다는 의미입니다. 이것이 바로 그림 2-22와 같이 스레드 안전 문제를 해결하는 데 필요한 핵심 내용입니다.

▼ **그림 2-22** 스레드 안전 문제 해결 열쇠

스택 영역

여유 공간

힙 영역

데이터 영역

코드 영역

스레드 안전 문제의 핵심은 어떤 것이 스레드 전용 리소스고, 어떤 것이 공유 리소스인지 구분하는 데 있습니다

2.2절에서 이 질문에 이미 답했지만, 다시 한 번 간단히 요약해 보겠습니다.

그 전에 공유 리소스 정의를 반드시 짚고 넘어가야 하는데, 여기에서 공유 리소스는 정수처럼 단순한 변수일 수도 있고 구조체처럼 데이터일 수도 있습니다. 가장 중요한 점은 이런 리소스를 여럿 리소스에서 읽고 쓸 수 있어야 한다는 것이며, 이 조건을 만족해야만 공유 리소스라고 할 수 있습니다.

2.3.3 스레드 전용 리소스와 공유 리소스

함수의 지역 변수, 스레드의 스택 영역, 스레드 전용 저장소는 스레드 전용 리소스이며, 그 외의 영역은 공유 리소스로 다음과 같이 구성됩니다.

- **힙 영역**: 메모리의 동적 할당에 사용되는 영역으로, C/C++ 언어의 malloc 함수와 new 예약어가 요청하는 메모리는 이 영역에 할당됩니다.
- **데이터 영역**: 전역 변수가 저장되는 영역입니다.
- **코드 영역**: 이 영역은 읽기 전용으로, 프로그램이 실행되는 동안은 코드를 수정할 방법이 없으므로 이 부분은 신경 쓸 필요가 없습니다.

따라서 스레드 공유 리소스는 그림 2-23과 같이 주로 힙 영역과 데이터 영역으로 구성됩니다.

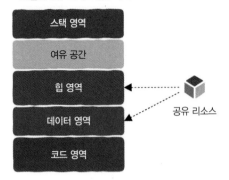

▼ 그림 2-23 스레드 공유 리소스

스택 영역

여유 공간

힙 영역

데이터 영역

코드 영역

공유 리소스

이런 공유 리소스를 사용하는 스레드는 반드시 순서를 따라야 하며, 이 순서 핵심은 공유 리소스를 사용하는 작업이 다른 스레드를 방해할 수 없다는 것입니다. 그리고 이를 위해 각종 잠금 (lock)이나 세마포어(semaphore) 같은 장치를 사용할 수 있습니다. 이 규칙의 목적은 공유 리소스 순서를 유지하는 것입니다.

어떤 것들이 스레드 전용이고, 어떤 것들이 스레드 간에 공유되는지를 알면 이제부터는 모든 것이 간단합니다.

스레드 안전에 관한 모든 문제는 전부 스레드 전용 리소스와 스레드 공유 리소스의 처리를 중심으로 이루어지며, 이 중요한 모순점을 파악하는 것이 바로 스레드 안전 문제의 핵심을 파악하는 것임에 주목해야 합니다.

지금부터 C/C++ 코드를 예로 들어 다양한 상황에서 스레드 안전을 구현하는 방법을 살펴보겠습니다.

2.3.4 스레드 전용 리소스만 사용하기

다음 코드를 살펴봅시다.

> 코드

```
int func()
{
    int a = 1;
    int b = 1;

    return a + b;
}
```

이미 앞서 언급했듯이, func 함수는 몇 개의 스레드에서 호출하든 어떻게 호출하든 언제 호출하든 상관없이 언제나 정확하게 2를 반환합니다. 이 함수는 어떤 전역 변수나 매개변수에 의존하지 않고 오로지 스레드 전용 리소스인 지역 변수만 사용하는데, 이런 변수는 그림 2-24와 같이 실행된 후 스레드의 스택 영역[10]에서 관리합니다. 이런 코드를 무상태 함수(stateless function)라고도 하며, 이런 코드가 스레드 안전이라는 것은 분명합니다.

▼ **그림 2-24** 스택 영역은 해당 스레드 전용

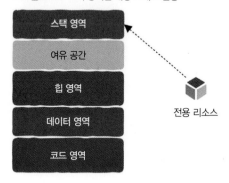

만약 함수에 매개변수를 전달해야 한다면 어떻게 해야 할까요?

2.3.5 스레드 전용 리소스와 함수 매개변수

다음 코드는 스레드 안전일까요? 이 경우는 상황에 따라 다를 수 있습니다.

함수 매개변수를 값으로 전달(call by value)하는 경우라면 문제없으며, 이 코드는 여전히 스레드 안전입니다.

코드

```
int func(int num)
{
    num++;

    return num;
}
```

---

10 <u>역주</u> 앞서 개념적이기는 하지만, 스레드마다 독점적으로 사용할 수 있는 스택 영역이 있다고 이야기했습니다.

이 코드는 스레드 몇 개에서 호출하든 어떻게 호출하든 언제 호출하든 상관없이 언제나 정확하게 매개변수로 넘어온 값에 1을 더한 값을 반환합니다.

그 이유는 매우 간단합니다. 값으로 전달된 매개변수도 그림 2-25와 같이 스레드 전용 리소스이며, 이 매개변수들도 스레드 자신만의 스택 영역에 저장되기 때문입니다.

▼ 그림 2-25 값으로 전달

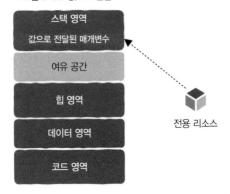

하지만 포인터를 전달하면 상황은 달라집니다.

코드

```
int func(int* num)
{
    ++(*num);

    return *num;
}
```

해당 매개변수 포인터가 전역 변수를 가리키고 있을 때는 다음과 같이 표시될 것입니다.

코드

```
int global_num = 1;

int func(int* num)
{
    ++(*num);

    return *num;
}
```

```
// 스레드 1
void thread1()
{
    func(&global_num);
}

// 스레드 2
void thread2()
{
    func(&global_num);
}
```

이 시점에서 func 함수는 더 이상 스레드 안전이 아닙니다. 전달된 매개변수가 그림 2-26과 같이 데이터 영역에 위치한 전역 변수를 가리키고 있으며, 이 전역 변수는 모든 스레드가 공유하는 리소스에 해당하기 때문입니다. 따라서 이 경우 전역 변수에 1을 더하는 작업에 잠금과 같은 형태의 순서가 반드시 부여되어야 합니다.

▼ 그림 2-26 데이터 영역의 전역 변수에 대한 포인터

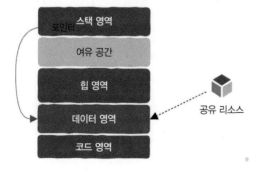

또 그림 2-27과 같이 포인터가 힙 영역을 가리키는 경우라고 할지라도 포인터를 획득할 수 있는 한, 모든 스레드가 포인터가 가리키는 해당 데이터에 접근할 수 있기 때문에 여전히 문제가 될 수 있습니다.

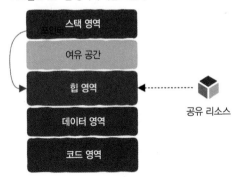

▼ 그림 2-27 힙 영역에 대한 포인터

스택 영역

포인터

여유 공간

힙 영역 ◀┈┈┈┈ 공유 리소스

데이터 영역

코드 영역

스레드 두 개가 func 함수를 호출할 때 전달하는 포인터가 힙 영역에 저장된 동일한 변수를 가리키고 있다면, 해당 변수는 이 두 스레드가 공유하는 리소스로 간주됩니다. 따라서 잠금 등으로 보호되지 않는 한 func 함수는 여전히 스레드 안전이 아닙니다.

하지만 이를 개선하는 방법도 매우 간단합니다. 모든 스레드가 func 함수를 호출할 때 해당 스레드에 속하는 리소스 주소를 전달하는 것입니다. 이렇게 하면 각각의 스레드는 다른 스레드를 방해할 수 없습니다. 따라서 스레드 안전인 코드를 작성하는 원칙 중 하나는 스레드 간에 공유 리소스를 사용하지 않도록 가능한 한 모든 조치를 취하는 것입니다.

그렇다면 스레드가 공유 리소스를 사용해야만 하는 상황에서는 어떻게 해야 할까요?

2.3.6 전역 변수 사용

전역 변수를 사용하는 코드는 반드시 스레드 안전 코드라고 할 수 없는 것일까요? 이것 역시나 상황에 따라 다릅니다.

만약 사용되는 전역 변수가 처음 프로그램이 실행될 때 한 번 초기화되고 나서 모든 코드가 이 변수를 읽기만 한다면[11] 문제없습니다.

코드

```
int global_num = 100; // 한번 초기화되면 이후 코드는 값을 변경하지 않음

int func()
{
```

---

11 역주 마치 전역 변수가 상수(constant)처럼 사용된다고 생각하면 쉽게 이해할 수 있습니다.

```
    return global_num;
}
```

func 함수가 전역 변수를 사용하고 있지만, 해당 변수는 함수가 실행되기 전에 한번 초기화되면 이후 실행되는 어떤 코드도 그 값을 변경할 수 없기에 func 함수는 스레드 안전입니다. 읽기 전용 전역 변수와 읽고 쓰기가 가능한 전역 변수의 차이를 그림 2-28에서 확인할 수 있습니다.

▼ **그림 2-28** 읽기 전용 전역 변수와 읽고 쓰기가 가능한 전역 변수

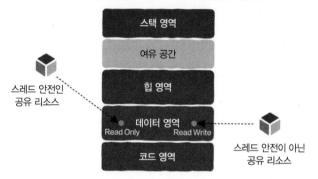

여기에서 func 함수를 간단하게 수정하면 어떻게 될까요?

`코드`

```
int global_num = 100;

int func()
{
    ++global_num;

    return global_num;
}
```

이 시점에서 func 함수는 더 이상 스레드 안전이 아닙니다. 전역 변수의 변경 과정은 반드시 잠금 등의 보호 또는 덧셈 작업을 원자성(atomic) 작업으로 설정해서 보호해야 합니다.

2.3.7 스레드 전용 저장소

이어서 func 함수를 간단하게 수정해 보겠습니다.

```
__thread int global_num = 100;

int func()
{
    ++global_num;

    return global_num;
}
```

전역 변수를 정의하는 global_num = 100; 앞에 __thread가 추가되었습니다. 이 시점에서 func 함수는 다시 스레드 안전이 됩니다.

2.2절에서 이미 언급했듯이, __thread 수식어가 붙은 변수는 스레드 전용 저장소에 배치됩니다.

이제 그림 2-29와 같이 각 스레드에서 global_num = 100; 값을 수정하더라도 다른 스레드에 영향을 미치지 않기 때문에 func 함수는 스레드 안전입니다.

▼ **그림 2-29** 각 스레드는 자신이 가진 복사본만 볼 수 있다

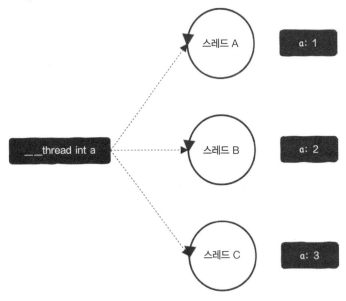

지역 변수, 전역 변수, 함수 매개변수를 이야기했으니 지금부터는 함수의 반환값을 알아볼 차례입니다.

2.3.8 함수 반환값

여기에는 함수가 값을 반환하는 경우(return by value)와 함수가 포인터를 반환하는 경우(return by reference) 두 가지가 있습니다.

다음 코드를 살펴봅시다.

```
int func()
{
    int a = 100;

    return a;
}
```

의심할 여지없이 이 코드는 스레드 안전이며, 함수를 어떻게 호출하든지 정확하게 100이라는 값을 반환합니다.

앞의 코드를 간단하게 다시 수정해 봅시다.

```
int* func()
{
    static int a = 100;

    return &a;
}
```

다중 스레드에서 이런 함수를 호출한다면 여러분을 기다리는 것은 디버깅이 어려운 버그와 밤샘 야근일 수 있습니다.

이 코드는 스레드 안전이 아님에도 버그 원인도 매우 간단해서 해당 변수가 사용되기 전에 이미 다른 스레드에서 그 값을 수정했을 가능성이 있기 때문입니다. 이 함수는 정적 지역 변수(static local variable)를 사용하기 때문에 그림 2-30과 같이 해당 변수의 주소를 반환하면 잠재적으로 스레드 공유 리소스가 됩니다. 따라서 해당 주소를 획득할 수 있는 모든 스레드가 해당 변수를 수정할 수 있습니다.

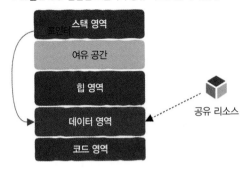

▼ **그림 2-30** 반환된 포인터가 공유 리소스를 가리킨다

그러나 이 방법으로 싱글톤 패턴(singleton pattern)을 구현할 수 있는 단 하나의 특별한 예가 있습니다.

코드

```
class S
{
public:
    static S& getInstance()
    {
        static S instance;

        return instance;
    }

private:
    S() {}

// 나머지 코드 생략
};
```

이제 또 다른 경우를 살펴봅시다. 함수 A가 스레드 안전이 아닌 함수를 호출할 때 함수 A는 여전히 스레드 안전일까요?

이 경우 역시 상황에 따라 다릅니다.

2.3.9 스레드 안전이 아닌 코드 호출하기

다음 코드를 살펴봅시다. 이 코드는 이미 앞서 설명했습니다.

```
int global_num = 0;

int func()
{
    ++global_num;

    return global_num;
}
```

func 함수는 전역 변수를 사용할 뿐만 아니라 그 값을 수정합니다. 따라서 func 함수는 스레드 안전이 아닙니다. 하지만 func 함수를 다음과 같이 호출하면 어떻게 될까요?

```
int funcA()
{
    mutex l;

    l.lock();
    func();
    l.unlock();
}
```

비록 func 함수는 스레드 안전이 아니지만 이 함수를 호출하기 전에 잠금으로 보호하면 funcA 함수는 스레드 안전입니다. 이렇게 되는 이유는 잠금으로 전역 변수를 간접적으로 보호하기 때문입니다.

이 코드를 다시 살펴봅시다.

```
int func(int *num)
{
    ++(*num);

    return *num;
}
```

이 경우 우리는 매개변수로 전달된 포인터가 전역 변수를 가리키는지 아닌지 알 수 없기 때문에 일반적으로 func 함수가 스레드 안전이 아니라고 생각합니다. 하지만 func 함수를 호출하는 코드가 다음과 같다면 어떨까요?

```
void funcA()
{
    int a = 100;
    int b = func(&a);
}
```

이때 funcA 함수는 여전히 스레드 안전입니다. 전달된 매개변수가 스레드 전용 리소스인 지역 변수이기 때문에 funcA 함수를 호출하는 스레드가 몇 개든 서로 간섭하지 않습니다.

마지막으로 스레드 안전 코드를 구현하는 방법을 정리해 봅시다.

2.3.10 스레드 안전 코드는 어떻게 구현할까?

다중 스레드 프로그래밍을 할 때는 먼저 스레드 간에 어떤 리소스를 공유해야 하는지 고려해야 합니다. 스레드 간에 어떤 공유 리소스도 읽거나 쓰지 않는다면 스레드 안전 문제는 있을 수 없습니다. 이 공유 리소스가 어느 영역에 저장되어 있든 관계없이 다중 스레드 프로그래밍 중에는 어떤 리소스라도 최대한 공유하지 않는 것이 원칙입니다.

우리가 처리해야 할 작업이 스레드 사이에서 어떤 종류의 리소스를 공유해야 한다면 반드시 코드의 스레드 안전에 주의를 기울여야 합니다. 스레드 안전을 달성하려면 스레드 전용 리소스와 스레드 공유 리소스를 중심으로 먼저 어떤 것이 스레드 전용 리소스고 어떤 것이 스레드 공유 리소스인지 파악할 필요가 있습니다. 이것이 바로 핵심이며, 다음과 같이 각 증상에 맞는 약을 처방하면 됩니다.

- **스레드 전용 저장소(thread local storage)**: 전역 리소스를 사용해야 하는 경우 스레드 전용 저장소로 선언할 수 있는지 확인해 봅니다. 이런 종류의 변수는 모든 스레드에서 사용할 수 있지만 각 스레드마다 자체 복사본이 있으며, 이를 변경하더라도 다른 스레드에는 영향을 미치지 않기 때문입니다.
- **읽기 전용(read-only)**: 전역 리소스를 반드시 사용해야 한다면 해당 전역 리소스를 읽기 전용으로 사용해도 되는지 확인해 봅니다. 다중 스레드에서 읽기 전용 전역 리소스를 사용하더라도 스레드 안전 문제가 발생하지 않습니다.
- **원자성 연산(atomic operation)**: C++ 언어의 std::atomic 형식의 변수처럼 원자성 연산은 도중에 중단되지 않습니다. 따라서 이런 변수에 대한 연산에는 전통적인 방식의 잠금으로 보호가 필요하지 않습니다.

- **동기화 시 상호 배제(mutual exclusion in synchronization)**: 이 단계까지 내려왔다면, 한 번에 하나의 스레드만 공유 리소스에 접근할 수 있도록 스레드가 접근하는 공유 리소스 순서를 프로그래머가 어쩔 수 없이 직접 유지해야 하는 상황까지 내몰린 것이 확실합니다. 뮤텍스(mutex), 스핀 잠금(spin lock), 세마포어(semaphore) 외에 여러 가지 동기화 시 상호 배제를 위한 작동 방식 모두가 이 목적을 이루는 데 사용될 수 있습니다.

어떤가요? 스레드 안전 코드를 작성하는 것은 역시 쉬운 일이 아니라고 생각했을 것입니다. 이 절에서 단 하나의 문장만 기억할 수 있다면 핵심이라고 할 수 있는 다음 문장을 기억하기 바랍니다.

'스레드 안전 구현은 스레드 전용 리소스와 스레드 공유 리소스를 중심으로 진행됩니다. 먼저 어떤 것이 스레드 전용 리소스고 어떤 것이 스레드 공유 리소스인지 파악하고, 이어 각 증상에 맞는 약을 처방하면 됩니다.'

지금까지 거의 모든 초점을 스레드에 맞추어 왔습니다. 여기에서 말하는 스레드는 기본적으로 커널 스레드(kernel thread)를 의미합니다. 커널 스레드는 스레드의 생성, 스케줄링, 종료를 모두 운영 체제가 수행합니다. 즉, 프로그래머는 스레드가 어떻게 생성되고 스케줄링되는지 전혀 관여할 수 없다는 의미입니다.

그렇다면 운영 체제에 의존하지 않는 상황에서 직접 스레드를 구현할 수 있을까요?

그렇습니다. 바로 스레드보다 더 가벼운 실행 흐름인 코루틴으로 구현할 수 있습니다. 지금부터 코루틴을 살펴보겠습니다.

 ## 프로그래머는 코루틴을 어떻게 이해해야 할까?

프로그래머로서 여러분은 코루틴(coroutine)이라는 단어를 어느 정도 들어 보았을 것입니다. 이 기술은 최근 몇 년 동안 프로그래머의 시야, 그중에서도 특히 높은 성능과 동시성을 요구하는 분야에서 점점 더 자주 등장하고 있습니다. 누군가가 동시성이라는 단어를 언급할 때마다 머릿속이 하얘지고 그 개념이 떠오르지 않는다면 이 절이 해결해 줄 것입니다.

2.4.1 일반 함수

먼저 파이썬으로 구현한 일반 함수를 하나 살펴봅시다. 이 함수는 매우 간단합니다.

코드

```
def func():
    print("a")
    print("b")
    print("c")

def foo():
    func();
```

이 코드에서 foo 함수가 func 함수를 호출하면 어떤 일이 발생할까요?

1. func 함수는 실행을 시작하고, 코드의 마지막 줄까지 순차적으로 출력합니다.

2. func 함수는 실행을 완료하면 foo 함수로 돌아갑니다.

매우 간단하지 않습니까? func 함수의 실행이 완료되면 다음 값이 출력됩니다.

코드

```
a
b
c
```

일반 함수는 return 명령어를 만나거나 코드의 마지막 줄까지 실행되어야 반환이 가능합니다. 또 해당 함수가 재호출되면 다시 처음부터 시작하여 반환될 때까지 모든 줄을 하나씩 실행합니다.

이것이 프로그래머에게 가장 익숙한 함수 호출 방식입니다. 그렇다면 코루틴은 이와 어떻게 다를까요?

2.4.2 일반 함수에서 코루틴으로

코루틴과 일반 함수에 형식적인 차이는 없습니다. 하지만 코루틴에는 스레드와 매우 유사한 기능인 일시 중지와 재개 기능이 있습니다.

이것은 무엇을 의미할까요?

```
def func():
    print("a")
    일시 중지 및 반환
    print("b")
    일시 중지 및 반환
    print("c")
```

func 함수가 코루틴에서 실행 중이라면, func 함수는 print("a") 실행 후 '일시 중지 및 반환' 코드와 함께 호출한 함수로 반환됩니다.

어째서 이것이 신기하냐고 물을 수도 있습니다. return 명령어 한 줄이면 역시 반환이 가능하니까요.

코드

```
def func():
    print("a")
    return
    print("b")
    일시 중지 및 반환
    print("c")
```

직접 return 명령어를 작성해도 분명히 반환되기는 하지만, 이 경우에는 return 명령어 이후 코드를 실행할 방법이 전혀 없습니다.[12]

코루틴은 자신의 실행 상태를 저장할 수 있기 때문에 코루틴이 반환된 후에도 계속 호출이 가능하며, 더군다나 마지막으로 일시 중지된 지점[13]에서 다시 이어서 실행된다는 점이 놀랍습니다. 마치 손오공이 외치는 '멈춰라(定)'는 주문[14]을 들은 것처럼 코루틴이 멈추고 func 함수가 반환됩니다. 호출한 쪽에서 다시 코루틴을 호출할 때마다 해당 코루틴은 이전에 반환되었던 지점부터 다시 계속 실행되므로 print("b")가 실행됩니다.

코드

```
def func():
    print("a")
    멈춰라
```

---

12 [역주] 대부분의 컴파일러는 이렇게 작성된 코드를 오류(error)로 인지합니다.
13 [역주] 또는 연결 시작 지점이라고도 합니다.
14 [역주] 이는 손오공의 술법 중 하나인 '정신법(定身法)'으로 상대방 몸을 하루 동안 멈추게 할 수 있습니다.

```
    print("b")
    멈춰라
    print("c")
```

손오공의 '멈춰라'는 주문을 프로그래밍 언어에서는 일반적으로 yield로 칭합니다. 물론 이는 다른 유형의 프로그래밍 언어에서는 약간 다를 수 있습니다.

일반 함수는 반환된 후 프로세스 주소 공간의 스택 영역에 더 이상 어떤 함수 실행 시 정보도 저장하지 않습니다. 하지만 코루틴이 반환될 때는 함수의 실행 시 정보를 저장할 필요가 있는데, 코루틴이 실행이 멈추었던 지점에서 다시 실행할 때 이 정보가 필요하기 때문입니다.

계속해서 파이썬으로 작성된 코드로 코루틴을 살펴보겠습니다. 설령 여러분이 이 언어에 익숙하지 않더라도 걱정할 필요 없습니다. 분명히 이해할 수 있을 테니까요.

파이썬에서는 이 '멈춰라'는 단어와 같은 의미로 yield라는 예약어를 사용합니다. 이제 func 함수는 다음과 같이 바뀝니다.

코드

```
def func():
    print("a")
    yield
    print("b")
    yield
    print("c")
```

func 함수는 더 이상 간단한 함수가 아니라 코루틴으로 업그레이드되었습니다. 그럼 이 코루틴을 어떻게 사용해야 할까요? 매우 간단합니다.

코드

```
1 def A():
2     co = func()            # 코루틴 획득
3     next(co)               # 코루틴 호출
4     print("in function A") # 작업 실행
5     next(co)               # 코루틴 재호출
```

이 코드에서는 비록 func 함수에 return 문이 없더라도, 다시 말해 값을 반환하지 않더라도 co = func()처럼 코드를 작성할 수 있음을 확인할 수 있습니다. 여기에서 co는 우리가 획득한 코루틴입니다.

124

이어서 next(co)처럼 해당 코루틴을 호출하고 실행하면 다음과 같이 세 번째 줄까지 실행한 결과가 표시됩니다.

```
a
```

당연하게도 우리 예상대로 코루틴 func는 print("a")를 실행한 후 yield를 만나면서 일시 중지되고 일단 함수 A로 돌아갑니다.

이어서 네 번째 줄은 의문을 가질 필요도 없이 함수 A는 자기 일을 하고 그 결과는 다음과 같이 출력됩니다.

```
a
in function A
```

이제 이어지는 다섯 번째 줄이 핵심입니다. 코루틴이 다시 호출되면 어떤 내용이 출력될까요?

func가 일반 함수라면 func의 첫 줄이 실행되기 때문에 a가 출력될 것입니다.

하지만 func는 일반 함수가 아닌 코루틴이며, 코루틴은 일시 중지되었던 지점에서 계속 실행됩니다. 따라서 여기에서 실행되어야 하는 것은 첫 번째 yield 이후의 코드인 print("b")입니다.

```
a
in function A
b
```

이와 같이 코루틴은 자신의 이전 실행 상태를 기억하고 있다가 다시 실행될 때 이전에 일시 중지되었던 지점에서 계속 실행이 가능한 매우 신기한 함수입니다.

2.4.3 직관적인 코루틴 설명

코루틴을 더 확실하게 이해하고자 직관적인 방식을 사용하여 다시 한 번 살펴보겠습니다. 먼저 그림 2-31은 일반 함수의 호출을 그린 것입니다.

▼ **그림 2-31** 일반 함수 호출의 실행 흐름

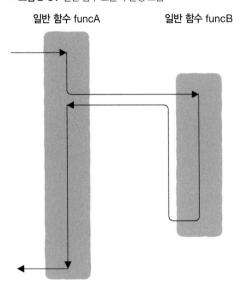

그림 2–31에서 상자 안 화살표는 함수의 실행 흐름 방향을 나타냅니다.

그림 2–31에서 볼 수 있듯이, 우리는 먼저 funcA 함수에 도착하여 일정 시간을 실행하다가 도중에 또 다른 함수 funcB의 실행 코드를 발견합니다. 이때 제어권은 funcB로 넘어가며 함수 실행이 완료되면 funcA 함수의 호출 지점으로 돌아가서 실행을 계속합니다. 이것이 일반 함수의 호출 방식입니다. 이어서 그림 2–32는 코루틴이 호출되는 방식을 보여 줍니다.

▼ **그림 2-32** 코루틴 호출의 실행 흐름

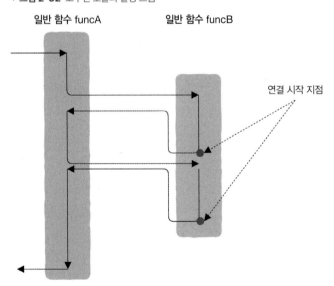

그림 2-32에서 볼 수 있듯이, funcA 함수는 어느 정도 실행되다가 코루틴을 실행합니다. 코루틴이 시작되면 첫 번째 연결 시작 지점까지 실행하다가 일반 함수와 같은 형태로 funcA 함수로 돌아갑니다. funcA 함수는 이어서 실행되다가 다시 해당 코루틴을 실행합니다. 코루틴은 이때부터 일반 함수와 달라지는데, 코루틴은 첫 번째 줄의 코드부터 실행되는 것이 아니라 앞의 연결 시작 지점부터 실행됩니다. 코루틴은 다시금 두 번째 연결 시작 지점을 만나고, 이번에도 일반 함수와 같은 형태로 funcA 함수로 돌아갑니다. 마지막으로 funcA 함수의 나머지 부분이 실행되고 전체 프로그램이 종료됩니다.

2.4.4 함수는 그저 코루틴의 특별한 예에 불과하다

놀랍지 않나요? 코루틴이 일반 함수와 다른 점은 자신이 이전에 마지막으로 실행된 위치를 알 수 있다는 것입니다.

이제 여러분도 이해했을 것이라고 생각합니다. 코루틴은 자신이 일시 중지될 때 실행 중인 상태를 저장했다가 저장되었던 상태에서 다시 시작하여 계속 실행됩니다.

아마 기시감(déjà vu)이 들 것입니다. 운영 체제가 스레드를 스케줄링하는 것과 똑같지 않나요? 스레드도 일시 중지될 수 있으며, 운영 체제가 먼저 스레드의 실행 상태를 저장했다가 다른 스레드의 스케줄링을 진행합니다. 그리고 일시 중지된 스레드가 다시 CPU의 리소스를 할당받으면 스레드는 마치 일시 중지된 적이 없는 것처럼 이어서 실행합니다.

실제로 운영 체제는 코드의 모든 부분에서 여러분의 프로그램을 일시 중지할 수 있습니다. 그러나 운영 체제가 어떻게 스레드를 스케줄링하는지 우리 눈에 보이지 않기 때문에 느끼지 못할 뿐입니다.

컴퓨터 시스템은 주기적으로 타이머 인터럽트(timer interrupt)를 생성하고, 인터럽트가 처리될 때마다 운영 체제는 현재 스레드의 일시 중지 여부를 결정할 기회를 가집니다. 이것이 바로 프로그래머가 명시적으로 스레드를 언제 일시 중지시키고 CPU의 리소스를 내어 줄지 지정할 필요가 없는 이유입니다. 그러나 사용자 상태(user mode)에서는 타이머 인터럽트를 위한 작동 방식이 없기 때문에 여러분은 코루틴에서 반드시 yield와 같은 예약어를 사용하여 어디에서 일시 중지하고 CPU의 리소스를 내어 줄 것인지 명시적으로 지정해야 합니다.

반드시 유의할 점은 코루틴 몇 개를 생성하든 관계없이 운영 체제는 이를 알지 못한다는 것입니다. 코루틴은 온전히 사용자 상태 내에서 구현된 것이기 때문에 코루틴을 사용자 상태 스레드로 해석할 수 있습니다. 사용자 상태와 커널 상태(kernel mode)에 대한 자세한 내용은 3.5절에서 다시 다룹니다.

코루틴을 통해 프로그래머는 운영 체제와 유사한 역할을 할 수 있습니다. 여러분이 직접 코루틴이 언제 실행되고 일시 중지되는지 제어할 수 있습니다. 즉, 코루틴의 스케줄링 제어권은 여러분 손 안에 있다는 의미입니다.

여러분에게 코루틴 스케줄링 문제에 대한 최종 결정권이 있습니다.

이제 함수는 코루틴의 단지 특별한 예에 불과하며, 실제로는 연결 시작 지점이 존재하지 않는 코루틴에 불과하다고 말하는 이유를 이해했을 것입니다.

2.4.5 코루틴의 역사

코루틴이 비교적 새로운 기술이라고 느낄 수도 있지만, 사실 코루틴 개념은 1958년에 이미 존재했습니다. 이는 스레드 개념이 나타나기도 전임을 알아야 합니다.

1972년에 이르러서야 마침내 코루틴을 구현한 프로그래밍 언어가 등장했는데, 그 두 가지 프로그래밍 언어가 바로 시뮬라 67(Simula 67)과 스키마(Scheme)입니다. 하지만 당시에 코루틴은 거의 사용되지 않았고, 심지어 1993년에는 고고학자가 코루틴이라는 고대 기술을 발굴한 것과 같은 느낌의 논문이 발표되기도 했습니다.

이 시기에는 아직 스레드가 없었기 때문에 동시성을 가지는 프로그램을 작성하려면 어쩔 수 없이 코루틴과 같은 기술을 사용할 수밖에 없었습니다. 이후 스레드가 등장하고 운영 체제가 기본적으로 프로그램의 동시 실행을 지원하기 시작하면서 코루틴은 프로그래머 기억 속에서 조용히 사라져 갔습니다.

최근 인터넷이 발달하고, 특히 모바일 인터넷 시대가 되면서 서버에서 처리해야 하는 사용자 요청이 기하급수적으로 늘어나기 시작했습니다. 이런 상황에서 코루틴은 높은 성능과 동시성을 요구하는 분야에서 자신의 위치를 찾았고, 다시 한 번 기술적 흐름의 한가운데에 우뚝 섰습니다. 많은 주류 프로그래밍 언어가 이미 코루틴을 지원하고 있거나 앞으로 지원할 계획입니다.

그렇다면 코루틴은 도대체 어떻게 구현될까요? 지금부터 구현 가능한 방법 중 하나를 살펴보겠습니다.

2.4.6 코루틴은 어떻게 구현될까?

코루틴의 구현은 사실 스레드의 구현과 본질적으로 차이가 없습니다.

코루틴은 일시 중지되거나 다시 시작될 수 있으며, 일시 중지될 때의 상태 정보를 반드시 기록해야 합니다. 이를 기반으로 코루틴을 다시 시작해야 합니다.

상태 정보에는 ❶ CPU의 레지스터 정보, ❷ 함수 실행 시 상태 정보가 포함됩니다. 이는 그림 2-33과 같이 주로 함수의 스택 프레임에 저장됩니다. 스택 프레임은 3장에서 자세히 설명하겠습니다.

▼ **그림 2-33** 함수의 실행 시간 스택 프레임

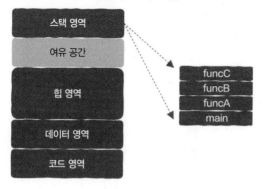

그림 2-33에서 볼 수 있듯이 이 프로세스에는 스레드가 하나만 있는데 반해, 스택 영역에는 스택 프레임이 네 개 있습니다. main 함수가 funcA 함수를 호출하고, funcA 함수가 다시 funcB 함수를 호출합니다. 마지막으로 funcB 함수가 funcC 함수를 호출합니다.

그런데 프로세스 주소 공간의 스택 영역은 스레드를 위한 공간입니다. 그렇다면 코루틴의 스택 프레임 정보는 어디에 저장해야 할까요?

프로세스 주소 공간에서 여전히 추가 데이터를 저장할 여유가 있는 공간이 어디일지를 잘 생각해 보세요. 맞습니다. 그림 2-34에서 볼 수 있듯이, 힙 영역에 코루틴의 실행 시간 스택 프레임 정보를 저장하는 메모리를 요청할 수 있습니다.

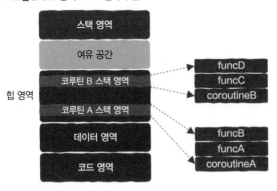

▼ 그림 2-34 동시 프로그램의 구현

그림 2-34에서 볼 수 있듯이, 해당 프로그램은 코루틴 두 개를 시작하며 이 두 코루틴의 스택 영역은 모두 힙 영역에 배치되어 있습니다. 이와 같은 이유로 우리는 수시로 코루틴을 일시 중지하거나 재개할 수 있는 것입니다.

여러분은 이런 의문이 들 수도 있습니다. 그렇다면 프로세스 주소 공간의 최상단에 있는 스택 영역의 역할은 무엇인가요?

스택 영역은 여전히 함수 스택 프레임을 보관하는 데 사용됩니다. 단지 이 함수들이 코루틴이 아닌 일반 함수라는 차이가 있습니다.

이제 그림 2-34 안에는 실제로 실행 흐름이 세 개 존재함을 알아챘을 것입니다.

- 일반 스레드 한 개
- 코루틴 두 개

비록 실행 흐름이 세 개 존재함에도 스레드는 단 하나만 생성했습니다. 이론적으로 메모리 공간이 충분하다면 코루틴 개수에 제한은 없으며 코루틴 간 전환이나 스케줄링은 전적으로 사용자 상태에서 일어나기 때문에 운영 체제가 개입할 필요가 없습니다. 또 코루틴 간에 전환할 때 저장 또는 복구되는 정보도 더 가볍기 때문에 효율성도 훨씬 높습니다.

이제 코루틴을 대체로 이해했을 것입니다. 하지만 여전히 중요한 문제가 하나 남아 있습니다. 우리에게 왜 코루틴과 같은 기술이 필요하며 어떤 문제를 해결하는 데 도움을 줄 수 있을까요?

답을 먼저 제시하면, 코루틴의 중요한 역할 중 하나는 바로 프로그래머가 동기 방식으로 비동기 프로그래밍을 가능하게 한다는 것입니다. 이 문장을 읽으면서 이것이 무슨 소리인가 싶겠지만 걱정하지 않아도 됩니다. 그 질문은 2.8절에서 다시 다루겠습니다.

여기까지 컴퓨터 시스템에서 몇 가지 매우 중요한 기본적인 추상화 개념인 운영 체제와 프로세스, 스레드, 코루틴을 소개했습니다. 또 주로 이런 기본적인 추상화 개념이 '무엇'인지, '왜' 생겨나게 되었는지에 대한 이론적인 부분에 초점을 맞추어 이야기했습니다. 이제 이 장 후반부에서는 '어떻게' 사용할 것인지로 초점을 옮겨 보겠습니다.

'어떻게' 사용할 것인지를 소개하기 전에 몇 가지 프로그래밍 개념을 다루어야 합니다. 이 개념들은 프로그래밍을 할 때 자주 사용하며, 뒤에서 우리가 다룰 내용에서도 많이 언급될 것입니다. 콜백 함수, 동기화, 비동기화, 블로킹, 논블로킹 같은 개념을 철저하게 이해하는 것은 프로그래머에게 큰 도움이 되지만, 안타깝게도 이를 소개하는 자료는 그리 많지 않습니다.

그중에서 먼저 콜백 함수를 살펴보겠습니다.

2.5 / 콜백 함수를 철저하게 이해한다
SECTION

콜백 함수(callback function) 개념이 왜 필요한지 궁금해 한 적이 있나요? 그냥 함수를 직접 호출하면 되지 않을까요? 콜백 함수는 도대체 어떤 역할을 할까요? 이 절에서는 이런 문제들에 대한 답을 제시합니다. 이 내용을 모두 읽고 나면 여러분 무기 창고에 강력하고 큰 무기가 하나 더 추가될 것입니다.

2.5.1 모든 것은 다음 요구에서 시작된다

어떤 회사에서 국민의 아침 식사를 해결하는 데 초점을 맞춘 차세대 국민 앱인 '내일 도넛(明日油条)'을 개발하려고 한다고 가정합시다.[15] 이때 개발 속도를 올리고자 이 앱을 A 팀과 B 팀이 함께 개발한다고 가정하겠습니다.

이 중에서 핵심 모듈(core module)은 B 팀이 개발하고 A 팀에서는 이를 호출할 수 있도록 제공합니다. 이 핵심 모듈은 make_donut이라는 이름의 함수에 담겨(encapsulation) 있습니다.

---

15 역주 요우티아오(油条)는 미국식 도넛이 아니라 꽈배기처럼 길게 튀긴 것으로 속이 비어 있는 것이 특징입니다.

make_donut 함수가 빠르게 실행되어 즉시 반환되는 경우라면, A 팀에서는 그림 2-35와 같이 간단히 해당 함수를 호출하기만 하면 됩니다.

▼ 그림 2-35 make_donut 함수 호출

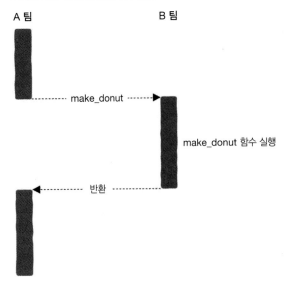

이때 make_donut 함수의 기본 정의는 다음과 같습니다.

> **코드**

```
void make_donut()
{
    ...
    formed(); // 도넛이 형성됩니다.
    ...
}
```

make_donut 함수에서 비교적 중요한 부분은 도넛 모양을 형성하는 것으로, 이는 formed 함수로 구현됩니다.

코드가 완성되어 '내일 도넛' 앱이 공식적으로 출시되었습니다. '내일 도넛' 앱은 사람들 사이에서 매우 큰 인기를 얻었고, 사업 규모 역시 확장되기 시작했습니다. 지금까지는 A 팀에서만 make_donut 함수를 사용했지만, 이제 C 팀에서도 이 함수를 사용하고 싶어 합니다. 하지만 C 팀에서는 기존 막대 형태의 도넛 대신 원형의 도넛을 이용한 새로운 사업을 모색하고 있기 때문에 C 팀은 make_donut 함수를 직접 사용하는 것이 불가능합니다. 따라서 formed 함수는 반드시 A 팀과 C 팀 양쪽에서 모두 사용할 수 있도록 수정되어야 합니다. 물론 프로그래머에게 이 작업은 별일 아닙니다.

코드

```
void make_donut()
{
    ...
    if(TeamA)
    {
        formed_A();
    }
    else if(TeamC)
    {
        formed_C();
    }
    ...
}
```

간단하죠? 이제 C 팀도 make_donut 함수를 호출할 수 있습니다.

결과적으로 C 팀의 새로운 사업도 큰 성공을 거두었고, 이들의 노력으로 한 나라 국민의 아침 식사였던 도넛이 이제는 전 세계적인 인기를 끌게 되었습니다. 전 세계 프로그래머가 make_donut 함수를 사용하여 도넛을 만들고 싶어서 안달이 났습니다. 단지 그들은 자국 국민의 습관에 따라 현지화(localization)를 거쳐 다양한 모양의 도넛을 만들어야 합니다.

슬슬 문제가 생기기 시작합니다. B 팀은 전 세계 프로그래머 수천 명이 요청한 수정 내용을 만족시켜야 하는 커다란 숙제를 떠안게 되었습니다. 도대체 어떻게 make_donut 함수를 수정해야 할까요? 이번에도 직접 if else 문을 사용할 수 있을까요?

코드

```
void make_donut()
{
    ...
    if(TeamA)
    {
        form_A();
    }
    else if(TeamC)
    {
        form_C();
    }
```

```
    else if(TeamE)
    {
        ...
    }
    else if(TeamF)
    {
        ...
    }
    ...
}
```

이전처럼 이런 식으로 코드를 작성한다면, 프로그램 안에는 else if 문이 수천 개 필요할 뿐만 아니라, 새로운 현지화 요청이 있을 때마다 make_donut 함수를 수정해야 합니다. 이것은 명백히 매우 잘못된 설계입니다. 그렇다면 이 문제는 어떻게 해결해야 할까요?

이제 진정한 실력을 뽐낼 시간입니다.

2.5.2 콜백이 필요한 이유

프로그래머는 코드를 작성할 때 다음 변수를 자주 사용합니다.

코드

```
int a = 10;
```

코드에서 숫자 10을 직접 사용하여 프로그래밍을 하는 대신 a 변수를 사용하면, 숫자 10을 다른 숫자로 바꾸어야 할 때도 해당 변수를 사용하는 다른 코드는 전혀 변경할 필요가 없습니다. 그렇지 않으면 코드 전체에서 10을 사용하는 부분을 모두 찾아서 전부 바꾸어야 합니다.

그런데 사실은 함수를 변수처럼 사용할 수도 있습니다.

이제 make_donut 함수를 새롭게 수정해 봅시다.

코드

```
void make_donut(func f)
{
    ...
    f();
    ...
}
```

이렇게 하면 B 팀은 더 이상 서로 다른 도넛 현지화 요구에 맞추어서 코드를 계속 바꿀 필요가 없습니다. 이제 make_donut 함수를 사용하고 싶은 프로그래머는 자신이 정의한 현지화 함수를 전달만 하면 되므로, 함수 변수로 한 번에 문제를 해결할 수 있었습니다.

예를 들어 C 팀에 자체적인 도넛 형성 함수인 formed_C가 있다고 하면 다음과 같이 make_donut 함수를 사용할 수 있습니다.

코드

```
void formed_C()
{
    ...
}

make_donut(formed_C);
```

함수 변수라는 이름은 너무 이해하기 쉬우므로 '이해 불가능' 원칙에 따라 이 함수 변수를 앞으로는 콜백 함수라고 부르겠습니다.

여기에서 볼 수 있듯이, 일반적으로 콜백 함수 코드는 여러분이 직접 구현합니다. 그러나 그 함수를 호출하는 것은 여러분 자신이 아닙니다. 보통은 다른 모듈이나 스레드에서 해당 함수를 호출하게 됩니다.

2.5.3 비동기 콜백

이야기는 아직 끝나지 않았습니다.

도넛 사업이 워낙 불타오르고 있다 보니 주문량이 증가할수록 make_donut 함수의 실행 시간도 점점 더 길어집니다. 때로는 해당 함수가 반환되는 데 30분이 걸릴 때도 있습니다. 이 함수를 호출하는 D 팀의 코드가 다음과 같이 작성되었다고 합시다.

코드

```
...
make_donut(formed_D);
something_important(); // 중요 코드
...
```

make_donut 함수가 호출되고 나서 30분 동안 something_important()가 포함된 줄이 실행되지 못하는 상황이 발생합니다. 혹시라도 이 줄의 내용이 너무나 중요해서 30분 동안 기다릴 수 없는 상황에 처했다고 합시다. 이때 이 문제를 개선할 방법은 없을까요?

사실 make_donut 함수를 다음과 같이 조금 수정하여 해당 함수 내부에서 스레드를 생성하고 해당 스레드가 실제로 도넛을 형성하게 할 수 있습니다.

코드

```
void real_make_donut(func f)
{
    ...
    f();
    ...
}

void make_donut(func f)
{
    thread t(real_make_donut, f);
}
```

이제 make_donut 함수를 호출하면 해당 함수는 새로운 스레드 t를 생성하고 나서 즉시 반환되고, 이후 something_important() 줄을 실행할 수 있습니다. 그리고 도넛은 스레드가 시작되어야 형성됩니다. 여기에서 주의할 점은 something_important() 줄의 코드가 실행될 때 실제 도넛 생성 작업은 아직 시작되지 않았을 수 있다는 것입니다. 바로 이것이 비동기(asynchronization)입니다. 다음 2.5.4절에서 동기와 비동기를 자세히 설명하겠습니다.

이렇게 하면 그림 2–36과 같이 make_donut 함수를 호출하고 나서 30분 동안 기다릴 필요가 없으며, 호출자와 피호출자가 각자의 스레드에서 병렬로 실행될 수 있습니다.

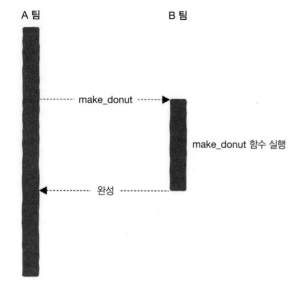

▼ 그림 2-36 비동기 콜백

A 팀

B 팀

make_donut

make_donut 함수 실행

완성

이와 같이 호출 스레드가 콜백 함수 실행에 의존하지 않는 것을 비동기 콜백(asynchronous callback)이라고 합니다. 2.5.4절에서는 동기와 비동기 개념을 집중적으로 다루겠습니다.

2.5.4 비동기 콜백은 새로운 프로그래밍 사고방식으로 이어진다

함수를 호출할 때 프로그래머에게 가장 익숙한 사고방식은 다음과 같습니다.

1. 함수를 호출하고 결과를 획득합니다.
2. 획득한 결과를 처리합니다.

코드

```
res = request();

handle(res);
```

이것은 바로 함수의 동기 호출(synchronous call)이며, request 함수가 반환한 결과를 획득해야 handle 함수를 호출하여 처리를 진행할 수 있습니다. 이때 request 함수가 반환되는 것을 무조건 기다려야 하는데 이것이 바로 동기 호출이며, 그림 2-37에서 흐름을 볼 수 있습니다.

▼ 그림 2-37 동기 호출

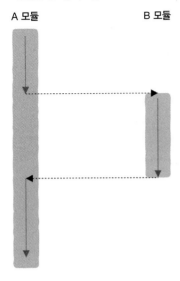

A 모듈   B 모듈

이제 생각을 업그레이드해 봅시다. 정보 관점에서 보면, 함수는 사실 호출자가 정보를 채워 넣기 전까지는 매개변수 정보가 무엇인지 알 수 없습니다. 컴퓨터 관점에서 보면, 정보에는 두 가지 유형이 있습니다. 첫 번째 유형은 정수, 포인터, 구조체, 객체 등 데이터이며, 두 번째 유형은 함수 같은 코드입니다.

따라서 프로그래머가 함수를 호출할 때 데이터 형태의 일반적인 변수 외에 코드로 된 함수 형태의 변수도 전달할 수 있습니다. 그렇기 때문에 handle 함수를 직접 호출하는 대신 다음과 같이 해당 함수를 request 함수의 매개변수로 전달할 수 있습니다.

코드

```
request(handle);
```

우리는 handle 함수가 언제 호출될지는 아예 신경 쓸 필요가 없으며, 이는 request 함수가 신경 써야 하는 부분입니다.

다시 비동기화를 이야기해 보겠습니다.

앞서 언급했던 함수 호출이 비동기 콜백이라면 request 함수는 즉시 반환될 수 있으며, 실제로 결과를 받아 처리하는 프로세스는 다른 스레드와 프로세스, 심지어는 다른 시스템에서 완료될 수 있습니다.

이것이 바로 그림 2-38에서 볼 수 있는 비동기 호출입니다.

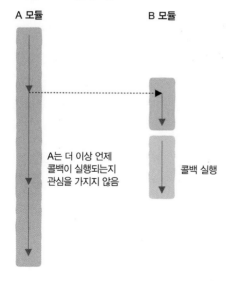

▼ 그림 2-38 비동기 호출

A 모듈

B 모듈

A는 더 이상 언제
콜백이 실행되는지
관심을 가지지 않음

콜백 실행

프로그래밍 관점에서 보면, 비동기 호출과 동기 호출은 매우 큰 차이가 있습니다. 처리 흐름을 하나의 작업으로 생각할 때, 동기 호출 프로그래밍 방식에서는 함수를 호출한 스레드에서 전체 작업이 처리되는 데 반해 비동기 호출 프로그래밍 방식에서는 작업 처리가 두 부분으로 나뉩니다.

1. 첫 번째 부분은 함수를 호출하는 스레드에서 처리됩니다. 즉, request가 호출되기 전에 해당하는 부분입니다.

2. 두 번째 부분은 함수를 호출하는 스레드에서 처리되지 않고 다른 스레드, 프로세스 또는 다른 시스템에서 처리됩니다.

여기에서 알 수 있듯이 작업이 두 부분으로 나뉘어 있기 때문에 두 번째 부분의 호출은 우리가 제어할 수 있는 범위를 벗어나며, 이와 동시에 호출자만 무엇을 해야 할지 알고 있습니다. 그렇기 때문에 이와 같은 상황에 콜백 함수는 꼭 필요한 작동 방식입니다.

이 콜백 함수의 본질은 다음과 같습니다.

'우리는 어떤 일을 해야 하는지 알지만, 이 일을 언제 하게 될지는 정확히 알 수 없습니다. 반면에 다른 모듈은 언제 해야 할지는 알지만 무엇을 해야 하는지는 모르기 때문에 우리가 알고 있는 정보를 콜백 함수에 잘 담아 다른 모듈에 전달해야 합니다.'

이제 비동기 콜백을 프로그래밍하는 방법을 이해할 수 있을 것입니다.

계속해서 콜백을 좀 더 학문적으로 정의해 보겠습니다.

2.5.5 콜백 함수의 정의

컴퓨터 과학에서 콜백 함수는 다른 코드에 매개변수로 전달되는 실행 가능한 코드입니다.

이것이 콜백 함수의 정의입니다. 콜백 함수는 실행 가능한 코드인 함수로서 일반적인 다른 함수와 다르지 않습니다.

콜백 함수는 일종의 소프트웨어 설계상의 개념으로서 어떤 특정한 프로그래밍 언어와 관련된 기능이 아니기 때문에 거의 모든 프로그래밍 언어에서 콜백 함수를 사용할 수 있습니다.

일반적으로 함수 작성자가 나라면 함수를 호출하는 것도 나여야 하지만, 콜백 함수는 그렇지 않습니다. 함수 작성자가 나라도 함수를 호출하는 것은 내가 아니고 내가 참조하는 외부 모듈입니다. 그림 2-39의 서드 파티 라이브러리(third party library)를 예로 들면, 내가 서드 파티 라이브러리의 함수를 호출할 때 콜백 함수를 함께 전달하면 서드 파티 라이브러리의 함수는 내가 작성한 콜백 함수를 호출합니다.

▼ 그림 2-39 콜백 함수와 호출자는 서로 다른 계층에 존재한다

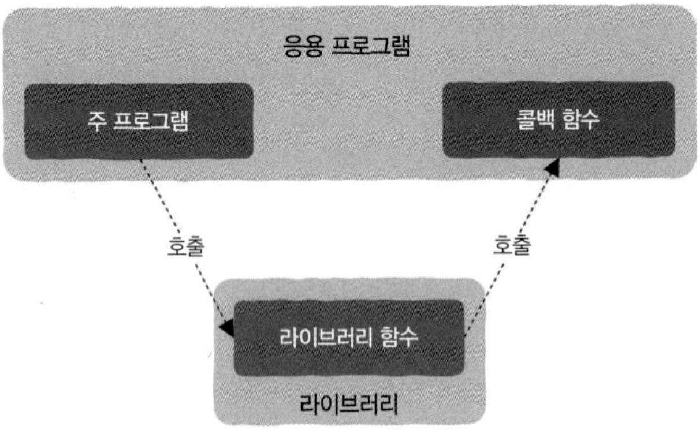

서드 파티 라이브러리에 콜백 함수를 지정해야 하는 이유는 서드 파티 라이브러리의 작성자가 특정 시기에 어떤 작업을 수행해야 하는지 알 수 없기 때문입니다. 서드 파티 라이브러리의 작성자는 특정한 구현 코드를 작성하는 대신 외부와 연결된 매개변수를 제공합니다. 따라서 서드 파티 라이브러리의 사용자가 콜백 함수를 구현해서 서드 파티 라이브러리에 전달하면, 서드 파티 라이브러리는 특정 시기에 해당 콜백 함수를 호출하기만 하면 됩니다.

그림 2-39에서는 한 가지 주의할 점을 볼 수 있습니다. 콜백 함수와 주 프로그램은 같은 계층에 있지만, 우리는 해당 콜백 함수를 작성할 책임만 있을 뿐 직접 호출하지는 않는다는 것입니다.

마지막으로 콜백 함수가 호출되는 시점을 알아보겠습니다. 일반적으로 시스템에서 네트워크 데이터 수신이나 파일 전송 완료처럼 관심 대상인 이벤트(event)가 발생하면 이를 처리할 수 있는 코드를 호출하고 싶을 것입니다. 이때는 콜백 함수가 유용하며, 특정 이벤트에 대응하는 콜백 함수를 등록할 수 있습니다. 시스템에서 이벤트가 발생하면 상응하는 콜백 함수가 자동으로 호출되며, 이 관점에서 보면 콜백 함수는 이벤트 처리 도구(event handler)이기에 콜백 함수는 2.8절에서 다시 다룰 이벤트 중심 프로그래밍(event-driven programming)에 적합합니다.

2.5.6 두 가지 콜백 유형

지금까지 동기 콜백과 비동기 콜백의 두 가지 콜백 유형을 소개했는데, 다시 한 번 이 두 가지 개념을 정리해 보겠습니다.

먼저 동기 콜백은 가장 익숙한 콜백 유형으로, 블로킹 콜백(blocking callback)이라고도 합니다.

함수 A를 호출할 때 콜백 함수를 매개변수로 전달한다고 가정하면, 그림 2-40과 같이 함수 A가 반환되기 전에 콜백 함수가 실행됩니다. 바로 이것이 동기 콜백입니다.

▼ 그림 2-40 동기 콜백

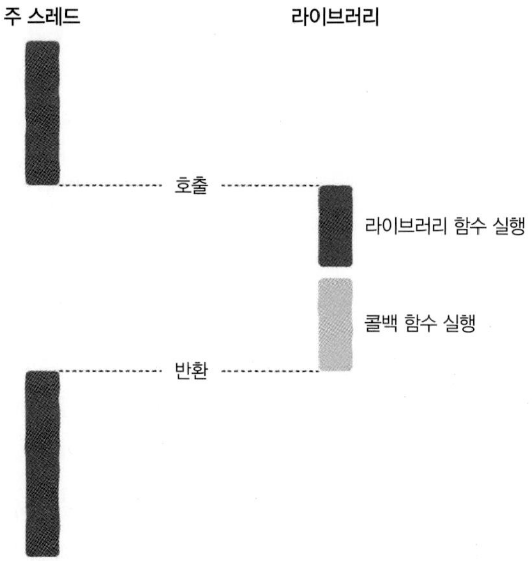

주 스레드   라이브러리

----- 호출 -----

라이브러리 함수 실행

콜백 함수 실행

----- 반환 -----

동기 콜백이 있으므로 당연히 비동기 콜백도 있습니다.

이번에도 함수 A를 호출하고 콜백 함수를 매개변수 형태로 전달한다고 가정해 봅시다. 이번에는 함수 A의 호출이 즉시 완료되고 일정 시간이 지나면 콜백 함수가 실행됩니다. 이때 주 프로그램은 다른 작업으로 바쁠 수 있으며 콜백 함수와 주 프로그램이 동시에 실행될 수 있습니다. 그림 2-41과 같이 주 프로그램과 콜백 함수의 실행이 동시에 진행될 수 있기에 보통 주 프로그램과 콜백 함수는 서로 다른 스레드 또는 프로세스에서 실행됩니다. 이것이 바로 비동기 콜백입니다. 일부 자료에서는 지연 콜백(deferred callback)이라는 매우 직관적이면서 구체적인 이름으로 부르기도 합니다.

▼ **그림 2-41** 비동기 콜백

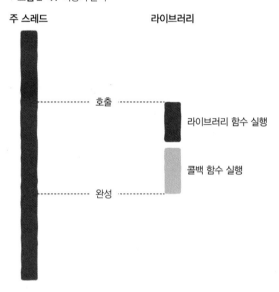

그림 2-40과 그림 2-41에서 볼 수 있듯이, 비동기 콜백은 동기 콜백에 비해 다중 코어 리소스를 더 잘 활용합니다. 동기 콜백이 진행되는 동안에는 주 프로그램이 아무 일도 하지 못하지만, 비동기 콜백은 이런 문제없이 주 프로그램을 계속 실행하기 때문입니다. 비동기 콜백은 입출력 작업에서 자주 볼 수 있으며, 웹 서비스처럼 동시성이 높은 시나리오에 적합합니다.

그러나 비동기 콜백 역시 자체적으로 문제가 있습니다. 컴퓨터 과학에서 완전무결한 기술은 없으며, 지금은 물론이고 앞으로도 없을 것입니다. 이 세상 모든 것은 타협의 결과입니다. 과연 비동기 콜백에는 어떤 문제가 있을까요?

2.5.7 비동기 콜백의 문제: 콜백 지옥

사실 이미 살펴보았듯이, 비동기 콜백의 작동 방식은 프로그래머에게 가장 익숙한 동기 콜백과는 명백히 작동 방식이 다르기 때문에 동기 콜백에 비해 이해하기가 어렵습니다. 서버에서 작업을 처리할 때 사용자에게 전달되는 데이터 서비스(downstream)는 하나씩 호출되는 것이 아니라 수십 개 또는 수백 개씩 호출될 때가 대부분입니다. 이렇게 비즈니스 구성이 상대적으로 복잡한 경우 이 서비스 호출을 비동기 콜백으로 처리하면 콜백 지옥(callback hell)에 빠질 가능성이 높습니다.

예를 들어 특정 작업을 처리하려면 서비스 네 개를 호출해야 하며, 각 서비스는 앞서 호출한 서비스의 결과를 사용하여 처리한다고 가정해 봅시다. 이를 동기 콜백 방식으로 구현하면 다음과 같습니다.

코드

```
a = GetServiceA();
b = GetServiceB(a);
c = GetServiceC(b);
d = GetServiceD(c);
```

이 코드는 매우 명확하고 이해하기 쉽습니다. 하지만 비동기 콜백 방식으로 작성하면 어떤 모습이 될까요?

코드

```
GetServiceA(function(a)
    {
        GetServiceB(a, function(b)
            {
                GetServiceC(b, function(c)
                    {
                        GetServiceD(c, function(d)
                            {
                                ...
                            }
                        );
                    }
                );
            }
        );
    }
);
```

더 이상 어떤 말도 필요 없겠죠. 이 두 가지 작성 방식 중 어떤 것이 더 이해하기 쉽고 유지 관리하기 쉽나요?

이처럼 좀 더 복잡한 비동기 콜백 코드는 주의를 기울이지 않으면 콜백 함정에 빠질 수 있습니다. 비동기 콜백의 효율성, 동기 콜백의 코드 단순성과 가독성을 함께 누릴 수 있는 더 좋은 방법은 없을까요?

물론 있습니다. 이것이 바로 2.4절에서 설명한 코루틴이며, 이것은 2.8절에서 다시 설명하겠습니다.

자, 콜백 이야기는 이쯤에서 마치겠습니다. 이 절에서는 동기와 비동기 개념을 여러 번 언급했습니다. 지금부터는 이 동기와 비동기를 더 깊이 이해하는 시간을 가져 보겠습니다.

2.6 동기와 비동기를 철저하게 이해한다

동기와 비동기라는 단어를 처음 접하는 사람이라면 당연히 혼란스러울 수 있습니다. 이 두 단어 안에 담겨 있는 의미는 도대체 무엇일까요?

먼저 업무 상황에 대한 하나의 이야기부터 시작하겠습니다.

2.6.1 고된 프로그래머

상사가 퇴근 전까지 완료해야 하는 매우 긴급한 작업을 지시했습니다. 그런데 상사가 진행 상황을 모니터링하기 위해 의자를 옆으로 끌고 와 앉아서는 코드를 작성하고 있는 여러분을 쳐다보고 있다고 가정해 봅시다.

여러분은 분명히 엄청난 스트레스를 받을 것이고 마음속으로는 이렇게 생각할 것입니다. '제발 다른 일 좀 하러 가세요. 이것만 쳐다보실 필요는 없잖아요!' 하지만 상사는 마치 여러분 뇌파를 수신한 것 같습니다. '난 여기에서 널 기다릴 거야. 네가 코드 작성을 마칠 때까지는 어디도 가지 않을 거야!'

이 예시처럼 상사가 여러분에게 작업을 주고 완료할 때까지 계속 기다리는 시나리오는 그림 2-42에서 볼 수 있듯이 동기 작업에 해당됩니다.

▼ **그림 2-42** 동기 작업

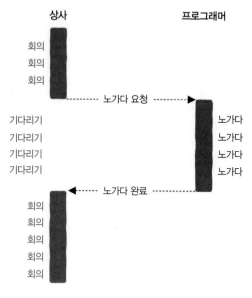

다음 날, 상사가 여러분에게 다시 업무를 지시합니다.

▼ **그림 2-43** 비동기 작업

그러나 이번에는 그리 급하지 않은 작업이라 상사는 다음과 같이 가볍게 말을 건넵니다. '오늘 작업은 급하지 않으니 작성이 완료되면 저에게 알려 주세요.' 이렇게 말한 후 상사는 여러분이 업무를 마칠 때까지 기다리지 않고 다른 일을 처리하기 위해 자리로 돌아갑니다. 여러분은 업무를 마친 후 간단히 상사에게 이렇게 보고합니다. '작업을 마쳤습니다!'

이것이 바로 그림 2-43에서 볼 수 있는 비동기 작업입니다.

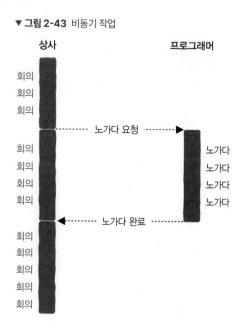

비동기 시나리오 핵심은 다음과 같습니다. 여러분이 열심히 일하는 동안 상사는 다른 작업을 진행하므로 두 가지 작업이 동시에 진행된다는 것입니다. 일반적으로 비동기가 동기보다 더 효율적인 이유인 바로 이 점에 주목할 필요가 있습니다.

동기는 '종속적', '연관된', '기다림' 등 단어들과 엮이는 반면에, 비동기는 '비종속적', '무관한', '기다릴 필요 없는', '동시 발생' 등 단어들과 엮이는 경우가 많다는 것에서도 이 사실을 알 수 있습니다.

2.6.2 전화 통화와 이메일 보내기

프로그래머는 자신의 일에만 집중하는 것이 불가능하며 일상 업무에서 의사소통은 불가피합니다. 그중에서 가장 효과적인 의사소통 수단은 싸우는 것이 아니라 전화 통화입니다.

전화 통화를 할 때, 한 사람이 말하면 다른 사람은 듣습니다. A가 말할 때 B는 계속 기다려야 하며, A가 말을 끝내야 B가 말을 이어 갈 수 있습니다. 따라서 여러분은 '의존성', '연관된', '기다림' 등 단어들을 떠올릴 것입니다. 전화 통화와 같은 소통 방식은 그림 2-44에서 볼 수 있듯이 동기에 해당합니다.

▼ **그림 2-44** 전화 통화는 동기 통신 방식

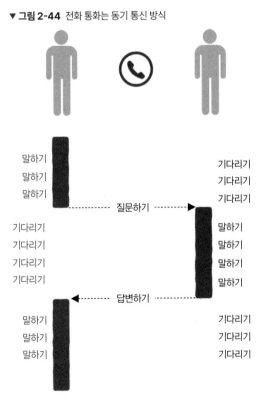

이메일 역시 없어서는 안 되는 의사소통 방식입니다. 아무것도 하지 않고 멍때리면서 이메일 회신만 기다리는 사람이 있을까요? 여러분이 이메일을 작성하는 동안, 다른 사람들은 다른 일을 처리할 수 있습니다. 마찬가지로 여러분도 이메일의 작성과 발송을 완료한 후 상대방이 회신할 때까지 멍때리며 기다리는 대신, 그림 2-45와 같이 뒤돌아서 자신의 또 다른 일을 처리할 수 있습니다.

▼ **그림 2-45** 이메일은 비동기 통신 방식

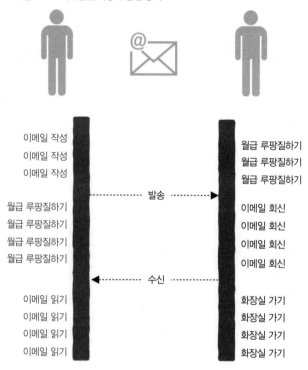

이 예시에서는 여러분이 이메일을 작성하는 것과 다른 사람이 자신의 작업을 처리하는 것이 동시에 진행되며, 수신자와 발신자 모두 서로를 기다릴 필요가 없습니다. 이 시나리오에서는 '기다릴 필요 없음'이라는 단어를 떠올릴 수 있으므로 이메일 같은 소통 방식은 바로 비동기입니다.

2.6.3 동기 호출

이제 프로그래밍으로 돌아가서 프로그래머에게 가장 익숙한 동기 호출부터 살펴보겠습니다.

일반적인 함수 호출은 다음과 같은 동기 방식입니다.

코드

```
funcA()
{
    // funcB 함수가 완료될 때까지 기다립니다.
    funcB();

    // funcB 함수는 프로세스를 반환하고 계속 진행합니다.
    ...
}
```

funcA 함수가 funcB 함수를 호출하면, funcB 함수 실행이 완료될 때까지 funcA 함수의 나머지 코드는 실행되지 않습니다. 다시 말해 funcA 함수는 반드시 funcB 함수 실행이 완료될 때까지 기다려야 하며, 이것이 바로 그림 2-46에서 볼 수 있는 동기 호출입니다.

▼ **그림 2-46** 동기 호출

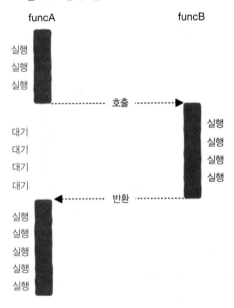

일반적으로 이와 같은 동기 호출에서는 funcA 함수와 funcB 함수가 동일한 스레드에서 실행되는데, 가장 자주 볼 수 있는 상황입니다.

하지만 비교적 특수한 상황이 하나 있는데 바로 입출력 작업입니다.

입출력 작업을 할 때 다음과 같이 read 함수를 호출하여 파일을 읽는다고 가정해 봅시다.

```
...
read(file, buf); // 여기에서 실행이 일시 중지됩니다.
...
// 파일 읽기가 완료될 때까지 기다렸다가 계속 실행합니다.
```

최하단 계층은 실제로 시스템 호출(system call)로 운영 체제에 요청을 보냅니다. 이때 운영 체제는 파일 읽기 작업을 위해 그림 2-47과 같이 호출 스레드를 일시 중지시키며, 커널이 디스크 내용을 읽어 오면 일시 중지되었던 스레드가 다시 깨어납니다. 이것이 바로 블로킹 입출력(blocking input/output)입니다.

▼ 그림 2-47 블로킹 입출력

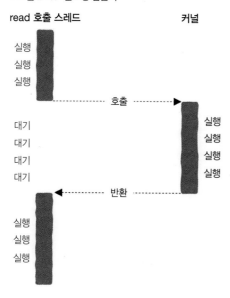

물론 이것도 동기 호출입니다. 단지 호출자와 파일을 읽는 코드가 다른 스레드에서 실행되고 있을 뿐입니다. 따라서 동기 호출은 호출자와 수신자가 같은 스레드에서 실행 중인지 여부와는 관련이 없다는 결론을 내릴 수 있습니다.

동기 프로그래밍은 프로그래머가 이해하기에 가장 쉽습니다. 그러나 그 대가로 일부 상황[16]에서 호출자가 요청한 작업이 끝날 때까지 기다려야 하기 때문에 효율은 높지 않습니다.

이어서 비동기 호출을 살펴봅시다.

---

16 역주 모든 상황이 아니라는 점에 유의하세요.

2.6.4 비동기 호출

일반적으로 비동기 호출은 디스크의 파일 읽고 쓰기, 네트워크 데이터 송수신, 데이터베이스 작업처럼 시간이 많이 걸리는 입출력 작업을 백그라운드 형태로 실행합니다.

이번에도 디스크 파일을 읽는 작업을 예로 들겠습니다.

read 함수의 호출이 동기 방식일 경우에 호출자는 파일을 모두 읽을 때까지 계속 진행이 불가능하지만, read 함수를 비동기 호출할 수 있다면 상황은 달라집니다.

read 함수가 비동기 호출되면 파일 읽기 작업이 완료되지 않은 상태에서도 read 함수는 즉시 반환될 수 있습니다.

코드

```
read(file, buff); // read 함수는 즉시 반환됩니다.
// 이후 내용의 실행을 블로킹하지 않습니다.
```

그림 2-48은 read 함수의 비동기 호출을 보여 줍니다.

▼ **그림 2-48** read 함수의 비동기 호출

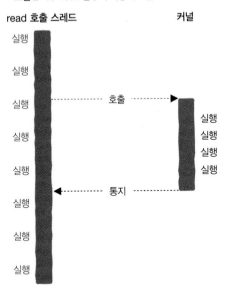

이것이 바로 비동기 입출력입니다.

이 경우 호출자가 블로킹되지 않고 read 함수가 즉시 반환되기 때문에 호출자는 즉시 다음 작업을 실행할 수 있습니다. 호출자의 이후 작업은 파일 읽기 작업과 동시에 진행되기 때문에 이것이 바로 비동기의 높은 효율성을 가져옵니다.

그러나 비동기 호출은 프로그래머가 이해하는 데 큰 부담이 될 수 있으며, 코드를 작성하는 것은 더 말할 필요도 없습니다. 결론만 말하면, 컴퓨터 과학에서는 옥황상제가 여러분을 위해 문을 열어 주는 동시에 적절히 창문을 닫는다[17]는 비유를 기억해야 합니다.

이제 여러분은 이렇게 질문할 수 있습니다. 비동기 호출 방식에서 작업이 실제로 완료되는 시점을 어떻게 파악할 수 있나요? 동기 호출 방식에서는 이 문제가 매우 간단하며, 해당 함수가 반환될 때 호출된 함수와 관련된 작업 처리가 모두 완료되었다고 확신할 수 있습니다. 다시 말해 read 함수를 동기 호출하면, 해당 함수가 반환될 때 파일 읽기 작업이 모두 완료되었음을 의미합니다. 하지만 비동기 호출에서는 파일 읽기 작업이 언제 완료되었는지 어떻게 알 수 있을까요? 또 어떻게 그 결과를 처리해야 할까요?

이에 대한 처리는 두 가지 상황이 있을 수 있습니다.

1. 호출자가 실행 결과를 전혀 신경 쓰지 않을 때
2. 호출자가 실행 결과를 반드시 알아야 할 때

첫 번째 상황을 구현하기 위해 2.5절에서 설명한 콜백 함수를 사용할 수 있습니다. 예를 들어 read 함수를 비동기 호출할 때 파일 내용을 처리하는 함수를 함께 매개변수로 전달할 수 있습니다.

코드

```
void handler(void* buf)
{
    ... // 파일 내용 처리 중
}

read(buf, handler);
```

---

17 역주 장점이 있으면 그에 따른 부정적 영향(side effect)도 있다는 의미입니다.

read(buf, handler); 의미는 다음과 같습니다. '계속해서 파일을 읽고, 작업이 완료되면 전달
된 함수를 사용하여 파일을 처리해 주세요.' 이때 그림 2-49와 같이 파일 내용은 호출자 스레드
가 아닌 콜백 함수가 실행되는 다른 스레드 또는 프로세스 등에서 처리합니다.

▼ **그림 2-49** 비동기 콜백

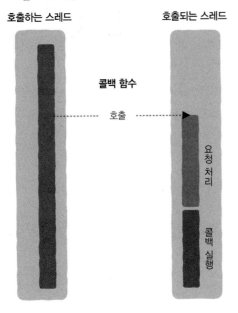

두 번째 상황을 구현하는 방법 중 하나는 알림(notification) 작동 방식을 사용하는 것입니다.
즉, 작업 실행이 완료되면 호출자에게 작업 완료를 알리는 신호나 메시지를 보내는 것입니다.
이 경우 결과 처리는 이전과 마찬가지로 호출 스레드에서 합니다. 일반적으로 함수의 비동기 호
출에는 흔히 스레드 두 개가 사용되는데, 호출자가 하나의 스레드를 사용하고 실제 작업은 일반
적으로 다른 스레드에서 실행됩니다. 그림 2-50에서는 스레드 두 개를 표시하고 있습니다.

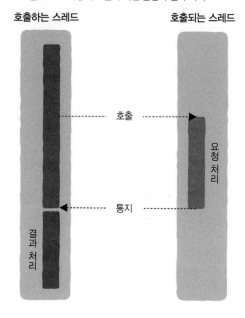

이 내용을 제대로 익힐 수 있도록 동기 호출과 비동기 호출의 구체적인 예를 제시하며 동기와 비동기에 관련된 내용을 마무리하겠습니다.

2.6.5 웹 서버에서 동기와 비동기 작업

우리가 자주 볼 수 있는 웹 서버를 예로 들어 이 문제를 설명해 보겠습니다.

일반적으로 웹 서버는 사용자 요청을 수신하면 전형적인 과정에 따라 그것을 처리하는데, 그중 가장 자주 볼 수 있는 것은 데이터베이스 요청(database query)입니다. 물론 여기에서 데이터베이스 요청을 디스크 읽고 쓰기나 네트워크 통신처럼 다른 입출력 작업이라고 가정해도 무방합니다. 여기에서는 다음과 같이 사용자 요청을 처리하기 위해 A, B, C 세 단계를 거친 후 데이터베이스를 요청하고, 데이터베이스 요청 처리가 완료되면 다시 D, E, F 세 단계를 거쳐야 작업이 완료된다고 가정해 보겠습니다.

```
// 사용자 요청을 처리하는 데 필요한 단계입니다.

A;
B;
C;
데이터베이스 요청;
D;
E;
F;
```

이 중에서 A, B, C 단계와 D, E, F 단계에는 입출력 작업이 포함되어 있지 않습니다. 즉, 이 여섯 단계에는 파일 읽기나 네트워크 통신 등 작업이 필요하지 않습니다. 여기에서 입출력 작업이 필요한 유일한 단계는 데이터베이스 요청 작업입니다.

일반적으로 이런 형태의 웹 서버에는 주 스레드와 데이터베이스 처리 스레드라는 전형적인 스레드 두 개가 있습니다. 여기에서는 일반적인 상황만 설명하고 있으므로 구체적인 구현 방식에는 차이점이 있을 수 있습니다. 하지만 이 두 스레드로 다루고 있는 문제를 이야기하는 데 전혀 영향은 주지 않습니다.

먼저 가장 간단한 구현 방식인 동기 방식을 살펴보겠습니다.

이 접근 방식은 가장 자연스러우며 이해하기도 쉽습니다.

```
// 메인 스레드
main_thread()
{
    while (1)
    {
        요청 수신;
        A;
        B;
        C;
        데이터베이스 요청을 전송하고 결과가 반환될 때까지 대기;
        D;
        E;
        F;
        결과 반환;
    }
}
```

```
// 데이터베이스 스레드
database_thread()
{
    while (1)
    {
        요청 수신;
        데이터베이스 처리;
        결과 반환;
    }
}
```

이것이 바로 가장 일반적인 동기 처리 방법입니다. 그림 2-51과 같이 데이터베이스 요청 후 주 스레드가 블로킹되어 일시 중지되며, 데이터베이스 처리가 완료된 시점에서 이후 단계인 D, E, F가 계속 실행됩니다.

▼ 그림 2-51 동기 호출

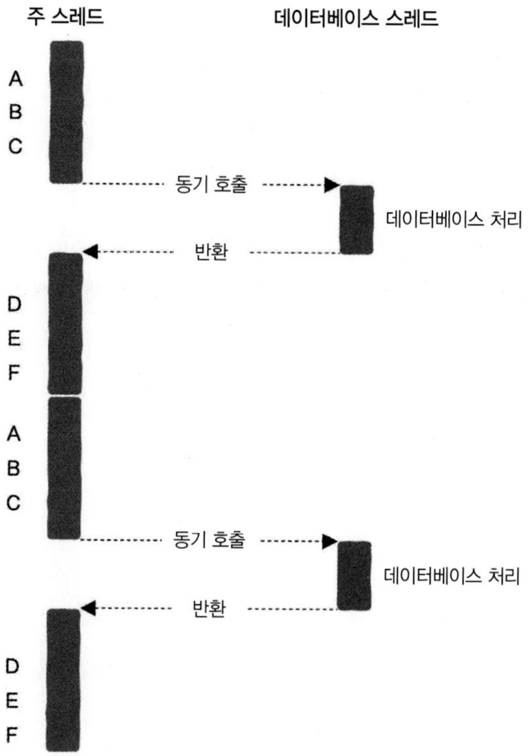

그림 2-51에서 볼 수 있듯이, 주 스레드 가운데에는 '빈 공간'이 존재하며, 이것이 바로 주 스레드의 '유휴 시간(idle time)'입니다. 주 스레드는 이 유휴 시간 동안 데이터베이스 처리가 완료될 때까지 기다려야 다음 과정을 처리할 수 있습니다. 여기에서 주 스레드는 앞에서 업무를 감시하던 상사에 비유할 수 있으며, 데이터베이스 스레드는 작업에 매진하고 있는 여러분이라고 비유할 수 있습니다. 작업이 끝나기 전까지 상사는 아무것도 하지 않고 계속 면밀하게 주시하고 있으며, 여러분이 작업을 마치고 나면 그제서야 돌아가 자신의 업무를 합니다.

당연하게도 높은 효율성에 목매고 있는 프로그래머는 주 스레드가 게으른 것을 용인할 수 없습니다. 따라서 '비밀 무기'를 꺼내는데, 비동기 작업이 바로 그 무기입니다.

비동기 구현에서는 주 스레드가 데이터베이스 처리가 완료될 때까지 기다리는 대신, 데이터베이스 처리 요청을 전송하자마자 바로 다음에 넘어온 새로운 사용자 요청을 직접 처리합니다.

앞서 하나의 요청은 A, B, C, 데이터베이스 처리, D, E, F 총 일곱 단계를 거쳐야 한다고 이야기했습니다. 주 스레드가 A, B, C, 데이터베이스 처리 단계를 완료한 후 다음에 넘어온 새로운 요청을 직접 처리한다고 가정한다면, 이전 요청의 나머지 D, E, F 단계는 어떻게 처리해야 할까요?

지금까지 배운 내용을 잊지 않았다면 알아차렸을 텐데, 이 경우 두 가지 상황이 존재합니다. 계속해서 각 상황을 고민해 봅시다.

첫 번째 상황: 주 스레드가 데이터베이스 처리 결과를 전혀 신경 쓰지 않을 때

이때 주 스레드는 데이터베이스 처리 완료 여부에 상관하지 않습니다. 그림 2-52와 같이 데이터베이스 처리가 완료된 후 주 스레드가 아닌 데이터베이스 스레드가 다음 D, E, F 세 단계를 자체적으로 직접 처리합니다.

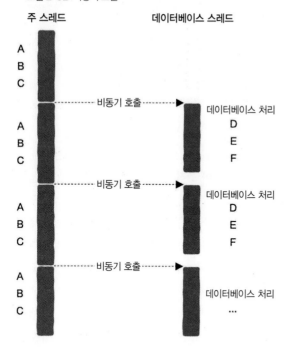

중요한 부분은 지금부터입니다.

앞서 하나의 요청이 완료되려면 일곱 단계를 거쳐야 한다고 이야기했습니다. 그중에서 처음 세 단계는 주 스레드에서 완료되고, 뒤의 네 단계는 데이터베이스 스레드에서 완료됩니다. 그렇다면 데이터베이스를 처리한 후 D, E, F 세 단계에 대한 작업 방법을 데이터베이스 스레드가 어떻게 알 수 있을까요? 여기에서 이 문제를 해결하려고 또 다른 주인공인 콜백 함수가 등장합니다.

D, E, F 세 단계를 첫 번째 함수에 담고, 이 함수 이름을 handle_DEF_after_DB_query로 지정합니다.

코드

```
void handle_DEF_after_DB_query()
{
    D;
    E;
    F;
}
```

이제 주 스레드가 데이터베이스 처리 요청을 보낼 때 이 함수를 매개변수로 전달합니다.

코드

```
DB_query(request, handle_DEF_after_DB_query);
```

데이터베이스 스레드는 데이터베이스 요청을 처리한 후 직접 handle_DEF_after_DB_query 함수를 호출하기만 하면 됩니다. 이것이 바로 콜백 함수가 하는 일입니다.

이 함수를 데이터베이스 스레드에 정의하고 직접 호출하는 대신 콜백 함수를 통해 전달받아 실행하는 이유가 무엇인지 궁금할 수 있습니다. 소프트웨어 조직 구조 관점에서 볼 때, 이 작업은 데이터베이스 스레드에서 해야 할 작업이 아니기 때문입니다. 따라서 데이터베이스 스레드 입장에서는 자신의 주 업무인 데이터베이스를 처리하고 나서 콜백 함수를 호출하면 자신의 임무가 완료된 것입니다. 데이터베이스 스레드는 콜백 함수가 무엇을 수행하는지 관심이 없을 뿐만 아니라 관심을 가져서도 안 됩니다. 분명히 호출자만 데이터베이스 결과를 처리하는 방법을 알고 있으며, 호출자가 처리해야 할 작업은 사용자 요청에 따라 매우 다양할 수 있습니다. 하지만 이런 작업들은 모두 콜백 함수에 담아 데이터베이스 스레드에 전달할 수 있습니다. 데이터베이스 스레드가 자체적으로 함수를 정의하면 사용자 요청에 유연하게 대응하기 어렵지만, 이를 콜백 함수를 이용하여 극복할 수 있는 것입니다.

그림 2-51과 그림 2-52를 자세히 살펴보세요. 여러분은 비동기 호출이 동기 호출보다 더 효율적인 이유를 찾을 수 있나요?

그림 2-52에서 볼 수 있듯이, 주 스레드의 '유휴 시간'이 없어진 대신 그 자리를 끊임없는 작업, 작업, 작업이 차지하고 있습니다. 또 데이터베이스 스레드에도 빈 자리가 거의 없으며 마찬가지로 작업, 작업, 작업이 자리를 차지하고 있습니다.

주 스레드가 사용자 요청을 처리하는 작업과 데이터베이스 스레드가 데이터베이스를 처리하는 작업을 동시에 진행할 수 있으며, 이런 설계는 시스템 리소스를 더 많이 최대한 활용할 수 있어 요청 처리 속도가 훨씬 더 빨라집니다. 사용자 입장에서 볼 때도 시스템 응답 속도가 더 빨라집니다. 이것이 바로 비동기가 가지는 높은 효율성입니다.

하지만 비동기 프로그래밍은 동기 프로그래밍보다 이해하기가 쉽지 않으며 시스템 유지 보수 측면에서도 동기 프로그래밍에 비할 바가 못 됩니다.

계속해서 주 스레드가 데이터베이스 작업 결과를 신경 쓰는 두 번째 상황을 살펴봅시다.

두 번째 상황: 주 스레드가 데이터베이스 작업 결과에 관심을 가질 때

그림 2-53과 같이 데이터베이스 스레드는 알림 작동 방식을 이용하여 작업 결과를 주 스레드로 전송해야 합니다. 주 스레드는 메시지를 수신하면 이전 사용자 요청의 후반부를 계속 처리합니다.

▼ **그림 2-53** 주 스레드가 데이터베이스 작업 결과를 관리한다

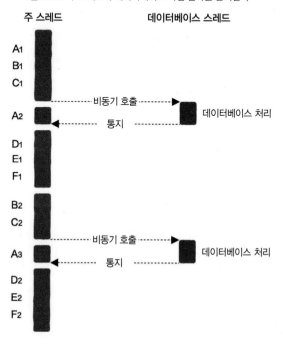

그림 2-51과 달리 그림 2-53에는 데이터베이스 스레드가 유휴 상태라는 점을 제외하면 주 스레드에 '유휴 시간'이 없습니다. 이 방식은 그림 2-52의 비동기 호출만큼 극단적으로 효율적이지는 않지만, 동기 호출에 비하면 여전히 효율적입니다.

물론 모든 비동기 호출이 반드시 동기 호출보다 더 효율적인 것은 아니기 때문에 구체적인 상황에 따라 분석해야 합니다.

이제 여러분은 동기와 비동기가 도대체 무엇인지, 일반적으로 왜 비동기 호출이 더 효율적인지 이해할 수 있을 것입니다. 이어서 이와 비슷한 블로킹과 논블로킹 두 가지 개념을 살펴보겠습니다.

2.7

아 맞다! 블로킹과 논블로킹도 있다

2.6절에서 동기와 비동기를 이해하는 시간을 가져 보았습니다. 이 두 개념은 프로그래밍 분야 외에 통신 분야 등에서도 매우 광범위하게 사용됩니다.

우리는 동기 또는 비동기를 이야기할 때 항상 두 가지 대상을 언급합니다. 프로그래밍에서는 서로 상호 작용하는 모듈 두 개 또는 함수를 의미하며, 통신에서는 그림 2-54와 같은 두 통신 당사자를 의미합니다.

▼ **그림 2-54** 동기와 비동기에는 두 가지 대상이 언급된다

동기는 A와 B라는 두 대상이 강하게 결합된 것을 의미합니다. 예를 들어 그림 2-55와 같이 작업 A가 작업 B에 의존하는 경우이며, 이런 의존 관계가 존재할 때 A와 B는 동기입니다.

▼ **그림 2-55** A가 B에 의존: 동기

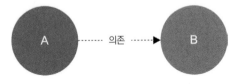

A와 B가 강한 결합과 같은 제약이 없어 각자 자신의 작업을 실행할 수 있을 때 그림 2-56의 A 와 B는 비동기입니다.

▼ **그림 2-56** A와 B는 서로 독립적: 비동기

동기와 비동기를 언급할 때는 반드시 양쪽을 모두 의미하며, 이는 프로그래밍 영역에 국한되지 않습니다.

2.6절에서 상사가 직원이 작업 완료하기를 기다리는 것, 양쪽 당사자가 전화를 걸거나 이메일을 보내는 것 등이 모두 전형적인 동기, 비동기의 시나리오에 해당합니다.

계속해서 블로킹과 논블로킹을 살펴보겠습니다.

2.7.1 블로킹과 논블로킹

블로킹(blocking)과 논블로킹(non-blocking)은 프로그래밍에서 함수를 호출할 때 주로 사용됩니다.

함수 A와 함수 B가 있다고 가정해 봅시다. 함수 A가 함수 B를 호출할 때, 함수 B를 호출함과 동시에 운영 체제가 함수 A가 실행 중인 스레드나 프로세스를 일시 중지시킨다면 함수 B에 대한 호출 방식은 블로킹 방식이며, 그렇지 않다면 논블로킹 방식입니다.

함수 호출로 스레드가 일시 중지되는 경우는 그림 2-57에서 확인할 수 있습니다.

▼ **그림 2-57** 블로킹 호출로 일시 중지된 스레드

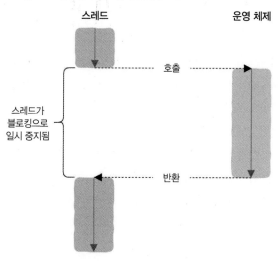

이와 같이 블로킹 호출 핵심은 스레드 또는 프로세스가 일시 중지되는 것입니다. 물론 다음 코드에서 볼 수 있듯이, 모든 함수 호출이 호출자의 스레드를 일시 중지시키는 것은 아닙니다.

```
int sum(int a, int b)
{
    return a + b;
}

void func()
{
    int r = sum(1, 1);
}
```

func 함수가 실행 중인 스레드는 sum 함수가 호출되더라도 운영 체제가 이를 일시 중지시키지 않습니다.

그렇다면 함수 호출로 인해 호출자의 스레드나 프로세스가 운영 체제에 의해 일시 중지될 수 있는 것은 어떤 경우일까요?

2.7.2 블로킹의 핵심 문제: 입출력

일반적으로 블로킹은 대부분 입출력과 관련이 있습니다.

그 이유도 매우 간단합니다. 여기에서는 디스크를 예로 들어 보겠습니다. 일반적으로 디스크가 하나의 트랙 탐색 입출력 요청을 완료하는 데 소요되는 시간은 ms 단위 수준입니다. 반면에 CPU의 클럭 주파수(clock rate)[18]는 이미 GHz 단위 수준에 도달해 있기 때문에 디스크가 하나의 작업을 수행할 수 있는 ms 단위 시간이 CPU에 주어지면 대량의 기계 명령어 실행 작업을 수행할 수 있습니다. 따라서 일단 프로그램, 스레드 또는 프로세스가 이런 입출력 작업을 할 때는 우리 스레드에서 입출력 과정이 실행되는 동안 CPU 제어권을 다른 스레드에 넘겨 다른 작업을 할 수 있도록 해야 합니다. 이후 입출력 작업이 완료되면 다시 CPU 제어권을 우리 스레드 또는 프로세스에서 넘겨받아 계속 다음 작업을 실행할 수 있도록 합니다. 이때 그림 2-58과 같이 CPU 제어권을 상실했다가 되찾는 시간 동안 스레드나 프로세스는 블로킹되어 일시 중지됩니다.

---

18 **역주** 한국에서는 clock frequency로 쓸 때도 있지만, 대부분은 clock rate 또는 clock speed를 사용합니다.

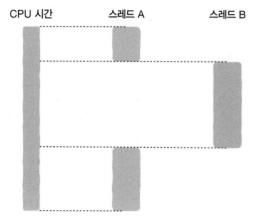

▼ **그림 2-58** 효율적인 CPU 시간 할당

CPU 시간   스레드 A   스레드 B

그림 2-58에서 볼 수 있듯이, 스레드 A는 입출력 작업을 실행하여 블로킹되어서 일시 중지되며 CPU는 스레드 B에 할당됩니다. 스레드 B가 실행되는 동안 운영 체제는 입출력 작업이 완료된 것을 확인하면 다시 스레드 A에 CPU를 할당합니다. 운영 체제는 CPU의 리소스를 최대한 활용할 수 있도록 각 스레드 간에 CPU 사용 시간을 효율적으로 할당해야 하는데, 이것이 바로 블로킹 입출력 방식이 필요한 핵심적인 이유입니다.

그 결과, 시간이 많이 걸리는 입출력 작업이 포함될 때 가끔 호출 스레드가 블로킹되며 일시 중지되는 일이 발생합니다.

이렇게 입출력 작업이 너무 느리다 보니 관련 함수를 직접 호출하면 스레드 또는 프로세스가 블로킹되는 일이 생깁니다. 그렇다면 호출 스레드가 일시 중지되지 않으면서 입출력 작업을 시작할 수 있는 방법은 없을까요?

당연히 있습니다. 바로 논블로킹 호출을 사용하는 것입니다.

2.7.3 논블로킹과 비동기 입출력

네트워크 데이터 수신을 예로 들어 논블로킹 호출을 살펴보겠습니다.

데이터를 수신하는 함수인 recv가 논블로킹이면 이 함수를 호출할 때 운영 체제는 스레드를 일시 중지시키는 대신 recv 함수를 즉시 반환합니다. 이후 호출 스레드는 자신의 작업을 계속 진행하며, 데이터 수신 작업은 커널이 처리합니다. 그림 2-59에서 볼 수 있듯이 이 두 가지 작업은 병행 처리됩니다.

▼ **그림 2-59** 함수에 대한 논블로킹 호출

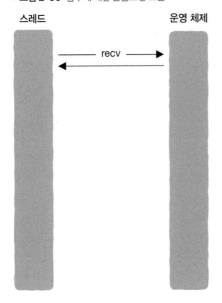

이제 요청은 전달되었습니다. 그럼 데이터를 언제 수신했는지 어떻게 알 수 있을까요? 이것을 알 수 있는 세 가지 방법이 있습니다.

1. 논블로킹 방식의 recv 함수 외에 결과를 확인하는 함수를 함께 제공하고, 해당 함수를 호출하여 수신된 데이터가 있는지 확인할 수 있습니다.

2. 데이터가 수신되면 스레드에 메시지나 신호 등을 전송하는 알림 작동 방식을 사용합니다.

3. recv 함수를 호출할 때, 데이터 수신 처리를 담당하는 함수를 콜백 함수에 담아 매개변수로 전달할 수 있습니다. 이때 recv 함수는 콜백 함수를 지원해야 합니다.

이것이 바로 논블로킹 호출이며, 이런 유형의 입출력 작업을 비동기 입출력(asynchronous input/output)이라고도 합니다. 블로킹 호출 방식과 비교해 본다면, 비동기 입출력 방식의 코드 작성이 그다지 직관적이지 않다는 것을 알 수 있습니다.

여러분 이해를 돕고자 블로킹과 논블로킹을 다시 한 번 직관적으로 설명해 보겠습니다.

2.7.4 피자 주문에 비유하기

블로킹 호출은 피자 가게에 직접 가서 피자를 주문하는 것에 비유할 수 있습니다. 여러분은 피자가 완성될 때까지 가게 안에서 기다리고 있어야 합니다. 이는 여러분이 피자를 주문했기 때문에 '블로킹'된 것으로 볼 수 있으며, 피자가 완성되어야만 그 피자를 들고 가서 다른 일을 할 수 있습니다.

반면에 논블로킹 호출은 전화로 피자를 주문하는 것에 비유할 수 있습니다. 전화로 피자를 주문한 후 현관문 앞에서 하염없이 피자를 기다리는 사람은 아무도 없습니다. 여러분은 피자가 오기 전까지 다른 일을 할 수 있는 것이죠. 이렇게 전화 주문 방식으로 피자를 주문하는 것이 바로 논블로킹 호출입니다.

논블로킹 호출 상황에서는 피자가 완성되었는지 어떻게 알 수 있을까요? 여러분 인내심에 따라 두 가지 상황이 있을 수 있습니다.

1. **매우 인내심이 강한 경우**: 여러분은 피자가 언제 완성되는지, 언제 배달이 도착하는지 전혀 관심이 없습니다. 어찌 되었든 배달이 도착하면 전화가 올 것이기 때문에 여러분은 할 일을 하고 있으면 됩니다. 여기에서 여러분과 피자를 굽는 작업은 비동기입니다.

2. **인내심이 부족한 경우**: 여러분은 5분마다 전화를 걸어 피자가 완성되었는지 물어봅니다.[19] 물론 5분마다 전화는 해야 하지만, 여전히 여러분은 할 일을 할 수 있습니다. 이때 여러분과 피자를 굽는 작업은 여전히 비동기입니다. 인내심 부족을 넘어 아예 인내심이 없다면 어떨까요? 5분마다 전화를 걸어 피자가 완성되었는지 묻고, 5분마다 전화하는 일을 제외하고는 아무것도 하지 않는다면요? 이제 여러분과 피자를 굽는 작업은 더 이상 비동기가 아닌 동기가 되어 버립니다. 그림 2-60에서 볼 수 있듯이, 논블로킹이 반드시 비동기를 의미하지 않습니다.

▼ **그림 2-60** 논블로킹이 반드시 비동기를 의미하지 않는다

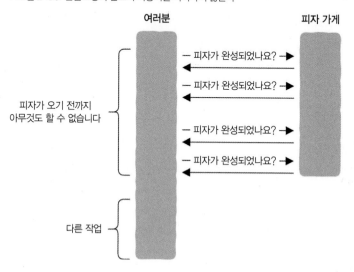

피자가 오기 전까지 아무것도 할 수 없습니다

다른 작업

여러분

피자 가게

── 피자가 완성되었나요? ➔

── 피자가 완성되었나요? ➔

── 피자가 완성되었나요? ➔

── 피자가 완성되었나요? ➔

---

19 역주 함수를 호출하는 것에 해당합니다.

블로킹과 논블로킹 설명을 마쳤으니 지금부터는 동기와 비동기, 블로킹과 논블로킹의 조합을 살펴보겠습니다.

2.7.5 동기와 블로킹

동기는 블로킹과 다소 유사합니다. 프로그래밍 관점에서 보면, 동기 호출은 반드시 블로킹이 아닌 반면에 블로킹 호출은 모두 확실한 동기 호출입니다. 가산 함수의 호출을 예로 들어 설명해 보겠습니다.

```
int sum(int a, int b)
{
    return a + b;
}

void funcA()
{
    sum(1, 1);
}
```

여기에서 sum 함수에 대한 호출은 동기이지만, funcA 함수가 sum 함수를 호출했다고 해서 블로킹되거나 스레드가 일시 중지되지는 않습니다. 반면에 어떤 함수가 블로킹 방식으로 호출된 경우 반드시 동기 호출이라는 것은 더 말할 필요도 없는 사실입니다.

이어서 비동기와 논블로킹을 살펴보겠습니다.

2.7.6 비동기와 논블로킹

네트워크 데이터 수신을 예로 들어 설명해 보겠습니다. 데이터를 수신하는 recv 함수를 논블로킹 호출로 설정하기 위해 NON_BLOCKING_FLAG 설정값(flag)을 추가하면, 다음과 같이 네트워크 데이터를 수신할 수 있습니다.

```
void handler(void *buf)
{
    // 수신된 네트워크 데이터를 처리합니다.
```

```
    ...
}

while (true)
{
    fd = accept();
    recv(fd, buf, NON_BLOCKING_FLAG, handler); // 호출 후 바로 반환, 논블로킹
}
```

이제 recv 함수는 논블로킹 호출이므로, 네트워크 데이터를 처리해 주는 handler 함수를 recv 함수에 콜백으로 전달해야 합니다. 따라서 앞의 코드는 비동기이자 논블로킹입니다.

그러나 시스템이 네트워크 데이터의 도착을 감지하는 전용 함수인 check 함수를 제공한다면, 이제 코드를 다음과 같이 변경할 수 있습니다.

코드

```
void handler(void *buf)
{
    // 수신된 네트워크 데이터를 처리합니다.
    ...
}

while (true)
{
    fd = accept();
    recv(fd, buf, NON_BLOCKING_FLAG); // 호출 후 바로 반환, 논블로킹

    while (!check(fd))
    {
        // 순환 감지
        ;
    }

    handler(buf);
}
```

여기에서도 recv 함수는 논블로킹으로 호출되지만, while 반복문에서 끊임없이 감지를 시도하여 데이터가 도착하기 전까지는 handler 함수를 사용할 수 없게 합니다. 따라서 recv 함수는 비록 논블로킹이지만, 전체적인 관점에서 보면 이 코드는 동기입니다. 이는 마치 전화로 피자를 주문했음에도 계속 전화로 끊임없이 확인하는 상황과 동일하며, 이 상황은 동기이자 논블로킹

에 해당합니다. 앞의 코드는 반복문에서 CPU 리소스가 쓸데없이 소모되어 매우 비효율적이므로 이런 코드는 작성해서는 안 됩니다.

이와 같이 논블로킹이더라도 전체적으로 반드시 비동기라는 의미는 아니며, 이는 코드 구현 방식에 따라 달라집니다.

2.6절과 2.7절에서 다룬 내용이 단조로울 수도 있지만, 이 개념들은 프로그래머에게 매우 중요합니다. 콜백 함수는 비동기 처리에 적용할 수 있고 비동기는 스레드 및 프로세스와 밀접한 관계가 있으므로 이를 각자 따로 설명하는 것은 충분하지 않습니다.

지금까지 운영 체제, 프로세스, 스레드, 코루틴, 콜백 함수, 동기, 비동기, 블로킹, 논블로킹을 이야기했습니다. 이제 실용적인 부분으로 넘어갈 차례입니다. 우리는 이런 기술로 어떤 유용한 기능을 만들어 낼 수 있을까요?

이런 기술을 이용하면 그림 2-61과 같이 고성능 서버를 구현할 수 있습니다. 다음 절에서 이를 중점적으로 다룰 것입니다.

▼ **그림 2-61** 고성능 서버 구현에 필요한 기술

2.8
SECTION / 높은 동시성과 고성능을 갖춘 서버 구현

모바일 인터넷의 출현은 우리 삶을 크게 향상시켰습니다. 우리는 스마트폰을 사용하여 정보를 검색하고 쇼핑하고 음식을 주문하고 택시를 타는 등 많은 일을 할 수 있습니다. 여러분이 이런 편의를 누릴 수 있도록 수천 개부터 수만 개까지 사용자 요청을 동시에 처리해 주는 서버 비밀에 대해 생각해 본 적이 있나요? 어떻게 그 모두를 처리하는 것이며, 그 안에는 어떤 기술이 관련되어 있을까요?

2.8.1 다중 프로세스

가장 먼저 출현한 기술은 역시 가장 간단한 형태의 병행 처리 방식의 일종인 다중 프로세스를 사용하는 것이었습니다.

예를 들어 리눅스 세계에서는 fork 방식을 이용하여 여러 자식 프로세스를 생성할 수 있습니다. 부모 프로세스가 사용자 요청을 먼저 수신하고, 자식 프로세스를 생성해서 해당 사용자 요청을 처리하도록 합니다. 즉, 그림 2-62와 같이 모든 요청에는 각각 대응하는 프로세스(process-per-connection)가 있습니다.

▼ 그림 2-62 자식 프로세스를 이용한 사용자 요청 처리

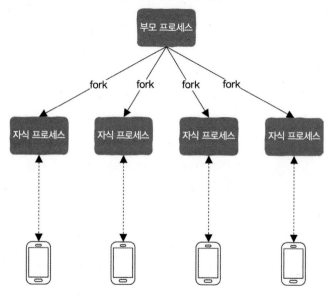

이 방식의 장점은 다음과 같습니다.

1. 프로그래밍이 간단하여 매우 이해하기 쉽습니다.
2. 개별 프로세스의 주소 공간은 서로 격리되어 있기 때문에 하나의 프로세스에 문제가 발생하여 강제 종료되더라도 다른 프로세스에는 영향을 미치지 않습니다.
3. 다중 코어 리소스를 최대한 활용할 수 있습니다.

다중 프로세스 병행 처리의 장점은 분명하지만, 단점 역시 그에 못지않게 분명합니다.

1. 각 프로세스의 주소 공간이 서로 격리되어 있다는 것이 장점이지만, 반대로 이는 단점이 될 수도 있습니다. 프로세스 간에 서로 통신이 필요할 때 난이도가 더 올라가며, 프로세스의 통신 작동 방식을 사용해야 합니다.

2. 프로세스를 생성할 때 부담이 상대적으로 크고, 프로세스의 빈번한 생성과 종료는 의심의 여지없이 시스템 부담을 증가시킵니다.

다행히도 프로세스 대신 스레드도 사용할 수 있습니다.

2.8.2 다중 스레드

프로세스 생성에 따른 부담이 크지 않습니까? 프로세스 간 통신이 힘들지 않습니까? 이것들이 스레드에서는 전혀 문제되지 않습니다.

스레드는 프로세스 주소 공간을 공유하기 때문에 스레드 간 통신을 위해 별도의 통신 작동 방식을 사용할 필요가 없습니다. 따라서 2.3절에서 설명한 것처럼 스레드 안전이 보장된다는 전제하에 메모리를 직접 읽어서 데이터를 얻을 수 있습니다.

스레드는 집을 등에 지고 다니는 소라게와 비슷합니다. 집에 해당하는 주소 공간은 프로세스가 소유하고 있으며, 스레드 자신은 집을 빌린 임차인에 불과합니다. 따라서 매우 가벼울 뿐만 아니라 생성과 종료에 드는 부담이 적다는 것을 알아 둘 필요가 있습니다.

그림 2-63과 같이 각 요청에 대응하는 스레드(thread-per-connection)를 생성할 수 있으며, 설령 파일 읽기와 같은 입출력 작업으로 스레드 중 일부가 블로킹되어 일시 중지되더라도 다른 스레드에는 영향을 미치지 않습니다.

▼ **그림 2-63** 다중 스레드를 이용한 사용자 요청 처리

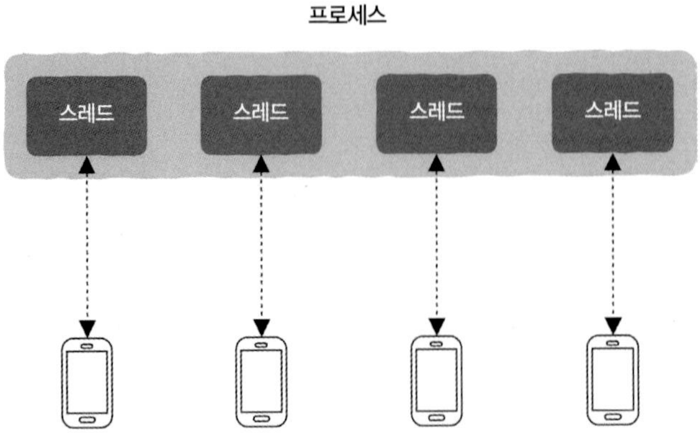

프로세스

그렇다면 스레드는 완벽할까요? 당연하게도 컴퓨터 세계는 그리 간단하지 않습니다.

스레드는 프로세스 주소 공간을 공유하기 때문에 스레드 간 '통신'에 있어 편리함을 제공하지만 그와 동시에 수많은 문제를 일으키기도 합니다.

스레드는 서로 같은 주소 공간을 공유하기 때문에 하나의 스레드에 문제가 발생하여 강제 종료되면 같은 프로세스를 공유하는 모든 스레드와 프로세스가 한꺼번에 강제 종료됩니다. 이런 공유 주소 공간에는 여러 스레드 기반의 실행 흐름 작동 방식이 존재할 수 있는 반면에, 여러 스레드가 동시에 공유 리소스의 데이터를 읽고 쓸 수 없다는 부작용이 있습니다. 공유 데이터의 주소를 동시에 쓰려고 하면 스레드 안전 문제가 발생하므로 반드시 동기화 시 상호 배제와 같은 작동 방식을 사용해야 합니다. 더군다나 교착 상태처럼 일련의 문제를 일으킬 수 있어 다중 스레드가 일으키는 이런 문제를 해결하는 데 프로그래머의 귀중한 시간 중 상당 부분을 할애해야 합니다.

이렇듯 스레드에도 단점이 있기는 하지만 다중 프로세스와 비교할 때 스레드가 훨씬 더 유리한 고지를 점령하고 있습니다. 사용자 규모가 크지 않은 경우 다중 스레드로도 충분히 처리 가능합니다. 하지만 C10K 문제[20]에 따르면, 동시 요청 수가 매우 많을 때는 다중 스레드만으로 감당하기가 어렵습니다.

스레드를 생성할 때 발생하는 부담은 프로세스를 생성할 때에 비해서는 적지만, 부담 자체가 아예 없는 것은 아닙니다. 따라서 초당 수만 개에서 수십만 개에 달하는 요청을 처리해야 하는 높은 동시성을 가지는 서버의 경우, 요청에 따라 스레드 수만 개 이상을 생성하면 과도한 메모리 소비나 스레드로 전환할 때의 성능 손실 등 성능 문제가 발생할 수 있습니다.

따라서 좀 더 깊이 생각해 볼 필요가 있습니다.

2.8.3 이벤트 순환과 이벤트 구동

지금까지는 '병행'이라는 단어를 언급할 때 프로세스와 스레드를 떠올렸습니다. 병행 프로그래밍을 위해서는 이 두 가지 기술에만 의존해야 할까요? 사실 그렇지 않습니다.

지금부터 이야기할 또 하나의 기술은 GUI 프로그래밍과 서버 프로그래밍에서 널리 사용되는 이벤트 기반의 동시성(event-based concurrency)을 이용한 이벤트 기반 프로그래밍(event-driven programming)입니다.

---

20 [열주] 동시에 클라이언트(client) 연결 1만 개를 처리하는 네트워크 소켓(network socket) 최적화 문제를 의미합니다.

이해하기 어려운 기술이라고 생각하지 마세요. 사실 이벤트 기반 프로그래밍의 원리는 매우 간단합니다.

이벤트 기반 프로그래밍 기술에는 두 가지 요소가 필요합니다.

1. **이벤트(event)**: 계속해서 이벤트 기반이라고 말해 왔듯이 이벤트는 당연히 필요합니다. 이 절에서는 주로 서버를 다루고 있기 때문에 여기에서 말하는 이벤트는 대부분 입출력에 관계된 것입니다. 예를 들어 네트워크 데이터의 수신 여부, 파일의 읽기 및 쓰기 가능 여부 등이 관심 대상인 이벤트에 해당합니다.
2. **이벤트를 처리하는 함수**: 이 함수를 일반적으로 이벤트 핸들러(event handler)라고 합니다.

나머지 내용은 간단합니다.

여러분은 이벤트가 도착할 때까지 조용히 기다렸다 이벤트가 도착하면 이벤트 유형을 확인합니다. 이어서 해당 유형에 대응하는 이벤트 처리 함수인 이벤트 핸들러를 찾은 후 직접 이벤트 핸들러를 호출하기만 하면 됩니다.

이것이 이벤트 기반 프로그래밍의 전부입니다. 정말로 간단하지 않나요?

기본적으로 이벤트는 계속해서 발생할 수 있습니다. 서버에서 이벤트는 바로 사용자 요청이며, 이 이벤트를 계속 수신하고 처리해야 합니다. 따라서 while 또는 for 반복문을 사용하여 반복적으로 처리할 필요가 있습니다. 그림 2-64에서 볼 수 있듯이, 이 반복을 이벤트 순환(event loop)이라고 합니다.

▼ **그림 2-64** 이벤트 기반 프로그래밍

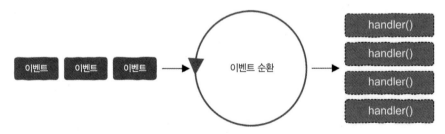

의사 코드를 이용하여 이벤트 순환을 표현하면 다음과 같습니다.

코드

```
while (true)
{
    event = getEvent(); // 이벤트 수신 대기
```

```
    handler(event);       // 이벤트 처리
}
```

이벤트 순환에서 수행해야 하는 작업은 사실 매우 간단합니다. 이벤트가 도착할 때까지 기다렸다가 대응하는 이벤트 핸들러를 호출하면 됩니다.

이 정도면 꽤 괜찮아 보이지만, 해결해야 할 두 가지 문제가 남아 있습니다.

1. 이벤트 소스에 관한 문제입니다. 앞의 의사 코드에 있는 getEvent 같은 함수 하나로 어떻게 여러 이벤트를 가져올 수 있을까요?
2. 이벤트를 처리하는 handler 함수가 반드시 이벤트 순환과 동일한 스레드에서 실행되어야 할까요?

첫 번째 문제에 대한 서버 프로그래밍 분야의 해결책은 바로 입출력 다중화(input/output multiplexing) 기술입니다.

2.8.4 첫 번째 문제: 이벤트 소스와 입출력 다중화

리눅스와 유닉스(UNIX) 세계에서는 모든 것이 파일로 취급됩니다. 프로그램은 모두 파일 서술자(file descriptor)를 사용하여 입출력 작업을 실행하며, 소켓(socket)도 예외는 아닙니다. 그렇다면 동시에 파일 서술자 여러 개를 처리하려면 어떻게 해야 할까요?

사용자 연결이 열 개고 이에 대응하는 소켓 서술자가 열 개 있는 서버가 데이터를 수신하려고 대기 중이라고 가정해 봅시다. 이를 처리하는 가장 간단한 방법은 다음과 같습니다.

코드

```
recv(fd1, buf1);
recv(fd2, buf2);
recv(fd3, buf3);
recv(fd4, buf4);
...
```

일반적으로 소프트웨어 설계와 구현 방법은 가능한 한 단순한 것이 좋지만, 너무 지나치게 단순해서도 안 됩니다. 따라서 앞과 같이 지나치게 단순한 코드는 분명히 문제가 있습니다. 첫 번째 사용자가 데이터를 보내지 않는 한 recv(fd1, buf1) 코드는 반환되지 않으므로 서버가 두 번째 사용자의 데이터를 수신하고 처리할 기회가 사라집니다.

당연한 이야기이지만, 각 서술자를 무턱대고 순차적으로 처리하는 것은 좋은 생각이 아닙니다. 더 나은 접근 방식은 운영 체제에 다음 내용을 전달하는 작동 방식을 사용하는 것입니다. '저 대신 소켓 서술자 열 개를 감시하고 있다가, 데이터가 들어오면 저에게 알려 주세요.' 이런 작동 방식을 입출력 다중화라고 하며, 이와 같은 작동 방식 중 리눅스 세계에서 제일 유명한 것이 바로 epoll입니다.

코드

```
// epoll 생성
epoll_fd = epoll_create();

// 서술자를 epoll이 처리하도록 지정
Epoll_ctl(epoll_fd, fd1, fd2, fd3, fd4...);

while (1)
{
    int n = epoll_wait(epoll_fd);

    for (i = 0; i < n; i++)
    {
        // 특정 이벤트 처리
    }
}
```

이렇게 epoll은 이벤트 순환을 위해 탄생했습니다. 여기에서 epoll_wait()는 앞서 보았던 의사 코드의 getEvent 함수와 역할이 동일하므로 입출력 다중화 기술이 이벤트 순환의 엔진이 되어 지속적으로 다양한 이벤트를 제공합니다. 따라서 그림 2-65와 같이 이벤트 소스 문제가 해결됩니다.

▼ **그림 2-65** 입출력 다중화는 이벤트 순환 엔진이다

6장에서 입출력 다중화 기술을 자세히 다룰 예정이므로, 가서 미리 읽어 본 후에 돌아오는 것도 괜찮습니다.

이제 두 번째 문제로 넘어가 봅시다. 이벤트를 처리하는 handler 함수가 반드시 이벤트 순환과 같은 스레드에서 실행되어야 할까요?

이 문제에 대한 답은 상황에 따라 다릅니다. 그런데 어떤 상황일까요?

2.8.5 두 번째 문제: 이벤트 순환과 다중 스레드

이벤트 핸들러에 다음 두 가지 특징이 있다고 가정해 봅시다.

1. 입출력 작업이 전혀 없습니다.
2. 처리 함수가 간단해서 소요 시간이 매우 짧습니다.

이제 그림 2-66과 같이 이벤트 핸들러와 이벤트 순환을 동일한 스레드에서 실행할 수 있습니다.

▼ 그림 2-66 이벤트 순환은 이벤트 핸들러와 동일한 스레드에서 실행된다

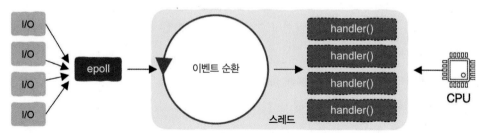

이 경우 요청은 순차적으로 처리되는데, 모든 요청이 단일 스레드에서 순차적으로 처리됩니다. 하지만 요청을 처리하는 데 시간이 거의 걸리지 않는다는 것을 전제로 하기에 서버는 짧은 시간에도 많은 요청을 처리할 수 있습니다. 또 요청이 순차적으로 처리되더라도 사용자 입장에서는 응답이 눈에 띄게 지연된다고 느낄 일은 없을 것입니다.

그런데 사용자 요청을 처리하는 데 CPU 시간을 많이 소모한다면 어떻게 해야 할까요?

이때도 여전히 단일 스레드를 사용하고 있다면 사용자는 시스템 응답이 너무 느리다고 불평할 것이며, 이벤트 순환은 단일 스레드에서 처리되고 있어 요청 A를 처리하는 사이 요청 B에 응답할 방법이 없습니다. 따라서 요청의 처리 속도를 높이고 최신 컴퓨터 시스템의 다중 코어를 최대한 활용하려면 그림 2-67과 같이 다중 스레드의 도움이 필요합니다.

▼ **그림 2-67** 다중 스레드에서 실행되는 이벤트 핸들러

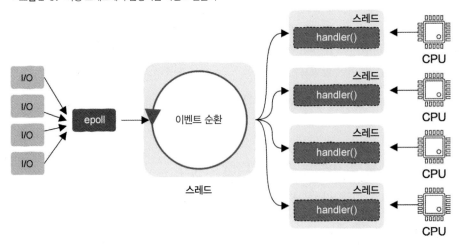

▼ **그림 2-67** 다중 스레드에서 실행되는 이벤트 핸들러

이제 이벤트 핸들러는 더 이상 이벤트 순환과 동일한 스레드에서 실행되지 않고 그림 2-67과 같이 독립적인 스레드에 배치됩니다. 여기에서는 작업자 스레드(worker thread) 네 개와 이벤트 순환 스레드(event loop thread) 한 개가 생성되어 있는데, 이벤트 순환은 요청을 수신하면 간단한 처리 후 바로 각각의 작업자 스레드에 분배할 수 있습니다. 다중 스레드를 이용한 병행 실행은 시스템의 다중 코어를 최대한 활용하여 요청 처리를 가속화합니다. 물론 이 작업자 스레드를 스레드 풀(thread pool)로 구현하는 것도 가능합니다.

이런 설계 방법에는 반응자 패턴(reactor pattern)이라는 이름이 붙어 있습니다.

이어서 비유를 통해 이 패턴을 설명해 보겠습니다.

2.8.6 카페는 어떻게 운영되는가: 반응자 패턴

카페가 하나 있다고 가정해 보겠습니다. 여러분은 카운터에서 커피를 마시러 오는 고객을 맞이합니다. 장사가 꽤 잘 되어서 커피를 마시는 고객이 꾸준히 방문하고 있습니다.

어떤 고객은 커피나 우유 한 잔처럼 간단한 메뉴를 주문하는데, 이런 주문은 빠르게 준비해서 고객에게 건네는 것이 가능합니다. 하지만 어떤 고객은 파스타처럼 복잡한 요리를 주문합니다. 카운터에 있는 여러분이 직접 파스타를 만들기 위해 주방으로 가 버린다면, 그 시간 동안 뒤에 오는 고객을 응대할 방법이 없습니다. 고객을 최우선으로 하는 사장이라면 당연히 이런 식으로 운영하지 않겠지요.

다행히도 주방에는 요리사가 여러 명 일하고 있어 여러분은 파스타를 만들어 달라는 명령어를 전달하기만 하면 됩니다. '태진 씨는 파스타를 요리하시고, 미춘 씨는 소스를 만들어 주세요. 그리고 준비가 완료되면 알려 주세요.'

이렇게 하면 여러분이 카운터에 혼자 있더라도 빠르게 고객 주문을 받을 수 있습니다. 여기에서 고객은 이벤트 순환에 해당하고, 주방 요리사는 작업자 스레드에 해당하며, 카페를 운영하는 전체적인 방식은 반응자 패턴에 해당합니다.

2.8.7 이벤트 순환과 입출력

이제 상황을 업그레이드하여 좀 더 복잡하게 바꾸어 보겠습니다. 요청 처리 과정에 입출력 작업도 포함된다고 가정해 봅시다.

이때 입출력 작업도 두 가지 상황으로 나누어 이야기해야 합니다.

1. **입출력 작업에 대응하는 논블로킹 인터페이스가 있는 경우**: 이때는 직접 논블로킹 인터페이스를 호출해도 스레드가 일시 중지되지 않으며, 인터페이스가 즉시 반환되므로 이벤트 순환에서 직접 호출하는 것이 가능합니다.

2. **입출력 작업에 블로킹 인터페이스만 있는 경우**: 이때는 이벤트 순환 내에서 절대로 어떤 블로킹 인터페이스도 호출하면 안 된다는 것을 반드시 알아 두어야 합니다. 한 번 더 강조하겠습니다. 절대로 호출하면 안 됩니다! 그렇지 않으면 이벤트 순환 스레드가 일시 중지될 수 있으며, 이는 당연하게도 이벤트 순환이라는 엔진이 멈추는 것에 해당하기 때문에 전체 시스템이 모두 앞으로 나아갈 수 없게 됩니다. 따라서 블로킹 입출력 호출이 포함된 작업은 작업자 스레드에 전달해야 합니다. 그래야만 이 작업으로 해당 작업자 스레드가 일시 중지되더라도 다른 작업자 스레드에 문제를 일으키지 않습니다.

시스템의 전체적인 형태는 그림 2-68과 같이 구성됩니다.

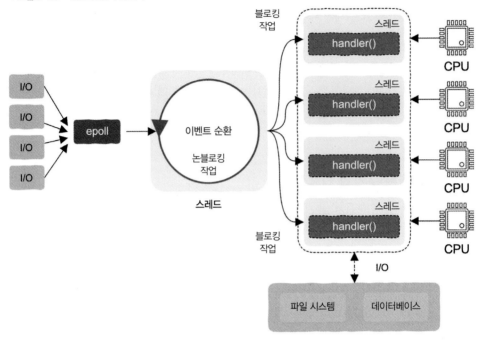

▼ **그림 2-68** 이벤트 순환과 입출력

이제 이 절에서 제기되었던 두 가지 문제가 모두 해결되었습니다.

사실 전체적인 프레임워크만 확정되어 있다면 개발자는 handler 함수에 대한 프로그래밍만 하면 됩니다. 따라서 지금부터는 작업자 스레드의 handler 함수를 집중해서 다루겠습니다.

2.8.8 비동기와 콜백 함수

프로젝트 초기에는 handler 함수 기능이 데이터베이스를 처리하여 반환하는 것처럼 매우 간단할 수 있지만, 비즈니스가 발전하면서 서버 기능은 점점 더 복잡해졌습니다. 보통 서버 기능은 용도에 따라 여러 부분으로 나뉠 수 있으며, 각 부분은 별도의 서버에 배치됩니다. 따라서 그림 2-69와 같이 여러 서버가 서로 조합되어 하나의 사용자 요청을 처리하는 데 여러 서비스가 포함될 수 있습니다.

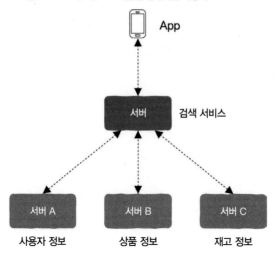

예를 들어 사용자가 전자 상거래 앱에서 상품을 검색할 때, 하나의 검색 요청에 네 가지 백엔드 (backend) 서비스가 관여한다고 가정해 봅시다. 먼저 검색 서버로 요청이 전송되면 간단한 처리를 진행한 후 서버 A에 사용자 프로필과 같은 상세 정보를 요청합니다. 다음으로 사용자의 검색어와 서버 A에서 얻은 사용자 프로필을 결합하여 서버 B에 상품 검색을 요청한 후 다시 서버 C에 재고 여부를 조회하여 일치하는 상품 정보를 가져옵니다. 마지막으로 검색 서비스는 최종 결과에서 재고가 없는 상품을 필터링한 최종 결과를 사용자에게 반환합니다.

서버는 일반적으로 원격 프로시저 호출(remote procedure call), 즉 RPC를 통해 통신합니다. RPC는 네트워크 설정, 데이터 전송, 데이터 분석 등 지루한 작업을 담아 프로그래머가 일반 함수를 호출하는 것처럼 네트워크로 통신할 수 있도록 합니다.

코드

```
GetUserInfo(request, response);
```

외부에서 보면 이것은 그냥 일반적인 함수이지만, 이 함수의 최하위 계층에서는 네트워크 통신을 수행할 수 있습니다. 대상 서버에 요청을 보내고 그 응답을 받아 매개변수 response에 저장합니다. 해당 함수가 반환되면 바로 response로 결과를 확인할 수 있습니다.

이제 해당 서버에 대응하는 handler 함수는 다음과 같이 작성할 수 있습니다.

코드

```
void handler(request)
{
    A;
    B;
    GetUserInfo(request, response);  // 서버 A에 요청
    C;
    D;
    GetQueryInfo(request, response); // 서버 B에 요청
    E;
    F;
    GetStorkInfo(request, response); // 서버 C에 요청
    G;
    H;
}
```

이 중에서 Get으로 시작하는 것은 RPC 호출입니다. 주의할 점은 이 RPC 호출들은 모두 블로킹 호출이기 때문에 사용자가 응답하기 전에는 함수가 반환되지 않습니다. 앞서 언급한 handler 함수 구현 방법의 장점은 코드가 명확하고 이해하기 쉽다는 것입니다. 반면에 유일한 문제는 블로킹 호출로 스레드가 일시 중지될 수 있고 블로킹 호출이 여러 번 발생하면 스레드가 빈번하게 중단될 수 있다는 것입니다. 이런 시스템은 CPU의 리소스를 최대한 활용하지 못할 가능성이 매우 높은데, 작업자 스레드가 많은 시간을 사용자 응답을 기다리는 데 소모하고 CPU가 실행할 수 있도록 준비 완료된 스레드가 많지 않은 상황이 될 수 있기 때문입니다. 여러분은 더 많은 작업자 스레드를 열면 충분하지 않느냐고 생각할 수 있지만, 그렇게 하면 스레드의 스케줄링과 전환에 드는 부담이 크게 증가할 뿐만 아니라 CPU의 컴퓨팅 리소스가 불필요한 작업에 낭비됩니다.

따라서 더 나은 접근 방식은 동기 방식의 RPC 호출을 비동기 호출로 수정하는 것입니다. 이제 RPC 호출 형식은 다음과 같이 바뀝니다.

코드

```
GetUserInfo(request, callback);
```

함수에 대한 비동기 호출은 호출 스레드를 블로킹하지 않기 때문에 함수가 즉시 반환됩니다. 단, 함수가 반환될 때 사용자 응답에 대한 결과가 없을 수 있습니다. 이때는 반드시 GetUserInfo() 함수를 호출한 후 처리할 내용을 콜백 함수에 담아 RPC 호출에 포함시켜야 합니다. 이제 전체적인 처리 흐름은 다음과 같습니다.

```
void handler_after_GetStorkInfo(response)
{
    G;
    H;
}

void handler_after_GetQueryInfo(response)
{
    E;
    F;
    GetStorkInfo(request, handler_after_GetStorkInfo); // 서버 C에 요청
}

void handler_after_GetUserInfo(response)
{
    C;
    D;
    GetQueryInfo(request, handler_after_GetQueryInfo); // 서버 B에 요청
}

void handler(request)
{
    A;
    B;
    GetUserInfo(request, handler_after_GetUserInfo);   // 서버 A에 요청
}
```

이제 주 프로세스는 네 개로 분할되고, 콜백 안에 콜백이 포함되어 있습니다. 이제는 이해하기 쉬운 코드가 되었나요? 이것은 여전히 사용자 서비스가 세 개에 불과한 상황에 대응할 뿐이며, 사용자 서비스가 더 많아지면 이런 형태의 코드는 거의 관리가 불가능합니다. 설령 비동기 프로그래밍이 시스템 리소스를 더 잘 활용한다고 해도 말이지요.

그렇다면 비동기 프로그래밍의 효율성과 동기 프로그래밍의 단순성을 결합한 기술은 존재하지 않나요? 아닙니다. 2.4절에서 설명한 코루틴으로 이 문제를 해결할 수 있습니다. 드디어 코루틴이라는 주제로 다시 되돌아왔습니다.

2.8.9 코루틴: 동기 방식의 비동기 프로그래밍

실제로 프로그래밍 언어나 프레임워크가 코루틴을 지원하는 경우 그림 2-70과 같이 handler 함수가 코루틴에서 실행되도록 할 수 있습니다.

▼ 그림 2-70 handler 함수를 코루틴에서 실행한다

handler 함수의 코드 구현은 여전히 동기로 작성됩니다. 하지만 yield로 CPU 제어권을 반환하는 등 RPC 통신이 시작된 후 적극적으로 바로 호출된다는 점은 다릅니다. 이때 RPC 호출 함수 또는 네트워크 데이터 전송 함수를 수정해야 yield로 CPU 제어권을 반환할 수 있다는 점을 기억하세요. 여기에서 가장 중요한 점은 코루틴이 일시 중지되더라도 작업자 스레드가 블로킹되지 않는다는 것입니다. 이것이 코루틴과 스레드를 사용하는 블로킹 호출의 가장 큰 차이점입니다.

코루틴이 일시 중지되면 작업자 스레드는 준비 완료된 다른 코루틴을 실행하기 위해 전환되며, 일시 중지된 코루틴에 할당된 사용자 서비스가 응답한 후 그 처리 결과를 반환하면 다시 준비 상태가 되어 스케줄링 차례가 돌아오길 기다립니다. 이후 코루틴은 그림 2-71과 같이 마지막으로 중지되었던 곳에서 이어서 계속 실행됩니다.

▼ 그림 2-71 코루틴은 마지막 중지 지점부터 계속 실행한다

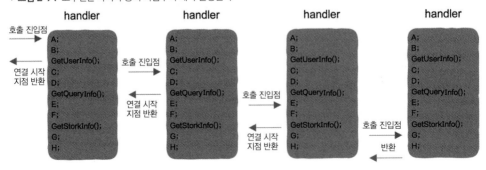

코루틴의 도움으로 동기 방식으로 프로그래밍하더라도 비동기 실행과 같은 효과를 얻는다는 목표를 달성할 수 있습니다.

마지막으로 코루틴이 추가된 서버의 전체 구조는 그림 2–72와 같습니다.

▼ **그림 2-72** 코루틴 추가 후 서버의 전체 구조

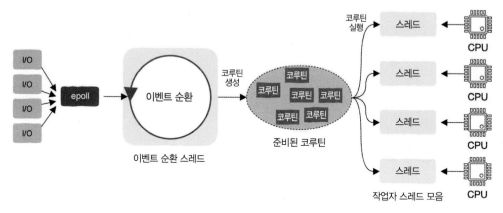

이벤트 순환은 요청을 받은 후 우리가 구현한 handler 함수를 코루틴에 담아 스케줄링과 실행을 위해 각 작업자 스레드에 배포합니다. 작업자 스레드는 코루틴을 획득한 후 진입 함수인 handler를 실행하기 시작합니다. 어떤 코루틴이 RPC 요청으로 능동적으로 CPU의 제어권을 반환하면 작업자 스레드는 준비 상태인 다른 코루틴을 실행합니다. 이와 같이 비록 코루틴이 블로킹 방식으로 RPC 호출을 하더라도 작업자 스레드는 블로킹되지 않기 때문에 시스템 리소스를 효율적으로 사용하겠다는 목적을 달성할 수 있습니다.

2.8.10 CPU, 스레드, 코루틴

그림 2–73에서 CPU, 스레드, 코루틴 사이의 관계를 볼 수 있습니다. 여기에서 다시 한 번 강조하겠습니다.

▼ **그림 2-73** CPU, 스레드, 코루틴은 서로 다른 계층 구조에 위치한다

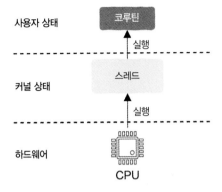

CPU는 많이 이야기할 필요가 없을 것입니다. CPU는 기계 명령어를 실행하여 컴퓨터를 움직이게 합니다. 스레드는 일반적으로 커널 상태 스레드라고도 하며, 커널로 생성되고 스케줄링을 합니다. 이때 커널은 스레드 우선순위에 따라 CPU 연산 리소스를 할당합니다. 반면에 코루틴은 커널 입장에서는 알 수 없는 요소로, 코루틴이 얼마나 많이 생성되었든 커널은 이와 관계없이 스레드에 따라 CPU 시간을 할당합니다. 프로그래머는 스레드에 할당된 시간 내 실행할 코루틴을 결정할 수 있는데, 이는 본질적으로 그림 2-74와 같이 스레드에 할당된 CPU 시간을 사용자 상태에서 재차 할당하는 것에 해당합니다. 이 할당은 사용자 상태에서 발생하므로 코루틴을 사용자 상태 스레드라고도 합니다.

▼ **그림 2-74** 코루틴은 본질적으로 사용자 상태에서 스레드의 CPU 시간을 2차 할당하는 것이다

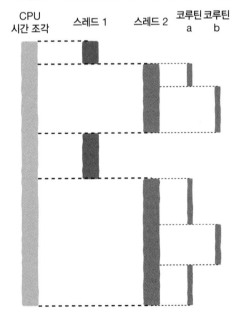

어땠나요? 이렇게 우리가 앞에서 배운 운영 체제, 프로세스, 스레드, 코루틴, 동기, 비동기, 블로킹, 논블로킹을 모두 사용해 볼 수 있었습니다. 이런 지식은 여러분이 현장에서 마주치는 문제를 실제로 해결할 수 있게 합니다. 이 절에서 다룬 구조(architecture) 설계는 예제에 불과하며, 실제 상황에서는 반드시 자신의 요구 사항을 기반으로 설계해야 한다는 점을 기억하세요. 기계적인 적용을 하지 않고 사실을 기반으로 진실을 탐구하며 자신의 요구 사항을 만족하는 구조 설계가 좋은 설계입니다.

자, 이 절 내용은 여기에서 마무리하겠습니다. 중요한 개념을 많이 배웠으니 지금부터는 재미있는 컴퓨터 시스템 여행을 할 시간입니다!

컴퓨터 시스템 여행: 데이터, 코드, 콜백, 클로저에서 컨테이너, 가상 머신까지

이번 여행의 출발지는 컴퓨터 시스템의 영혼에 해당하는 코드입니다.

2.9.1 코드, 데이터, 변수, 포인터

고급 프로그래밍 언어가 태어나기 전에는 모든 프로그램이 기계 명령어로 작성되었습니다. 하지만 우리는 일부 명령어가 항상 반복해서 사용된다는 사실을 발견했는데, 이런 명령어를 반복해서 작성하는 것은 분명히 비효율적입니다. 따라서 우리는 그림 2-75와 같이 별칭으로 명령어 여러 개를 지칭하는 함수라는 것을 발명했습니다. 이 함수가 덧셈을 실행하는 명령어라고 가정해 보겠습니다.

▼ **그림 2-75** 하나의 별칭이 일련의 명령어를 지칭하는 함수가 탄생했다

메모리

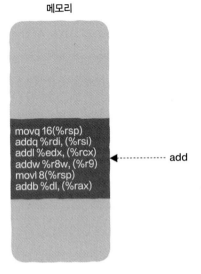

이와 동시에 우리는 메모리가 코드로 구성된 명령어 외에 명령어가 작동하는 데 필요한 데이터도 저장할 수 있다는 것을 알고 있습니다. 메모리에 저장된 데이터는 구조체의 인스턴스일 수도 있고, 객체일 수도 있으며, 배열일 수도 있습니다. 하지만 중요한 점은 데이터 종류가 아니라 그림 2-76과 같이 별칭을 사용하여 이 데이터를 지칭할 수 있으며 이렇게 변수가 탄생했다는 것입니다.

▼ **그림 2-76** 별칭을 사용하여 데이터를 참조하면서 변수가 탄생했다

메모리

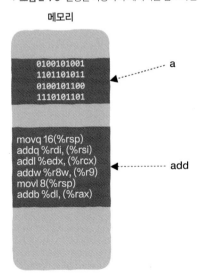

실제로는 그림 2-77과 같이 여러 변수를 사용하여 동일한 데이터를 참조할 수 있습니다. a · b · c 변수는 모두 같은 데이터를 참조하는데, C 언어에서는 이 a · b · c 변수를 포인터(pointer)라고 합니다. 포인터 개념을 사용하지 않는 언어에서는 참조(reference)라고 합니다. 메모리, 포인터, 참조와 같은 개념은 3장에서 자세히 설명하겠습니다.

▼ **그림 2-77** 동일한 데이터를 참조하는 여러 변수

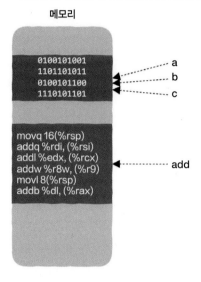

2.9.2 콜백 함수와 클로저

동일한 데이터를 참조하는 변수가 여러 개 있을 수 있듯이, 그림 2-78과 같이 변수 여러 개가 동일한 코드를 참조하지 못하게 할 이유는 없습니다.

▼ **그림 2-78** 여러 변수가 동일한 코드를 참조하는 경우

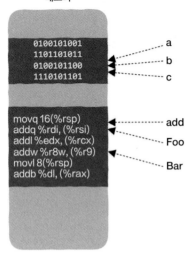

특정 언어에서 코드를 할당, 사용, 매개변수로 전달, 반환값으로 사용 등 일반 변수를 다루듯이 처리할 수 있을 때 이 언어 함수를 일급 객체 함수(first-class function)라고 합니다. C 언어에서는 함수가 일급 객체가 아니기 때문에 함수에서 다른 함수를 반환할 수 없습니다. 그러나 파이썬에서는 함수가 일급 객체이므로 함수를 일반 변수처럼 반환할 수 있습니다.

함수가 다른 함수에 매개변수로 전달될 때 해당 함수를 콜백 함수(callback function)라고 합니다. 다음 코드의 f 함수가 바로 콜백 함수이며, 이미 앞에서 설명한 바 있습니다.

코드

```
void bar(foo f)
{
    f();
}
```

이제 변수, 함수, 콜백 함수를 이해했으니 다음 단계로 넘어가겠습니다.

콜백 함수는 매우 유용함에도 작은 문제가 하나 있습니다. 콜백 함수는 실제로 코드 정의는 A에서 하지만 호출은 B에서 하는 것처럼 정의와 호출을 서로 다른 곳에서 합니다. 하지만 때로는 코드가 A에서 정의될 뿐만 아니라, 이 코드가 A에서 생성된 데이터를 사용할 수 있어야 할 때가 있습니다. 다시 말해 콜백 함수가 정의된 A에서만 얻을 수 있고, 콜백 함수를 실행하는 B에서는 얻을 수 없는 실행 시간 환경이나 데이터를 콜백 함수가 사용할 수 있어야 한다는 의미입니

다. 그림 2-79와 같이 콜백 함수를 일부 데이터와 한데 묶어 변수로 취급할 때 클로저(closure)가 탄생합니다.

▼ **그림 2-79** 코드와 데이터를 한데 묶어 변수로 사용한다

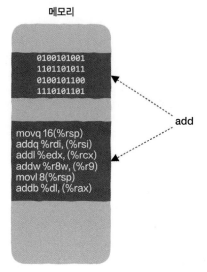

예제로 다음 코드를 살펴봅시다.

코드

```python
def add():
    b = 10

    def add_inner(x):
        return b + x

    return add_inner

f = add()
print(f(2))
```

앞의 코드에서는 add 함수에서 add_inner 함수를 정의하는데, 이 함수는 두 가지 데이터를 사용합니다. 하나는 add 함수 내에서 정의된 b 변수고 다른 하나는 사용자가 전달하는 매개변수로, 여기에서는 2가 그 값에 해당됩니다. 따라서 print 함수로 f 함수가 호출되어야 add_inner 함수에 필요한 모든 데이터를 얻을 수 있습니다.

여기에서 add_inner 함수는 단순한 코드일 뿐만 아니라 실행 시간 환경인 b 변수를 묶어서 전달하는 클로저이기도 합니다.

2.9.3 컨테이너와 가상 머신 기술

생각을 좀 더 발전시켜 보겠습니다. 어떤 함수가 CPU를 능동적으로 일시 중지하고 다음에 함수가 다시 호출될 때 앞에서 중단된 지점에서 계속 실행하는 것이 가능할 때, 이 함수가 바로 코루틴에 해당합니다. 반면에 함수의 일시 중지와 재개가 커널 상태에서 구현되는 경우에는 이를 스레드라고 합니다.

그리고 스레드에 주소 공간처럼 종속된 실행 시 리소스를 결합한 것이 바로 프로세스입니다. 스레드와 프로세스는 앞에서 이미 설명한 바 있습니다.

그림 2-80과 같이 프로그램이 구성, 라이브러리처럼 프로그램이 의존하는 실행 환경과 함께 묶인 것을 컨테이너(container)라고 합니다.

▼ **그림 2-80** 프로그램과 프로그램이 의존하는 실행 환경을 함께 묶어 컨테이너를 구성한다

우리가 비즈니스에서 컨테이너라는 단어를 사용할 때는 선박 배송 등에서 쓰는 수송 용기를 지칭합니다. 이 선적 컨테이너는 확실히 비즈니스 역사에서 주목할 만한 발명품으로 해상 무역과 운송 비용을 크게 절감합니다. 이 선적 컨테이너가 주는 이점을 살펴보겠습니다.

- 컨테이너는 서로 격리되어 있습니다.
- 장시간 반복 사용이 가능합니다.
- 적재와 하역(unloading)이 빠릅니다.
- 항구와 선박에서 사용되는 표준 크기로 구성되어 있습니다.

다시 컴퓨터 세계의 컨테이너로 돌아가 봅시다. 컨테이너와 선적 컨테이너는 사실 개념상 매우 유사한데 이것은 무슨 의미일까요?

여러분이 아주 멋진 프로그램을 작성했다고 가정해 봅시다. 이 프로그램을 실행하려면 MySQL 서비스를 비롯한 몇 가지 시스템 라이브러리와 설정을 구성하는 파일이 필요합니다. 너무나도 멋진 이 프로그램을 전 세계 모든 사람이 사용하려고 하는 상황입니다. 이제 모든 사람은 각자 자신의 환경에 MySQL을 설치 및 구성하고 시스템 라이브러리를 적재한 후 설정을 구성하는 파일을 작성해야 합니다. 이 과정에서 오류가 발생할 가능성이 높습니다. 거의 모든 사람이 프로그램을 설정하기 위해 질문을 쏟아 낼 것이고, 여러분은 그때마다 설치와 배포 방법을 반복해서 설명해야 합니다.

진정한 프로그래머라면 이런 종류의 기계적이고 반복적이며 지루한 작업에 대해 천성적으로 민감하게 회피할 수 있어야 합니다. 그리고 이런 유형의 작업은 컴퓨터로 자동화하기에 매우 적합합니다.

따라서 여러분은 프로그램과 프로그램에 필요한 MySQL 서비스, 시스템 라이브러리, 설정 구성 파일을 한데 묶어 다른 사람들이 열자마자 환경을 따로 구성할 필요 없이 바로 사용할 수 있는 방법은 없을까를 생각하게 됩니다. 이렇게 컨테이너 기술이 탄생했습니다.

실제로 컨테이너는 그림 2–81과 같이 일종의 가상화 기술로서 운영 체제를 가상화합니다.

▼ **그림 2-81** 컨테이너는 운영 체제를 가상화하는 가상화 기술이기도 하다

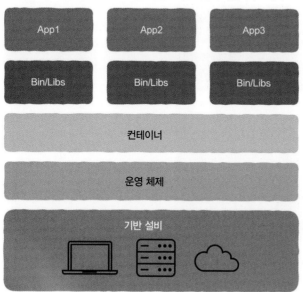

컨테이너는 운영 체제에서 제공하는 기능을 이용하여 프로세스를 격리하고 CPU, 메모리, 디스크에 대한 접근을 제어하는 방식으로, 컨테이너에 포함된 프로세스가 전체 운영 체제 안에서 자기 자신의 프로세스만 존재하고 있다고 간주하게 합니다.

사실 컨테이너 기술은 아주 예전에 등장한 기술이지만, 2013년 도커(Docker)가 등장하면서 빠르게 대중화되었습니다. 이후 시스템 운영과 유지 보수도 프로그램화되고 자동화되면서 대규모 클러스터 관리가 더 쉽고 빨라졌습니다.

컨테이너는 운영 체제 계층 수준에서 소프트웨어 리소스를 가상화합니다. 하지만 컨테이너를 넘어 좀 더 넓은 범위의 가상화 기술을 사용하면 소프트웨어뿐만 아니라 하드웨어도 얼마든지 가상화할 수 있습니다.

가상화 기술은 소프트웨어를 이용하여 컴퓨터의 하드웨어를 추상화하고, 하드웨어 리소스를 가상 컴퓨터 여러 개로 나눕니다. 그리고 그 위에서 운영 체제를 실행하면 이 운영 체제는 하드웨어의 리소스를 가져와 사용할 수 있게 됩니다. 그림 2-82와 같이 바로 가상 머신 감시자(virtual machine monitor)가 이런 작업을 하는 소프트웨어로, 흔히 이를 하이퍼바이저(hypervisor)라고 합니다.

▼ **그림 2-82** 하드웨어 가상화

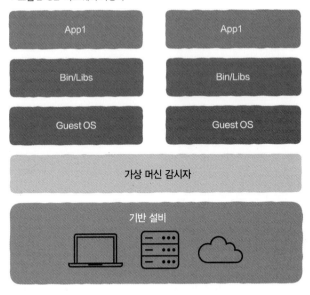

가상 머신 감시자에서 실행되는 운영 체제를 가상 머신이라고 합니다. 이는 컨테이너의 프로세스가 자신이 운영 체제에 독점적으로 액세스할 수 있다고 생각하는 것과 유사하게 가상 머신 감시자에서 실행되는 운영 체제는 하드웨어 리소스를 독점한다고 간주합니다. 가상화 기술은 일반적으로 1세대 클라우드 컴퓨팅(cloud computing)의 초석으로 간주되며, 컨테이너와 가상 머신은 최신 클라우드 컴퓨팅의 기반에 해당합니다.

가상화 관점에서 매우 흥미로운 점은 가상 머신 감시자와 컨테이너가 매우 유사하다는 것입니다. CPU의 가상화는 생성되는 모든 프로세스가 자신이 CPU를 독점적으로 소유하고 있다고 생각하게 하며, 메모리 가상화는 가상 메모리 내 프로세스가 자신이 메모리를 독점적으로 소유하고 있다고 생각하게 합니다.

자, 컴퓨터 시스템 여행을 마칠 시간입니다. 우리는 기계 명령어에서 시작하여 함수, 코루틴, 스레드, 운영 체제를 거쳐 컨테이너와 가상 머신까지 둘러보았습니다. 이들에게는 공통점이 하나 있는데, 바로 모두가 소프트웨어라는 것입니다. 동시에 우리는 소프트웨어는 끊임없이 변화하고 새로운 개념 역시 끝없이 태어난다는 것도 알 수 있었습니다. 소프트웨어를 사용하면 하나의 추상화 계층 위에 또 다른 추상화 계층을 상대적으로 쉽게 올릴 수 있습니다. 설령 고수준 계층에 해당하는 소프트웨어가 아무리 복잡하더라도 저수준 계층에서는 모든 것이 CPU를 비롯한 하드웨어에 달려 있습니다. 게다가 이 CPU가 매우 간단한 구조의 트랜지스터를 이용하여 만들어졌다는 것이 놀랍지 않나요? 트랜지스터에서 응용 프로그램까지 얼마나 많은 추상화 계층을 지나고 있는지 한번 생각해 보세요.

하드웨어는 한번 만들어지면 수정이 거의 불가능한 반면에 소프트웨어에는 이런 문제가 없습니다. 따라서 언제나 혁신이 쉽게 일어나고, 그것이 필요하든 불필요하든 상관없이 때로는 과도한 수준의 혁신이 일어나기도 합니다. 상대적으로 하드웨어에서는 이와 같은 혁신이 일어나는 것이 쉽지 않습니다.

2.10 SECTION / 요약

컴퓨터 시스템에 운영 체제, 프로세스, 스레드 같은 개념이 존재하는 것에는 각자 다 이유가 있으며, 아무런 이유 없이 만들어지는 기술은 어디에도 없습니다. 이들은 필연적으로 특정 유형의 까다로운 문제를 해결하고 상당한 가치를 가져오므로 이를 이해해야만 좋은 기술을 제대로 사용할 수 있습니다. 이것이 바로 제가 기술 역사와 진화 과정을 반드시 이해해야 한다고 강조하는 이유이기도 합니다.

이번 여행의 첫 두 역에서 우리는 정적 코드와 동적인 프로그램 실행을 포함한 소프트웨어의 여러 가지 측면을 기본적으로 이해할 수 있었습니다. 계속해서 우리는 컴퓨터의 저수준 계층을 탐색하게 될 것입니다. 먼저 프로그램의 작동 원리를 이해하는 데 매우 중요한 역할을 하는 메모리 신비를 이해하러 떠나 볼까요?

Let's go!

저수준 계층?
메모리라는 사물함에서부터
시작해 보자

CPU는 메모리 도움 없이는 동작이 불가능합니다. 이것은 사람의 뇌가 기억, 저장, 연산을 모두 담당하는 것과 조금 다릅니다. 컴퓨터 시스템에서 연산과 저장을 담당하는 것은 각각 CPU와 메모리입니다. 따라서 3장에서는 메모리를 중점적으로 살펴보고, 4장에서는 CPU를 살펴보도록 하겠습니다.

메모리는 개념적으로 매우 단순해서 0과 1을 저장할 수 있는 사물함에 불과합니다. 그러나 인류는 기어코 온갖 창의성을 발휘하여 이 단순한 사물함에 힙 영역(heap segment), 스택 영역(stack segment), 데이터 영역(data segment), 가상 메모리(virtual memory), 메모리 할당(memory allocation), 메모리 해제(memory free), 메모리 누수(memory leak) 같은 개념을 만들어 냈습니다. 프로그래밍 언어의 우열에 대해서는 격렬한 토론을 하는 프로그래머들도 메모리에 대해서는 만장일치로 단결합니다. 어떤 프로그래밍 언어로 프로그램을 작성하든지 모든 프로그램은 메모리에서 실행되어야 하며, 그렇기에 여기에서 마주치는 문제들은 모두 매한가지입니다.

이번 여행의 세 번째 역에 도착하신 것을 환영하며, 메모리 신비에 대해 탐색하러 모두 함께 떠나 봅시다.

3.1 / 메모리의 본질, 포인터와 참조
SECTION

먼저 메모리가 정확히 무엇인지 알아보고, 메모리에서 파생된 개념인 바이트(byte), 구조체(structure), 객체(object), 변수(variable), 포인터(pointer), 참조(reference)도 알아보겠습니다.

3.1.1 메모리의 본질은 무엇일까? 사물함, 비트, 바이트, 객체

지하철역이나 사람이 많은 쇼핑몰에 자주 가나요? 그렇다면 아마 그림 3-1과 같은 사물함을 사용해 본 적이 있을 것입니다. 각 사물함에는 번호가 붙어 있으며, 사물함 시스템은 비어 있는 서랍을 찾아서 사용자에게 번호를 하나 알려 줍니다. 이 번호는 바로 여러분이 사용하게 될 사물함 번호로, 여러분은 이 안에 가지고 다니기 불편한 짐을 넣어 둘 수 있습니다. 짐이 비교적 많은 경우라면 사물함 여러 개에 나누어 보관할 수 있습니다.

▼ **그림 3-1** 사물함

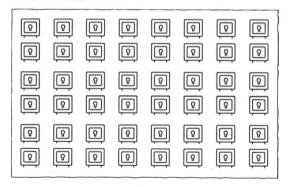

사실 메모리는 여러분이 사용하는 사물함에 비유할 수 있으며, 원리는 본질적으로 다르지 않습니다.

가장 작은 단위를 기준으로 본다면 메모리도 사물함 형태의 구성을 하고 있지만, 메모리에서는 사물함 대신 메모리 셀(memory cell)이라는 표현을 사용합니다. 하지만 쉬운 이해를 위해 여기에서는 '메모리 셀' 대신 '사물함'이라는 표현을 사용하여 설명하겠습니다. 따라서 이 두 단어를 동일한 개념으로 이해하셔도 무방합니다.

메모리의 사물함에는 휴대폰, 지갑, 열쇠와 같은 여러 종류의 물건을 수납할 수 없으며, 그림 3-2와 같이 오로지 0과 1만 보관할 수 있습니다. 이렇게 사물함에 보관되는 0 또는 1을 가리켜 1비트(bit)라고 합니다.

▼ **그림 3-2** 메모리의 사물함에는 1 또는 0을 보관한다

따라서 1비트는 0이 아니면 1입니다.

일반적으로 1비트만으로는 우리가 활용하기에 한계가 있습니다. 1비트는 예(yes) 또는 아니요(no), 참(true) 또는 거짓(false)과 같은 대비되는 두 가지 정보만 표현할 수 있기 때문입니다. 더 많은 정보를 표현하려면 더 많은 비트가 필요하므로 비트 여덟 개를 묶어 정보를 나타내는 하나의 단위인 1바이트(byte)를 사용합니다. 그림 3-3은 1바이트 구성을 사물함에 비유하여 보여 줍니다.

▼ **그림 3-3** 메모리의 사물함 여덟 개로 1바이트를 보관한다

이제는 사물함마다 번호를 붙이는 대신 각 바이트마다 번호를 붙입니다. 따라서 모든 바이트는 메모리 내 자신의 주소를 가지고 있으며 우리는 이 주소를 일반적으로 메모리 주소(memory address)라고 합니다. 메모리 주소 한 개를 사용하여 특정한 사물함 여러 개를 찾을 수 있으며, 이를 주소 지정(addressing)이라고 합니다.

하지만 1바이트 역시 8비트뿐이기 때문에 정보를 표현하는 능력에 한계가 있습니다. 8비트로 만들 수 있는 조합은 2^8인 256개에 불과하므로 이를 부호 없는 정수(unsigned integer)로 표현하면 0부터 255까지 숫자만 표현 가능합니다. 하지만 인간에게 255라는 작은 숫자는 일반적으로 의미가 크지 않습니다. 1년이 365일, 1시간은 3600초입니다. 우리 주변의 많은 것을 표현하기 위해서는 255라는 숫자보다 훨씬 큰 숫자가 필요합니다. 따라서 일반적으로 4바이트를 묶어 하나의 정수를 표현하는 단위로 사용합니다. 4바이트는 32비트로서 2^{32}개, 즉 4,294,967,296개의 조합이 가능하기 때문에 우리가 숫자를 표현하고자 할 때 충분히 대응할 수 있습니다. 이것이 C 언어와 같은 프로그래밍 언어에서 int 형 변수의 크기가 4바이트인 이유[1]입니다.

그러나 정수를 표현하는 것 외에도 사람의 키, 몸무게, 신체 치수와 같은 정보 조합을 표현하고 싶을 수 있습니다. 여기에서 각 항목은 정수에 해당하지만 동시에 이들은 모두 하나의 객체, 예를 들어 태진 정보에 해당합니다. 이제 4바이트 메모리로는 충분하지 않으며, 서로 다른 정보 세 개를 표현하려면 12바이트가 필요합니다. 이 12바이트를 사용해서 정보를 조합하여 표시하는 것을 프로그래밍 언어에서는 구조체(structure) 또는 객체(object)라고 표현합니다.

프로그래밍 언어에서 사용되는 개념이 간단하든 복잡하든 상관없이 사물함에 저장되는 것은 0 또는 1뿐이며, 모든 개념은 사실 우리가 해석하기 나름입니다. 여러분은 8비트를 1바이트로 생각할 수도 있고 4바이트를 정수로 생각할 수도 있으며, 연속된 메모리를 이용하여 구조체나 객체를 저장할 수도 있습니다. 하지만 메모리는 이것에 전혀 관심이 없으며, 메모리 안에 저장된 것은 어찌 되었든 모두 0 또는 1뿐입니다. 메모리 내 사물함에는 0 또는 1만 저장할 수 있으며, 이것은 우리 컴퓨터가 0과 1만 이해할 수 있다고 이야기하는 이유이기도 합니다.

이제 메모리가 무엇인지 이해했으니 변수 개념을 살펴볼 차례입니다.

---

1 **역주** 설명의 용이성을 위한 것으로 사실상 잘못된 내용이며, int 형의 크기는 CPU 처리 방식과 관련이 있습니다. 16비트 시스템에서 int 형의 크기는 16비트, 즉 2바이트이며 32비트 시스템이 개발되면서 int 형의 크기는 32비트, 즉 4바이트로 확장되었습니다. 단, 64 비트 시스템에서는 호환성을 위해 32비트 크기의 int 형과 64비트 크기의 int64 형이 별도로 있습니다. 따라서 int 형이 무조건 4바이트라고 가정하는 것은 위험할 수 있으며, 변수 크기가 중요하다면 int 대신 short, long, longlong 등 크기가 고정된 형식을 사용해야 합니다.

3.1.2 메모리에서 변수로: 변수의 의미

여러분에게 8바이트에 불과한 아주 작은 메모리가 주어졌다고 가정해 봅시다. 여러분에게는 사용 가능한 고급 프로그래밍 언어가 없으며, 조작 가능한 데이터 단위는 바이트입니다. 이 메모리를 어떻게 읽고 써야 할까요?

사용 가능한 고급 프로그래밍 언어가 없기 때문에 **메모리 읽기와 쓰기의 본질을 직접 마주해야 한다**는 제약이 있음을 잊지 마세요.

그렇다면 메모리 읽기와 쓰기의 본질이란 도대체 무엇일까요?

여기에서 말하는 본질은 메모리는 사물함이라는 사실을 인지하고 있어야 한다는 것입니다. 1바이트를 저장할 수 있는 사물함 여덟 개가 하나로 묶여 있고, 그림 3-4와 같이 사물함 여덟 개에는 각각 하나씩 번호가 붙어 있습니다. 이 번호가 바로 메모리 주소입니다.

▼ **그림 3-4** 8바이트 크기의 메모리

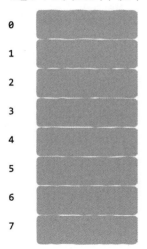

이 상태에서 1 + 2 값을 계산하고 싶다고 가정해 봅시다. 먼저 숫자 1과 숫자 2를 메모리에 저장해야 합니다. CPU는 메모리에서 값을 읽어 레지스터에 저장해야 연산을 수행할 수 있기 때문입니다.

숫자 1과 숫자 2를 표현하기 위해 각각 1바이트를 사용한다고 가정하면, 먼저 이 두 숫자를 각각 사물함 두 개에 넣어야 합니다. 그중 숫자 1을 사물함 중 6번 사물함에 넣기로 결정합시다. 메모리에 정보를 저장할 때 store 명령어를 사용한다면, 숫자 1을 메모리에 저장하는 것을 다음과 같이 표현할 수 있습니다.

```
store 1 6
```

이 명령어에서 1과 6이라는 숫자 두 개를 볼 수 있는데, 모두 숫자라는 형식으로 되어 있지만 그 안의 의미는 서로 다릅니다. **하나는 저장할 숫자 값(data value)을 의미하고 다른 하나는 사물함 번호, 즉 메모리 주소를 의미합니다.**

쓰기에 대응하는 읽기를 위해 load 명령어를 사용한다고 가정하면, 그 형태는 다음과 같습니다.

코드

```
load r1 6
```

아직도 여전히 문제가 하나 있습니다. 도대체 이 명령어 뜻이 숫자 6을 r1 레지스터에 읽어 오는 것인지, 아니면 6번 사물함에 저장된 숫자를 r1 레지스터에 읽어 오는 것인지 알 수 없습니다.

이렇게 여기에서 사용된 숫자는 값과 메모리 주소를 모두 나타낼 수 있기 때문에 해석이 모호해 진다는 문제가 있습니다. 따라서 이 두 가지를 구분하기 위해 숫자 앞에 특별한 기호를 붙일 필요가 있습니다. 예를 들어 앞에 $ 기호가 붙어 있으면 값이고 $ 기호가 없다면 메모리 주소를 의미합니다.

코드

```
store $1 6
load r1 6
```

이렇게 하면 모호함을 없앨 수 있습니다.

이제 그림 3-5와 같이 숫자 1은 6번 사물함에 저장됩니다.

▼ **그림 3-5** 숫자 1이 적재된 메모리 주소 6의 메모리 셀

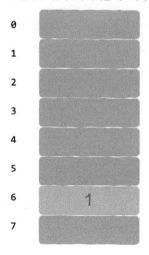

▼ **그림 3-5** 숫자 1이 적재된 메모리 주소 6의 메모리 셀

이제 주소 6은 숫자 1을 나타냅니다.

주소6 -> 숫자1

하지만 '주소 6'이라는 표현은 인간에게 익숙하지 않습니다. 사람들은 언제나 부르기 쉬운 별칭, 즉 이름을 붙이는 것을 좋아합니다. 우리가 '주소 6'에 a라는 다른 이름을 붙인다면 어떻게 될까요? 그림 3-6과 같이 a가 주소 6을 나타내게 되며, a에 저장된 값이 바로 1이 됩니다. 사람들은 이 정보를 다음과 같이 대수학을 이용한 직관적인 표현을 사용합니다.

a = 1

▼ **그림 3-6** a 변수가 대표하는 숫자를 6번 사물함에 저장한다

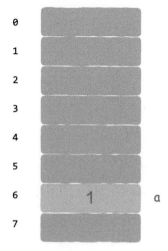

이렇게 변수라는 단어가 탄생했습니다.

표면상으로는 a 변수가 값 1과 동일한 것으로 보이지만, 그 뒤에 매우 중요한 정보를 감추고 있다는 것을 알 수 있습니다. **그 정보는 바로 a 변수가 나타내는 숫자 1이 메모리 주소 6에 저장되어 있다는 것입니다.** 다시 말해 a 변수 또는 별칭 a의 뒤에는 다음과 같은 두 의미가 있습니다.

1. 값 1을 나타냅니다.
2. 이 값은 메모리 주소 6에 저장됩니다.

아직까지 두 번째 정보는 그리 중요하지 않아 보이므로 일단 무시하겠습니다.

a 변수가 있으니 b 변수도 있을 것입니다. 만약 다음과 같은 표현이 있다고 가정해 봅시다.

    b = a

a 값을 b에 준다는 이 할당을 메모리 관점에서 바라보면 어떤 의미를 지닐까요?

사실 매우 간단합니다. b 변수를 위해 사물함을 하나 할당하여 그림 3-7과 같이 2번 사물함에 b 변수를 저장했다고 가정해 보겠습니다.

▼ **그림 3-7** b 변수를 2번 사물함에 넣기

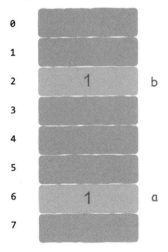

이렇게 a 변수의 숫자 데이터를 완전히 복제했음을 알 수 있습니다.

이제 변수가 있으니 이어서 다음 단계로 업그레이드해 봅시다. a 변수가 1바이트의 데이터뿐만 아니라 그림 3-8과 같이 구조체나 객체처럼 여러 바이트를 차지하는 데이터도 나타낼 수 있다고 가정해 보겠습니다.

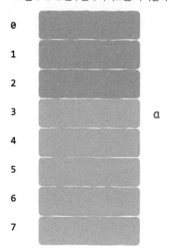

▼ **그림 3-8** a 변수는 5바이트를 차지한다

이제 a 변수는 5바이트를 차지하며, 이는 전체 메모리의 절반 이상에 해당합니다. 하지만 이런 상황에서도 여전히 b = a를 표현해야 한다면 어떻게 해야 할까요?

이전처럼 데이터를 복사하는 방법을 사용하게 되면 여러분은 메모리 공간이 이미 부족하다는 사실을 깨달을 것입니다. 전체 메모리 크기는 8바이트에 불과한데, 복사 방법을 사용하면 두 변수가 나타내는 데이터만으로도 이미 10바이트를 차지하기 때문입니다.

어떻게 해야 할까요?

3.1.3 변수에서 포인터로: 포인터 이해하기

a 변수 뒤에는 두 가지 뜻이 포함되어 있다는 것을 잊지 마세요. 다시 한 번 살펴봅시다.

1. 값 1을 나타냅니다.
2. 이 값은 그림 3-8과 같이 메모리 주소 3에 저장됩니다.

두 번째 뜻에 초점을 둔다면, 이것은 우리에게 무엇을 이야기하고 있을까요?

이는 변수가 얼마나 많은 메모리 공간을 차지하고 있는지 관계없이 메모리 주소만 알고 있으면 해당 데이터를 찾을 수 있다는 것을 알려 줍니다. 또 메모리 주소 역시 하나의 숫자로 이 역시 해당 데이터가 차지하고 있는 메모리 공간 크기와는 무관하다는 것도 알려 줍니다.

아하! 이제 드디어 변수의 두 번째 뜻이 유용해졌습니다. 만약 b 변수도 a 변수를 가리키고 있다면 군이 불필요한 데이터의 복사본을 만들 필요가 있을까요? 없습니다. 그저 그림 3-9와 같이 그 주소를 저장하면 되니까요.

▼ 그림 3-9 변수 값은 더 이상 값이 아닌 메모리 주소로 해석한다

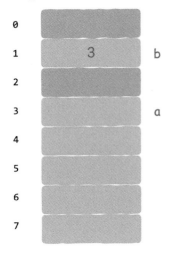

a 변수는 메모리 주소 3에 위치하고 있으므로 b 변수에는 숫자 3을 저장할 수 있습니다.

이제 b 변수가 매우 흥미로워지기 시작합니다.

b 변수 자체로만 보면 그다지 특별할 것이 없습니다. 단지 b 변수가 저장하고 있는 숫자가 더이상 값으로 해석되지 않고 메모리 주소로 해석될 뿐입니다.

변수가 값뿐만 아니라 메모리 주소까지 저장할 수 있게 되면서 포인터가 탄생했습니다.

많은 자료에서 포인터를 주소 자체라고 언급할 때가 많이 있는데, 사실 이는 어셈블리어 수준에서만 적용되는 이야기입니다. 고급 언어에서 포인터는 하나의 변수에 불과합니다. 단지 이 변수가 저장하기에 적합한 것이 메모리 주소일 뿐입니다. **포인터는 메모리 주소를 더 높은 수준으로 추상화한 것입니다.**

포인터를 메모리 주소로만 이해한다면 간접 주소 지정을 알아야 합니다.

이것은 무슨 뜻일까요?

어셈블리어에서 그림 3-9의 b 변수가 가리키는 값을 적재하려면 어떻게 해야 할지 떠올려 봅시다. 아마 다음과 같이 작성할 수 있을 것입니다.

```
load r1 1
```

여기에 문제가 있을까요? 이렇게 코드를 작성하면 이 명령어는 메모리 주소 1에 있는 숫자 3을 r1 레지스터에 적재합니다. 하지만 메모리 주소 1에 있는 값을 또 다른 메모리 주소로 해석하기를 원하기 때문에 1에 @과 같은 식별자를 다시 한 번 추가해야만 합니다.

```
load r1 @1
```

이렇게 하면 이 명령어는 먼저 메모리 주소 1에 저장된 값인 3을 읽어 이 3이라는 값을 메모리 주소로 간주하여 해석한 후 메모리 주소 3이 가리키는 값을 진짜 데이터로 간주합니다. 이 값이 바로 a 변수가 나타내는 값이 됩니다. 이 과정을 간단히 표시하면 다음과 같습니다.

    주소1 -> 주소3 -> 데이터

이를 간접 주소 지정(indirect addressing)이라고 하며, 어셈블리어에는 변수라는 개념이 없기 때문에 어셈블리어를 사용한다면 반드시 이 간접 주소 지정 계층을 알고 있어야 합니다.

반면에 고급 언어는 이와 다르게 변수 개념이 있는데, 이때 메모리 주소 1이 가리키는 것은 b 변수일 뿐입니다. 변수를 사용할 수 있을 때 가지는 장점 중 하나는 대부분의 경우 첫 번째 뜻에만 관심을 가지면 된다는 것입니다. 다시 말해 b 변수에 메모리 주소 3이 저장되어 있다는 점에만 관심을 가지고, b 변수가 실제로 저장되는 위치가 어디인지는 관심을 가지지 않아도 괜찮다는 의미입니다. 아, 물론 이중 포인터를 사용할 때는 필요합니다. 어쨌든 이렇게 b 변수를 사용할 때는 굳이 간접 주소 지정을 생각하느라 머리를 굴릴 필요가 없으며, 프로그래머 머릿속에서 b 변수는 다음과 같이 데이터를 직접 가리킵니다.

    b -> 데이터

다시 한 번 비교해 봅시다.

    주소1 -> 주소3 -> 데이터 # 어셈블리어 수준
    b -> 데이터   # 고급 언어 수준

이것이 포인터를 더 높은 수준의 추상화라고 일컫는 이유이며, 이 추상화 목적은 간접 주소 지정을 감싸기 위한 것입니다.

이렇게 변수가 값과 메모리 주소를 모두 담을 수 있게 되면서 완전히 새로운 시대가 도래했습니다. 겉으로 보기에는 경계가 느슨해 보이는 메모리 내부를 그림 3-10과 같이 포인터를 이용하여 조직화할 수 있으며, 이와 동시에 프로그래머가 복잡한 데이터 구조를 직접 처리할 수 있게 되었습니다.

▼ **그림 3-10** 포인터로 연결 리스트를 구성한다

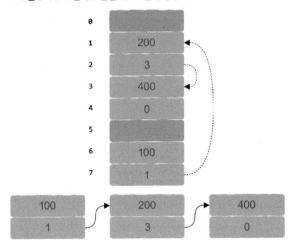

포인터라는 이 개념은 PL/I 언어에서 처음 등장했는데, 당시에 이 개념이 도입된 이유는 연결 테이블(linked list)의 처리 능력을 높이기 위함이었습니다. 이런 연결 테이블과 같은 데이터 구조가 별것 아니라고 생각하면 안 됩니다. 1964년만 해도 연결 테이블을 다루는 것은 쉬운 일이 아니었기 때문입니다.

이쯤에서 멀틱스(Multics) 운영 체제가 PL/I 언어로 구현된 운영 체제임을 말해 둘 필요가 있을 것 같습니다. 이 운영 체제는 고급 언어를 이용하여 구현된 최초의 운영 체제이지만, 멀틱스 운영 체제는 안타깝게도 상업적으로는 성공하지 못했습니다. 하지만 이 프로젝트에 참여했던 켄 톰프슨(Ken Thompson)과 데니스 리치(Dennis Ritchie)는 이후 더 간단명료한 운영 체제를 직접 개발하기로 결정했고, 이렇게 유닉스(UNIX)와 C 언어가 탄생합니다. 어쩌면 멀틱스 운영 체제를 개발할 때 PL/I 언어에서 포인터 위력을 발견했기 때문에 C 언어에도 포인터 개념이 도입되었던 것일지도 모릅니다.

3.1.4 포인터의 힘과 파괴력: 능력과 책임

포인터를 지원하지 않는 프로그래밍 언어에서 c = a + b라는 코드를 작성할 때는 주소 개념이 없습니다. 이 주소라는 개념은 변수로 추상화되어 있기 때문에 a, b, c가 어디에 저장되는지 신경 쓸 필요 없이 이런 변수가 '존재한다'는 것만 알고 있으면 됩니다. 자바와 파이썬 같은 많은 언어에는 이렇게 포인터가 존재하지 않습니다. 다시 말해 이런 프로그래밍 언어에서는 메모리 주소를 직접 노출하지 않아 메모리 주소를 확인할 수 없기에 특정 메모리 위치에 있는 데이터를 직접 조작하는 것이 불가능합니다.

반면에 C 언어는 메모리 주소를 추상화하지 않으며 훨씬 더 유연하므로 메모리 주소를 프로그래머가 직접 알 수 있습니다. 자바와 파이썬 같은 언어에서는 변수가 값만 저장할 수 있는 것처럼 '보이는' 반면에 C 언어에서는 값과 메모리 주소를 모두 저장할 수 있습니다. 이것이 바로 앞서 소개한 포인터입니다.

포인터 개념이 있으면 프로그래머는 메모리 같은 하드웨어를 직접 조작할 수 있지만, 포인터 개념이 없는 프로그래밍 언어에서는 이런 작업이 불가능합니다. 이것이 C 언어가 저수준 계층을 제어하는 강력한 힘을 가진 이유이자 C 언어가 시스템 프로그래밍에 가장 먼저 선택되는 중요 원인이기도 합니다.

이렇게 포인터 개념이 있는 언어에서는 변수를 이해함으로써 저수준 계층에 좀 더 가까워질 수 있습니다. 변수 주소를 통해 해당 변수가 도대체 메모리 어느 위치에 저장되어 있는지 직접 확인할 수 있기 때문입니다. 이는 다음 코드에서 볼 수 있습니다.

> 코드

```
#include <stdio.h>

void main()
{
    int a = 1;

    printf("variable a is in %p\n", &a);
}
```

이 코드를 컴파일하고 실행하면 필자 시스템에서는 다음과 같은 값을 확인할 수 있습니다.[2]

---

2 [역주] 상황에 따라 서로 다른 결괏값이 출력되기 때문에 저자 역시 자신의 시스템에서 출력된 값이라고 이야기하는 것입니다.

```
Variable a is in 0x7fffd8ca7954
```

이 프로그램의 결과는 명쾌하고 일체의 틀림도 없습니다. 방금 이 프로그램을 실행했을 때 a 변수가 더 이상 정확할 수 없는 메모리 위치인 0x7fffd8ca7954에 저장되어 있다고 말하고 있습니다.

포인터가 있는 언어에서는 변수가 더 이상 모호한 개념이 아니라 매우 뚜렷한 개념이 됩니다. 심지어는 변수가 구체적으로 메모리의 어느 위치에 저장되어 있는지 직접 확인이 가능할 정도로 뚜렷하고 명확합니다. 다른 언어에서는 절대로 불가능합니다. 다른 언어에서는 a 변수가 정수 100을 나타낸다는 것만 알 수 있으며, 그 외에 변수를 알 수 있는 것은 아무것도 없습니다.

여러분은 메모리 주소를 직접 알 수 있다는 것이 강력한 기능임과 동시에 파괴력이 매우 강한 능력임을 미처 깨닫지 못할 수도 있습니다. 이는 여러분이 모든 추상화를 우회하여 직접 메모리를 읽고 쓸 수 있는 반면에 포인터 연산에 오류가 있을 때는 프로그램 실행 상태를 직접 파괴해 버릴 수 있다는 것을 의미하기도 합니다.[3] 포인터는 여러분에게 메모리를 직접 조작할 수 있는 능력을 부여함과 동시에 포인터를 조작할 때는 실수하지 않아야 한다는 더 높은 기준을 요구합니다. 포인터를 잘못 다루면 프로그램 실행 시 오류가 쉽게 발생할 수 있으며, 이것이 프로그래머가 포인터를 기피하는 이유 중 하나입니다.

그런데 사실 직접 메모리를 읽고 쓰는 이 기능이 모든 상황에 다 필요한 것은 아니며, 이는 자바와 파이썬 같은 언어로 증명되었습니다. 이런 언어에서는 포인터 없이도 프로그래밍으로 문제를 해결할 수 있습니다. 비록 이 언어에 포인터는 없지만, 포인터 대신 사용할 수 있도록 포인터를 한 번 더 추상화한 참조가 있기 때문입니다.

3.1.5 포인터에서 참조로: 메모리 주소 감추기

참조(reference)란 무엇일까요?

여러분에게 태진이라는 이웃이 있다고 가정해 봅시다. 태진에게는 많은 호칭이 있습니다. 여러분은 그녀를 '태진님'이라 하고, 그녀의 가족은 '태진아'라고 하며, 그의 팬들은 '나미춘'이라고 합니다! 어쨌든 여러분이나 그녀의 가족, 그녀의 팬들이 태진을 이야기할 때는 모두 그녀가 누

3　**역주** 이전에는 시스템을 직접 파괴할 수도 있었으나, 지금은 이 문제를 막아 주는 장치가 있어 문제 발생 확률이 매우 낮습니다.

구인지 알 수 있으며, 여기에서 '태진님', '태진아', '나미춘'은 모두 이 태진이라는 사람에 대한 참조입니다.

만약 태진이 지금 북위 37.5519°, 동경 126.9918°라는 구체적인 곳⁴에 위치해 있을 때, 모든 사람이 태진을 이야기하면서 호칭을 사용하는 대신 '북위 37.5519°, 동경 126.9918°에 있는 그 사람'이라고 말했다면 해당 위치가 곧 포인터가 됩니다.

이와 마찬가지 원리로 포인터를 지원하는 대신 참조라는 개념을 제공하는 프로그래밍 언어에서 참조를 사용할 때는 변수의 구체적인 메모리 주소를 얻을 수 없으며, 참조는 포인터와 유사한 구조의 산술 연산을 할 수 없습니다. 예를 들어 앞서 언급했던 경위도 기반의 위치를 알고 있다면 경도를 동쪽으로 조금 더하고 위도를 북쪽으로 조금 빼는 간단한 산술 연산으로 각 위치에 있는 사람들을 볼 수 있습니다. 이와 마찬가지로 메모리 위치에 값을 더하거나 빼면 각각의 메모리 주소에 저장되어 있는 데이터를 볼 수 있지만, 참조에는 이런 기능이 없기 때문에 '태진'이라는 이 참조에 1을 더하거나 1을 빼는 것은 아무런 의미가 없습니다.

참조를 사용하면 데이터를 복사할 필요가 없기 때문에 포인터를 사용할 때와 동일한 효과를 얻을 수 있습니다. 여러분과 그녀의 가족이 '태진'이라는 참조에 대해 이야기할 때, 실제로 태진을 옆에 앉혀 놓고 가리키며 이야기할 필요는 없습니다. 따라서 대부분의 경우 포인터가 없더라도 사실상 동일하게 프로그래밍하는 것이 가능함을 알 수 있습니다.

간단히 요약하면, 포인터는 메모리 주소를 추상화한 것이고 참조는 포인터를 한 번 더 추상화한 것이라고 할 수 있습니다.

이제 여러분은 메모리가 도대체 어떤 것이고, 메모리 작용이 무엇인지 이해했을 것입니다. 그러나 메모리 자체는 더 추상화될 수 있습니다. 이것이 바로 가상 메모리입니다. 가상 메모리를 지원하는 시스템에서 프로세스가 사용하는 메모리 주소는 사실 실제 물리 메모리 주소가 아닙니다. 좀 더 자세히 설명해 보겠습니다. 최신 운영 체제에는 기본적으로 모두 가상 메모리 기능이 있습니다. 앞서 실행했던 코드가 a 변수의 주소를 0x7fffd8ca7954라고 반환했지만, 이 메모리 주소는 실제 물리 메모리 주소가 아닙니다. 심지어 물리 메모리에는 이런 주소 자체가 아예 없을 수도 있습니다. 이것이 바로 가상 메모리이며, 이 기술은 1.3절에서 언급한 바 있습니다. 지금부터 이 가상 메모리를 다른 각도에서 이해하는 시간을 가질 것이며, 이를 위해 먼저 프로세스부터 이야기해 보도록 하겠습니다.

---

4 **역주** 서울을 대표하는 경위도입니다.

3.2

SECTION

프로세스는 메모리 안에서
어떤 모습을 하고 있을까?

64비트 시스템에서 메모리 내 프로세스 구조는 그림 3-11과 같습니다.

▼ **그림 3-11** 프로세스 주소 공간 구조

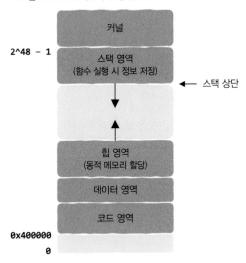

메모리의 모든 프로세스는 이런 모습을 하고 있습니다. 모든 프로세스 주소 공간에는 코드 영역, 데이터 영역, 힙 영역, 스택 영역이 있습니다. 먼저 코드 영역(code segment)과 데이터 영역(data segment)은 실행 파일을 초기화할 때 생성되는 영역입니다. 이어서 힙 영역(heap segment)은 동적 메모리 할당에 사용되는데, 구체적으로 C/C++ 언어의 malloc 함수에서 요청한 메모리가 이 힙 영역에 할당됩니다. 마지막으로 스택 영역(stack segment)은 함수 호출에 사용되며 매개변수, 반환 주소, 레지스터 정보 등을 포함한 함수 실행 시 정보를 저장하는 데 사용됩니다.

3.2.1 가상 메모리: 눈에 보이는 것이 항상 실제와 같지는 않다

그림 3-11에서 가장 흥미로운 점은 모든 프로세스의 코드 영역이 0x400000에서 시작하며, 서로 다른 프로세스 두 개가 메모리를 할당하기 위해 malloc 함수를 호출하면 둘 다 0x7f64cb8을

반환하는 등 동일한 시작 주소를 반환할 가능성이 매우 높다는 것입니다. 그렇다면 이 두 프로세스가 모두 주소 0x7f64cb8에 데이터를 쓸 수 있다는 의미인데, 이것이 문제되지는 않을까요?

앞서 이미 다루었듯이 문제되지는 않습니다. 0x7f64cb8이라는 이 메모리 주소는 가짜 주소이며, 이 주소는 메모리에 조작이 일어나기 전에 실제 물리 메모리 주소로 변경됩니다.

다시 말해 이것은 가상 메모리이며, 여기에서 사용되는 주소는 가상 메모리 주소 또는 가상 주소에 해당합니다.

그림 3-11에 표시된 것은 사실 가상적인 구조에 불과합니다. 실제 물리 메모리에는 애초에 이런 형태의 구조가 존재할 수 없습니다. 오히려 프로세스들이 실제 물리 메모리에서 보여 주는 모습은 그림 3-12에 훨씬 가까울 것입니다.

▼ 그림 3-12 프로세스와 물리 메모리

어떤가요? 중구난방처럼 보이지 않나요? 그림 3-12에서는 두 가지 사항에 주목할 필요가 있습니다.

1. 프로세스는 동일한 크기의 '조각(chunk)'으로 나뉘어 물리 메모리에 저장됩니다. 그림에서 이 프로세스의 힙 영역은 동일한 크기의 조각 세 개로 나뉘어 있습니다.
2. 모든 조각은 물리 메모리 전체에 무작위로 흩어져 있습니다.

비록 이것이 보기에는 아름답지 않지만, 그렇다고 운영 체제가 (비록 가상이지만) 프로세스에 균일한 가상의 주소 공간을 제공하는 것을 방해하지는 않습니다. 이것이 어떻게 가능할까요?

이에 대한 대답은 사실 매우 간단한데, 가상 메모리와 물리 메모리 사이의 사상(mapping) 관계만 유지하면 됩니다. 그리고 이것이 바로 페이지 테이블(page table)이 존재하는 이유입니다.

3.2.2 페이지와 페이지 테이블: 가상에서 현실로

가상 메모리 주소 공간은 그림 3-13과 같이 물리 메모리에 사상되어 있습니다. 가상 메모리 주소와 물리 메모리 주소의 사상 관계가 유지되는 한 프로세스 주소 공간의 데이터가 실제 물리 메모리의 어디에 저장되는지는 전혀 신경 쓸 필요가 없습니다.

▼ **그림 3-13** 물리 메모리에 대한 가상 메모리 주소 공간을 사상한다

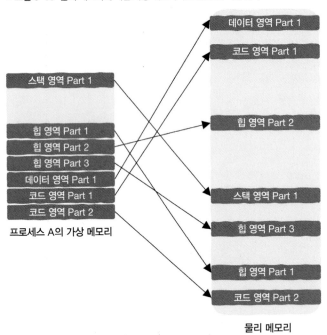

이런 사상 관계를 유지하는 것을 페이지 테이블이라고 하며, 각각의 프로세스에는 단 하나의 페이지 테이블만 있어야 합니다.

여기에서 주목할 만한 것이 또 있습니다. 모든 가상 주소를 물리 주소에 사상하는 대신 그림 3-14와 같이 프로세스의 주소 공간을 동일한 크기의 '조각'으로 나누고, 이 '조각'을 페이지(page)라고 부른다는 점입니다.

▼ **그림 3-14** 프로세스 주소 공간을 동일한 크기의 페이지로 나눈다

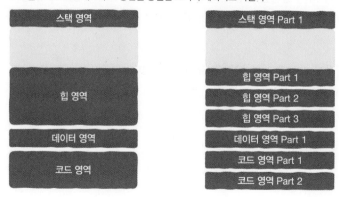

이처럼 사상은 페이지 단위로 이루어지므로 페이지 테이블이 가져야 하는 항목 수가 대폭 줄어
듭니다.

이제 두 프로세스가 동일한 메모리 주소에 기록하더라도 문제가 발생하지 않는 이유를 알 수 있
습니다. 그림 3-15와 같이 이 메모리 주소가 가리키는 페이지가 서로 다른 물리 메모리 주소에
저장되기 때문입니다.

▼ **그림 3-15** 동일한 가상 메모리 주소를 다른 물리 메모리 주소에 사상한다

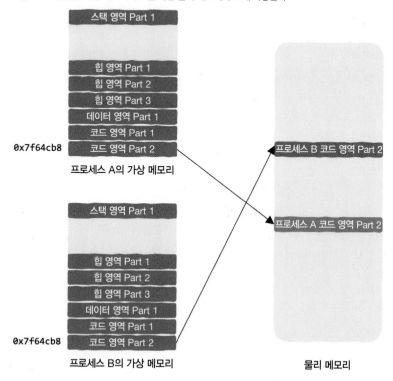

확실히 이 표준적이고 매우 깔끔하게 정리된 가상 주소 공간은 현실에는 존재하지 않으며, 단지 논리적인 표현에 불과합니다. 이것이 바로 최신 운영 체제에서 매우 중요한 기능인 가상 메모리의 기본 구현 원리입니다.

지금까지 그림 3-11의 전체적인 흐름과 내부 사정을 알아보았습니다. 지금부터는 그림 내 각각의 영역을 집중적으로 살펴볼 차례입니다. 이 중에서 코드 영역과 데이터 영역은 이미 1장에서 설명했으므로, 여기에서는 스택 영역과 힙 영역을 차례대로 이야기하겠습니다.

그럼 먼저 스택 영역을 살펴봅시다. 준비되었나요? 출발합시다!

3.3 SECTION / 스택 영역: 함수 호출은 어떻게 구현될까?

먼저 다음 코드를 살펴봅시다. 어떤 문제가 있는지 발견할 수 있나요?

코드

```
void func(int a)
{
    if(a > 100000000)
    {
        return;
    }

    int arr[100] = { 0 };

    func(a + 1);
}
```

문제가 눈에 띄지 않는다고요? 정말 다행입니다! 이 절은 여러분을 위해 준비된 것입니다. 우리는 먼저 함수 실행 시간 스택(runtime stack) 또는 함수 호출 스택(call stack)을 이해해야 합니다.

3.3.1 프로그래머를 위한 도우미: 함수

처음 프로그래밍을 배울 때 몇몇은 습관처럼 모든 코드를 구체적인 분석 없이 그저 main 함수에 쌓아 둔 적이 있을 것입니다. 간단한 연습용 코드는 이렇게 작성해도 됩니다. 설령 이와 같은 연습용 프로젝트라고 하더라도 여러분은 자신이 항상 일부 기능을 반복해서 구현하고 있음을 발견할 수 있을 것입니다. 실제로 이렇게 반복적으로 작성하는 코드는 다음에 호출하기 위해 함수에 담아 둘 수 있으며, 이렇게 하면 동일한 기능을 하는 코드를 매번 반복해서 작성할 필요가 없습니다.

함수는 가장 기초적이고 간단한 코드 재사용 방식입니다. '자기 자신을 반복하지 마세요(Don't Repeat Yourself)' 역시 함수의 가장 중요한 역할 중 하나입니다. 이외에도 함수는 프로그래머가 구현의 세부 사항을 감출 수 있게 하므로 여러분이 함수를 호출할 때는 함수 이름, 매개변수, 반환값만 알면 됩니다. 함수가 어떻게 구현되어 있는지는 신경 쓸 필요가 없으며, 이 역시 일종의 추상화에 해당합니다.

프로그래머는 코드를 작성할 때 함수를 떼어 놓고 생각할 수 없습니다. 심지어는 어셈블리어를 사용하고 있더라도 말이지요.

하지만 이 장 주제는 프로그래밍이 아니며, 우리는 저수준 계층에 더 큰 관심을 가지고 있습니다. 함수가 이렇게 중요하다면 그 함수의 호출은 어떻게 구현된 것일까요?

3.3.2 함수 호출 활동 추적하기: 스택

여러분 중 게임을 즐기는 사람이라면 아마 알고 있을 텐데요. 때로는 메인 퀘스트를 완료하기 위해 무조건 서브 퀘스트를 진행해야 할 때가 있습니다. 그런데 종종 서브 퀘스트 내에도 또 다른 서브 퀘스트가 있으며, 해당 서브 퀘스트를 완료하면 바로 이전의 서브 퀘스트로 돌아가야 합니다. 이것은 무슨 의미일까요? 예시와 함께 설명하면 여러분도 바로 이해할 수 있을 것입니다.

서역에 가서 경전을 구하는 것을 메인 퀘스트로 가정하고, 이를 퀘스트 A라고 하겠습니다. 퀘스트 A는 손오공을 부하로 얻는 서브 퀘스트 B에 의존하며, 퀘스트 B는 다시 긴고아(緊箍兒)[5]를 가져오는 서브 퀘스트 D에 의존합니다. 이때 퀘스트 D를 완료해야만 퀘스트 B로 돌아갈 수 있으며, 퀘스트 B를 완료해야만 퀘스트 A로 돌아갈 수 있습니다.

---

5 **역주** 손오공을 제어하기 위해 머리에 씌운 테로, 긴고주(緊箍咒)라는 술법으로 머리를 조여 고통을 줄 수 있습니다.

또 메인 퀘스트는 저팔계를 부하로 얻는 퀘스트에도 의존하는데, 이것은 퀘스트 C에 해당합니다. 최종적인 전체 퀘스트 의존성을 그림으로 표현하면 그림 3-16과 같습니다.

▼ **그림 3-16** 전체 퀘스트 사이의 의존성

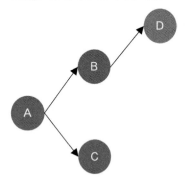

이제 퀘스트 진행 과정을 시뮬레이션해 보겠습니다. 먼저 그림 3-17과 같이 퀘스트 A로 이동하여 메인 퀘스트를 진행합니다.

▼ **그림 3-17** 메인 퀘스트

퀘스트 A를 진행하는 도중에 손오공을 부하로 얻는 서브 퀘스트 B를 발견하면 이제 그림 3-18과 같이 퀘스트 B로 이동합니다.

▼ **그림 3-18** 메인 퀘스트 A에서 서브 퀘스트 B로 이동한다

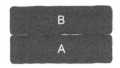

퀘스트 B를 진행하던 도중 다시 긴고아를 얻는 서브 퀘스트 D를 발견합니다. 이제 그림 3-19와 같이 퀘스트 D로 이동합니다.

퀘스트 D를 수행하던 여러분은 이 퀘스트가 더 이상 다른 퀘스트에 의존하지 않는다는 것을 발견합니다. 따라서 그림 3-20과 같이 퀘스트 D를 완료하면 이전 퀘스트인 퀘스트 B로 돌아갈 수 있습니다.

▼ 그림 3-20 퀘스트 B로 돌아가기

퀘스트 B 역시 퀘스트 D를 제외한 다른 퀘스트에 의존하지 않기 때문에 그림 3-21과 같이 퀘스트 B를 완료하면 퀘스트 A로 돌아갈 수 있습니다.

▼ 그림 3-21 퀘스트 B에서 퀘스트 A로 돌아가기

이제 메인 퀘스트 A로 돌아왔습니다. 서브 퀘스트 B는 이미 완료했고, 다음 퀘스트는 그림 3-22와 같이 저팔계를 부하로 얻는 퀘스트 C입니다.

▼ 그림 3-22 메인 퀘스트 A에서 서브 퀘스트 C로 이동한다

퀘스트 D와 마찬가지로 퀘스트 C는 다른 퀘스트에 의존하지 않습니다. 따라서 퀘스트 C가 완료되면 다시 퀘스트 A로 돌아갈 수 있으며, 이후 퀘스트 A의 진행을 완료하는 것으로 모든 퀘스트를 마칩니다.

그림 3-23에서 전체 퀘스트의 진행 궤적을 살펴볼 수 있습니다.

▼ **그림 3-23** 퀘스트 완료 궤적

자세히 살펴보면 이것은 실제로 후입선출(last in first out)[6] 순서로, 본질적으로 스택과 같은 데이터 구조가 처리하기에 적합합니다.

스택 상단의 작업 궤적, 즉 A, B, D, B, A, C, A를 주의 깊게 살펴보면 신기하게도 이 궤적이 사실상 이진 트리(binary tree)의 탐색(search)이라는 것을 알 수 있습니다. 이것이 이런 트리 구조의 순회가 재귀 구현뿐만 아니라 스택 구현에도 사용될 수 있는 이유입니다.

3.3.3 스택 프레임 및 스택 영역: 거시적 관점

함수 호출과 앞에서 줄곧 이야기했던 퀘스트 진행을 통한 레벨업 원리는 동일합니다. 게임의 퀘스트와 마찬가지로 모든 함수는 실행 시에 자신만의 '작은 상자'가 필요합니다. 이 상자 안에는 해당 함수가 실행될 때 사용되는 여러 가지 정보가 저장되어 있으며, 이 상자들은 스택 구조를 통해 구성됩니다. 여기에서 각각의 작은 상자를 스택 프레임(stack frame) 또는 호출 스택(call stack)이라고 합니다. 이 구조는 우리가 일반적으로 말하는 프로세스의 스택 영역에 생성됩니다.

앞의 퀘스트 A, B, C, D를 함수 A · B · C · D로 대체하면 함수 A가 메모리에서 실행될 때 스택 영역에 그림 3-24와 같은 흔적을 남깁니다. 이때 프로세스 스택 영역의 높은 주소(highest address)가 맨 위에 있고 스택 영역은 낮은 주소 방향으로 커진다는 점을 기억하세요.

▼ **그림 3-24** 함수가 실행되는 동안 스택 영역의 변화

---

6 역주 후입선출(後入先出). 약어로 LIFO라고 합니다. 선입후출(先入後出), 즉 First In Last Out(FILO)이라고도 합니다.

다시 말해 스택 영역이 차지하는 메모리는 함수 호출 깊이에 따라 증가하고 함수 호출이 완료될수록 감소합니다.

지금까지 스택 프레임과 스택 영역의 역할을 살펴보았습니다. 그렇다면 스택 프레임이라는 이 작은 상자 안에는 무엇이 들어 있을까요? 이 질문에 답하려면 함수를 호출할 때 어떤 정보들이 포함되는지 이해해야 합니다. 여기에서는 x86 플랫폼을 예로 들어 설명해 보겠습니다.

3.3.4 함수 점프와 반환은 어떻게 구현될까?

함수 A가 함수 B를 호출하면, 제어권이 함수 A에서 함수 B로 옮겨집니다. 여기에서 제어권은 실제로 CPU가 어떤 함수에 속하는 기계 명령어를 실행하는지 의미합니다. CPU가 함수 A의 명령어를 실행하다가 함수 B의 명령어로 점프하는 것을 제어권이 함수 A에서 함수 B로 이전되었다고 이야기합니다.

제어권이 이전될 때는 다음 두 가지 정보가 필요합니다.

- **반환(return)**: 어디에서 왔는지에 대한 정보
- **점프(jump)**: 어디로 가는지에 대한 정보

간단하지 않나요? 마치 우리가 여행을 떠날 때, 어디로 갈지를 알아야 하고 집으로 돌아가는 길을 기억해야 하는 것처럼 함수 호출 원리도 마찬가지입니다.

함수 A가 함수 B를 호출할 때 우리가 알아야 하는 정보는 다음과 같습니다.

- 함수 A의 기계 명령어가 어디까지 실행되었는지(어디에서 왔는지)
- 함수 B의 첫 번째 기계 명령어가 위치한 주소(어디로 가는지)

이 두 가지 정보만 있으면 CPU에 함수 A에서 함수 B로 점프하여 명령어를 실행하게 한 후 함수 B의 실행이 완료되면 다시 함수 A로 점프하게 할 수 있습니다.

그럼 이런 정보는 어떻게 획득하고 유지할까요? 이때 우리 작은 상자인 스택 프레임의 도움이 필요합니다.

그림 3-25와 같이 함수 A가 함수 B를 호출한다고 가정해 보겠습니다.

▼ 그림 3-25 CPU가 함수 A의 기계 명령어를 실행하는 모습

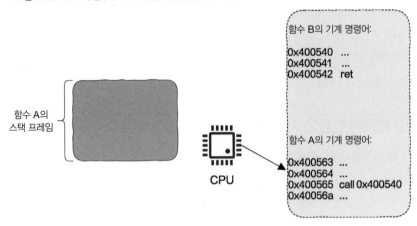

현재 CPU는 함수 A의 기계 명령어를 실행 중이며, 이 명령어 주소는 0x400564입니다. 이제 CPU는 이어서 다음 기계 명령어를 실행할 것입니다.

```
call 0x400540
```

이 기계 명령어에 대응하는 것은 코드의 함수 호출이며, call 뒤에 명령어 주소가 하나 있음을 알 수 있습니다. 그림 3-25를 주의 깊게 살펴보면 **해당 주소는 바로 함수 B의 첫 번째 기계 명령어라는 것을 알 수 있습니다.** 따라서 이 call 기계 명령어를 실행한 직후 CPU는 함수 B로 점프하게 됩니다.

이제 우리는 이미 '어디로 이동해야 하는가'라는 문제를 해결했습니다. 그렇다면 함수 B의 실행이 완료된 후에는 어떻게 되돌아가야 할까요?

원래 call 명령어를 실행하면 지정한 함수로 점프하는 것 외에 다른 일을 하나 더 합니다. 그림 3-26과 같이 call 명령어 다음에 위치한 주소, 즉 0x40056a를 함수 A의 스택 프레임에 넣는 것입니다.

▼ 그림 3-26 call 명령어를 실행하면 반환 주소가 스택 프레임에 저장된다

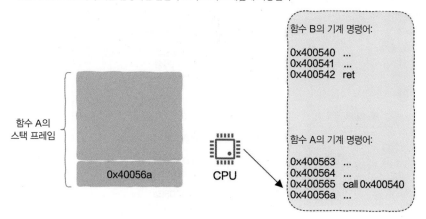

이제 그림 3-27과 같이 함수 A의 작은 상자에 반환 주소가 추가되면서 조금 커집니다. 이때 스택은 상단에 고정되어 있기 때문에 크기가 커질수록 하단으로 커진다는 점에 유의하세요. 여기에서 스택 프레임의 비어 있는 부분은 일단 넘어가고, 뒤에서 다시 설명하겠습니다.

▼ 그림 3-27 반환 주소가 추가된 함수 A의 스택 프레임

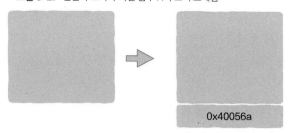

이제 준비 작업이 완료되었으므로 점프가 가능합니다! CPU는 함수 B에 대응하는 기계 명령어를 실행하기 시작합니다. 여기에서 잘 살펴보면 함수 B에도 자신만의 작은 상자, 즉 함수 B의 스택 프레임이 있다는 것을 알 수 있습니다. 이제 마찬가지로 이 안에도 필요한 정보를 저장할 수 있습니다. 이때 함수 B를 호출했기 때문에 그림 3-28과 같이 새로운 스택 프레임이 추가되며, 스택 영역이 차지하는 메모리 크기도 증가됩니다.

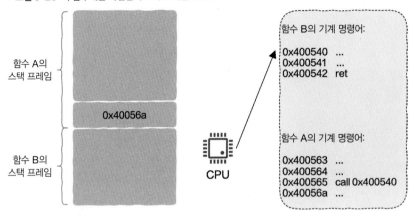

▼ **그림 3-28** 각 함수에는 자신만의 스택 프레임이 있다

만약 함수 B에서 다시 다른 함수가 호출되면 어떻게 될까요? 이 역시 함수 A에서 함수 B가 호출된 경우와 동일합니다. 이번에도 새로운 스택 프레임이 생성되며 프로세스의 스택 영역은 또한 번 늘어납니다.

이런 식으로 함수 B는 마지막 기계 명령어인 ret까지 계속 실행되는데, 이 기계 명령어는 CPU에 함수 A의 스택 프레임에 저장된 반환 주소로 점프하도록 전달하는 역할을 합니다. 이에 따라 함수 B의 실행이 완료되면, 바로 함수 A로 점프하여 계속 실행할 수 있습니다. 함수 A의 스택 프레임에 저장된 주소는 0x40056a이며, 이는 함수 A의 call 명령어 바로 다음 기계 명령어의 주소에 해당합니다.

이렇게 제어권이 이동할 때 생겨나는 '어디에서 왔는지'에 대한 의문이 해결되었습니다.

이어서 함수의 반환 주소 외에 또 어떤 정보가 스택 프레임에 저장되는지 살펴보겠습니다.

3.3.5 매개변수 전달과 반환값은 어떻게 구현될까?

CPU는 기계 명령어를 실행할 때 점프와 반환이 가능하기 때문에 이를 이용하여 함수를 호출할 수 있었습니다. 하지만 함수를 호출할 때는 함수 이름 외에도 매개변수를 전달하고 반환값을 가져와야 합니다. 이를 어떻게 구현할 수 있을까요?

x86-64에서는 대부분의 경우 매개변수의 전달과 반환값을 가져오는 작업을 레지스터로 합니다.

함수 A가 함수 B를 호출한다면 함수 A는 매개변수를 상응하는 레지스터에 저장하며, CPU가 함수 B를 실행할 때 이 레지스터에서 매개변수 정보를 얻을 수 있습니다. 마찬가지로 함수 B도 반환값을 레지스터에 저장하고, 함수 B의 실행이 완료되면 이 레지스터에서 반환값을 가져올 수 있습니다.

그런데 CPU 내부의 레지스터 수는 제한되어 있습니다. 만약 전달된 매개변수 수가 사용 가능한 레지스터 수보다 많다면 어떻게 해야 할까요? 함수가 가지고 있는 작은 상자인 스택 프레임이 다시금 힘을 발휘할 순간입니다.

원래 매개변수 수가 레지스터 수보다 많으면 나머지 매개변수는 스택 프레임에 직접 넣을 수 있기 때문에 새로 호출된 함수가 이전 함수의 스택 프레임에서 매개변수를 가져오면 됩니다.

이제 그림 3-29와 같이 스택 프레임 내용이 더 많아졌습니다.

▼ **그림 3-29** 스택 프레임은 함수 호출에 필요한 매개변수를 보관한다

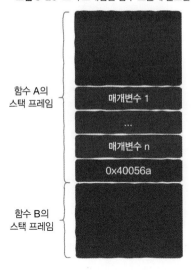

그림 3-29에서 볼 수 있듯이, 함수 B를 호출할 때 매개변수 중 일부를 함수 A의 스택 프레임에 넣습니다.

3.3.6 지역 변수는 어디에 있을까?

함수 외부에 정의된 변수를 전역 변수라고 합니다. 이 변수들은 실행 파일의 데이터 영역에 저장되어 있다 프로그램이 실행되면 프로세스 주소 공간의 데이터 영역에 적재됩니다. 반면에 함수 내부에서 정의된 변수는 지역 변수라고 하는데, 이 변수들은 해당 함수에서만 사용 가능하고 외부에서는 접근이 불가능합니다. 그렇다면 지역 변수는 함수가 실행될 때 어디에 배치될까요?

원래 이런 변수도 앞서 살펴본 매개변수와 마찬가지로 레지스터에 저장할 수 있지만, 로컬 변수 수가 레지스터 수보다 많으면 이 변수들도 스택 프레임에 저장되어야 합니다.

그 결과 그림 3-30과 같이 스택 프레임 내용이 더 늘어났습니다.

▼ **그림 3-30** 스택 프레임에 함수의 지역 변수를 저장한다

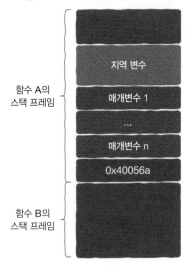

책을 주의 깊게 읽어 온 독자라면 레지스터가 CPU의 내부 리소스임을 알고 있을 것입니다. CPU가 함수 A를 실행할 때 이런 레지스터를 사용하고 CPU가 함수 B를 실행할 때도 마찬가지로 이 레지스터를 사용한다면, 함수 A가 함수 B를 호출할 때 함수 A가 레지스터에 기록한 지역 변수 정보를 함수 B가 덮어쓸 수 있지 않을까요? 이것이 문제되지는 않을까요?

3.3.7 레지스터의 저장과 복원

그렇습니다. 이것은 확실히 문제될 수 있습니다. 따라서 레지스터에 지역 변수를 저장하기 전에 반드시 먼저 레지스터에 원래 저장되었던 초깃값을 꺼냈다 레지스터를 사용하고 나면 다시 그 초깃값을 저장해야 합니다. 그렇다면 레지스터에 원래 저장되었던 값은 어디에 저장해야 할까요?

생각한 대로 이것 역시 그림 3-31과 같이 함수의 스택 프레임에 저장됩니다.

▼ **그림 3-31** 스택 프레임에 레지스터 초깃값을 저장한다

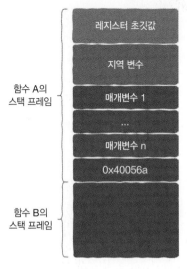

결국 우리의 작은 상자는 그림 3-31과 같은 모습이 되며, 함수 실행이 완료된 후에는 스택 프레임에 저장되어 있는 초깃값을 상응하는 레지스터에 내용으로 복원하기만 하면 됩니다.

이제 여러분은 함수 호출이 실제로 어떻게 구현되는지 알 수 있게 되었습니다.

3.3.8 큰 그림을 그려 보자, 우리는 지금 어디에 있을까?

여기에서 다시 한 번 강조하겠습니다. 앞서 설명했던 스택 프레임은 우리가 흔히 스택 영역이라고 하는 곳에 위치해 있습니다. 스택 영역은 프로세스 주소 공간의 일부이며, 스택 영역을 확대하면 그림 3-32의 왼쪽과 모습이 같습니다.

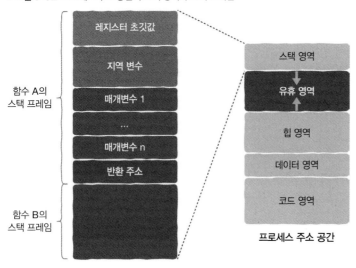

마지막으로 3.3절을 시작할 때 본 코드로 다시 되돌아가 보겠습니다.

```
코드

void func(int a)
{
    if(a > 100000000)
    {
        return;
    }

    int arr[100] = {0};

    func(a + 1);
}

void main()
{
    func(0);
}
```

이 코드는 자기 자신을 100,000,000번 반복하여 호출합니다. 함수가 매번 호출될 때마다 상응
하는 스택 프레임은 함수 실행 시 정보를 저장하기 위해 생성되며, 함수 호출 단계가 증가함에
따라 스택 영역이 점점 더 많은 메모리를 차지하게 됩니다. 하지만 스택 영역의 크기에는 제한

이 있으며, 이 제한을 초과하면 바로 그 유명한 스택 넘침(stack overflow) 오류가 발생합니다. 그리고 앞의 코드는 분명히 이 문제를 일으킬 것입니다.

따라서 프로그래머는 다음 것들을 주의해야 합니다. ❶ 너무 큰 지역 변수를 만들면 안 됩니다. ❷ 함수 호출 단계가 너무 많으면 안 됩니다. 함수 호출 원리를 이해하면 수많은 문제를 회피할 수 있습니다.

이것이 프로세스 주소 공간의 스택 영역이 담고 있는 모든 비밀입니다.

여기에서 여러분이 생각해 볼 만한 문제 하나를 질문해 보겠습니다. 이 절에서 매개변수가 너무 많으면 일부 매개변수가 스택에 저장되고, 레지스터 내용 중 일부는 스택 프레임에 저장된다고 이야기했습니다. 그렇다면 매개변수가 너무 많아 레지스터에 저장되지 못한다는 정보는 어떻게 알 수 있을까요? 스택 영역의 증가와 감소는 구체적으로 어떻게 구현될까요? 그리고 이를 구현하는 책임은 누구에게 있을까요? 이런 질문은 여러분이 스스로 생각할 수 있도록 남겨 놓겠습니다.

그림 3-11로 돌아가 프로세스 주소 공간을 다시 살펴봅시다. 스택 영역의 아래는 유휴 영역(free segment)입니다. 스택 영역이 계속 증가하면 유휴 영역을 점유하기 시작하는데, 이 영역에도 물론 역할이 존재합니다. 프로그램이 동적 라이브러리에 의존하는 경우에는 프로그램이 사용하는 동적 라이브러리가 이 영역에 적재되며, 이것은 1장에서 이미 설명한 바 있습니다.

유휴 영역의 아래에 있는 것은 프로세스 주소 공간에서 아직까지 설명한 적이 없는 마지막 영역인 힙 영역입니다. 자, 서둘러서 알아봅시다.

3.4 SECTION / 힙 영역: 메모리의 동적 할당은 어떻게 구현될까?

이제 우리는 스택 영역이 함수 호출과 사실 밀접한 관련이 있다는 것을 알았습니다. 모든 함수에는 각자만의 스택 프레임이 있으며 이 안에는 반환 주소, 함수의 지역 변수, 매개변수, 사용되는 레지스터를 비롯한 정보가 저장됩니다. 스택 프레임은 스택 영역 내에 구성되기 때문에 함수의 호출 단계가 증가할 때마다 스택 영역이 차지하는 메모리가 늘어납니다. 반면에 함수 호출이 완료되면 기존 스택 프레임 정보는 더 이상 사용되지 않으므로 스택 영역이 차지하는 메모리는 그만큼 줄어듭니다.

프로그래머는 앞의 내용을 기반으로 다음 두 가지 내용에 주의해야 합니다.

1. 함수 A가 함수 B를 호출할 때, 함수 B에 대한 호출 과정이 완료되면 스택 프레임에 저장되어 있던 내용은 더 이상 사용되지 않고 무효화(invalidation)됩니다. 따라서 프로그래머는 무효화된 스택 프레임 내용에 대해 어떤 가정도 해서는 안 됩니다. 다음 코드에서 함수 B가 스택 프레임에 저장되어 있던 지역 변수 데이터에 대한 포인터를 반환[7]하는 것처럼 이미 사용이 끝난 스택 프레임 정보를 사용해서는 안 됩니다.

   코드

   ```
   int* B()
   {
       int a = 10;

       return &a;
   }
   ```

   설령 이런 코드가 작동했더라도 이는 완전히 우연이자 요행에 불과하므로 여러분은 절대 이런 코드를 작성하면 안 됩니다.

2. 지역 변수의 수명 주기(lifecycle)는 함수 호출과 동일합니다. 이것의 장점은 프로그래머가 지역 변수가 차지하는 메모리의 할당과 반환 문제에 신경 쓸 필요가 없으며 함수를 호출할 때 지역 변수가 바로 스택 프레임에 저장된다는 것입니다. 함수 호출이 완료되면 스택 프레임 내용이 무효화되며 스택 프레임이 사용하던 메모리를 다른 함수에서 가져와 사용할 수 있으므로, 이것이 우리가 직접 지역 변수가 사용할 메모리의 할당과 반환 문제에 신경 쓸 필요가 없는 이유입니다. 반면에 지역 변수의 단점은 함수를 뛰어넘어 사용하는 것이 불가능하다는 것인데, 함수가 반환된 후에는 지역 변수가 저장되어 있던 메모리가 더 이상 유효하지 않기 때문입니다. 동시에 이것은 지역 변수는 프로그래머의 관리 대상이 아니라는 것을 의미하기도 합니다. 물론 함수 A가 함수 B를 호출한 상태에서 함수 B가 함수 A의 지역 변수를 사용하는 것처럼 지역 변수를 사용하는 시점에 해당 변수가 저장된 스택 프레임이 여전히 유효한 상태라는 것을 확인할 수 있다면, 함수 외부에서 지역 변수를 사용하는 데 문제없습니다.

---

7 **역주** 지역 변수 a의 데이터가 저장되어 있던 스택 프레임은 함수 반환과 동시에 무효화되기 때문에 포인터가 가리키는 주소 값은 이미 10이 아닐 가능성이 있으며, 설령 지금은 10이라고 해도 언제 그 값이 바뀔지 알 수 없습니다.

3.4.1 힙 영역이 필요한 이유

그렇다면 특정 데이터를 여러 함수에 걸쳐 사용해야 한다면 어떻게 해야 할까요? 누군가는 전역 변수를 사용하라고 할 수도 있지만 전역 변수는 모든 모듈에 노출되어 있으며, 때로는 데이터를 모든 모듈에 노출하고 싶지 않을 때도 있을 것입니다. 당연히 이런 종류의 데이터는 프로그래머가 직접 관리하는 특정 메모리 영역에 저장해야 하며, 프로그래머는 이런 메모리 영역을 언제 요청할지와 데이터를 저장하는 데 얼마나 많은 메모리 영역을 요청할지 직접 결정해야 합니다. 이 메모리는 함수의 호출 횟수와 관계없이 프로그래머가 해당 메모리 영역의 사용이 완료되었다고 확신할 때까지 유효하게 유지됩니다. 이후 해당 메모리는 무효화되며, 이 과정을 동적 메모리 할당과 해제라고 합니다.

이와 같은 이유로 메모리 수명 주기에는 프로그래머가 완전히 직접 제어할 수 있는 매우 큰 메모리 영역이 필요하며, 이 영역을 바로 힙 영역(heap segment)이라고 합니다.

C/C++ 언어에서는 malloc 함수 또는 new 예약어를 사용하여 힙 영역에 메모리를 요청하며, free 함수나 delete 예약어를 이용하여 해당 메모리를 반환합니다.

이것이 힙 영역이 가진 모든 비밀입니다. 스택 영역에 비해 힙 영역은 딱히 크게 언급할 내용이 없습니다. 단순히 프로그래머가 수명 주기를 결정할 수 있는 메모리 영역을 제공하는 역할이 전부입니다.

따라서 여기에서 우리가 정말 관심을 가지고 있는 것은 힙 영역에서 메모리의 할당과 해제가 어떻게 구현되는가 하는 것입니다. 이 문제를 파악하려면 malloc과 유사한 메모리 할당자를 직접 구현해 보아야 합니다.

3.4.2 malloc 메모리 할당자 직접 구현하기

C/C++ 언어에서 메모리의 동적 할당과 해제 요청은 모두 전문적으로 힙 영역에 메모리를 할당하고 해제하는 작은 프로그램에 전달되어 처리되는데, 이 프로그램이 바로 malloc 메모리 할당자입니다.

실제로 실행 파일을 생성할 때 링커는 C 표준 라이브러리(C standard library)를 자동으로 링크하며, 이 표준 라이브러리 내 malloc 메모리 할당자가 포함되어 있습니다. 따라서 프로그래머는 직접 메모리 할당을 구현할 필요 없이 프로그램 내에서 malloc을 호출하여 메모리를 할당할 수 있습니다.

다음으로 힙 영역의 메모리 관리 작업을 하는 자신만의 malloc 메모리 할당자를 구현해 보겠습니다.

메모리 할당자 입장에서는 적절한 크기의 메모리 영역을 제공하기만 하면 되고, 할당자는 그 메모리 영역에 무엇을 저장할지까지는 신경 쓰지 않습니다. 정수(integer), 부동 소수점 숫자(floating number), 연결 리스트(linked list), 이진 트리(binary tree)처럼 단순한 것부터 복잡한 것까지 어떤 구조의 데이터도 모두 저장할 수 있으며, 메모리 할당자가 보기에 이런 데이터는 단순한 바이트의 연속에 지나지 않습니다.

이제 힙 영역을 다시 살펴보면 사실은 매우 간단한 구조로 되어 있습니다. 그림 3-33과 같이 커다란 배열 형태입니다.

▼ **그림 3-33** 힙 영역

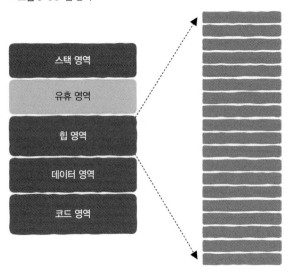

이제 힙 영역 위에서 두 가지 문제를 해결해 나갑니다.

- malloc 함수를 구현합니다. 이 함수는 누군가 나에게 메모리 영역을 요청하면 힙 영역에서 가능한 메모리 영역을 찾아 요청자에게 반환하는 과정을 구현하는 것입니다.
- free 함수를 구현합니다. 이 함수는 메모리 영역의 사용이 완료되었을 때 힙 영역에 이 메모리 영역을 반환하는 방법을 구현하는 것입니다.

이 문제들은 메모리 할당자가 해결해야 할 두 가지 핵심 문제입니다. 먼저 주차장으로 가서 실마리를 찾을 수 있을지 살펴봅시다.

3.4.3 주차장에서 메모리 관리까지

실제로 여러분은 그림 3-34와 같이 메모리를 매우 긴 주차장으로 간주할 수 있습니다. 이때 메모리를 요청하는 것은 입차(入車)를 위해 주차 공간을 찾는 것이며, 메모리를 반환하는 것은 주차 공간을 확보하기 위해 출차(出車)를 시키는 것입니다.

▼ **그림 3-34** 주차장과 메모리 할당

메모리라는 이름의 주차장은 조금 특별해서 일반적인 소형차 외에 점유 면적이 매우 작은 자전거와 점유 면적이 매우 큰 트럭도 주차가 가능합니다. 요점은 요청하는 메모리 크기가 일정하지 않다는 것입니다. 이런 조건하에서 다음 두 가지 목표를 어떻게 달성할 수 있을까요?

• 주차할 위치를 빠르게 찾습니다. 여기에는 요청된 크기를 만족하는 여유 메모리를 최대한 빨리 찾는다는 조건이 포함됩니다.

• 주차장 사용률을 극대화하고자 주차장에 가능한 한 많은 차량을 주차할 수 있어야 합니다. 메모리를 요청할 때는 정해진 메모리 한도 내에서 가능한 한 많은 메모리 할당 요청을 만족시켜야 합니다.

이 조건을 어떻게 달성할 수 있을까요?

이제 무엇을 구현할지와 성능을 측정할 기준이 명확히 정해졌으므로, 메모리 요청에서 해제까지 어떤 문제가 발생할 가능성이 있는지 고려하여 구현 상세를 설계할 차례입니다.

메모리를 요청할 때 메모리에서 적절한 크기의 여유 메모리를 찾아야 하는데, 어떤 메모리가 여유 메모리고 어떤 메모리가 이미 할당되어 있는지 어떻게 알 수 있을까요? 먼저 그림 3-35를 봅시다.

▼ 그림 3-35 할당된 메모리 조각과 여유 메모리 조각 구분

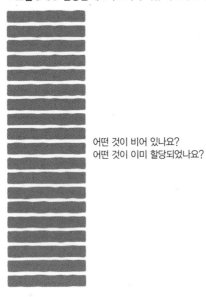

어떤 것이 비어 있나요?
어떤 것이 이미 할당되었나요?

첫 번째 문제가 나타났습니다. 메모리 조각을 어떤 식으로든 조직화해야만 모든 메모리 조각의 할당 상태를 추적할 수 있습니다.

이제 사용 가능한 메모리 조각이 잘 조직화되어 있고, 단일 메모리 할당 요청의 요구 사항을 만족하는 사용 가능한 메모리 조각이 매우 많을 수 있습니다. 이때 어떤 여유 메모리 조각을 사용자에게 반환해야 할까요? 그림 3-36에서 볼 수 있듯이 이것이 두 번째 문제입니다.

▼ 그림 3-36 여유 메모리 조각 선택 전략

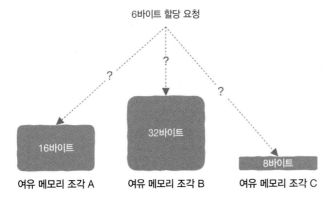

232

또 16바이트 메모리를 요청해야 하는데, 우리가 찾은 여유 메모리 조각의 크기가 32바이트라서 그림 3-37과 같이 할당 후에도 여전히 16바이트가 남아 있다고 가정해 봅시다. 남은 메모리는 어떻게 처리해야 할까요? 이것이 세 번째 문제입니다.

▼ **그림 3-37** 남은 메모리로 수행할 작업

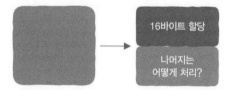

여유 메모리 조각 32바이트　　**여유 메모리 조각 32바이트**

마지막으로 할당되었던 메모리 사용이 완료되면 네 번째 문제가 떠오릅니다. 이렇게 사용자가 반환한 메모리를 우리는 어떻게 처리해야 할까요?

이 네 가지 문제는 메모리 할당자가 반드시 답해야 하는 것들로, 앞으로 이 문제들을 하나씩 풀어 나가면 모든 문제가 해결되었을 때 바로 새로운 메모리 할당자가 탄생할 것입니다!

3.4.4 여유 메모리 조각 관리하기

사용 가능한 메모리 조각을 관리하는 작업의 특성상 어떤 영역이 사용 가능한 메모리고 어떤 영역이 이미 할당된 메모리인지 구분하는 방법이 필요합니다.

연결 리스트(linked list)는 비교적 간단히 구현할 수 있는 방법입니다. 모든 메모리 조각을 연결 리스트로 관리할 수 있으며, 어떤 것이 사용 가능하고 어떤 것이 이미 할당된 것인지 기록하기도 편리합니다. 그림 3-38은 연결 리스트로 메모리 사용 정보를 기록하는 방식을 보여 줍니다.

▼ **그림 3-38** 연결 리스트로 메모리 사용 정보 기록

그러나 여러분이 자료 구조 수업에서 했던 것처럼 먼저 연결 리스트를 생성하고 여기에 정보를 기록할 수 없음을 주의해야 합니다. 왜냐고요? 연결 리스트를 생성하려면 메모리 할당을 피할 수 없고, 메모리를 할당하기 위해서는 메모리 할당자를 사용해야 합니다. 그런데 지금 우리가 하고 있는 작업이 바로 그 메모리 할당자를 구현하는 것이며, 아직 존재하지 않는 메모리 할당

자에 메모리를 요청한다는 자가당착(自家撞着)에 빠지는 것입니다. 물론 메모리 할당자를 사용하지 않을 수도 있지만 매우 번거로울 것입니다.

따라서 연결 리스트와 메모리 사용 정보를 메모리 조각 그 자체에 함께 저장해야 합니다. 여기에서 메모리 조각은 할당 또는 해제된 전체 메모리 조각을 의미합니다. 이 연결 리스트에는 다음 노드(node)가 어디 있는지 알려 주는 포인터가 없지만, 메모리 사용 정보로 다음 노드 위치를 유추하는 것이 가능합니다.

구현 방법은 매우 간단하며 다음 두 가지 정보만 기록하면 됩니다.

- 해당 메모리 조각이 비어 있는지 알려 주는 설정값(flag)
- 해당 메모리 조각의 크기를 기록한 숫자

여기에서는 최대한 간단하게 구현하기 위해 우리가 구현하고 있는 메모리 할당자는 메모리 정렬(memory alignment)이 필요하지 않으며, 단일 메모리 할당에 허용되는 최대 크기는 2GB라고 정의합니다. 물론 이런 가정은 메모리 할당자 구현을 쉽게 설명하려고 세부 내용을 다루지 않는 것일 뿐, 일반적으로 사용되는 malloc과 같은 할당자에는 이런 제한이 없다는 점을 잊지 말아야 합니다.

메모리 조각의 최대 크기가 2GB로 제한되어 있기 때문에 그림 3-39와 같이 31비트를 사용하여 조각 크기를 기록하고, 나머지 1비트는 조각이 비어 있는지 또는 할당되어 있는지 인식하는 데 사용할 수 있습니다. 참고로 그림 3-39에서 f/a는 free/allocated를 뜻하는 것으로, f는 비어 있음을 나타내고 a는 할당되어 있음을 나타냅니다. 이 32비트는 머리 정보(header)라고 하며, 메모리 조각의 사용 정보를 저장하는 데 씁니다.

▼ **그림 3-39** 메모리 사용 정보 저장

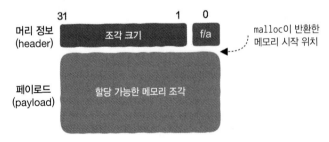

그림 3-39에서 할당 가능한 메모리 조각을 페이로드(payload)라고 하며, 우리가 malloc을 호출하면 반환되는 메모리 주소가 바로 여기에서 시작됩니다.

이제 이것이 왜 연결 리스트를 형성하는지 알았습니다. 메모리 조각을 유지 관리하는 머리 정보 크기는 항상 32비트로 고정되어 있으며, 각 메모리 조각 크기도 머리 정보에서 얻을 수 있습니다. 따라서 그림 3-40에서 볼 수 있듯이, 머리 정보 주소만 알고 있다면 해당 머리 정보 주소에 메모리 조각 크기를 더해 다음 노드의 시작 주소를 알 수 있습니다. 매우 교묘하지 않습니까? 참고로 그림 3-40의 숫자는 메모리 조각 크기를 의미합니다.

▼ **그림 3-40** 모든 메모리 조각은 머리 정보로 찾아갈 수 있다

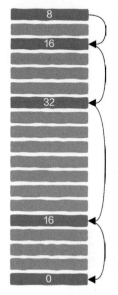

이와 같이 힙 영역의 모든 메모리를 남김없이 할당하는 것은 불가능하며, 그중 일부분은 여기에서 설명한 머리 정보처럼 메모리 조각에 대한 필수 정보를 저장하기 위해 별도로 사용되어야 합니다.

3.4.5 메모리 할당 상태 추적하기

그림 3-40의 설계를 사용하면 그림 3-41과 같이 메모리 할당과 해제를 위해 힙 영역을 조직화할 수 있습니다.

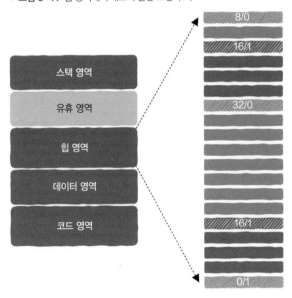

그림 3-41에 표시된 힙 영역은 한 조각에 4바이트인 매우 작은 영역으로, 할당된 메모리 조각과 여유 메모리 조각을 나타내고 있습니다. 메모리 조각에는 빗금으로 칠한 머리 정보가 있는데, 16/1은 할당된 메모리 조각 크기가 16바이트임을 의미하고 32/0은 여유 메모리 조각이 32바이트임을 의미합니다.

주의 깊은 독자라면 마지막 조각의 0/1이 무엇을 의미하는지 궁금할 것입니다. 연결 리스트와 마찬가지로 메모리 할당자에도 끝(tail node)을 알려 주는 특수한 표시(sentinel)가 필요하며, 이를 위해 마지막 4바이트를 사용합니다.

머리 정보를 도입한 이런 설계는 전체 힙 영역을 쉽게 추적할 수 있습니다. 또 추적 과정에서 머리 정보의 마지막 비트를 확인하여 메모리 조각이 여유 상태인지 또는 할당되었는지 확인할 수 있어 메모리 조각의 할당 정보를 추적할 수 있습니다. 그림 3-42와 같이 이 방식을 이용하여 앞서 언급했던 문제를 해결했습니다.

이제 두 번째 문제를 살펴봅시다.

▼ **그림 3-42** 머리 정보를 사용하여 모든 메모리 조각 추적

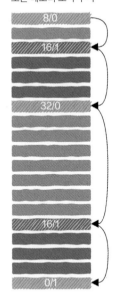

3.4.6 어떻게 여유 메모리 조각을 선택할 것인가: 할당 전략

메모리를 요청할 때 메모리 할당자는 적절한 크기의 여유 메모리 조각을 찾아야 합니다. 현재 메모리 할당 상태가 그림 3-41과 같으며, 4바이트 메모리를 요청해야 한다고 가정해 봅시다. 그림 3-41에서 우리는 이런 요구 사항을 충족하는 여유 메모리가 두 조각이 있다는 것을 알 수 있습니다. 그렇다면 첫 번째 조각인 8바이트 메모리 조각과 세 번째 조각인 32바이트 메모리 조각 중 어떤 것을 반환해야 할까요? 이것은 할당 전략의 문제이며, 실제로 선택할 수 있는 전략은 많습니다.

1) 최초 적합 방식

가장 간단한 방법은 그림 3-43에서 볼 수 있듯이, 매번 처음부터 탐색하다가 가장 먼저 발견된 요구 사항을 만족하는 항목을 반환하는 것입니다. 일반적으로 이 방법을 최초 적합 방식(first fit)이라고 합니다.

▼ **그림 3-43** 최초 적합 방식은 항상 제일 앞부터 요구 사항을 충족하는 첫 번째 여유 메모리 조각을 찾는다

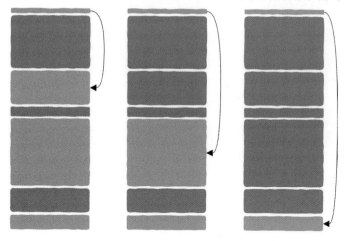

이 방식의 장점은 단순하다는 것입니다. 그러나 이 전략은 항상 제일 처음부터 사용 가능한 메모리 조각을 찾으므로 메모리 할당 과정에서 앞부분에 작은 메모리 조각이 많이 남을 가능성이 높습니다. 이렇게 되면 다음 메모리를 할당할 때 더 많은 여유 메모리 조각을 탐색해야 하는 문제가 있습니다.

2) 다음 적합 방식

다음 적합 방식(next fit)은 문자열 검색에 사용되는 커누스-모리스-프랫 알고리즘(Knuth-Morris-Pratt algorithm)의 창시자 중 한 명인 도널드 커누스(Donald Knuth)가 제안한 방식입니다.

다음 적합 방식은 최초 적합 방식과 매우 유사하지만, 메모리를 요청할 때 처음부터 검색하는 대신 적합한 여유 메모리 조각이 마지막으로 발견된 위치에서 시작한다는 점이 다릅니다. 그림 3-44에서 점선으로 둘러싸인 조각이 마지막으로 할당된 메모리 조각이며, 이론적으로 다음 적합 방식은 최초 적합 방식보다 더 빠르게 여유 메모리 조각을 탐색할 수 있습니다.

▼ **그림 3-44** 점선 상자는 마지막으로 할당된 메모리 조각을 의미한다

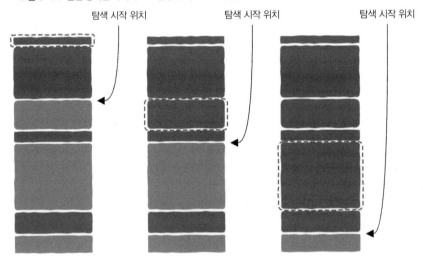

그러나 다음 적합 방식의 메모리 사용률은 최초 적합 방식에 미치지 못한다는 것이 연구로 밝혀졌습니다.

3) 최적 적합 방식

최초 적합 방식과 다음 적합 방식은 요구 사항을 충족하는 첫 번째 여유 메모리 조각이 발견되는 즉시 반환되지만, 최적 적합 방식(best fit)은 그렇지 않습니다.

최적 적합 방식은 먼저 사용 가능한 메모리 조각을 모두 찾은 후 그중 요구 사항을 만족하면서 크기가 가장 작은 조각을 반환합니다. 그림 3-45에서 볼 수 있듯이, 최적 적합 방식은 요구 사항을 충족하는 여유 메모리 세 조각 중에 크기가 가장 작은 8바이트 크기의 여유 메모리 조각을 선택합니다.

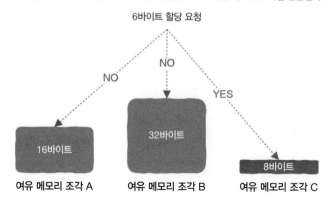

▼ 그림 3-45 최적 적합 방식은 가장 적합한 크기의 여유 메모리 조각을 반환한다

최적 적합 방식이 최초 적합 방식과 다음 적합 방식보다 메모리를 더 잘 활용한다는 것은 직관적으로 알 수 있습니다. 그러나 최적 적합 방식의 가장 큰 단점은 메모리를 할당할 때 사용 가능한 모든 메모리 조각을 탐색해야 하므로 최초 적합 방식이나 다음 적합 방식만큼 빠르지 않다는 것입니다.

여기에서는 최초 적합 방식을 사용한다고 가정해 보겠습니다.

지금까지 소개한 몇 가지 방식은 각종 메모리 할당자에서 자주 볼 수 있지만, 할당 방법은 이런 몇 가지 방식에 국한되지 않습니다. 물론 이 방법 중 어떤 것도 완벽하지 않으며 각각 장단점이 있습니다. 우리가 할 수 있는 것은 선택과 비교를 이용하여 여러분 상황에 가장 적합한 것을 고를 뿐이며, 메모리 할당자뿐만 아니라 다른 소프트웨어 시스템을 설계할 때도 완벽하게 대책을 마련할 수 없습니다.

따라서 메모리 할당자를 구현할 때 매우 많이 설계되며, 여기에서는 아주 기본적인 원리만 다루어 실제로 사용되는 상용 메모리 할당자 구현은 여기에서 소개한 것처럼 쉽지 않습니다.

3.4.7 메모리 할당하기

이제 적절한 여유 메모리 조각을 찾았으므로 이를 할당할 차례입니다.

먼저 그림 3-46과 같이 12바이트 메모리를 요청했을 때, 할당을 위해 발견된 여유 메모리 조각의 크기가 12바이트[8]라고 가정해 봅시다. 이제 이 조각을 할당된 것으로 표시하고 머리 정보 뒤에 따라오는 메모리 조각의 주소를 요청자에게 반환하기만 하면 됩니다. 이때 머리 정보를 담고

---

8 [역주] 16바이트에서 헤더의 크기인 4바이트를 제외한 나머지 크기입니다.

있는 메모리는 요청자에게 반환되면 안 됩니다. 일단 이 정보가 손상되면 메모리 할당자가 정상적으로 작동할 수 없습니다.

▼ **그림 3-46** 머리 정보 뒤 메모리 주소를 반환하고 할당된 것으로 표시한다

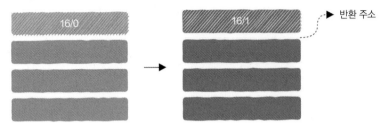

이렇게 한 번의 메모리 할당이 완료됩니다.

그러나 앞서 이야기한 것처럼 이상적인 경우는 많지 않으며, 12바이트 메모리를 요청했을 때 찾아낸 여유 메모리 조각의 크기가 12바이트보다 큰 경우가 대부분일 것입니다. 찾아낸 조각 크기가 그림 3-47과 같이 32바이트라면 어떨까요? 이 32바이트의 여유 메모리 조각을 전부 할당해야 할까요?

▼ **그림 3-47** 사용 가능한 메모리 조각의 전부를 할당해야 할까?

12바이트 할당 요청

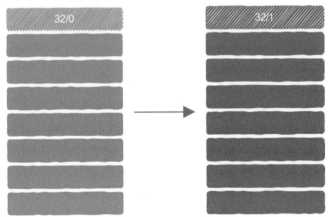

이 방법이 가장 빠르지만, 그림 3-48과 같이 메모리가 낭비되고 내부 단편화(fragmentation)가 발생하게 되어 해당 메모리 조각의 남은 부분은 사용할 방법이 없습니다.

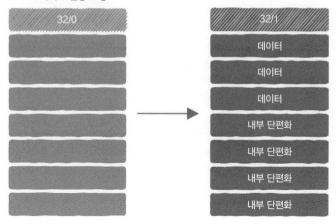

이 문제를 해결하는 확실하면서도 자주 사용되는 방법은 그림 3–49와 같습니다. 여유 메모리 조각을 두 개로 분할하여 앞부분은 할당한 후 반환하고, 뒷부분은 좀 더 작은 크기의 새로운 여유 메모리 조각으로 만드는 것입니다.

▼ **그림 3-49** 남은 공간은 더 작은 여유 메모리 조각이 된다

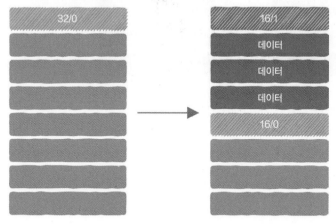

여유 메모리 조각의 크기를 32바이트에서 16바이트로 변경해야 하는데, 이 중에서 머리 정보의 4바이트를 제외한 나머지 12바이트가 할당됩니다. 설정값을 1로 하여 해당 조각이 할당 상태임을 표시합니다. 이렇게 16바이트를 할당하고 나면 16바이트가 남으므로 이 중에서 4바이트를 머리 정보로 설정하고 여유 메모리 조각으로 표시해야 합니다.

이렇게 메모리 할당 부분의 설계가 완료되었습니다.

3.4.8 메모리 해제하기

이렇게 우리가 만든 malloc은 메모리 할당 요청을 처리하는 능력을 갖추게 되었습니다. 이제 마지막으로 남은 것은 단 하나 메모리를 해제하는 것뿐입니다.

단순히 메모리를 해제하는 것은 비교적 간단합니다. 사용자가 메모리를 요청할 때 얻은 주소를 ADDR이라고 가정하면, 이 메모리를 해제할 때도 free 같은 해제 함수에 이 주소를 전달하기만 하면 됩니다. 즉, free(ADDR)처럼 호출하면 free 함수가 매개변수인 ADDR로 전달된 주소에서 머리 정보 크기인 4바이트를 빼는 것으로 해당 메모리 조각의 머리 정보를 얻을 수 있습니다. 마지막으로 그림 3-50과 같이 머리 정보에서 할당 설정값을 여유 메모리로 바꾸면 해제가 완료됩니다. 이것이 메모리를 해제하기 위해 free 함수를 호출할 때 해제할 메모리 조각 크기를 전달할 필요 없이 주소만 전달하는 이유입니다.

▼ **그림 3-50** 메모리 해제

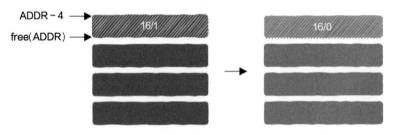

이와 동시에 메모리를 해제할 때 중요한 것이 하나 있습니다. 해제되는 메모리 조각과 인접한 메모리 조각이 여유 메모리 조각일 때, 메모리 조각을 해제한 후 단순하게 해제 여부만 기록하면 그림 3-51과 같은 상황이 발생할 수 있습니다.

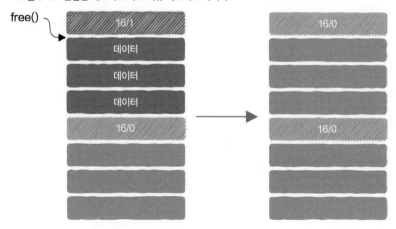

그림 3-51을 보면, 해제할 메모리 조각에 인접한 아래쪽 메모리 조각도 비어 있습니다. 이 16바이트 메모리 조각을 단순하게 생각하여 여유 상태로 표시한다면 어떻게 될까요? 다음에 20바이트 요청이 있을 때, 그림 3-51에서 볼 수 있는 두 메모리 조각의 합계가 20바이트를 훌쩍 넘음에도 메모리 두 조각 중 어느 것도 이 요구 사항을 만족시키지 못합니다.

따라서 그림 3-52와 같이 인접한 메모리 조각이 비어 있을 때는 더 큰 메모리 조각으로 서로 병합하는 것이 더 나은 접근 방식입니다.

▼ 그림 3-52 여유 메모리 조각 병합

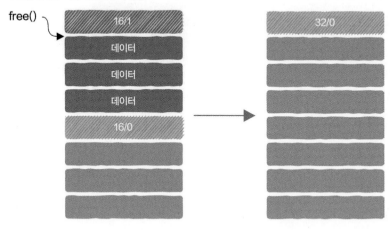

여기에서 우리는 새로운 선택에 직면합니다. 메모리를 해제할 때 인접한 여유 메모리 조각을 즉시 병합해야 할까요? 아니면 다음 할당 때 요구 사항을 충족하는 여유 블록을 찾을 수 없을 때까지 병합을 연기해야 할까요?

메모리가 해제될 때 즉시 병합하는 것은 비교적 간단합니다. 하지만 메모리가 해제될 때마다 메모리 조각 병합을 한다면 그에 따른 부담이 발생합니다. 응용 프로그램이 그림 3-53과 같이 크기가 같은 메모리 조각을 계속 할당과 해제를 반복한다면 어떻게 해야 할까요?

▼ **그림 3-53** 반복되는 메모리 해제 요청

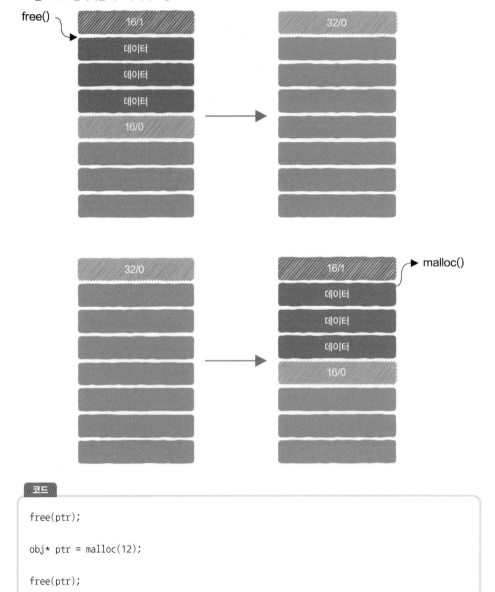

코드

```
free(ptr);

obj* ptr = malloc(12);

free(ptr);

obj* ptr = malloc(12);
...
```

이런 메모리 사용 패턴은 여유 메모리 조각을 즉시 병합하는 전략과 상극이기 때문에 메모리 할당자가 불필요한 작업을 많이 수행하지만, 가장 간단해서 여전히 이 전략을 많이 선택하여 사용합니다. 하지만 실제 메모리 할당자는 거의 대부분 여유 메모리 조각 병합을 연기하는 일종의 전략을 세우고 있습니다.

3.4.9 여유 메모리 조각을 효율적으로 병합하기

여유 메모리 조각을 병합하는 이야기는 여기에서 마무리할까요? 그렇게 간단하지 않습니다.

그림 3-54에서 해제되는 메모리 조각은 그 앞과 뒤가 모두 비어 있습니다. 현재 위치에서 16바이트만 아래로 이동하면 바로 다음 메모리 조각이므로 이 메모리 조각이 비어 있다는 것은 쉽게 알 수 있습니다. 그렇다면 앞에 위치한 메모리 조각이 비어 있는지 여부를 효율적으로 알 수 있는 방법은 없을까요?

▼ **그림 3-54** 순방향 추적 방식

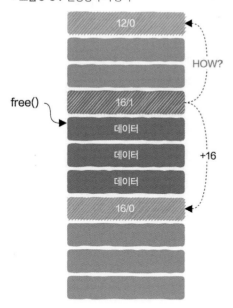

3.4.6절에서 언급했던 도널드 커누스는 이를 해결하기 위해 매우 효과적인 설계를 제안했습니다. 우리가 앞으로 넘어가지 못하는 이유는 이전 메모리 조각에 대한 정보를 모르기 때문인데, 어떻게 해야 빠르게 이전 메모리 조각 정보를 얻을 수 있을까요?

메모리 조각은 이미 머리 정보를 가지고 있는데, 마찬가지 방식으로 메모리 조각 끝에 다시 꼬리 정보(footer)를 추가할 수 있습니다. 꼬리 정보라는 단어는 매우 직관적이며, 그림 3-55와 같이 머리 정보와 꼬리 정보의 내용은 같을 수 있습니다.

▼ **그림 3-55** 메모리 조각 끝에 꼬리 정보 추가

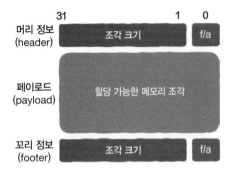

이전 조각의 꼬리 정보는 그다음에 위치한 조각의 머리 정보와 인접해 있어 현재 조각의 머리 정보에서 4바이트를 빼면 이전 조각의 꼬리 정보를 획득할 수 있습니다. 따라서 메모리를 해제할 때 인접한 여유 조각을 빠르게 병합할 수 있습니다.

그림 3-56에서 볼 수 있듯이, 머리 정보와 꼬리 정보는 메모리 조각을 일종의 암시적 양방향 연결 리스트(doubly linked list)로 만듭니다.

▼ **그림 3-56** 머리 정보와 꼬리 정보는 메모리 조각을 일종의 암시적 양방향 연결 리스트로 만든다

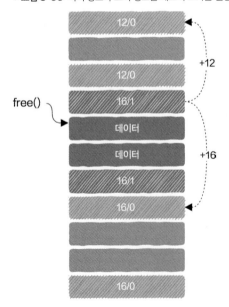

이렇게 메모리 할당자 설계가 완료되었습니다. 필자가 한 설명이 여러분에게 메모리 할당자는 매우 단순하다는 잘못된 인상을 주지 않기를 바랍니다. 이 구현에는 최적화할 곳이 산더미처럼 남아 있으며, 스레드 안전 문제도 고려되어 있지 않습니다. 실제 메모리 할당자는 매우 복잡합니다. 물론 가장 기본적인 원리는 여기에서 설명한 것과 같습니다.

이렇게 메모리 할당자를 이해했습니다. 그렇다면 메모리 할당의 모든 비밀은 풀렸을까요?

절대 그렇지 않습니다! 최신 컴퓨터 시스템은 메모리 할당 작업을 약간 복잡하게 바꾸지만 매우 흥미롭습니다. 이어서 저수준 계층 관점에서 메모리에 할당할 때 어떤 일이 일어나는지 살펴보겠습니다.

3.5 / 메모리를 할당할 때 저수준 계층에서 일어나는 일
SECTION

프로그래머에게 메모리 할당과 해제는 공기처럼 자연스러운 일이라 거의 인식하지 못하지만, 이보다 중요한 일도 없습니다. 숨을 쉬듯이 메모리를 많이 요청해 왔는데, 메모리를 요청하면 저수준 계층에서 어떤 일이 일어나는지 알고 있나요? 누군가는 3.4절에서 메모리 할당자의 구현 원리를 이미 설명하지 않았느냐고 반문할 수도 있습니다.

메모리 할당의 전체 과정이 TV 시리즈에 해당한다면, 3.4절은 그중 첫 회에 불과합니다. 이 절에서는 전체 시리즈를 이야기할 것입니다.

모두 이야기를 듣는 것을 좋아하니 신화부터 시작해 보겠습니다.

3.5.1 천지인과 CPU 실행 상태

동양 철학의 근간을 이루는 하늘(天), 땅(地), 인간(人) 세 가지 요소를 가리켜 천지인(天地人) 또는 삼재(三才)라고 합니다. 하늘은 신이 사는 곳으로 일반인은 갈 수 없습니다. 인간은 우리가 지금 살고 있는 세계를 의미하고, 땅은 염라대왕(閻羅大王)이 지배하는 곳입니다. 손오공은 이 세 가지 세계 위에 존재하는 무소불위(無所不爲)의 자로, 모든 곳을 자유롭게 출입할 수 있습니다. 그렇다면 이것이 도대체 컴퓨터와 무슨 관계가 있을까요?

코드 역시 여러 가지 등급으로 나뉘며, 그림 3-57과 같이 프로그램이 실행되는 배경에 천지인에 해당하는 몇 가지 단계가 존재한다고 볼 수 있기 때문입니다.

▼ **그림 3-57** 프로그램 종류별로 존재하는 등급

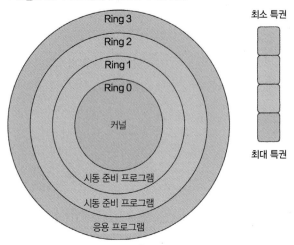

x86 CPU는 '네 가지 특권 단계(privilege level)'[9]를 제공합니다. 0, 1, 2, 3이라는 숫자는 실제로 CPU의 여러 가지 동작 상태를 나타내며, 숫자가 작을수록 CPU의 특권(privilege)은 커집니다. 여기에서 특권은 일부 명령어를 실행할 수 있는지를 나타내며, 일부 기계 명령어는 CPU가 가장 높은 특권 상태일 때만 실행 가능합니다. 예를 들어 특권 0단계[10]일 때 특권이 가장 커지며, 모든 기계 명령어를 실행할 수 있습니다.

일반적으로 시스템은 CPU의 특권 단계 중 0과 3 두 단계만 사용합니다. 이 중 특권 3단계는 '사용자 상태(user mode)'라고 하며, 특권 0단계는 '커널 상태(kernel mode)'라고 합니다. 지금부터 커널 상태와 사용자 상태가 무엇인지 살펴봅시다.

3.5.2 커널 상태와 사용자 상태

CPU가 운영 체제의 코드를 실행할 때 바로 커널 상태에 놓입니다. 커널 상태에서는 CPU가 모든 기계 명령어를 실행할 수 있고, 모든 주소 공간에 접근할 수 있으며, 제한 없이 하드웨어에 접근할 수 있습니다. 커널 상태는 그림 3-58과 같이 천지인 중 '하늘'에 해당하며 이 안의 코드, 즉 운영 체제는 무엇이든 할 수 있습니다.

---

9 역주 일반적으로 그림 3-57과 같이 동심원 모양으로 표현되기 때문에 보호 링(protection ring)이라고도 합니다.
10 역주 특권 0단계를 흔히 링 0(Ring 0)에 속한다고 표현합니다.

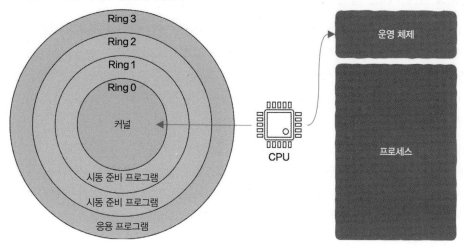

▼ **그림 3-58** 운영 체제는 커널 상태에 놓인다

반면에 프로그래머가 작성한 '일반적인' 코드를 CPU가 실행할 때는 사용자 상태에 해당합니다. 세세한 것을 고려하지 않고 대충 구분한다면 운영 체제 이외의 코드는 모두 우리가 작성하는 'helloworld' 프로그램과 같은 상태로 실행됩니다.

사용자 상태는 천지인 중 '인간'에 비유할 수 있습니다. 사용자 상태 코드는 여러 곳에서 제한을 받는데, 특히 특정 주소 공간에는 절대 접근할 수 없습니다. 이런 제한이 없다면 인간이 운영 체제라는 신을 직접 '죽이는(kill)' 모순에 빠지며, 이것이 바로 유명한 세그먼테이션 오류(segmentation fault)입니다. 또 CPU는 사용자 상태일 때는 특권 명령어를 실행할 수 없다는 제한도 있습니다. 일반적인 응용 프로그램은 그림 3-59와 같이 사용자 상태에 놓입니다.

▼ **그림 3-59** 일반적인 응용 프로그램은 사용자 상태에 놓인다

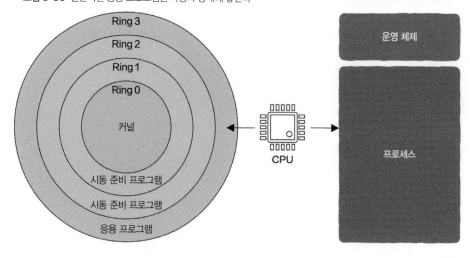

3.5.3 포털: 시스템 호출

손오공의 능력은 타의 추종을 불허하기에 옥황상제를 만나러 인간계에서 하늘까지 달려갈 수 있지만, 프로그래머에게는 이런 능력이 없습니다. CPU는 커널 상태에서는 응용 프로그램을 실행할 수 없는 반면, 사용자 상태에서는 운영 체제의 코드를 실행할 수 없습니다. 그렇다면 응용 프로그램이 파일 읽기나 쓰기, 네트워크 데이터의 송수신 등 운영 체제의 서비스를 요청해야 한다면 어떻게 해야 할까요?

원래 운영 체제는 일반적인 프로그래머를 위해 특정한 '비밀 코드'를 남겨 두었습니다. 프로그래머는 이런 비밀 코드를 통해 운영 체제에 서비스를 요청할 수 있는데, 이 작동 방식을 시스템 호출(system call)이라고 합니다. 이 시스템 호출을 이용하여 운영 체제가 파일의 읽기와 쓰기, 네트워크 데이터 통신 같은 작업을 응용 프로그램 대신 처리해 줍니다. 4.9절에서 이런 시스템 호출의 구현 원리를 살펴볼 수 있습니다.

시스템 호출은 x86의 INT[11] 명령어처럼 특정한 기계 명령어로 구현됩니다. 이 명령어를 실행할 때 CPU는 사용자 상태에서 커널 상태로 전환되어 운영 체제의 코드를 실행하는 방법으로 사용자 요청을 수행합니다.

이런 관점에서 보면, 프로세스는 네트워크 통신에서 클라이언트(client)에 비할 수 있고, 운영 체제는 서버(server)에 비할 수 있습니다. 그리고 시스템 호출은 그림 3-60과 같이 네트워크 요청에 해당합니다.

▼ **그림 3-60** 사용자 상태에서 시작되어 커널 상태에서 처리되는 시스템 호출

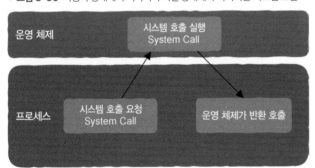

파일을 읽고 쓸 때나 네트워크 통신을 할 때 시스템 호출을 사용한 적이 없었다고 생각하는 사람들도 있을 것입니다.

---

11 **역주** 인터럽트(interrupt)를 발생시키는 기계 명령어이며, 어셈블리어에서는 INT 21H 같은 형태로 호출됩니다.

원래 이런 시스템 호출은 모두 별도의 장소에 담겨 있어 보통은 프로그래머가 직접 시스템 호출을 할 필요가 없습니다. 그렇다면 왜 이렇게 별도로 담아 두었을까요?

3.5.4 표준 라이브러리: 시스템의 차이를 감춘다

원래 시스템 호출은 모두 운영 체제와 매우 밀접한 관련이 있으며, 리눅스의 시스템 호출은 윈도의 시스템 호출과 완전히 다릅니다.

여러분이 시스템 호출을 직접 사용하면 리눅스의 프로그램은 윈도에서 직접 실행할 수 없게 됩니다.[12] 따라서 우리는 사용자에게서 저수준 계층 간 차이를 감추는 일종의 표준이 필요합니다. 이것으로 프로그래머가 작성한 프로그램을 추가적인 수정 없이 서로 다른 운영 체제에서 실행할 수 있습니다.

C 언어에서 이 일을 하는 것이 바로 표준 라이브러리(standard library)입니다.

표준 라이브러리의 코드는 사용자 상태에서도 실행됩니다. 일반적으로 프로그래머는 표준 라이브러리를 호출하여 파일의 읽고 쓰기 작업과 네트워크 통신을 수행하며, 표준 라이브러리는 실행 중인 운영 체제에 따라 대응되는 시스템 호출을 선택합니다.

계층적인 관점에서 보면, 전체 시스템 모습은 그림 3-61과 같이 햄버거 형태를 이루고 있습니다.

▼ **그림 3-61** 계층 구조

고수준 계층에는 응용 프로그램이 자리하고 있는데, 응용 프로그램은 일반적으로 표준 라이브러리만 의사소통 대상으로 간주합니다.[13] 표준 라이브러리는 시스템 호출로 운영 체제와 소통하며, 운영 체제는 저수준 하드웨어를 관리합니다.

---

12 **역주** 당연한 소리를 왜 하느냐고 생각할 수 있지만, 여기에서는 시스템 호출 방식이 다르기에 같은 소스 코드를 그대로 가져다 컴파일해서 실행할 수 없다는 의미입니다.

13 **역주** 우회하는 것도 물론 가능합니다.

이것이 C 언어에서 동일한 open 함수를 사용하여 리눅스뿐만 아니라 윈도에서도 파일을 열 수 있는 이유입니다.

긴 이야기였습니다. 그렇다면 이것이 메모리 할당과 어떤 관계가 있을까요?

3.4절에서 설명했던 malloc 같은 메모리 할당자는 사실 운영 체제의 일부분이 아니라 표준 라이브러리의 일부로 구현되어 있습니다. malloc 역시 그림 3-62와 같이 표준 라이브러리의 일부입니다.

▼ **그림 3-62** malloc은 표준 라이브러리 계층에 속한다

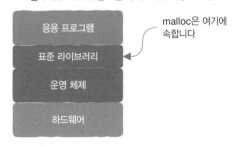

C 언어에서 기본적으로 사용되는 malloc은 여러 종류의 메모리 할당자 중 하나에 불과하며, 이 외에도 tcmalloc, jemalloc 등 다양한 유형의 메모리 할당자가 있다는 것을 기억합니다. 이런 메모리 할당자는 각자 적합한 활용 방식이 있으므로, 특정 상황에 가장 적합한 메모리 할당자를 선택하는 것이 매우 중요합니다.

이제 무대 준비를 마쳤으니, 메모리 할당이라는 이 TV 시리즈의 제2화를 시작해 보겠습니다.

3.5.5 힙 영역의 메모리가 부족할 때

3.4절에서 malloc 메모리 할당자의 구현 원리를 설명했지만, 당시 일부러 무시했던 문제가 하나 있습니다. 메모리 할당자 안의 여유 메모리 조각이 부족해지면 어떻게 해야 할까요?

그림 3-63에서 프로그램이 메모리 내에 어떤 형태로 존재하는지 다시 한 번 살펴봅시다.

힙 영역과 스택 영역 사이에는 여유 공간이 있습니다. 스택 영역이 함수 호출 단계가 깊어질수록 아래쪽[14]으로 메모리 점유 공간이 늘어나는 것처럼, 힙 영역의 메모리가 부족하면 그림 3-64와 같이 위쪽으로 더 많은 메모리를 점유하게 됩니다.

▼ 그림 3-64 힙 영역이 더 많은 공간을 차지한다

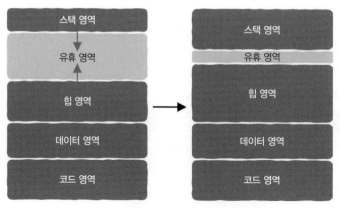

힙 영역이 늘어나면 점유하는 메모리가 더 많아지므로 여유 메모리 조각이 부족한 문제가 해결됩니다. 하지만 어떻게 해야 힙 영역을 더 늘릴 수 있을까요?

원래 malloc은 메모리가 부족해지면 운영 체제에 메모리를 요청해야 합니다. 이때 운영 체제가 진정한 큰 형님이고, malloc은 그저 작은 동생에 불과합니다. 리눅스의 모든 프로세스에는 그림 3-65와 같이 brk 변수가 있습니다. brk 변수는 브레이크(break)를 의미하며 힙 영역의 최상단을 가리킵니다.

---

14 역주 이미 몇 번 언급한 것처럼 메모리의 점유 공간 방향은 높은 주소가 위쪽, 낮은 주소가 아래쪽입니다.

▼ 그림 3-65 brk 변수는 힙 영역의 최상단을 가리킨다

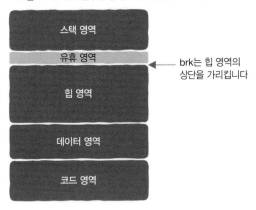

brk는 힙 영역의
상단을 가리킵니다

brk 변수 값을 위로 이동해서 힙 영역을 확장하려면 시스템 호출이 필요합니다.

3.5.6 운영 체제에 메모리 요청하기: brk

리눅스에서는 brk라는 전용 시스템 호출을 제공하는데, 앞서 언급했던 힙 영역의 상단 주소를
그림 3-66과 같이 brk 시스템 호출을 이용하여 조절하는 방식으로 힙 영역 크기를 늘리거나 줄
일 수 있습니다.

▼ 그림 3-66 힙 영역을 늘리려고 brk 조정

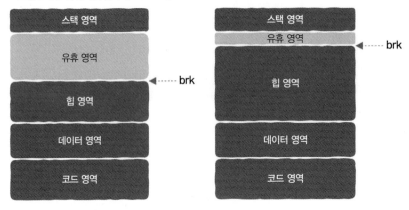

사실 brk 시스템 호출 외에 mmap 등 시스템 호출도 같은 목적으로 사용할 수 있는데, mmap이 좀 더 구조가 유연합니다. 하지만 여기에서 중요한 것은 어떤 함수가 존재하느냐가 아닙니다. 여기에서 중요한 점은 이런 시스템 호출이 있으므로 힙 영역이 부족하면 즉시 운영 체제에 힙 영역을 늘릴 것을 요청할 수 있고, 이것으로 더 많은 여유 메모리를 확보할 수 있다는 것입니다.

이제 메모리 할당이 더 이상 사용자 상태의 힙 영역에만 국한되지 않기에 메모리 할당 단계가 다음과 같이 달라질 수 있습니다.

1. 프로그램은 malloc을 호출하여 메모리 할당을 요청합니다. malloc은 표준 라이브러리에 구현되어 있 다는 것을 잊지 마세요.
2. malloc은 여유 메모리 조각을 검색하기 시작하고, 적절한 크기의 조각을 찾으면 이를 할당합니다. 이 단계까지는 사용자 상태에서 처리됩니다.
3. malloc이 여유 메모리 조각을 찾지 못하면 brk 시스템 호출 등을 통해 운영 체제에 힙 영역을 늘려 주 라고 요청합니다. brk는 운영 체제의 일부분이므로 커널 상태에 놓여 있다는 것을 잊으면 안 됩니다. 힙 영역이 늘어나면 malloc이 다시 한 번 적절한 여유 메모리 조각을 찾아서 할당할 수 있습니다.

그림 3-67에서 볼 수 있듯이, 메모리 할당 한 번에도 운영 체제의 도움이 필요할 수 있습니다.

▼ **그림 3-67** 메모리 할당 한 번에도 운영 체제의 도움이 필요할 수 있다

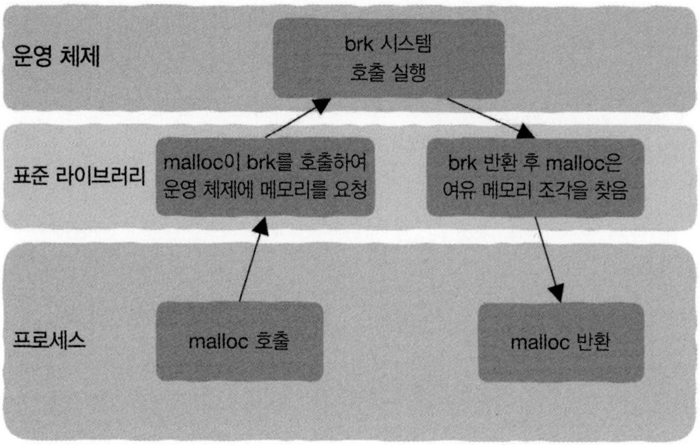

과연 이야기는 여기에서 끝이 날까요?

3.5.7 빙산의 아래: 가상 메모리가 최종 보스다

여태까지 우리가 알고 있었던 것은 겨우 빙산의 일각에 불과합니다.

우리가 지금 알고 있는 빙산의 모습은 이렇습니다. 우리는 malloc에 메모리를 요청하고, malloc은 메모리가 부족할 때 운영 체제에 힙 영역의 확장을 요청하며, 이후 malloc이 다시 여유 메모리 조각을 찾아 사용자에게 반환합니다.

그러나 가상 메모리를 지원하는 시스템에서는 이런 과정이 전혀 일어나지 않으며, 실제 물리 메모리라는 것이 조금이라도 존재한다고 생각한다면 그것은 환상에 불과합니다.

우리는 확실히 malloc을 이용하여 힙 영역에서 메모리를 요청하고, malloc 역시 확실히 운영 체제의 도움을 받아 힙 영역을 확장하지만, 이 힙 영역을 포함한 전체 프로세스 주소 공간은 모두 실제 물리 메모리가 아닙니다.

3.2절에서 이미 언급했듯이, 프로세스 입장에서 사용하는 메모리는 모두 가상이며 운영 체제가 프로세스에 보여 주는 환상이라고 이야기했습니다. 그리고 이런 환상은 우리가 수시로 듣고 있는 가상 메모리 시스템으로 유지됩니다. 우리가 자주 이야기하고 있는 그림 3-63의 내용은 사실 논리적인 것에 불과하며, 실제 물리 메모리 안에는 애초에 이런 구조가 존재하지 않습니다.

malloc의 호출이 반환되면 프로그래머가 받아 오는 메모리는 가상 메모리입니다. 우리가 malloc으로 요청한 메모리는 사실 공수표(空手票)에 불과하며, 이 시점에서는 실제 물리 메모리가 전혀 할당되지 않은 상태일 수 있습니다.

그렇다면 실제 물리 메모리는 언제 할당될까요?

바로 실제로 할당한 메모리가 사용되는 순간에 물리 메모리를 할당하게 됩니다. 이때 가상 메모리가 아직 실제 물리 메모리와 연결되어 있지 않으면 내부적으로 페이지 누락 오류(page fault)가 발생할 수 있습니다.[15] 운영 체제가 이 오류를 감지하면 페이지 테이블을 수정하여 가상 메모리와 실제 물리 메모리의 사상 관계를 설정하며, 이것으로 실제 물리 메모리가 할당됩니다. 이 과정이 완료되면 프로그램에서 할당받은 메모리를 사용할 수 있으며, 프로그래머 입장에서는 마치 메모리가 할당되어 있었던 것처럼 보입니다.

이와 같이 malloc은 메모리의 2차 할당에 불과하며, 할당받는 것도 그나마 가상 메모리에 불과합니다. 그리고 이 과정은 모두 사용자 상태에서 처리됩니다. 이어서 프로그램이 할당된 가상 메모리를 사용할 때 이 메모리는 반드시 실제 물리 메모리와 사상 관계에 있어야 하며, 이 시점이 되어야 커널 상태에서 실제 물리 메모리가 할당됩니다. 또 운영 체제만 실제 물리 메모리를

---

15 **역주** 실제로 프로그램에서 해당 오류가 발생한다는 의미가 아님에 유의하세요.

할당할 수 있습니다. 물론 운영 체제에서 메모리를 관리하는 것은 또 다른 이야기이며, 구체적인 내용은 관련 자료를 찾아보기 바랍니다.

3.5.8 메모리 할당의 전체 이야기

이제 드디어 메모리 할당을 전체적으로 이야기할 수 있게 되었습니다. 우리가 malloc을 호출하여 메모리를 요청하면 다음 일이 일어납니다.

1. malloc이 여유 메모리 조각을 검색하기 시작하고 적절한 크기의 조각을 찾으면 이를 할당합니다.
2. malloc이 적절한 여유 메모리를 찾지 못하면 brk 같은 시스템 호출을 통해 힙 영역을 확장하여 더 많은 여유 메모리를 얻습니다.
3. malloc이 brk를 호출하면 커널 상태로 전환되는데, 이때 운영 체제의 가상 메모리 시스템이 힙 영역을 확장하는 작업을 시작합니다. 주의할 점은 이렇게 확장된 메모리 영역은 가상 메모리에 불과하며, 운영 체제는 아직 실제 물리 메모리를 할당하지 않았을 수 있다는 것입니다.
4. brk 실행이 종료되면 malloc으로 제어권이 돌아가며 CPU도 커널 상태에서 사용자 상태로 전환됩니다. malloc은 이제 적절한 여유 메모리 조각을 찾아 반환합니다.
5. 우리 프로그램은 메모리를 성공적으로 요청했기 때문에 계속 다음 단계를 실행합니다.
6. 코드가 새로 요청된 메모리를 읽거나 쓰면 그림 3-68과 같이 시스템 내에서 페이지 누락 인터럽트(page fault interrupt)가 발생합니다. 이때 CPU는 다시 사용자 상태에서 커널 상태로 전환되며, 운영 체제가 실제 물리 메모리를 할당하기 시작합니다. 페이지 테이블 내 가상 메모리와 실제 물리 메모리의 사상 관계가 설정된 후, CPU는 다시 커널 상태에서 사용자 상태로 돌아가고 다음 처리로 넘어갑니다.

▼ **그림 3-68** 페이지 누락 인터럽트 처리

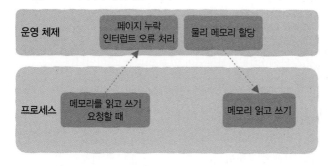

이것이 메모리를 요청하고 사용하는 전체적인 과정이며, 이 전체적인 과정이 매우 복잡하다는 것을 알 수 있습니다.

이제 힙 영역의 전체 비밀을 진짜로 모두 이야기했습니다.

어떤가요? 겉으로 보기에 메모리 할당은 매우 간단하지만, 간단한 것은 이를 실행하는 코드가 한 줄뿐이라는 것입니다. 하지만 이 한 줄의 코드 뒤에서는 매우 많은 일이 벌어지고 있으며, malloc을 통해 빈번하게 메모리를 할당하고 해제하는 것은 의심할 여지없이 시스템 성능에 일정 수준 영향을 미칩니다. 특히 비교적 높은 성능이 필요한 시스템에서는 그 차이가 더 벌어집니다.

이제 자연스럽게 이런 질문이 떠오를 것입니다. malloc을 사용하지 않을 방법은 없을까요? 물론 가능합니다. 메모리 풀(memory pool) 기술이 해답이 되어 줄 것입니다.

3.6 / 고성능 서버의 메모리 풀은 어떻게 구현될까?

SECTION

여러분 모두는 일상생활에서 이런 경험을 분명히 겪어 보았을 것입니다. 범용(汎用) 제품은 비교적 저렴한 경우가 많고, 저렴한 범용 제품은 평범하다는 단어 하나로 정리되기도 합니다. 반면에 한정(限定) 제품은 일반적으로 가격 범위가 꽤 높으며 소유하기가 쉽지 않기에 독특하다는 단어 하나로 정리할 수 있습니다.

메모리 할당 기술로 넘어와 볼까요? 여기에도 범용 제품과 한정 제품이 존재합니다.

프로그래머가 메모리를 요청할 때 사용하는 malloc은 사실 범용 제품으로서 어떤 상황에서도 사용할 수 있습니다. 다시 말해 특정 상황에 맞게 최적화되어 있지 않다는 의미입니다.

3.5절에서 malloc으로 메모리를 한 번 요청하는 것은 사실 매우 복잡하고, 때로는 운영 체제와 연관이 있으며, 프로그램에서 빈번한 메모리 할당과 해제 요청이 일어나면 시스템 성능에 영향을 미친다는 것을 알 수 있었습니다. 하지만 다행히도 범용적인 malloc을 사용하는 대신 특정 상황을 위해 자체적으로 메모리 할당 전략을 구현할 수 있으며, 이것이 바로 메모리 풀 기술입니다.

그렇다면 메모리 풀 기술과 malloc 같은 범용 메모리 할당자 사이에는 어떤 차이점이 있을까요?

3.6.1 메모리 풀 대 범용 메모리 할당자

첫 번째 차이는 그림 3-69에서 볼 수 있습니다. 우리가 흔히 malloc이라고 부르는 것은 사실 표준 라이브러리의 일부로, 표준 라이브러리 계층에 속하지만 메모리 풀은 응용 프로그램의 일부라는 것입니다.

▼ 그림 3-69 메모리 풀은 응용 프로그램의 일부다

두 번째 차이는 사용 대상에 있습니다. 범용 메모리 할당자의 설계 구현은 때때로 비교적 복잡하지만, 메모리 풀 기술은 그렇지 않습니다. 메모리 풀 기술은 특정 상황에서만 적용 가능하고, 특정 상황에서만 메모리 할당 성능을 최적화하기에 범용성이 매우 떨어집니다. 특정 상황에서만 높은 성능을 발휘하는 메모리 풀은 기본적으로 다른 상황에서는 높은 성능을 발휘하지 못하므로 애초에 다른 상황에서 사용이 불가능합니다. 이것이 바로 그림 3-70에서 볼 수 있는 메모리 풀 기술의 사용 대상입니다.

▼ 그림 3-70 메모리 풀 기술은 보편적이지 않다

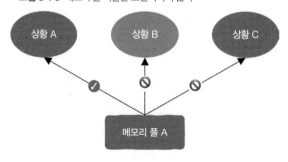

그렇다면 메모리 풀 기술은 어떻게 성능을 최적화할까요?

3.6.2 메모리 풀 기술의 원리

간단히 말해 메모리 풀 기술은 그림 3-71과 같이 한 번에 큰 메모리 조각을 요청하고 그 위에서 자체적으로 메모리 할당과 해제를 관리하는 방식으로 표준 라이브러리와 운영 체제를 우회합니다.

▼ **그림 3-71** 표준 라이브러리와 운영 체제를 거치지 않고 메모리 할당

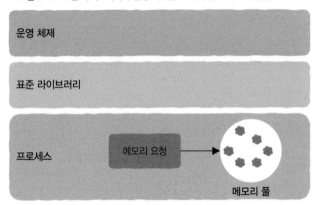

또 특정 사용 패턴에 따라 추가 최적화도 가능합니다. 예를 들어 서버에서 사용자 요청을 처리할 때마다 여러 종류의 객체를 생성해야 한다면 자체 메모리 풀에 미리 이런 객체를 생성해 두는 것이 가능합니다. 비즈니스 설계에 따라 메모리 풀에서 이미 생성한 객체를 요청하고 사용이 끝나면 메모리 풀에 반환할 수 있습니다.

특정 상황에 맞추어서 구현된 메모리 풀은 범용 메모리 할당자에 비해 매우 큰 이점이 있을 수 있습니다. 이는 프로그래머가 해당 상황에 사용되는 메모리의 사용 패턴을 이해하고 있는 반면에, 범용 메모리 할당자는 이를 전혀 고려하지 않기 때문입니다.

이어서 매우 간단한 메모리 풀을 구현해 보겠습니다.

3.6.3 초간단 메모리 풀 구현하기

메모리 풀 기법을 구현하는 방법은 매우 다양하지만, 여기에서는 서버 프로그래밍을 예로 들어 보겠습니다.

여러분의 서버 프로그램이 매우 간단하여 사용자 요청을 처리할 때 단 한 종류의 객체, 즉 데이터 구조만 사용한다고 가정해 봅시다. 이때 그림 3-72와 같이 미리 커다란 영역을 할당하는데,

그 수량은 실제 상황에 따라 직접 결정할 수 있습니다. 실제 사용할 때마다 하나씩 꺼내며 사용이 끝나면 반환합니다.

▼ **그림 3-72** 초간단 메모리 풀

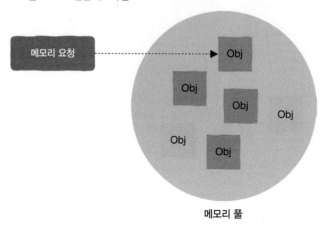

메모리 풀

이렇게 구현이 완료되었습니다. 매우 간단하죠? 이런 간단한 메모리 풀조차 실제 문제를 해결할 수 있습니다. 물론 특정 객체나 데이터 구조만 할당할 수 있다는 한계는 존재하지만요.

이어서 좀 더 복잡한 메모리 풀을 구현해 보겠습니다. 이번에는 크기가 서로 다른 메모리 요청을 지원하는 서버 프로그래밍 상황을 가정해 봅시다. 사용자 요청을 처리하는 동안에는 메모리 풀에서 메모리를 요청하는 것만 가능하고 해제는 처리하지 않습니다. 그리고 사용자 요청 처리가 모두 완료되는 시점에서 요청된 메모리를 한꺼번에 해제합니다. 이 방식으로 메모리의 할당과 해제에 따른 부담을 최소화할 수 있습니다.

여기에서 볼 수 있듯이, 메모리 풀의 설계는 특정 상황에만 적용할 수 있습니다. 초보적인 설계를 마쳤으니 이제는 세부 사항을 살펴볼 차례입니다.

3.6.4 약간 더 복잡한 메모리 풀 구현하기

여러 크기의 메모리를 할당하려면, 당연하게도 여유 메모리 조각을 관리할 필요가 있습니다. 따라서 그림 3-73과 같이 먼저 모든 메모리 조각을 연결 리스트로 연결하고 포인터를 사용하여 현재 여유 메모리 조각의 위치를 기록할 수 있습니다.

▼ **그림 3-73** 연결 리스트로 메모리 조각 관리

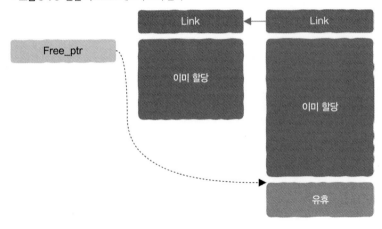

메모리가 부족하면 malloc에 새로운 메모리 조각을 요청해야 하는데, 이때 새로운 메모리 조각의 크기는 그림 3-74와 같이 항상 이전 메모리 조각의 두 배여야만 합니다. 이 전략은 C++ 언어의 vector 컨테이너 확장 전략과 유사하며, 이는 malloc에 메모리를 너무 빈번하게 요청하지 않기 위함입니다. 여기에서 메모리 풀은 사실 malloc이 반환한 메모리 위에 재할당되는 것을 알 수 있습니다.

▼ **그림 3-74** 새 메모리 조각은 이전 메모리 조각보다 두 배 더 크다

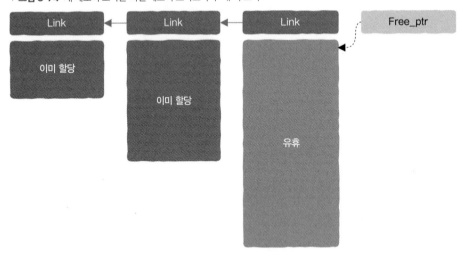

여기에는 메모리 풀의 여유 메모리 조각의 시작 위치를 가리키는 Free_ptr 포인터가 있어 빠르게 여유 메모리 조각을 찾을 수 있습니다. 10바이트 메모리를 요청할 때 메모리 풀의 여유 메모리 조각의 크기가 충분하다면, 이 포인터가 가리키는 주소를 직접 반환하고 포인터를 10바이트 뒤로 이동시키기만 하면 됩니다.

여기에서도 free처럼 메모리 조각을 해제하는 기능은 제공하지 않으며, 요청 처리가 완료되면 한 번에 전체 메모리 풀을 해제합니다. 이렇게 메모리 해제로 부담을 최대한 줄이는 것이 바로 범용 메모리 할당자와 다른 점입니다.

지금까지 우리가 구현한 메모리 풀은 단일 스레드 환경에서는 잘 동작합니다. 그렇다면 다중 스레드 환경에서는 어떻게 스레드 안전을 달성해야 할까요?

3.6.5 메모리 풀의 스레드 안전 문제

앞에 필자가 제시한 질문을 듣고는 메모리 풀에 직접 잠금 보호를 적용하면 되지 않느냐고 단순하게 생각할 수도 있습니다. 메모리 풀에 잠금 보호를 적용한다면 그림 3-75와 같은 형태가 될 것입니다.

▼ **그림 3-75** 메모리 풀 잠금 보호

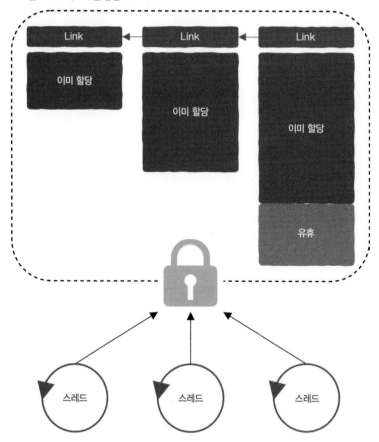

이 방법은 스레드 풀이 올바르게 작동하는 것을 보장합니다. 하지만 프로그램에서 대량의 스레드가 메모리 할당과 해제를 요청하면 이 방식은 잠금 경쟁이 매우 격렬해질 수 있습니다. 시스템 성능이 저하될 수 있기 때문에 더 나은 방법이 있어야만 합니다.

잠금을 추가하면 성능 문제가 따라올 수 있으므로, 각 스레드마다 메모리 풀을 유지하여 스레드 간 경쟁 문제를 근본적으로 해결하면 좋습니다.

각 스레드에 대한 메모리 풀은 어떻게 유지할 수 있을까요? 이때는 2장에서 언급한 스레드 전용 저장소(thread local storage)가 유용하게 쓰입니다. 그림 3-76과 같이 스레드 풀을 스레드 전용 저장소에 넣을 수 있으며, 이렇게 하면 각 스레드가 자신에게 속한 스레드 풀만 사용할 수 있습니다.

▼ **그림 3-76** 스레드 전용 저장소와 메모리 풀

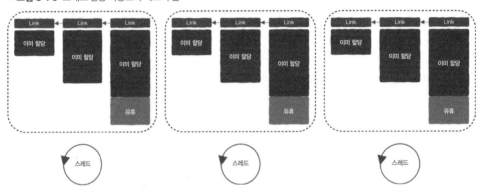

스레드 전용 저장소를 사용하면 매우 흥미로운 문제가 하나 발생합니다. 스레드 A가 메모리 조각을 요청했지만 그 수명 주기가 스레드 A 자체를 넘어서는 상황을 가정해 봅시다. 즉, 스레드 A의 실행이 완료된 후에도 다른 스레드에서 해당 메모리를 계속 사용한다면, 해당 메모리는 스레드 A에 속해 있음에도 스레드 B에서 이를 해제해야 합니다. 이를 어떻게 해결할 수 있을까요? 이 질문은 여러분 몫으로 남겨 두겠습니다.

메모리 풀은 고성능 서버에서 흔히 사용되는 최적화 기법이며, 여기에서는 그중 몇 가지를 소개했습니다. 메모리 풀 기술은 매우 유연하기 때문에 사용 상황에 따라 간단할 수도 복잡할 수도 있다는 것을 기억하기 바랍니다.

프로세스 주소 공간 내 스택 영역과 힙 영역 설명이 끝났습니다. 이 두 영역의 메모리는 모두 사용 규칙이 존재함을 알 수 있으며, 이런 규칙들을 확실하게 이해하지 못했을 때 프로그램에 메모리 관련 버그가 발생할 것은 불 보듯 뻔한 일입니다.

이어서 대표적인 메모리 관련 버그를 살펴보겠습니다.

3.7 / 대표적인 메모리 관련 버그

프로그래머에게 메모리 관련 버그를 해결하는 난이도는 다중 스레드 문제와 거의 어깨를 나란히 합니다. 프로그램이 실행될 때 이상이 발견되면 문제를 일으키는 코드는 이미 깊숙한 곳에 멀리 떨어져 있을 수 있으므로 문제 원인을 찾는 것이 매우 어렵습니다. 이 절에서는 대표적인 메모리 관련 버그들을 요약해 보겠습니다. 모든 예제는 C 언어를 사용하여 설명합니다. 여러분이 이 중에서 버그 몇 개를 알고 있는지와 여러분 프로그램에 버그가 몇 개 숨어 있는지 확인해 봅시다.

3.7.1 지역 변수의 포인터 반환하기

이 코드의 문제점이 보이나요?

코드

```c
int* func()
{
    int a = 2;

    return &a;
}

void main()
{
    int* p = func();

    *p = 20;
}
```

이 예제는 사실 3.4절에서 이미 설명했습니다. 문제는 지역 변수 a가 func 함수의 스택 프레임에 위치하며 func 함수의 실행이 끝나면 해당 스택 프레임도 없게 되므로, 그림 3-77과 같이 main 함수가 func 함수를 호출한 후 얻는 포인터는 이미 없는 변수를 가리키게 됩니다.

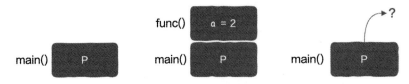

앞의 코드는 여전히 '정상' 작동할 수도 있지만 이는 단지 운이 좋았을 뿐입니다. 뒤에 계속해서 foo와 같은 다른 함수가 호출되면 포인터 p의 내용을 foo 함수의 스택 프레임이 덮어쓰거나, 포인터 p가 가리키는 값을 수정하면 실제로는 foo 함수의 스택 프레임이 파괴되는 결과가 발생합니다. 이 때문에 문제 해결이 매우 어려운 버그가 발생할 수 있습니다.

3.7.2 포인터 연산의 잘못된 이해

코드

```
int sum(int* arr, int len)
{
    int sum = 0;

    for (int i = 0; i < len; i++)
    {
        sum += *arr;
        arr += sizeof(int);
    }

    return sum;
}
```

이 코드는 원래 주어진 배열의 합을 계산하는 것이 목적이지만, 앞의 코드는 포인터 연산을 잘못 이해하고 있습니다.

포인터 연산에서 1을 더하는 것은 1바이트만큼 이동하는 것이 아니라 단위 한 개만큼 이동하는 것을 의미합니다. 단위 한 개는 포인터가 가리키는 데이터 형식의 크기에 해당합니다. 포인터가 가리키는 데이터 형식이 int 형일 때 포인터에 1을 더하는 것은 4바이트만큼 이동하는 것을 의미합니다. 포인터가 1024바이트 크기의 구조체를 가리킬 때 포인터에 1을 더하는 것은 1024바이트만큼 이동하는 것을 의미합니다.

따라서 포인터를 이동할 때 그림 3-78과 같이 포인터가 가리키는 데이터 형식의 크기는 전혀 신경 쓸 필요가 없으며, 앞의 코드에서 arr += sizeof(int); 부분을 arr++;으로 변경하면 됩니다.

▼ **그림 3-78** 포인터를 이동할 때 데이터 형식의 크기를 신경 쓸 필요가 없다

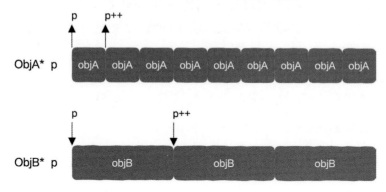

3.7.3 문제 있는 포인터 역참조하기

C 언어 초보자는 가끔 표준 입력으로 데이터를 입력받을 때 다음과 같이 코드를 작성하는 전형적인 실수를 범합니다.

코드

```
int a;

scanf("%d", a);
```

앞의 코드는 때때로 런타임 오류를 발생시키지 않기 때문에 많은 개발자가 이 코드에 어떤 문제가 있는지 알지 못합니다. 원래 scanf 함수는 a 값을 주소로 취급하기 때문에 표준 입력에서 가져온 데이터를 해당 주소에 씁니다.

이제 프로그램 결과는 a 값에 따라 달라집니다. 앞의 코드에서 지역 변수 a의 값이 고정되어 있지 않으므로 상황에 따라 다음과 같은 여러 가지 결과를 가져옵니다.

1. a 값이 코드 영역이나 기타 읽기 전용 영역을 가리키는 포인터 값으로 해석되면 운영 체제는 이 프로세스를 즉시 강제 종료(kill process)시킵니다. 이것은 제일 좋은 상황이며, 이 경우 문제를 찾는 것은 그리 어렵지 않습니다.

2. a 값이 스택 영역을 가리키는 포인터 값으로 해석되었다면 일단 진심으로 위로의 말씀을 전합니다. 다른 함수의 스택 프레임이 파괴되었기 때문에 프로그램이 이제 무슨 짓을 할지 알 수 없으며, 이런 버그는 원인을 찾기가 매우 어렵습니다.

3. a 값이 힙 영역 또는 데이터 영역을 가리키는 포인터로 해석되었다면 이번에도 다시 한 번 위로를 드립니다. 프로그램이 동적으로 할당한 메모리가 파괴되었기 때문에 이번에도 프로그램이 무슨 짓을 할지 알 수 없으며, 이 버그의 원인을 찾는 일은 매우 어렵습니다.

서로 다른 메모리 영역을 파괴하는 대가는 그림 3-79에서 확인할 수 있습니다.

▼ **그림 3-79** 다양한 메모리 영역을 파괴한 대가

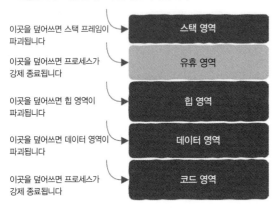

3.7.4 초기화되지 않은 메모리 읽기

다음 코드를 살펴봅시다.

```
코드

void add()
{
    int* a = (int*)malloc(sizeof(int));

    *a += 10;
}
```

앞의 코드는 힙 영역에서 동적으로 할당된 메모리가 항상 0으로 초기화된다고 잘못 가정하고 있는데, 실제로는 그렇지 않습니다.

malloc을 호출할 때 실제로 두 가지 가능성이 존재한다는 것을 알아야 합니다.

1. malloc이 자체적으로 충분한 메모리를 유지하고 있다면 malloc은 여유 메모리 조각에서 반환할 주소를 찾습니다. 이 메모리는 이미 사용되었을 수 있으며, 이 경우 해당 메모리는 이전에 사용한 정보가 남아 있을 수 있으므로 0이 아닐 수 있습니다.

2. malloc이 자체적으로 유지하고 있는 메모리가 충분하지 않다면 brk 같은 시스템 호출로 운영 체제에 메모리를 요청합니다. 메모리가 실제로 사용될 때 페이지 누락 인터럽트가 발생하며, 운영 체제가 실제 물리 메모리를 할당하기 때문에 이 경우 0으로 초기화될 수 있습니다.

이유는 매우 간단합니다. 운영 체제에서 반환한 메모리는 이전에 다른 프로세스에서 사용했을 수 있으며, 여기에는 비밀번호처럼 민감한 정보가 포함되어 있을 수 있습니다. 따라서 보안을 위해 다른 프로세스에서 정보를 읽지 못하도록 운영 체제가 메모리를 반환하기 전에 0으로 초기화합니다.

이제는 malloc이 반환한 메모리가 당연히 0으로 초기화되어 있다고 가정해서는 안 되며, 그림 3-80과 같이 직접 수동으로 메모리를 초기화해야 한다는 사실을 이해했을 것입니다.

▼ **그림 3-80** malloc이 반환한 메모리가 당연히 0으로 초기화되어 있다고 가정할 수 없다

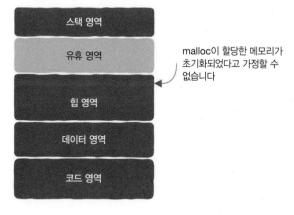

3.7.5 이미 해제된 메모리 참조하기

코드

```
void add()
{
    int* a = (int*)malloc(sizeof(int));
    ...
    free(a);

    int b = *a;
}
```

이 코드는 힙 영역에 메모리 조각을 요청하고 정수를 저장해서 다시 해제합니다. 하지만 이어지는 코드에서 다시 해제된 메모리 조각을 참조하는데, 이때 a가 가리키는 메모리에 어떤 값이 들어 있을지는 malloc 내부의 작업 상태에 따라 다릅니다.

1. 포인터 a가 가리키는 메모리 조각이 해제된 후 아직 malloc으로 다시 할당하지 않았다면 a가 가리키는 값은 이전과 동일합니다.
2. 포인터 a가 가리키는 메모리 조각이 이미 malloc으로 할당되었다면 a가 가리키는 메모리는 이미 덮어쓰기가 되었을 수 있으며, a를 역으로 참조하여 얻는 것은 이미 덮어쓰기가 된 데이터입니다. 이런 종류의 문제는 프로그램이 장시간 실행되고 나서야 발견될 수 있으며 종종 문제를 찾아내는 것도 매우 어렵습니다. 그림 3-81과 같이 이미 해제된 메모리 조각을 참조하면 다른 스레드가 해당 메모리를 수정하고 있을 수 있으므로 그 결과를 예측하는 것이 불가능합니다.

▼ **그림 3-81** 해제된 메모리 조각을 참조하면 예측할 수 없는 프로그램 작동으로 이어진다

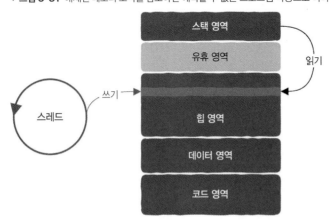

3.7.6 배열 첨자는 0부터 시작한다

```
void init(int n)
{
    int* arr = (int*)malloc(n * sizeof(int));

    for (int i = 0; i <= n; i++)
    {
        arr[i] = i;
    }
}
```

이 코드 의도는 배열을 초기화하는 것입니다. 하지만 앞의 코드는 배열 첨자가 0에서 시작한다는 사실을 잊었기 때문에 할당 연산을 n + 1번 실행하고, 그 결과 arr 배열 뒤 메모리를 i로 덮어씁니다.

이 코드의 실행 시 동작은 malloc의 작업 상태에 따라 달라집니다. malloc이 arr에 반환한 메모리 자체가 n * sizeof(int)보다 크다면 그 메모리를 덮어써도 문제가 발생하지 않을 수 있습니다. 하지만 덮어쓴 메모리에 malloc이 사용하는 메모리 할당 상태 정보[16]가 있다면 그림 3-82와 같이 malloc 동작을 파괴합니다.

▼ **그림 3-82** 배열 접근이 범위를 벗어나면 malloc 작업이 손상될 수 있다

3.7.7 스택 넘침

```
void buffer_overflow()
{
    char buf[32];
```

---

16 **역주** 앞서 우리가 구현했던 메모리 할당자의 머리 정보(header)와 꼬리 정보(footer)가 가지고 있는 정보와 유사합니다.

```
    gets(buf);

    return;
}
```

이 코드는 사용자 입력이 32바이트를 초과하지 않는다고 가정하고 있습니다.[17] 하지만 일단 초과하는 순간 스택 프레임 내에서 인접해 있던 데이터를 파괴합니다. 이렇게 함수 스택 프레임이 파괴되었을 때 가장 이상적인 결과는 프로그램이 즉시 충돌하여 강제 종료되는 것입니다. 그렇지 않으면 앞서 살펴본 여러 예제처럼 프로그램이 장시간 실행되다 갑자기 오류가 발생하거나 실행 시간 예외(runtime exception)가 발생하지 않으면서도 잘못된 결과가 계속 제공될 수 있습니다.

앞서 살펴본 여러 가지 예시에서도 '넘침(overflow)'이 발생하지만 힙 영역에서 발생하는 넘침에 불과합니다. 하지만 스택 프레임에는 함수의 반환 주소처럼 중요한 정보가 들어 있어 스택 버퍼 넘침(stack buffer overflow)은 문제를 일으킬 가능성이 더 높습니다. 이전의 고전적인 해킹 기법에서는 스택 버퍼 넘침을 이용했습니다. 그 원리는 매우 간단한데, 바로 3.3절에서 설명했던 스택 프레임을 이용하는 것입니다.

모든 함수는 실행될 때 스택 영역에 자신만의 스택 프레임을 가지며, 함수의 반환 주소는 이 스택 프레임에 저장됩니다. 일반적인 상황에서 함수는 실행이 완료되면 스택 프레임에 저장된 반환 주소를 기준으로 이전 함수로 돌아갑니다. 함수 A가 함수 B를 호출했다면 그림 3-83과 같이 함수 B의 실행이 완료되면 바로 함수 A로 돌아갑니다.

▼ **그림 3-83** 호출 함수로 돌아가기

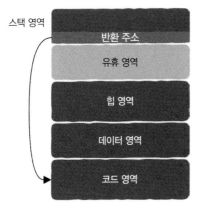

17 [역주] C 언어의 gets 함수는 매개변수로 전달받은 버퍼 크기를 모르므로 쉽게 버퍼 넘침(buffer overflow) 오류가 발생할 수 있습니다.

코드에 스택 버퍼 넘침 문제가 있을 때 해커의 치밀한 설계하에 그림 3-84와 같이 넘치는 부분이 스택 프레임의 반환 주소를 덮어쓰게 됩니다. 이 주소는 이미 해커가 악성 코드를 심어 둔 주소로 수정되어 있습니다.

▼ **그림 3-84** 해커가 치밀하게 설계한 악성 코드로 이동

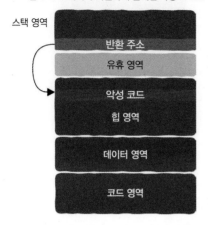

프로세스가 실행되면 실제로 해커의 악성 코드가 실행되며, 이것이 바로 스택 버퍼 넘침을 이용한 공격의 전형적인 예입니다.

3.7.8 메모리 누수

```
코드

void memory_leak()
{
    int *p = (int *)malloc(sizeof(int));

    return;
}
```

앞의 코드는 메모리를 요청한 후 바로 반환하는데, 해당 메모리는 프로세스가 종료되기 전까지는 다시 해제할 방법이 없어 메모리 누수(memory leak)가 일어납니다.

메모리 누수는 매우 흔한 문제입니다. 메모리 누수는 특히 자동 쓰레기 수집(automatic garbage collection)을 지원하지 않는 언어에서 흔합니다. 프로그램이 메모리를 계속 요청하기만 하고 해제를 하지 않는다면 그림 3-85와 같이 프로세스의 힙 영역이 점점 늘어나 결국 운영 체제가 강

제로 프로세스를 종료하는 상황이 발생합니다. 리눅스에서는 이를 메모리 부족 강제 종료(out of memory killer) 기능이라고 합니다.

▼ **그림 3-85** 메모리 누수로 힙 영역이 점점 더 많은 메모리를 차지한다

메모리 누수는 종종 매우 까다롭고 직접 해결하기가 어렵습니다. 다행히도 이 문제를 특별히 분석할 수 있는 도구가 있으며, 이런 도구는 특정 프로그래밍 언어 또는 특정 메모리 할당자를 대상으로 할 수 있습니다. 메모리 할당자인 tcmalloc이 자신만의 메모리 분석 도구를 가지고 있는 것처럼요. 정리하자면 자신의 개발 환경에 적합한 메모리 분석 도구를 찾아 이를 제대로 사용하는 방법을 익히면 문제를 해결할 때 절반의 노력으로 두 배의 효과를 거둘 수 있습니다.

전반적으로 이런 분석 도구에는 두 가지 구현 방식이 있습니다.

첫 번째는 malloc과 free의 사용 상황을 추적하는 방식입니다. 하지만 이 방식을 사용하는 도구는 가끔 프로그램 실행 속도를 저하시키고, 때로는 코드를 다시 컴파일해야 하기도 합니다.[18]

두 번째 방식은 이 장에서 설명한 메모리 할당의 저수준 계층 구현 원리와 관련이 있습니다. malloc이 메모리를 할당할 때 운영 체제가 관여하며, 특히 힙 영역이 부족하여 확장할 때 할당된 메모리를 사용하려고 하면 페이지 누락(page fault) 오류가 발생한다고 이야기했었습니다. 하지만 실제로는 프로세스에서 메모리 누수가 발생할 때 이 오류가 발생하는 경우가 훨씬 더 많습니다. 다행히도 리눅스에서는 perf 같은 도구를 사용하여 이런 시스템 이벤트를 발생시킨 함수의 호출 스택 정보를 직접 추적할 수 있으며, 호출 스택 정보를 분석하여 몇 가지 유용한 단서도 얻을 수 있습니다.

좋습니다. 메모리 관련 버그 이야기는 여기에서 마치겠습니다.

---

18 역주 많은 개발 도구와 라이브러리에서 디버그 상태(debug mode)로 컴파일하면 이 도구를 사용할 수 있습니다.

지금까지 메모리 이야기는 프로세스 주소 공간의 힙 영역과 스택 영역에 머물러 있었습니다. 지금부터는 하나의 질문을 통해 시스템 계층에서 메모리 역할을 이해하는 시간을 가져 보겠습니다. 여러분은 왜 SSD를 메모리로 사용할 수 없는지 생각해 본 적이 있나요?

3.8 / 왜 SSD는 메모리로 사용할 수 없을까?
SECTION

현재 기준으로 성능이 가장 좋은 SSD(Solid State Drive)의 제원(specification)을 확인해 보면 순차 읽기 속도(sequential reading speed)가 최대 7.5GB/s에 달합니다.[19] 이 속도는 매우 빠르며, 기본적으로 몇 초 내에 4K 영화 한 편을 읽어 올 수 있습니다.

최신 SSD의 읽기 속도가 그렇게나 빠르다면 SSD를 메모리로 사용할 수 있을까요? 이 질문에 답하려면 먼저 메모리 속도를 확인할 필요가 있습니다.

현재 5세대 DDR 메모리의 최대 대역폭은 60GB/s를 훌쩍 넘습니다. 이를 SSD 속도와 비교해 보면 여전히 자릿수 단위 하나만큼 차이가 있습니다. 즉, SSD를 실제로 메모리로 사용한다면 컴퓨터 속도가 현재보다 약 10분의 1 수준으로 느리게 실행될 것입니다. 더군다나 이는 간단하게 속도 관점에서만 이야기한 것에 불과합니다. 이어서 실제로 데이터 읽기와 쓰기 관점에서는 어떻게 될지 살펴보겠습니다.

3.8.1 메모리 읽기/쓰기와 디스크 읽기/쓰기의 차이

윈도 11 시스템 기준으로 컴퓨터에서 간단한 실행을 해 보겠습니다.

먼저 새 파일을 생성하고 아무 내용이나 기록한 후 파일 탐색기에서 해당 파일을 마우스 오른쪽 버튼으로 눌러 속성을 확인해 봅시다.

---

19 **역주** 실제 사용 상황에 따라 다를 수 있으며, 무작위 읽기와 쓰기 속도(random reading and writing speed)는 훨씬 더 느릴 수 있습니다.

파일 크기는 816바이트에 불과하지만 공간은 4KB를 차지합니다. 이제 이 파일에 내용을 좀 더 추가해 보겠습니다.

▼ 그림 3-87 파일 속성

이제 파일 크기는 5.72KB이지만, 차지하는 공간은 8KB가 되었습니다. 이것이 설명하는 것은 무엇일까요? 파일 크기가 할당된 조각(block)과 관련이 있다는 것입니다. 그렇다면 이것은 어떤 의미일까요?

메모리의 주소 지정 단위는 바이트입니다. 즉, 각 바이트마다 메모리 주소가 부여되어 있고, CPU가 이 주소를 이용하여 해당 내용에 직접 접근할 수 있다는 것을 의미합니다.

하지만 SSD는 그렇지 않습니다. 앞의 실험에서도 알 수 있듯이 사실 SSD는 조각 단위로 데이터를 관리하며, 이 조각 크기는 매우 다양합니다. 여기에서 중요한 점은 CPU가 파일의 특정 바이트에 직접 접근할 수 있는 방법이 없다는 것입니다. 다시 말해 바이트 단위 주소 지정이 지원되지 않는다는 의미입니다.

그림 3-88과 같이 메모리는 바이트 단위로, 디스크는 조각 단위로 주소가 지정됩니다.

▼ **그림 3-88** 메모리는 바이트 단위 주소 지정, 디스크는 조각 단위 주소 지정

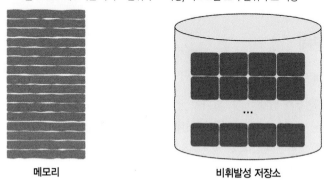

메모리   비휘발성 저장소

그림 3-89에서 볼 수 있듯이, CPU는 SSD에 저장된 데이터에 직접 접근할 수 있는 방법이 없기에 CPU는 SSD 또는 디스크에서 직접 프로그램을 실행할 수 없습니다.

▼ **그림 3-89** CPU는 SSD 또는 디스크에서 직접 프로그램을 실행할 수 없다

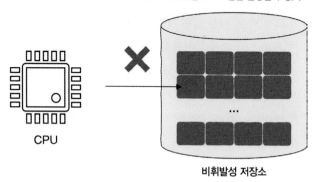

CPU   비휘발성 저장소

3.8.2 가상 메모리의 제한

최신 운영 체제의 메모리 관리는 기본적으로 가상 메모리 기반이므로 여기에서 문제가 발생할 수 있습니다.

32비트 시스템의 최대 주소 지정 범위는 4GB에 불과하므로 1TB 크기를 가진 SSD를 메모리로 사용하더라도 여전히 프로세스는 4GB 이상의 메모리를 사용할 수 없습니다.[20]

따라서 최신 운영 체제의 메모리 관리 방식을 고려하면 SSD는 메모리로 사용될 수 없습니다. 물론 주소 지정 범위가 충분히 큰[21] 64비트 시스템[22]에서는 이런 문제가 없습니다.

3.8.3 SSD 사용 수명 문제

SSD 제조 원리에 따라 이런 형태의 저장 장치에는 사용 수명 제한이 있습니다.

SSD는 일정 거리를 주행하면 문제가 발생할 수 있다는 점에서 자동차와 유사합니다. SSD 에 있어 주행 거리에 해당하는 단위는 기록 가능한 최대 바이트를 TB 단위로 표시하는 TBW(TeraBytes Written)입니다. 일반적으로 흔히 사용되는 SSD의 TBW는 대략 수백 TB 수준입니다. 이것은 여러분 SSD에 기록한 데이터의 누적 크기가 수백 TB에 달한다면 문제가 발생할 가능성이 높다는 의미입니다.

CPU는 프로그램을 실행할 때 대량의 메모리 읽기와 쓰기 작업을 실행하므로 SSD를 메모리로 사용하면 사용 수명 때문에 시스템에 병목 현상이 발생할 수 있지만, 메모리에는 이런 문제가 없습니다.

SSD 사용 수명이 너무 짧다고 느낄 수도 있지만, 사실 일반 사용자는 SSD에 빈번하게 대량의 데이터를 쓸 일이 많지 않으므로 일반적으로 이런 문제를 신경 쓸 필요가 없습니다.

이제 SSD를 메모리로 직접 사용할 수 없는 이유를 잘 알았을 것입니다. 현 시점에서는 저장 장치를 제조하는 기술 한계로 아직까지는 SSD를 메모리로 직접 사용할 수 있는 방법이 없습니다. 이외에 하드웨어와 소프트웨어 역시 아직 이런 상황을 고려하고 있지 않습니다.

---

20 역주 이것이 메모리를 아무리 많이 설치하더라도 32비트 운영 체제에서는 4GB(실제로는 3.88GB)까지만 인식하는 이유입니다.

21 역주 이론적으로 2^{64}바이트인 16EB까지 지정 가능합니다.

22 역주 윈도 11 엔터프라이즈 기준 6TB입니다.

3.9 / 요약

메모리는 CPU와 더불어 컴퓨터 시스템에서 매우 중요한 두 가지 핵심 구성 요소 중 하나입니다. CPU가 기계 명령어를 실행할 때 필요한 모든 정보를 저장하는 역할을 합니다.

메모리는 사실 매우 단순한데, 미시적 수준에서 보면 개별 사물함으로 구성되어 있고, 그 안에는 0 아니면 1을 저장하고 있을 뿐입니다.

그러나 거시적 수준에서 보면 메모리는 매우 복잡합니다. 메모리에는 함수 실행 시 정보를 저장하고, 함수의 호출과 반환이 되는 스택 영역이 있으며, 할당 요청된 메모리의 수명 주기를 프로그래머가 직접 관리해야 하는 힙 영역이 있습니다. 또 메모리 할당자는 어떻게 구현되는지와 메모리를 할당할 때 저수준 계층에서 무슨 일이 일어나는지도 살펴보았습니다.

물리 메모리 위에 가상 메모리를 추상화하여 최신 운영 체제가 각 프로세스에 메모리를 독점적으로 부여하는 것처럼 만들기도 합니다. 이것으로 프로그래머는 연속된 주소 공간에서 프로그래밍을 할 수 있게 되었고, 이는 엄청난 편리함을 제공합니다.

좋습니다. 메모리 탐구는 여기에서 마치겠습니다.

이제 전체 여행의 절반이 지났습니다. 다음 역은 컴퓨터 시스템의 엔진에 해당하는 CPU입니다. 어서 빨리 가서 확인해 봅시다!

트랜지스터에서 CPU로, 이보다 더 중요한 것은 없다

CPU라는 이 명백하고 쉽게 볼 수 있는 컴퓨터 엔진은 추상화 계층으로 둘러싸여 프로그래머와 점점 더 멀어지고 있습니다. 현대 프로그래머, 특히 응용 계층의 프로그래머는 프로그래밍을 하면서 CPU를 거의 인식하지 못할 뿐만 아니라 신경 쓸 필요도 없습니다. 바로 이것이 추상화의 위력입니다. 현대 컴파일러 같은 도구 덕분에 프로그래머는 인간에 가까운 언어를 이용하여 초당 수십억 번에서 수백억 번 연산이 가능한 트랜지스터로 구성된 신기한 장치를 다룰 수 있게 되었습니다. 이것은 인류 지혜의 놀라운 실현입니다.

현대 프로그래머는 CPU에 거의 신경 쓸 필요가 없다고 언급하고서는 왜 군이 여기에서 소개하느냐고요? 필자는 한참 생각을 거듭한 끝에 이런 결론을 내릴 수밖에 없었습니다. 재미있으니까요!

CPU 동작 원리를 이해하는 것은 그 자체로 매우 흥미로운 일입니다. 트랜지스터 여러 개로 구성된 녀석이 왜 상상을 초월하는 연산 능력을 갖추게 된 것인지 궁금하지 않습니까? 목적성을 좀 더 앞에 두고 이야기한다면, CPU 동작 원리를 이해하면 전체 컴퓨터 시스템에 대한 이해가 깊어지기 때문에 더 나은 프로그램을 작성할 수 있다고 말할 수 있을 것입니다. 음, 물론 이것도 훌륭한 이유가 될 수 있지만 필자는 여전히 재미를 맨 앞에 내세우고 싶습니다.

컴퓨터 여행의 네 번째 역에 오신 것을 환영합니다. 이 역에서는 인간이 만든 물건의 정점인 CPU의 무한한 매력을 경험할 수 있습니다.

도대체 CPU는 무엇일까요?

4.1 이 작은 장난감을 CPU라고 부른다
SECTION

집에 가서 전등을 켤 때마다 누르는 간단한 스위치를 이용해서 복잡한 CPU를 실제로 만들 수 있지 않을까 하고 생각한 적이 있을지도 모르겠습니다. 물론 필요한 스위치가 수십억 개에 달하지만 말입니다.

4.1.1 위대한 발명

지난 200년 동안 인류가 발명한 가장 중요한 발명품은 무엇일까요? 증기 기관? 전등? 로켓? 모두 중요한 발명품이지만, 필자 마음속에서는 이 작은 물건이 제일 중요하다고 생각합니다. 물론 이것은 필자 직업 때문일 수도 있습니다.

그림 4-1에서 볼 수 있는 이 작은 물건은 트랜지스터(transistor)입니다. 이것은 어떤 역할을 할까요?

▼ **그림 4-1** 트랜지스터

사실 트랜지스터 기능은 더 이상 간단할 수 없을 정도로 간단합니다. 단자 한쪽에 전류를 흘리면 나머지 단자 두 개에 전류가 흐르게 할 수도 있고 흐르지 못하게 할 수도 있는데, 그 본질은 스위치와 동일합니다. 이 작은 것을 발명함으로써 세 사람이 노벨 물리학상을 수상한 것만 보아도 이 물건이 매우 중추적인 위치에 있음을 알 수 있습니다.

프로그래머가 작성한 프로그램이 아무리 복잡해도 소프트웨어가 수행하는 기능은 최종적으로 이 작은 물건의 간단한 개폐 작업으로 완성됩니다. 그저 신기하다는 단어 외에는 아무 말도 떠오르지 않는군요.

4.1.2 논리곱, 논리합, 논리부정

이제 트랜지스터라는 스위치를 기초로 삼아 블록을 만들 수 있습니다. 여러분은 원하는 대로 다음 세 가지 회로를 만들 수 있습니다.

- 스위치 두 개가 동시에 켜질 때만 전류가 흐르고 등이 켜집니다.
- 두 스위치 중 하나라도 켜져 있으면 전류가 흐를 수 있으며 등이 켜집니다.
- 스위치를 닫으면 전류가 흘러 등이 켜지지만, 스위치를 열면 전류가 흐르지 않고 등이 꺼집니다.

천부적인 재능을 갖춘 여러분이 만든 이 회로들은 그림 4-2에서 볼 수 있듯이 각각 논리곱 게이트(logical conjunction gate)[1], 논리합 게이트(logical disjunction gate)[2], 논리부정 게이트(logical negation gate)[3]입니다.

▼ **그림 4-2** 논리곱 게이트, 논리합 게이트, 논리부정 게이트

4.1.3 도는 하나를 낳고, 하나는 둘을 낳고, 둘은 셋을 낳으며, 셋은 만물을 낳는다

가장 놀라운 것은 다음과 같습니다. 여러분이 만든 회로 세 개는 의외로 특성이 매우 매혹적인데 바로 논리곱 게이트, 논리합 게이트, 논리부정 게이트로 모든 논리 함수를 표현할 수 있다는 것입니다. 그리고 놀랍게도 이것을 논리적 완전성(logical completeness)이라고 합니다.

다시 말해 **충분한 논리곱 게이트, 논리합 게이트, 논리부정 게이트가 있으면 어떤 논리 함수도 구현할 수 있습니다. 이외에는 어떤 형태의 논리 게이트 회로도 필요하지 않습니다.** 이때 논리곱 게이트, 논리합 게이트, 논리부정 게이트가 논리적으로 완전하다고 간주합니다.

이 결론은 컴퓨터 혁명의 신호탄이 되었습니다. 이 결론은 우리에게 컴퓨터가 간단한 논리곱 게이트, 논리합 게이트, 논리부정 게이트로 구성될 수 있음을 알려 줍니다. 이런 간단한 논리 게이트 회로는 유전자에 비할 수 있습니다.

노자(老子)의 말 중에 **"도는 하나를 낳고, 하나는 둘을 낳고, 둘은 셋을 낳으며, 셋은 만물을 낳는다."[4]가 있습니다. 서로 다른 문장이지만 그 의미는 일맥상통합니다.**

---

1 **역주** AND(∧) 게이트라고도 합니다.
2 **역주** OR(+) 게이트라고도 합니다.
3 **역주** NOT(⌐) 게이트라고도 하며, 영미권에서는 인버터(inverter)라고 흔히 부릅니다.
4 **역주** '道生一，一生二，二生三，三生万物.' 노자의 도덕경(道德经)에 나오는 말로 노자의 우주생성론(宇宙生成论)을 일컫습니다.

4.1.4 연산 능력은 어디에서 나올까?

이제 모든 것을 만들 수 있는 기초 원소인 논리합 게이트, 논리곱 게이트, 논리부정 게이트가 등 장했습니다. 이번에는 CPU의 가장 중요한 능력인 연산을 설계해 보겠습니다. 여기에서는 덧셈 을 예로 들겠습니다.

CPU는 0과 1의 2진법만 알고 있습니다. 따라서 2진법으로 덧셈을 하면 다음과 같습니다.

- 0 + 0의 결과(result)는 0이며, 자리 올림수(carry)도 0입니다.
- 0 + 1의 결과는 1이며, 자리 올림수는 0입니다.
- 1 + 0의 결과는 1이며, 자리 올림수는 0입니다.
- 1 + 1의 결과는 0이며, 자리 올림수는 1입니다.

먼저 자리 올림수를 보면 두 입력 값 두 개가 모두 1일 때만 1이라는 점에 유의하세요. 앞서 여 러분이 설계한 조합 회로 세 개를 생각해 보면, 이것이 논리곱 게이트라는 것을 알 수 있습니다.

이번에는 결과(result)를 봅시다. 두 입력 값이 서로 다르면 결과가 1이고, 두 입력 값이 서로 같 으면 결과가 0입니다. 이것을 배타적 논리합(exclusive OR)[5]이라고 합니다. 앞서 논리곱 게이 트, 논리합 게이트, 논리부정 게이트가 논리적으로 완전하다고 했습니다. 따라서 배타적 논리 합 게이트도 논리곱 게이트, 논리합 게이트, 논리부정 게이트 세 가지만으로 구성할 수 있습니 다. 이제 그림 4-3과 같이 논리곱 게이트 한 개와 배타적 논리합 게이트 한 개를 조합하면 2진 법 덧셈을 구현할 수 있습니다.

▼ **그림 4-3** 논리곱 게이트와 배타적 논리합 게이트를 이용하여 이진수 덧셈 구현

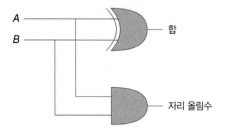

이것이 바로 간단한 가산기(adder)입니다. 신기하지 않나요? 덧셈은 논리곱 게이트, 논리합 게 이트, 논리부정 게이트로 구현이 가능하며, 다른 연산 역시 마찬가지로 구현할 수 있습니다. 논 리적으로 완전하니까요!

5　역주　XOR 게이트라고도 합니다.

이제 논리곱 게이트, 논리합 게이트, 논리부정 게이트를 조합한 회로를 이용하여 덧셈 작업을 구현할 수 있습니다. 그리고 CPU의 연산 능력은 여기에서 비롯된 것입니다.

당연히 덧셈 외에도 요구 사항에 따라 다른 산술 연산도 설계할 수 있습니다. CPU에는 전문적으로 계산을 담당하는 모듈이 있는데, 바로 ALU라는 산술 논리 장치(Arithmetic Logic Unit)입니다. 본질적으로 여기에서 설명한 간단한 회로와 큰 차이는 없습니다. 다만 좀 더 복잡합니다.

이제 연산 능력이 생겼지만 연산 능력만으로는 부족합니다. 회로는 정보를 기억할 수 있어야 하기 때문입니다.

4.1.5 신기한 기억 능력

지금까지 여러분이 설계한 조합 회로는 연산 능력은 있지만 정보를 저장할 방법이 없어 단순하게 입력을 기반으로 출력을 내보낼 뿐입니다. 하지만 입력과 출력은 이를 저장할 곳이 있어야 하므로 정보를 저장할 수 있는 회로가 필요합니다.

그렇다면 회로가 어떻게 정보를 저장할 수 있을까요? 설계 방법을 모르는 여러분은 이 문제 때문에 안절부절못하고 있습니다. 먹으면서도 고민하고, 걸으면서도 고민하며, 심지어 자면서도 고민합니다. 그러다 어느 날 여러분은 꿈속에서 영국의 물리학자를 만납니다. 그는 여러분에게 그림 4-4와 같이 간단하지만 매우 신기한 회로를 주었습니다.

▼ **그림 4-4** 정보를 '기억'하는 회로

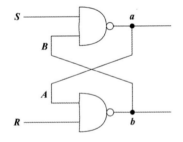

이것은 부정 논리곱 게이트(non-conjunction gate)[6] 두 개를 조합한 것입니다. 긴장할 필요 없습니다. 부정 논리곱 게이트 역시 여러분이 설계한 논리곱 게이트, 논리부정 게이트를 조합한 것입니다. 부정 논리곱 게이트는 먼저 논리곱 연산을 처리한 후 논리부정 연산을 처리합니다. 1과 0을 입력했다면 이를 논리곱 연산한 결과는 0이 되며, 이를 다시 논리부정 연산한 결과는 1이 됩니다. 이것이 바로 부정 논리곱 게이트입니다.

---

6 역주 NAND(↑) 게이트라고도 하며, 영미권에서는 명명자 이름을 딴 셰퍼 스트로크(Sheffer stroke)라고도 합니다.

여기에서 비교적 독특한 점은 회로를 구성하는 방법입니다. 첫 번째 부정 논리곱 게이트의 출력은 다른 부정 논리곱 게이트의 입력으로, 이 회로의 조합 방식은 매우 흥미로운 특성을 보여 줍니다. S 단자와 R 단자에 1이 입력되는 한 이 회로는 다음과 같이 두 가지 상태를 가집니다.

- 단자 a가 1이면, $B = 0$, $A = 1$, $b = 0$입니다.
- 단자 a가 0이면, $B = 1$, $A = 0$, $b = 1$입니다.

이외에 다른 상태는 존재하지 않으므로 단자 a 값을 회로의 출력으로 사용합니다.

이제 S 단자를 0으로 설정하면(R 단자는 여전히 1) 회로의 출력 값인 단자 a는 항상 1이 됩니다. 이때 회로에는 1이 저장되어 있다고 할 수 있습니다. 반면에 R 단자를 0으로 설정하면(S 단자는 여전히 1) 회로의 출력 값인 단자 a는 항상 0이 됩니다. 이때 회로에 0이 저장되어 있다고 할 수 있습니다.

신기하지 않나요? 의외로 회로에도 정보를 저장할 수 있는 능력이 있습니다.

지금은 정보를 저장하기 위해 S 단자와 R 단자를 동시에 설정해야 하는데, 실제로 저장하는 데 필요한 입력은 비트 하나입니다. 따라서 이제 회로를 그림 4-5와 같이 간단히 수정합니다. 이 회로에서 WE(Write Enable) 단자는 저장 여부를 선택하는 데 사용됩니다.

▼ **그림 4-5** 입력 단이 하나가 되도록 수정

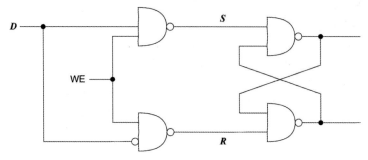

D 단자가 0이면 전체 회로가 저장하는 것은 0이며, 그렇지 않으면 1이 됩니다. 그리고 이것이 바로 우리가 원하는 것입니다. 이제 1비트를 저장하기가 훨씬 편리해졌습니다. 3.1절에서 메모리를 설명할 때 비유로 삼았던 사물함을 기억하나요? 잊었다면 빨리 돌아가서 다시 한 번 확인하고 돌아옵시다. 앞의 회로가 바로 이 1비트를 저장할 수 있는 사물함입니다. 아하, 드디어 실물을 만나게 되었습니다!

4.1.6 레지스터와 메모리의 탄생

이제 여러분 회로는 1비트를 저장할 수 있습니다. 더 많은 비트를 저장하는 것은 아직 어려울 것 같다고요? 아닙니다. 그림 4-6과 같이 간단하게 복제하여 붙여 넣기만 하면 됩니다.

▼ **그림 4-6** 4비트를 저장할 수 있는 회로

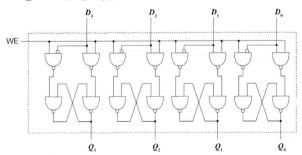

우리는 이 조합 회로를 레지스터(register)라고 부릅니다. 여러분이 생각하는 것이 맞습니다. 앞서 자주 이야기했던 레지스터가 바로 이것입니다.

이것에 만족해서는 안 됩니다. 더 많은 정보를 저장하고 주소 지정(addressing) 기능을 제공하기 위해 더 복잡한 회로를 계속 구축해야 합니다. 8비트를 1바이트로 규정하고 각각의 바이트가 자신의 번호를 받습니다. 이제 부여된 번호를 이용하여 회로에 저장된 정보를 읽을 수 있습니다. 이렇게 메모리(memory)도 탄생했습니다.

레지스터와 메모리 모두 그림 4-4의 회로와 떨어질 수 없습니다. 전원이 연결되어 있는 한 이 회로는 정보를 저장할 수 있지만, 전원이 끊기면 저장된 정보는 모두 사라집니다. 이제 여러분은 메모리가 전원이 꺼지면 더 이상 데이터를 저장할 수 없는 이유를 이해했을 것입니다.

4.1.7 하드웨어 아니면 소프트웨어? 범용 장치

이제 우리 회로는 데이터를 연산하고 정보를 저장할 수도 있지만, 여전히 문제가 있습니다. **설령 우리가 논리곱 게이트, 논리합 게이트, 논리부정 게이트를 사용하여 모든 논리 함수를 표현할 수 있다고 해도 우리가 정말로 모든 논리 함수를 논리곱 게이트, 논리합 게이트, 논리부정 게이트를 사용해서 구현할 필요가 있을까요?** 이것은 분명히 비현실적입니다.

이것은 요리사에 비유할 수 있습니다. 요리사 한 명이 한 가지 요리만 전담해서 요리할 수는 없습니다. 그렇지 않으면 호텔에서는 테이블 하나에 올라갈 요리를 위해 각 요리를 전담하는 수많은 요리사를 고용해야 할 테니까요!

전 세계 요리는 광범위하고 심오하여 천차만별(千差万別)이지만, 요리를 만드는 기술 그 자체는 대동소이(大同小異)합니다. 요리 기술에는 칼 기술, 볶는 기술 등이 있지만, 이는 요리사가 갖추고 있는 기본 기술입니다. 모든 요리는 이런 절차를 거쳐야 완성되며, 여기에서 변화하는 것은 재료, 가열, 조미료 정도에 불과합니다. 따라서 이렇게 간단하게 바꿀 수 있는 것들을 레시피에 적어 두기만 하면, 요리사는 이 레시피를 기준으로 어떤 요리라도 만들 수 있습니다. 여기에서 요리사는 하드웨어(hardware)에 비유할 수 있고, 레시피는 소프트웨어(software)에 비유할 수 있습니다.

마찬가지로 **모든 연산 논리를 반드시 회로 같은 하드웨어로 구현할 필요는 없습니다.** 하드웨어는 가장 기본적인 기능만 제공하고 모든 연산 논리는 이런 가장 기본적인 기능을 이용하여 소프트웨어로 표현하는 것이 좋은 방법입니다. 이것이 소프트웨어라는 단어의 기원입니다. **하드웨어는 변하지 않지만 소프트웨어는 변할 수 있기에 변하지 않는 하드웨어에 서로 다른 소프트웨어를 제공하면 하드웨어가 완전히 새로운 기능을 구현할 수 있습니다.** 더할 나위 없는 천재적인 생각 아닌가요? 인간은 정말 너무 똑똑합니다.

동일한 하나의 컴퓨터 하드웨어에 워드(Word)를 설치하면 문서를 편집할 수 있고, 위챗(WeChat)을 설치하면 '프로그래머의 무인도 서바이벌(码农的荒岛求生)' 공식 계정에서 글을 읽을 수 있으며, 게임 소프트웨어를 설치하면 친구와 게임을 즐길 수 있습니다. 하드웨어는 여전히 동일한 하드웨어고 변동된 적도 없지만, 그림 4-7과 같이 서로 다른 소프트웨어를 설치하면 서로 다른 기능을 가질 수 있습니다. **매번 컴퓨터를 켜고 다양한 앱을 사용할 때마다 컴퓨터라는 이렇게 대단한 발명품이 세상의 빛을 보았다는 사실에 마음속으로 이것을 생각해 낸 사람은 정말 천재라고 외치지 않을 수 없을 것입니다.** 이것이 바로 컴퓨터를 범용 연산 장치라고 하는 이유로, 컴퓨터 과학의 창시자인 앨런 튜링(Alan Turing)이 제안한 것입니다.

▼ **그림 4-7** 서로 다른 소프트웨어가 설치된 컴퓨터는 서로 다른 기능을 가질 수 있다

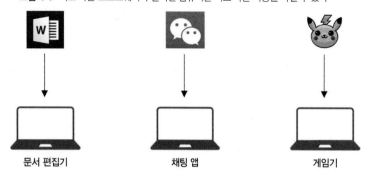

문서 편집기   채팅 앱   게임기

그렇다면 하드웨어의 기본 기술은 무엇일까요?

4.1.8 하드웨어의 기본 기술: 기계 명령

다음 질문을 한 번 생각해 봅시다. CPU는 어떻게 자신이 두 숫자를 이용하여 덧셈 연산을 할 것인지 알 수 있을까요? 그리고 어떤 두 숫자를 더할 것인지는 어떻게 알 수 있을까요?

당연히 여러분이 CPU에 알려 주어야 합니다. 그럼 어떻게 알려 주어야 할까요? 4.1.7절에서 요리사에게 레시피를 제공해 주어야 한다고 말했던 것을 아직 기억하나요? 맞습니다. CPU 역시 자신이 이어서 무엇을 해야 하는지 알려 주는 '레시피'가 필요합니다. 여기에서 레시피는 바로 기계 명령어이며, 이 기계 명령어는 우리가 방금 구현했던 조합 회로를 이용하여 실행됩니다.

이어서 우리는 또 다른 문제에 직면하는데, 이런 기계 명령어가 매우 많다는 것입니다. 이번에도 덧셈 명령어를 예로 들어 보겠습니다. 여러분은 CPU가 1 + 1을 계산하게 할 수 있고, 1 + 2도 계산하게 할 수 있습니다. 사실 하나하나의 덧셈 명령어에는 수많은 조합이 있을 수 있으므로 이런 식으로 기계 명령어를 설계한다는 것은 불가능함은 너무나 명백합니다.

사실 CPU는 덧셈 연산의 연산 능력만 제공하고, 프로그래머가 피연산자를 제공하면 됩니다. CPU가 '저는 설거지를 할 수 있어요'라고 말하면 여러분은 CPU에 어떤 그릇을 설거지하면 되는지 알려 주고, CPU가 '저는 노래를 부를 수 있어요'라고 말하면 여러분은 CPU에 어떤 노래를 부르면 되는지 알려 주며, CPU가 '저는 요리를 할 수 있어요'라고 말하면 여러분은 CPU에 어떤 요리를 하면 되는지 알려 줍니다.

따라서 CPU가 원하는 점은 작동 방식이나 노래 부르기, 요리하기, 덧셈, 뺄셈, 점프 같은 기능일 뿐입니다. 프로그래머인 우리는 노래 이름, 요리 이름, 피연산자, 점프할 주소 같은 전략을 제공하면 됩니다.

CPU 표현 방식은 명령어 집합을 이용하여 구현됩니다.

4.1.9 소프트웨어와 하드웨어 간 인터페이스: 명령어 집합

명령어 집합(instruction set)은 CPU가 실행할 수 있는 명령어(opcode)와 각 명령어에 필요한 피연산자(operand)를 묶은 것입니다. 서로 다른 유형의 CPU는 서로 다른 명령어 집합을 가지고 있습니다.

명령어 집합에서 명령어 한 개가 수행할 수 있는 작업은 사실 매우 간단하며, 이를 대략적으로 그려 보면 다음과 같습니다.

- 메모리에서 숫자를 읽습니다. 읽을 주소는 ***입니다.
- 두 숫자를 더합니다.
- 두 숫자의 크기를 비교합니다.
- 숫자를 메모리에 저장합니다. 저장할 주소는 ***입니다.
- ……

보기에는 마치 자질구레한 이야기를 반복하는 것 같아 보이지만, 이것이 기계 명령어입니다. 우리가 고급 언어로 작성한 프로그램이 간단하든 매우 복잡하든 간에 **결국에는 모두 이 자질구레한 느낌의 명령어로 변환된 후 CPU에서 하나하나 실행됩니다. 놀랍지 않으요?**

이어서 그림 4-8과 함께 기계 명령어 하나를 살펴봅시다.

▼ **그림 4-8** 덧셈 연산 기계 명령어

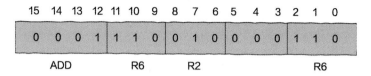

이 명령어는 16비트로 구성되어 있습니다. 처음 4비트는 CPU에 수행할 작업을 알려 줍니다. 다시 말해 우리는 기계 명령어를 2^4개, 즉 16개 설계할 수 있다는 의미입니다. 이 기계 명령어 16개가 바로 명령어 집합이며, 명령어 집합은 프로그래머에게 CPU가 도대체 무엇을 할 수 있는지와 어떻게 CPU를 이용하여 일을 해야 하는지 알려 줍니다.

시스템 계층 관점에서 보면, 명령어 집합은 소프트웨어와 하드웨어가 만나는 곳입니다. 명령어 집합의 위에는 소프트웨어 세계가 있고, 반대로 그 아래에는 하드웨어 세계가 있습니다. 명령어 집합은 소프트웨어와 하드웨어가 만나는 장소이자 소프트웨어와 하드웨어가 서로 통신하는 인터페이스입니다.

이 예제에서 이 명령어는 CPU에 덧셈을 수행하라고 지시하며, 나머지 비트는 CPU에 어떻게 작업해야 하는지 알려 줍니다. 이 예제에서는 먼저 레지스터 R6과 레지스터 R2의 값을 더한 후 그 결과를 레지스터 R6에 기록합니다.

기계 명령어 하나가 할 수 있는 일은 사실 매우 간단하며 기계 명령어로 직접 프로그래밍하는 것은 매우 번거로울 수밖에 없어 고급 프로그래밍 언어가 탄생한 것입니다. 고급 프로그래밍 언어는 인간 언어와 매우 유사하여 프로그래머 생산성을 크게 향상시키지만, CPU는 여전히 기계 명령어만 이해할 수 있으므로 고급 프로그래밍 언어를 기계 명령어로 변환하는 도구가 필요합니다. 바로 이 도구가 이전에 설명했던 컴파일러라는 것을 기억하고 있을 것입니다.

CPU 동작 원리부터 고급 프로그래밍 언어의 전체적인 비밀까지 모든 것이 이 절과 3.1~3.2절에 담겨 있습니다. 이 절 내용을 모두 읽었다면 다시 3.1~3.2절 순서로 되짚어 보기를 바랍니다.

4.1.10 회로에는 지휘자가 필요하다

이제 우리 회로는 연산 능력과 저장 능력을 갖추고 있으며, 명령어로 회로에 무엇을 해야 하는지 알려 줄 수 있습니다. 하지만 아직 해결되지 않은 문제가 하나 있습니다.

회로는 많은 부분으로 구성되어 있는데, 일부는 데이터를 계산하는 데 사용되고 일부는 정보를 저장하는 데 사용됩니다. 가장 간단한 덧셈인 1 + 1을 계산한다고 가정해 봅시다. 계산에 필요한 두 숫자는 각각 레지스터 R1과 레지스터 R2에 저장되어야 합니다. 레지스터는 어떤 값이든 저장할 수 있는데, 가산기가 작동을 시작할 때 레지스터 R1과 레지스터 R2가 반드시 1을 저장하도록 어떻게 보장할 수 있을까요?

다시 말해 각 부분의 회로가 함께 작업할 수 있도록 조정하거나 동기화하려면 어떻게 해야 할까요? 성공적으로 교향곡을 연주하려면 지휘자가 꼭 필요하듯이 회로에도 지휘자가 필요합니다.

CPU에서 지휘자 역할을 맡고 있는 것이 클럭 신호(clock signal)입니다.

클럭 신호는 지휘자가 들고 있는 지휘봉과 같습니다. 지휘봉을 흔들면 오케스트라 전체가 일제히 움직이듯이, 클럭 신호가 전압을 변경할 때마다 전체 회로의 각 레지스터, 즉 전체 회로 상태가 갱신됩니다. 따라서 앞서 언급한 문제 발생 없이도 전체 회로가 함께 동작하도록 할 수 있습니다.

이제 CPU의 클럭 주파수(clock rate)가 무엇을 의미하는지 알아야겠죠? 클럭 주파수는 1초 동안 지휘봉을 몇 번 흔드는가를 의미하며, 클럭 주파수가 높을수록 CPU가 1초에 더 많은 작업을 할 수 있음은 자명합니다.

4.1.11 큰일을 해냈다, CPU가 탄생했다!

이제 우리는 각종 계산이 가능한 산술 논리 장치, 정보를 저장할 수 있는 레지스터, 작업을 함께하도록 제어해 주는 클럭 신호를 갖추었습니다. 이를 한데 묶은 것을 일컬어 중앙 처리 장치(central processing unit), 즉 CPU 또는 프로세서(processor)라고 합니다.

작은 스위치 하나로 강력한 CPU를 구성하는 이론과 제조 기술의 혁신은 인류 역사의 이정표가 되어 주었습니다. 이제 인류에게는 두 번째 두뇌가 있으며, 이는 세상을 크게 변화시켰습니다.

이 절에서는 CPU의 기본 구현 원리를 소개하는 데 중점을 두었습니다. 실제 상용 CPU의 설계와 제조는 결코 여기에서 설명한 것처럼 간단하지 않습니다. 비교해 볼까요? 여기에서 이야기한 간단한 구현이 시냇물의 징검다리라면, 상용 CPU는 인천공항과 송도를 잇는 21.38km 길이의 인천대교와 같습니다.

CPU는 컴퓨터 시스템의 가장 핵심적인 부분입니다. 명령어를 실행할 CPU가 없다면 컴퓨터는 아무 쓸모없는 차가운 하드웨어 덩어리일 뿐입니다. 그리고 이렇게 핵심적인 역할을 하기 때문에 CPU는 컴퓨터 시스템의 모든 것과 관련 있습니다. 이어지는 다음 절 몇 개에서는 CPU와 운영 체제, 수치 체계(numeral system), 스레드, 프로그래밍 언어 사이의 이야기에 중점을 둘 것입니다. 이 내용을 모두 읽고 나면 컴퓨터 시스템이 왜 지금 형태로 발전해 왔는지 더 명확하게 알게 될 것입니다.

그럼 먼저 CPU와 운영 체제 사이의 상호 작용을 살펴보겠습니다.

여러분은 퇴근 후 여유 시간에 무엇을 하나요? 아마 피곤한 몸을 잠시 쉬게 하거나 산책을 하거나 수다를 떨 것입니다. 그렇다면 CPU는 유휴 상태(idle time)일 때 무엇을 할까요?

4.2 / CPU는 유휴 상태일 때 무엇을 할까?

컴퓨터로 웹 서핑을 할 때, 웹 페이지가 모두 열리면 웹 페이지를 신중하게 읽기 시작합니다. 이때 마우스도 움직이지 않고, 어떤 키도 누르지 않으며, 심지어 네트워크 통신조차 일어나지 않는다고 가정하면 컴퓨터는 무엇을 하고 있을까요?

이 질문이 매우 간단하다고 생각할 수도 있습니다. 하지만 사실 이 질문은 하드웨어에서 소프트웨어까지, CPU에서 운영 체제까지 여러 가지 핵심적인 연결 흐름을 모두 아우릅니다. 이 질문을 이해하고 나면 여러분은 운영 체제가 어떻게 동작하는지 알 수 있습니다.

4.2.1 컴퓨터의 CPU 사용률은 얼마인가?

여러분이 컴퓨터 앞에 앉아 있고 윈도 또는 리눅스 시스템이 설치되어 있다면 즉시 컴퓨터의 CPU 사용률을 확인할 수 있습니다.

그림 4-9는 윈도 11이 설치된 컴퓨터에서 확인한 것입니다.

▼ **그림 4-9** CPU 사용률

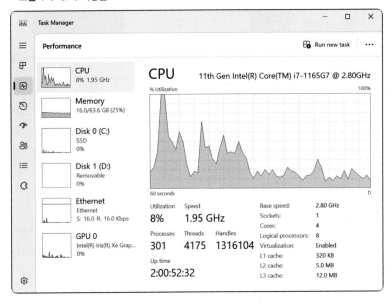

그림 4-9에서 볼 수 있듯이, 대부분 CPU의 사용률은 7~8% 정도로 매우 낮으며 사실 대부분 컴퓨터의 CPU 사용률은 높지 않습니다. 물론 여기에서 게임, 영상 편집, 이미지 처리 같은 상황은 다르게 판단해야 합니다. 이런 상황이 아님에도 사용률이 항상 높다면 소프트웨어의 버그이거나 바이러스에 감염되었을 가능성을 고려해야 합니다.

그림 4-9의 작업 관리자에서 볼 수 있듯이, 현재 시스템에는 프로세스가 301개 열려 있습니다. 이렇게 많은 프로세스는 기본적으로 아무런 작업도 하고 있지 않으며, 특정 이벤트가 발생하여 자신을 깨우기를 기다리고 있습니다. 예를 들어 사용자 입력을 표시하는 프로그램이라면 사용자가 키보드를 입력할 때까지 프로세스는 계속 대기 상태로 머물러 있게 됩니다.

그럼 나머지 CPU 시간은 모두 어디로 갔을까요?

4.2.2 프로세스 관리와 스케줄링

작업 관리자에서 그림 4-10과 같이 **세부 정보(Details)** 탭을 열어 보면 'System Idle Process' 항목이 대부분 90%가 넘는 CPU 사용률을 보이며, 때로는 99% 사용률을 보이는 것을 확인할 수 있습니다. 이는 이 프로세스가 거의 모든 CPU 시간을 소모하고 있음을 의미합니다. 왜 이런 프로세스가 존재하는 것이며 이 프로세스는 언제 실행될까요?

▼ **그림 4-10** System Idle Process

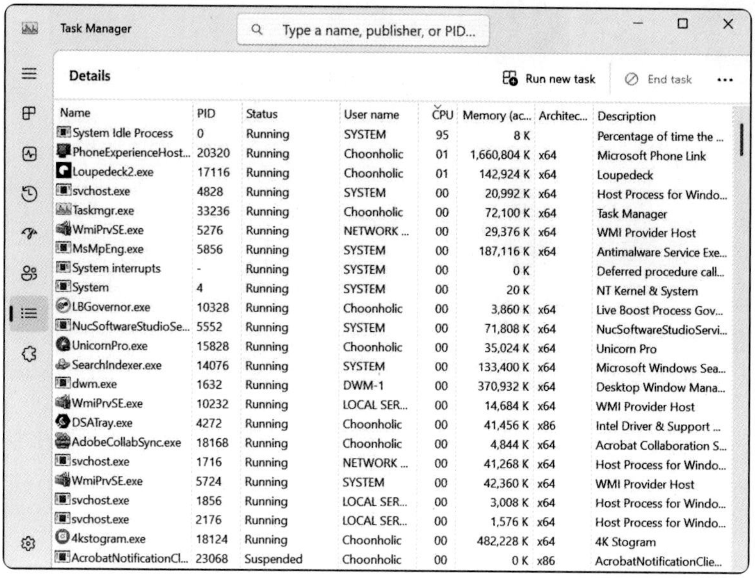

이 모든 것에 대한 이야기는 운영 체제에서 시작해야 합니다.

우리는 프로그램이 메모리에서 실행되면 프로세스 형태로 존재하고, 프로세스가 생성되면 운영 체제가 관리하고 스케줄링한다는 것을 알고 있습니다. 그렇다면 운영 체제는 프로세스를 어떻게 관리할까요?

모두들 은행에 가 본 적이 있을 것입니다. 자세히 관찰해 보면, 은행의 업무 공간은 운영 체제의 가장 핵심적인 부분인 프로세스 관리와 스케줄링을 반영하고 있습니다.

우선 누구나 은행에 가면 줄을 서야 합니다. 이와 마찬가지로 프로세스도 운영 체제의 대기열로 관리됩니다. 다음으로 은행은 고객 중요도에 따라 등급을 나눕니다. 대부분은 일반 고객이지만, 여러분이 이 은행에 수억 원씩 저축한다면 VIP 고객으로 등급이 올라갈 것입니다. VIP 고객이 되면 매번 줄을 설 필요 없이 별도 공간에서 최우선적으로 업무를 처리할 수 있습니다. 운영 체제도 이와 마찬가지로 프로세스에 우선순위를 할당하고, 우선순위에 따라 스케줄러(scheduler) 가 스케줄링을 할 수 있도록 그림 4-11과 같이 상응하는 대기열에 프로세스를 넣습니다.

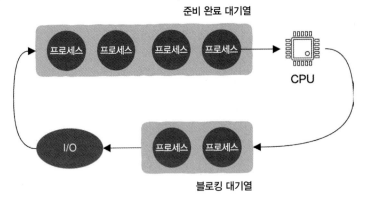

▼ 그림 4-11 프로세스 스케줄링

준비 완료 대기열

프로세스 프로세스 프로세스 프로세스 → CPU

I/O ← 프로세스 프로세스

블로킹 대기열

프로세스 스케줄링은 운영 체제가 구현해야 하는 핵심 기능 중 하나입니다.

이제 준비 작업이 완료되었습니다. 이어서 운영 체제가 어떻게 프로세스를 스케줄링하는지 알아볼 차례입니다.

4.2.3 대기열 상태 확인: 더 나은 설계

이제 우리는 운영 체제가 대기열을 이용하여 프로세스를 관리한다는 것을 알았습니다. 준비 완료 대기열이 비어 있다면 이는 현재 운영 체제가 스케줄링해야 하는 프로세스가 없고, CPU가 유휴 상태에 있다는 것을 의미합니다. 이때 우리는 무엇인가를 해야 합니다.

코드

```
if(queue.empty())
{
    do_someting();
}
```

이런 식으로 코드를 작성하는 것은 언뜻 보면 간단합니다. 하지만 커널은 if 같은 예외 처리 구문으로 가득하기 때문에 이렇게 작성할 경우 코드가 너무 번잡하게 보일 수 있습니다. 따라서 예외 처리가 없는 더 나은 설계를 고민해야 하는데, 어떻게 해야 예외 처리를 하지 않고 문제를 해결할 수 있을까요? 매우 간단합니다. 대기열을 가득 채워 스케줄러가 대기열에서 항상 실행할 수 있는 프로세스를 찾을 수 있도록 하면 됩니다. 이는 그림 4-12와 같이 연결 리스트에서 일반적으로 '감시자(sentinel)' 노드를 사용하는 이유이기도 합니다. 이 방법을 이용하여 별도의 NULL 판단 로직을 제거해서 코드 오류 가능성을 줄이고 구조를 깔끔하게 유지할 수 있습니다.

▼ 그림 4-12 연결 리스트에 '감시자' 노드 추가

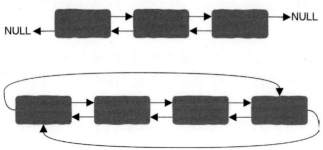

이와 같이 커널 설계자는 유휴 작업이라는 프로세스를 만들었는데, 이것이 바로 앞서 살펴보았던 윈도의 'System Idle Process'입니다. 시스템에 스케줄링 가능한 프로세스가 없을 때 스케줄러는 이 유휴 프로세스를 꺼내서 실행합니다. 이때 유휴 프로세스는 항상 준비 완료 상태에 있으며 우선순위는 가장 낮습니다.

시스템에 할 일이 남아 있지 않으면 유휴 프로세스가 실행됩니다. 그렇다면 이 유휴 프로세스는 무엇을 할까요? 이를 설명하려면 CPU를 이야기해야 합니다.

4.2.4 모든 것은 CPU로 돌아온다

컴퓨터 시스템의 모든 것은 최종적으로 CPU로 구동되며, 이 CPU야말로 최전선에서 최선을 다해 끊임없이 일하는 '존재'입니다.

원래 CPU 설계자는 일찍이 시스템에 유휴 상태가 존재할 가능성을 고려했기 때문에 하나의 기계 명령어를 설계했는데, 이 기계 명령어가 바로 정지를 의미하는 halt 명령어[7]입니다.

이 명령어는 CPU 내부의 일부 모듈을 절전 상태로 전환하여 전력 소비를 크게 줄입니다. 일반적으로 이 명령어도 실행을 위해 순환에 배치합니다. 이유도 매우 간단합니다. 가급적 절전 상태를 유지하는 것이 목적입니다.

---

7 **역주** x86 플랫폼일 때 해당하는 명령어입니다.

여기에서 반드시 주의할 점은 이 halt 명령어는 특권 명령어라 커널 상태에서 CPU로만 실행될 수 있다는 것입니다. 프로그래머가 작성한 응용 프로그램은 사용자 상태에서 실행되므로 여러분은 사용자 상태에 있는 한 직접 CPU에 이 명령어를 실행하게 할 방법이 없습니다. 사용자 상태와 커널 상태를 아직 기억하고 있나요? 잊어버렸다면 다시 3.5절로 돌아가서 살펴보기 바랍니다.

마지막으로 프로세스 일시 중지(suspend)와 halt 명령어를 혼동하지 않도록 유의하기 바랍니다. sleep 같은 함수를 호출하면 해당 함수를 호출한 프로세스만 일시 중지됩니다. 이때 다른 프로세스가 여전히 실행 상태라면 CPU는 유휴 상태로 진입할 수 없습니다. CPU가 halt 명령어를 실행한다는 것은 시스템 내 더 이상 실행할 준비가 완료된 프로세스가 없다는 것입니다.

4.2.5 유휴 프로세스와 CPU의 저전력 상태

이제 halt 명령어가 준비되었으며, 이와 동시에 halt 명령어를 지속적으로 실행해 주는 순환이 있어 유휴 작업 프로세스는 이미 구현 완료된 상태입니다. 본질적으로 이는 halt 명령어를 계속 실행하는 순환이며, 목적대로 잘 실행되고 있습니다.

이와 같이 스케줄링 가능한 프로세스가 더 이상 존재하지 않으면 스케줄러가 유휴 프로세스를 실행하는데, 이것으로 순환 구조에서 계속 halt 명령어가 실행됩니다. 이 halt 명령어로 그림 4-13과 같이 CPU는 저전력 상태로 진입하기 시작합니다.

▼ 그림 4-13 CPU를 저전력 상태로 만드는 유휴 프로세스

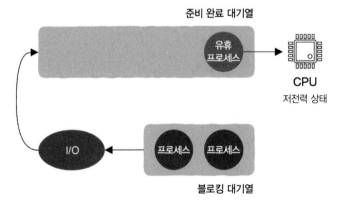

리눅스 커널에서 이 코드는 다음과 같이 작성됩니다.

```
while (1)
{
    while (!need_resched())
    {
        cpuidle_idle_call();
    }
}
```

여기에서 cpuidle_idle_call 함수는 최종적으로 halt 명령어를 실행할 것입니다. 물론 여기에서 설명하는 코드는 많은 세부 사항이 생략된 것으로 핵심 내용만 담은 것입니다. 실제로 리눅스 커널은 유휴 프로세스를 구현할 때 더 많은 것을 고려합니다. 예를 들어 어떤 유형의 CPU는 깊은 수면(deep sleep) 상태(C3), 더 깊은 수면(deeper sleep) 상태(C4) 등을 가질 수 있는데, 커널은 시스템 유휴 시간을 예측하고 이에 따라 어떤 수면 상태로 진입할지 결정해야 합니다.

정리하자면, 컴퓨터 시스템이 유휴 상태일 때 CPU가 하는 일이 바로 이와 같으며 그것은 사실 halt 명령어를 실행하는 것입니다.

실제로 컴퓨터 입장에서는 CPU가 가장 많이 실행하는 명령어는 halt 명령어일 것입니다. **전 세계에 있는 모든 CPU가 대부분의 시간을 이 명령어에 쓰는 것이 신기하지 않나요?**

그런데 잠깐만요. 더 이상한 것이 나타났습니다.

4.2.6 무한 순환 탈출: 인터럽트

앞서 설명했던 순환은 while (1) 같은 무한 순환 구조인데, 내부에는 break 문도 없고 return 문도 없습니다. 그럼 운영 체제는 어떻게 이 순환을 빠져나올까요? 또 여러분 코드에 while (true) 같은 무한 순환이 있어도 프로그램이 CPU를 독점하는 것으로는 보이지 않습니다. 단일 코어 CPU를 사용하는 운영 체제에서도 이 프로그램이 무한 순환 중임에도 다른 프로그램은 정상적으로 응답하기도 합니다. 직접 코드를 작성해서 테스트해 보면 확실해질 것입니다. 이것이 가능한 이유는 무엇일까요?

원래 컴퓨터 운영 체제는 일정 시간마다 타이머 인터럽트(timer interrupt)를 생성하고, CPU는 인터럽트 신호를 감지하고, 운영 체제 내부의 인터럽트 처리 프로그램을 실행합니다. 상응하는 인터럽트 처리 함수에서는 프로세스가 실행될 준비가 되었는지 판단하고, 준비가 되었다면 중단되었던 프로세스를 계속 실행합니다. 준비되어 있지 않다면 프로세스를 일시 중지시키고, 스케줄러는 준비 완료 상태인 다른 프로세스를 스케줄링합니다.

앞서 다룬 유휴 프로세스를 예로 들어 보겠습니다. 유휴 프로세스가 타이머 인터럽트로 일시 중지되면 인터럽트 처리 함수는 시스템에 준비 완료된 프로세스가 있는지 확인하고, 없다면 유휴 프로세스를 계속 실행합니다.

이제 이해할 수 있나요? 프로그램에 무한 순환이 있더라도 운영 체제는 여전히 타이머 인터럽트를 통해 프로세스의 스케줄링을 제어할 수 있으며, 무한 순환이 있다고 운영 체제가 실행하지 못하는 문제는 발생하지 않습니다. 정말 설계 방식이 우아하지 않나요?

CPU가 유휴 상태일 때 무엇을 하고 있는지에 관한 내용은 여기까지 다루겠습니다. 어떻습니까? 물론 생각만큼 간단한 문제는 아닙니다. 여기에는 운영 체제의 소프트웨어와 CPU라는 하드웨어의 긴밀한 협력이 필요하며, 이것은 바로 CPU와 운영 체제 사이의 이야기입니다.

자, 이제 열차에서 내려 커피 한 잔과 함께 잠시 쉽시다. 계속해서 CPU와 수치 체계 내용을 알아보겠습니다.

4.3 SECTION / CPU는 숫자를 어떻게 인식할까?

먼저 간단한 질문을 하나 하겠습니다. 어린아이들은 숫자를 셀 수 있습니다. 하나, 둘, 셋, 넷, 다섯, 여섯, 일곱, 여덟, 아홉, 열처럼 말이지요. 하지만 왜 이런 식으로 셀까요? 왜 하나, 둘, 셋, 넷, 다섯, 여섯 다음이 열이 아닐까요?

가장 널리 알려진 해석 중 하나는 인간 손가락이 열 개라서 인간의 수치 체계가 10진법(decimal system)이 되었다는 것입니다. 이 해석이 올바르다면 카멜레온의 수치 체계는 그림 4-14와 같이 4진법(base four system)이어야 할 것입니다.

▼ 그림 4-14 카멜레온은 '손가락이 두 개'인 것처럼 보인다

컴퓨터는 손가락이 하나라서 2진법(binary system)입니다…… 하하! 농담입니다. 컴퓨터 시스템이 2진법인 이유는 컴퓨터의 저수준 계층이 각각 켜고 끄는 스위치인 트랜지스터로 구성되어 있기 때문입니다.

4.3.1 숫자 0과 양의 정수

0이라는 숫자는 매우 중요한 의미를 담고 있지만, 여러분 중 어느 누구도 이것을 생각해 본 적이 없을 것입니다. 괜찮습니다. 먼저 다른 수치 체계인 아라비아 숫자와 로마 숫자를 살펴보겠습니다.

- 아라비아 숫자(arabic numerals): 0, 1, 2, 3, 4, 5, 6, 7, 8, 9
- 로마 숫자(roman numerals): I, II, III, IV, V, VI, VII, VIII, IX, X

로마 숫자에는 이 '0'이라는 개념이 없음에 유의해야 합니다. 그것이 뭐 그리 중요한 문제냐고 생각할 수도 있습니다. 예를 들어 숫자 205를 각각의 숫자 체계로 표기하면 로마 숫자로는 CCV, 아라비아 숫자로는 205라고 표현할 수 있습니다.

0이 생겨나면서 205를 아라비아 숫자 체계에서는 다음과 같이 표현할 수 있게 되었습니다.

```
205 = 2 × 100 + 0 × 10 + 5 × 1
```

아라비아 숫자 체계에서는 값과 숫자의 위치가 직접적인 관계가 있는데, 이를 위치 기수법(positional notation)이라고 합니다. 하지만 로마 숫자 체계에서는 위치 기수법이 사용되지 않으므로 로마 숫자를 이용하여 큰 수를 표시하는 것은 매우 어렵습니다.

컴퓨터 시스템의 2진법도 마찬가지로 위치 기수법을 사용하며, 숫자 5를 2진법으로 표기하면 101^8입니다.

```
5 = 1 × 2² + 0 × 2¹ + 1 × 2⁰
```

따라서 비트 k개를 사용하면 정수 2^k개를 나타낼 수 있습니다. 그 범위는 $0 \sim 2^k-1$이므로, k가 여덟 개인 8비트라고 가정하면 표현 가능한 범위는 0~255입니다. 물론 이는 부호 없는 정수(unsigned integer)에 해당합니다.

---

8 **역주** 이때 101은 백(百)일(一)이 아닌 일(一)영(零)일(一)로 읽어야 합니다. 십(十), 백(百), 천(千) 같은 단위는 10진법에서만 씁니다.

이제 우리는 양의 정수를 나타낼 수 있습니다. 하지만 실제로 계산에 사용되는 수에 음수를 빼놓을 수는 없으며, 이를 부호 있는 정수(signed integer)라고도 합니다. 진짜 재미있는 부분은 이제 시작입니다.

4.3.2 부호 있는 정수

양의 정수를 표현하는 것은 매우 간단합니다. k 비트가 주어지면 정수 2^k개를 표현할 수 있습니다. 즉, k가 4라면 정수 16개를 표현할 수 있습니다.

부호 있는 정수를 고려해야 한다면 어떻게 될까요?

이것도 그다지 어렵지 않을 것입니다. 반으로 나누면 되니까요! 그중 절반은 양수를 나타내는데 사용하고, 나머지 절반은 음수를 나타내는데 사용하는 것이죠!

비트가 네 개 있을 때, 이를 이용해서 표현할 수 있는 부호가 없는 정수는 0~15가 됩니다. 반면에 부호 있는 정수를 표현하려면 절반은 1~7에 나누어 주고, 나머지 절반은 −1~7에 나누어 주어야 합니다. 이 표시 방법에서는 최상위 비트(most significant bit)가 정수 부호를 결정하며 이 값이 0이면 양수, 그렇지 않으면 음수라고 정의합니다.

```
0******* 양수
1******* 음수
```

다음 문제는 음수에 관한 것입니다. 예를 들어 −2는 어떻게 표현해야 할까요? 최상위 비트를 1이라고 정의했다 치더라도, 나머지 비트는 어떻게 설정해야 할까요?

이 문제에는 세 가지 설계 방법이 있습니다.

4.3.3 양수에 음수 기호를 붙이면 바로 대응하는 음수: 부호-크기 표현

이 설계 방식은 매우 간단합니다. 0010이 +2를 의미하므로 최상위 비트를 1로 바꾸기만 한 1010은 대응하는 음수인 −2가 됩니다. 이 설계 방식은 간단하고 직접적이며 인간의 사고방식에 가장 가깝습니다. 물론 최고의 설계라고 할 수는 없지만 말이죠.

이 설계에 따르면 4비트로 표현할 수 있는 모든 숫자는 다음과 같습니다.

```
0000    0
0001    1
```

```
0010    2
0011    3
0100    4
0101    5
0110    6
0111    7
1000    -0
1001    -1
1010    -2
1011    -3
1100    -4
1101    -5
1110    -6
1111    -7
```

인간 사고방식과 매우 유사한 이 표현 방식은 부호-크기 표현(sign-magnitude)이라고 합니다.

그런데 이 부호-크기 표현을 잘 보면 −0이라는 이상한 숫자가 하나 나타납니다. 0000이 0을 의미하는 것에는 아무런 문제없지만, 1000은 −0을 표시합니다. 사실 0과 −0은 같은 숫자인데 말입니다.

그렇다면 부호-크기 표현 외에 다른 표현 방법은 없을까요?

4.3.4 부호-크기 표현의 반전: 1의 보수

부호-크기 표현은 사실 너무 원시적이므로 기본적으로 설계 자체가 없는 것과 마찬가지입니다. 여러분은 갑자기 좋은 생각이 떠오릅니다. 0010이 +2를 의미하니까, 이를 완전히 반전[9]시킨 1101을 −2로 표시하면 되지 않을까요?

```
0000    0
0001    1
0010    2
0011    3
0100    4
0101    5
0110    6
0111    7
1000    -7
1001    -6
1010    -5
```

---

9 **역주** 이를 비트 부정 연산(bitwise NOT)이라고 하며, 다른 말로는 보수(補數, complement)라고 합니다.

```
1011    -4
1100    -3
1101    -2
1110    -1
1111    -0
```

이 방법을 일컬어 1의 보수(one's complement)라고 합니다.

1의 보수 표현 방식에도 −0은 여전히 있습니다. 0000은 0이며, 이것의 1의 보수인 1111은 −0입니다. 이와 같이 1의 보수 표현 방식은 부호−크기 표현 방식과 크게 다르지 않음을 알 수 있습니다.

여기까지 읽고 나서 사실 부호 있는 숫자는 부호−크기 표현이든 1의 보수 표현이든 모두 표현 가능하니 어떻게 해도 상관없지 않느냐고 생각할 수도 있겠습니다. 물론 여러분이 컴퓨터 창조자라면, 이론상으로는 어떤 설계라도 모두 가능합니다. 초기 컴퓨터는 실제로 매우 많은 표현 방식을 사용했으며, 1의 보수 표현 방식을 사용한 운영 체제도 실제로 존재했었습니다. 하지만 이런 표시 방식에는 모두 공통된 문제가 있었으니, 바로 두 숫자를 더하는 것이었습니다.

4.3.5 간단하지 않은 두 수 더하기

2 + (−2)를 예로 들어 보겠습니다.

부호−크기 표현 방식에서 2는 0010이고 −2는 1010입니다. 이때 컴퓨터는 2 + (−2)의 덧셈을 어떻게 수행해야 할까요?

```
    0010
  +
    1010
  --------
    1100
```

그러나 1100은 부호−크기 표현 방식에 따르면 −4이므로, 이는 부호−크기 표현 방식과 모순된 결과에 해당합니다.

이번에는 1의 보수를 보겠습니다. 2는 0010이고 −2는 1101입니다. 이제 두 숫자를 더해 봅시다.

```
    0010
  +
    1101
  --------
    1111
```

1111은 1의 보수 방식에서 −0에 해당합니다. −0이라는 값은 우아하지는 않지만, 최소한 1의 보수 방식과 모순된 결과는 아닙니다.

4.1절에서 이미 살펴보았듯이, 컴퓨터의 덧셈은 가산기 조합 회로로 구현됩니다. 하지만 이 부호−크기 표현이나 1의 보수를 이용하여 덧셈을 계산하려면 두 가지 방식 모두 앞에 언급한 가산기 위에 부호 있는 숫자의 정확한 덧셈을 보장하는 조합 회로를 추가하는 것이 불가피합니다. 이는 의심의 여지없이 회로 설계의 복잡도를 증가시킵니다.

사람은 게으르면서 동시에 똑똑합니다. 2 + (−2)가 0(0000)인 숫자 표현 방법은 이미 있지 않나요?

4.3.6 컴퓨터 친화적 표현 방식: 2의 보수

여기에서 핵심은 $A + (−A) = 0$을 가능하게 하면서 동시에 0을 표현할 때 2진법에서 0000이라는 표현 한 가지만 존재하는 표현 방법이 필요하다는 것입니다.

$A = 2$라고 가정하고 2 + (−2) = 0(0000)이 되는 표현 방법을 중점적으로 연구해 봅시다.

먼저 양수 2는 간단합니다. 이 수를 2진법으로 표현하면 0010입니다. 하지만 −2에 대해서는 아직 최상위 비트가 1이라는 것만 확정 지을 수 있습니다. 이제 이를 표현하면 다음과 같습니다.

```
   0010
 +
   1???
 --------
   0000
```

이 수식은 −2가 1110인 경우 올바르며, 이때 2 + (−2)는 실제로 0이 됩니다. 이것에서 다른 음수의 2진법 표현을 추론해 낼 수 있습니다.

```
0000    0
0001    1
0010    2
0011    3
0100    4
0101    5
0110    6
0111    7
1000    -8
1001    -7
```

```
1010    -6
1011    -5
1100    -4
1101    -3
1110    -2
1111    -1
```

여기에서 볼 수 있듯이 이 표현 방식에는 −0이 없습니다.

−1과 0에 주목하면 각각 1111과 0000입니다. −1(1111)에 1(0001)을 더하면 확실히 0000을 얻을 수 있지만, 아직 자리 올림수(carry)가 존재하기에 우리가 실제로 얻는 값은 10000입니다. 하지만 우리는 안심하고 자리 올림수를 무시할 수 있습니다. 이 표현 방법에서 가장 아름다운 부분은 4.1절에서 언급했던 가산기가 계산을 수행할 때 숫자 부호에 전혀 신경 쓸 필요가 없다는 것입니다.

이런 숫자 표현 방식이 바로 현대 컴퓨터 시스템에서 사용되는 2의 보수(two's complement)입니다.

2의 보수를 사용하면 4비트일 경우 −8~7 범위의 숫자를 표시할 수 있습니다.

그림 4−15를 통해 1의 보수와 2의 보수를 자세히 들여다보겠습니다.

▼ **그림 4-15** 1의 보수와 2의 보수 간 대응 관계

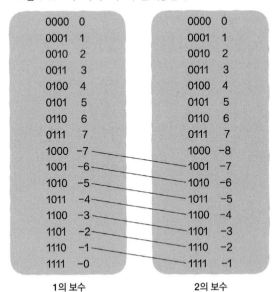

1의 보수   2의 보수

2의 보수에 −0이라는 표현이 없음과 동시에 재미있는 규칙을 하나 발견할 수 있는데, 바로 그림 4−15와 같이 1의 보수로 표현한 양수에 1을 더하면 2의 보수에서 대응하는 음수가 된다는 것입니다. 그렇다면 이제 어떻게 1의 보수에서 2의 보수를 계산하는지 살펴보아야겠죠?

4.3.7 CPU는 정말 숫자를 알고 있을까?

현대 컴퓨터가 2의 보수 표현 방식을 사용하는 근본적인 이유는 이 표현이 비록 사람에게는 직관적이지 않지만 회로 설계를 단순화할 수 있기 때문입니다. 이와 같이 컴퓨터 과학에서는 인간 사고방식과 유사한 설계가 반드시 컴퓨터에도 적합한 것은 아님을 알 수 있습니다.

다시 2의 보수 표현 방식을 이용하여 2 + (−2)의 계산 과정을 살펴보겠습니다. 10진법의 계산 방법과 마찬가지로 오른쪽에서 왼쪽으로 계산하며, 자리 올림수가 발생하면 왼쪽 열 계산에 포함됩니다.

```
    0010
 +
    1110
 ---------
   10000
```

가산기는 이 과정에서 숫자가 양수인지 음수인지를 신경 쓰고 있습니까?

그렇지 않습니다. 가산기는 양수와 음수에 대해 전혀 신경 쓰지 않을 뿐만 아니라, 근본적으로 '0010'이라는 이 연속된 숫자가 가지고 있는 의미조차 이해하지 못합니다. 단지 두 비트의 배타적 논리합 연산이 덧셈의 결과라는 것과 두 비트의 논리곱 연산이 자리 올림수라는 것만 알고 있습니다. 숫자가 1의 보수인지 또는 2의 보수를 사용하고 있는지는 사람이 이해하기 위해 필요한 뿐이며, 더 정확하게는 컴파일러가 이해하고 있어야 하는 것입니다. 사실은 프로그래머도 이것을 알 필요가 없지만, 숫자 형식이 가질 수 있는 범위만큼 알고 있어야 합니다. 그렇지 않으면 넘침이 발생할 위험이 있습니다.

이것에서 우리는 사실 CPU 자체는 인간 두뇌에 존재하는 개념들을 이해할 수 없다는 것을 반드시 이해해야 합니다. CPU는 단순한 세포와 같아서 자극을 주면 반응을 하는 것과 마찬가지로 명령을 내리면 실행할 뿐입니다. 또 CPU가 정상적으로 동작할 수 있는 것은 CPU를 만든 하드웨어 엔지니어가 그렇게 동작하도록 했기 때문입니다. 이는 마치 여러분에게 자전거가 어떻게 달릴 수 있는지 물어보는 것과 같습니다. 우리가 바퀴와 체인을 발명하고 페달을 발로 밟기 때문에 가능한 것이죠. …… 사실 아직도 자전거가 어떻게 넘어지지 않고 달릴 수 있는지 완전히 이해하고 있지는 못하지만 말입니다.

거시적으로 보면 전체 시스템은 다음과 같이 동작합니다. 프로그래머는 두뇌의 바다를 헤엄치고 있는 사고 문제를 프로그램 방식으로 표현하고, 컴파일러는 인간이 이해할 수 있는 프로그램을 CPU를 제어할 때 사용하는 0과 1로 구성된 기계 명령어로 변환합니다. CPU는 근본적으로 어떤 프로그래밍 언어도 이해하지 못하며, 프로그래밍 언어를 이해하고 있는 것은 사실 컴파일러입니다. 이제 CPU에 입력하는 것이 가능해졌습니다. 출력은 어떻게 해야 할까요? 출력역시 사실 0과 1의 연속이며, 남은 것은 이를 해석하는 것뿐입니다. 여러분이 0과 1로 구성된 01001100이라는 값을 받으면 이를 숫자로 인식할 수도 있고 문자열로 인식할 수도 있습니다. 또는 RGB 기반의 색상으로 인식하는 것도 가능합니다. 모든 것은 어떻게 해석하는가에 달렸으며, 이것이 소프트웨어가 하는 일입니다. 이 일의 최종 목적은 단 하나입니다. 바로 그림 4-16과 같이 사람이 보고 이해할 수 있도록 하는 것이죠.

▼ **그림 4-16** 인간에서 컴퓨터, 다시 인간으로 흐르는 정보 흐름

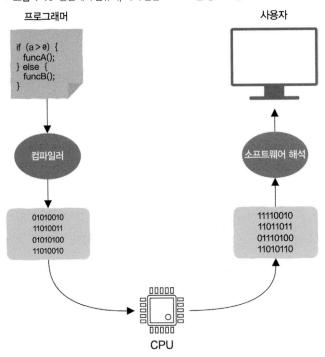

따라서 CPU는 인간 개념을 이해하지 못하며, 인간이 제어해서 주어진 작업을 처리할 뿐입니다. 전체적으로 보면 '작업'은 프로그래머가 준비하고 CPU 처리를 거쳐 소프트웨어를 사용하는

사용자에게 다시 흘러갑니다. CPU는 시작부터 끝까지 자신의 입력과 출력을 전혀 이해하지 못합니다.

자, 부호-크기 표현 방식, 1의 보수 표현 방식, 2의 보수 표현 방식에 대한 내용은 여기에서 마치겠습니다.

지금까지 CPU, 운영 체제, 수치 체계 이야기를 이해했습니다. 이제부터는 CPU와 프로그래밍 언어 사이에 어떤 관계가 있는지 살펴봅시다. 프로그래머가 프로그래밍을 할 때 정말 CPU에 신경 쓸 필요가 없을까요?

SECTION 4.4 / CPU가 if 문을 만났을 때

먼저 코드를 살펴보겠습니다.

코드

```c
const unsigned arraySize = 10000;
int data[arraySize];

long long sum = 0;

for (unsigned i = 0; i < 100000; ++i)
{
    for (unsigned c = 0; c < arraySize; ++c)
    {
        if(data[c] >= 128)
        {
            sum += data[c];
        }
    }
}
```

이것은 C 언어로 작성된 코드로, 크기가 10,000인 정수 배열을 만들고 배열에서 128보다 큰 모든 요소의 합을 계산하는 작업을 100,000번 반복합니다.

코드 자체는 매우 평범합니다. 하지만 흥미로운 점이 있습니다. 배열 요소가 이미 정렬된 상태라면 필자의 컴퓨터를 기준으로 2.8초 만에 실행이 완료되지만, 배열 요소가 임의로 배치되어 있다면 실행 시간이 무려 7.5초에 달한다는 것입니다.

왜 이런 현상이 일어날까요?

답을 찾기 위해 리눅스의 perf 도구를 사용하여 프로그램 실행 상태에 대한 초기 단계를 분석해 봅시다. 이 도구로 프로그램이 실행 중일 때 CPU와 관련된 모든 중요한 정보를 확인할 수 있습니다. 그림 4-17은 정렬된 배열을 이용하여 실행된 프로그램의 통계 자료입니다.

▼ **그림 4-17** 정렬된 배열을 이용하여 실행된 프로그램의 통계 자료

```
    2,859.27 msec task-clock              #    1.000 CPUs utilized
          30        context-switches       #    0.010 K/sec
         405        cpu-migrations         #    0.142 K/sec
         420        page-faults            #    0.147 K/sec
   7,379,398,614    cycles                 #    2.581 GHz                  (49.96%)
  10,091,155,695    instructions           #    1.37  insn per cycle      (62.53%)
   3,014,582,880    branches               # 1054.318 M/sec               (62.54%)
         562,881    branch-misses          #    0.02% of all branches     (62.55%)
   5,536,117,296    L1-dcache-loads        # 1936.197 M/sec               (62.55%)
      66,213,141    L1-dcache-load-misses  #    1.20% of all L1-dcache hits (62.52%)
       1,482,261    LLC-loads              #    0.518 M/sec               (49.97%)
         141,417    LLC-load-misses        #    9.54% of all LL-cache hits (49.93%)
```

그림 4-18은 정렬되지 않은 배열을 이용하여 실행된 프로그램의 통계 자료입니다.

▼ **그림 4-18** 정렬되지 않은 배열을 이용하여 실행된 프로그램의 통계 자료

```
    7,575.90 msec task-clock              #    1.000 CPUs utilized
          54        context-switches       #    0.007 K/sec
         570        cpu-migrations         #    0.075 K/sec
         439        page-faults            #    0.058 K/sec
  19,521,937,873    cycles                 #    2.577 GHz                  (49.98%)
  10,132,547,436    instructions           #    0.52  insn per cycle      (62.50%)
   3,024,418,640    branches               #  399.216 M/sec               (62.49%)
     427,150,386    branch-misses          #   14.12% of all branches     (62.49%)
   5,548,562,778    L1-dcache-loads        #  732.396 M/sec               (62.50%)
      65,634,418    L1-dcache-load-misses  #    1.18% of all L1-dcache hits (62.53%)
       2,062,680    LLC-loads              #    0.272 M/sec               (50.02%)
         218,810    LLC-load-misses        #   10.61% of all LL-cache hits (50.00%)
```

이 중 유달리 차이가 큰 항목이 하나 있습니다. 바로 분기 예측 실패율을 나타내는 branch-misses 항목입니다. 정렬된 배열을 이용한 프로그램에서는 예측 실패율이 0.02%에 불과하지만, 정렬되지 않은 배열을 이용한 프로그램에서는 최고 14.12%에 달합니다.

이 값이 무엇을 의미하는지 파악하기 전에 먼저 다음 질문을 살펴보아야 합니다. 과연 분기 예측이란 무엇일까요? 이것을 이야기하려면 먼저 파이프라인(pipeline) 기술부터 알아 두어야 합니다.

4.4.1 파이프라인 기술의 탄생

1769년 영국인 조사이아 웨지우드(Josiah Wedgwood)[10]가 도자기 공장을 설립했습니다. 비록 이 공장의 도자기 생산은 부진했지만, 도공 한 명이 처음부터 끝까지 모든 것을 만드는 전통적인 방식과 달리 내부를 매우 혁신적인 방식으로 관리했습니다. 조사이아 웨지우드는 전체 공정 단계를 수십 개로 나누고 각 단계마다 전문가를 배치했는데, 이것이 산업 조립 라인의 최초 형태입니다.

조립 라인 기술은 영국인이 발명했다고 할 수도 있지만, 그것을 발전시킨 것은 미국인 헨리 포드(Henry Ford)입니다. 20세기 초 포드는 조립 라인 기술을 자동차 대량 생산에 적용했고, 효율성이 1000배 향상되었습니다. 그 결과, 자동차라는 사치품이 점차 서민들 가정에 날아들기 시작했습니다.

자동차 한 대를 조립하는 데 프레임 조립, 엔진 설치, 배터리 설치, 품질 검사 네 단계가 필요하고 각 과정에 20분이 소요된다고 합시다. 이 모든 과정을 하나의 팀이 전부 담당할 경우 조립을 완료하는 데 총 80분이 필요합니다.

하지만 각 단계를 전담하는 팀에 넘기면서 조립하면 상황이 달라집니다. 이 경우 자동차가 생산되는 전체 과정은 여전히 80분이 필요하지만, 전체 공장 입장에서는 그림 4-19와 같이 20분마다 자동차 한 대를 생산할 수 있습니다.

---

10 역주 영국의 대표적인 도자기 브랜드인 웨지우드(Wedgwood) 창업자로 도자기 산업화의 아버지라고 칭송받고 있습니다. 진화론으로 유명한 찰스 다윈(Charles Robert Darwin)의 외할아버지이기도 합니다.

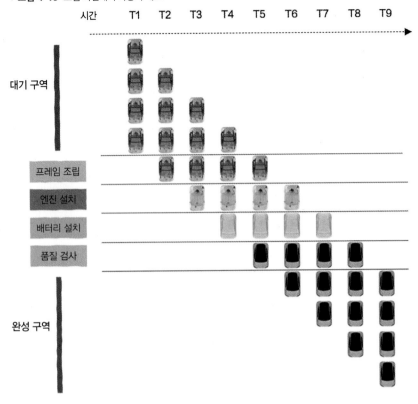

▼ **그림 4-19** 조립 라인에서 자동차 제조

즉, 조립 라인은 전체 자동차 조립 시간을 줄이는 것이 아니라 공장의 처리 능력을 늘리는 것입니다.

4.4.2 CPU: 메가팩토리와 파이프라인

CPU 자체를 하나의 메가팩토리(megafactory)로 볼 수 있는데, CPU라는 메가팩토리는 차량을 생산하는 대신 기계 명령어를 실행합니다.

CPU가 하나의 기계 명령어를 실행하는 것을 자동차 한 대를 생산하는 것과 같다고 한다면, 현대 CPU는 1초에 자동차 수십억 대를 생산할 수 있을 정도입니다. 그러므로 CPU 효율성은 어떤 산업 조립 라인도 압살해 버릴 정도입니다. 이런 의미에서 CPU는 명실상부한 메가팩토리입니다.

자동차 한 대를 생산할 때 네 가지 과정을 거쳐야 하는 것과 유사하게, 하나의 기계 명령어를 처리하는 과정 역시나 대체로 명령어 인출(instruction fetch), 명령어 해독(instruction decode), 실행(execute), 다시 쓰기(writeback) 네 단계[11]로 구분할 수 있습니다. 그리고 각 단계는 그림 4-20과 같이 별도의 하드웨어로 처리됩니다. 물론 실제 CPU 내부에서는 기계 명령어 하나를 단계 수십 개로 분해해서 실행할 수도 있다는 것을 알아 두어야 합니다.

▼ **그림 4-20** CPU는 조립 라인 방식으로 기계 명령어를 실행한다

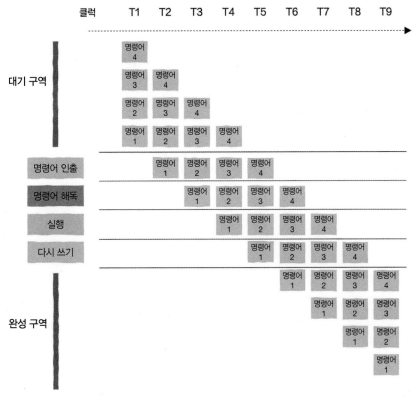

보다시피 CPU가 기계 명령어를 실행하는 것은 공장에서 차량을 생산하는 것과 다르지 않습니다. 현재 CPU는 기계 명령어를 초당 수십억 개 처리할 수 있는 능력을 갖추고 있으며, 파이프라인(pipeline) 기술은 필수 불가결합니다.

---

11 **역주** 일반적으로 각각 IF 단계, ID 단계, EX 단계, WB 단계로 통칭합니다.

4.4.3 if가 파이프라인을 만나면

프로그래머가 작성한 if 문은 일반적으로 컴파일러가 조건부 점프 명령어로 변환하며, 이 명령어는 분기 역할을 합니다. 조건이 참이면 점프해야 하고, 그렇지 않으면 순차적으로 실행됩니다. 하지만 조건부 점프 명령어를 실행하기 전까지는 우리가 점프해야 할지 알 수 없으며, 이는 파이프라인에 영향을 미칩니다. 도대체 어떤 영향을 미칠까요?

자동차 조립 라인을 자세히 관찰해 보면, 그림 4-21과 같이 앞쪽 자동차 제작이 완료되기 전에 이미 다음 자동차가 조립 라인에 들어가 있는 것을 알 수 있습니다.

▼ **그림 4-21** 앞쪽 자동차 제작이 완료되기 전에 다음 자동차가 조립 라인에 들어가 있어야 한다

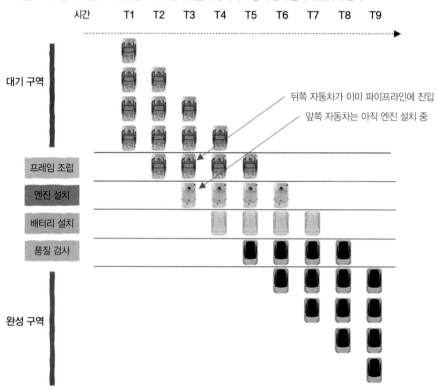

CPU에도 마찬가지 방식이 적용됩니다. 분기 점프 명령어가 실행을 완료하기 전에 다음 명령어는 이미 파이프라인에 들어가 있어야 하는데, 그렇지 않으면 파이프라인에 '빈 공간'이 생겨 프로세서의 리소스를 완전하게 사용할 수 없기 때문입니다. 이때 문제가 발생합니다. 그림 4-22와 같이 분기 점프 명령어는 자신의 실행 결과에 따라 점프 여부를 결정해야 하는데, 이 명령어 실행이 완료되지 않은 시점에 CPU는 어떤 분기의 명령어를 파이프라인에 넣어야 할지 어떻게 알 수 있을까요?

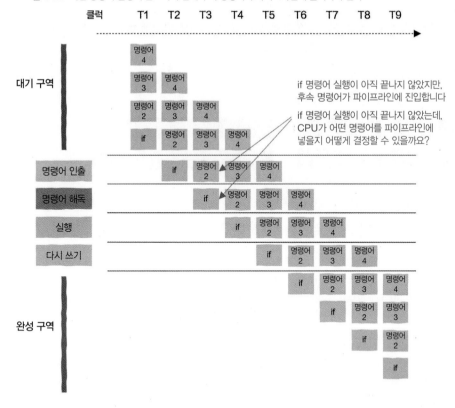

▼ 그림 4-22 이전 명령어 실행이 완료되기 전에 후속 명령어가 파이프라인에 들어가야 한다

사실 CPU 역시 이를 알지 못한다면 어떻게 해야 할까요? 답은 매우 간단합니다. 미리 예측을 하는 것이죠.

4.4.4 분기 예측: 가능한 한 CPU가 올바르게 추측하도록

여러분이 잘못 본 것이 아닙니다. CPU는 뒤이어 어디로 분기할 가능성이 있는지 추측합니다. 추측이 맞았다면 파이프라인은 계속 앞으로 흘러갈 것입니다. 추측이 틀렸다면 안타깝게도 파이프라인에서 이미 실행 중이던 잘못된 분기 명령어 전부를 무효화합니다. 여기에서 알 수 있듯이, CPU 추측이 틀리면 바로 성능 손실이 발생합니다.

최신 CPU의 이런 '추측' 과정을 분기 예측이라고 합니다. 물론 이 예측은 동전 던지기처럼 간단하지 않으며, 프로그램 실행 이력을 기반으로 예측을 실행하는 등 여러 가지 데이터를 기반으로 합니다.

분기 예측을 이해하면 앞의 질문을 해석할 수 있습니다.

배열이 정렬되어 있을 때와 그렇지 않을 때 if 조건의 결과를 확인해 봅시다. 먼저 그림 4-23은 배열이 정렬되어 있을 때 if 조건의 결과입니다.

▼ **그림 4-23** 배열이 정렬되어 있으면 if 조건의 결과는 매우 규칙적이다

그림 4-23에서 알 수 있듯이, 배열이 정렬되어 있으면 if 조건의 결과는 매우 규칙적입니다. 반면에 배열이 정렬되어 있지 않으면 if 조건의 결과는 그림 4-24와 같습니다.

▼ **그림 4-24** 배열이 정렬되어 있지 않으면 if 조건의 결과에는 규칙성이 없다

그림 4-24에서 볼 수 있듯이, 배열이 정렬되어 있지 않을 때는 if 조건의 결과도 뒤죽박죽입니다. 어느 쪽이 CPU가 더 추측하기 쉬울 것 같나요?

배열이 정렬되어 있으면 CPU의 추측은 거의 전부 들어맞습니다. 하지만 배열이 정렬되어 있지 않으면 Arr[i] 값이 256보다 큰 값인지 여부는 기본적으로 무작위 이벤트이며, 어떤 예측 전략도 무작위 이벤트에 대응하기란 어렵습니다. 이것이 바로 정렬되지 않는 배열을 사용하면 분기 예측 실패율이 매우 높아지고 프로그램 성능이 떨어지는 이유입니다.

높은 성능을 요구하는 코드를 작성하고 이 안에 if 문을 사용한다면 CPU가 높은 확률로 추측할 수 있도록 코드를 작성해야 합니다.

이것이 프로그래밍 언어에 likely/unlikely 매크로(macro)[12]가 있는 이유입니다. 코드를 제일 잘 이해하는 것은 프로그래머이므로, likely/unlikely 매크로를 이용하여 컴파일러에 가능성이 더 높은 분기를 알려 줄 수 있습니다. 이렇게 하면 컴파일러는 더 목적성을 가지고 최적화를 할 수 있습니다.

---

12 역주 C++20 규격부터는 매크로가 아닌 속성(attribute)으로 편입되었습니다.

다른 성능 최적화와 마찬가지로 앞서 사용했던 perf 같은 분석 도구로 분기 예측이 성능 병목 현상의 원인은 아닌지 확인해야 합니다. 이 경우를 제외하면 분기 예측 실패와 관련된 성능 감소 문제는 거의 신경 쓸 필요가 없습니다. 최신 CPU의 분기 예측은 매우 정확하므로 앞의 예제에서 정렬되지 않은 배열을 사용하더라도 동전 던지기와 달리 분기 예측 실패율이 50%에 달하지 않음을 염두에 둡니다.

이제 우리는 프로그래머가 코드를 작성할 때 고급 프로그래밍 언어를 사용하더라도, 특정 상황에서는 여전히 CPU에 신경 써야 한다는 것을 알 수 있습니다. 이와 같이 구현 원리를 이해해야만 CPU를 더 잘 활용하는 코드를 작성할 수 있습니다.

이어서 CPU와 스레드를 알아보겠습니다. CPU가 매우 중요한 하드웨어라면, 스레드는 매우 중요한 소프트웨어입니다. 그렇다면 이 두 요소 사이에는 어떤 관계가 있을까요?

4.5 SECTION / CPU 코어 수와 스레드 수 사이의 관계는 무엇일까?

필자는 요리를 잘 못 하지만, 미식가로서 가지는 요리 사랑은 아무도 막을 수 없습니다. 볶음 요리는 매우 간단하게 만들 수 있어 레시피를 하나하나 따라 하기만 하면 됩니다. 팬에 기름을 달군 후 파, 생강, 마늘을 향이 날 때까지 센 불에 볶다가 잘 썬 식재료를 넣고 다시 볶아 줍니다. 마지막으로 적당량의 간장, 소금을 넣고 계속 볶으면 완성입니다!

유능한 요리사는 동시에 N개의 요리를 만들 수 있습니다. 이쪽에서는 국을 끓이고 저쪽에서는 고기를 굽는 등 여러 가지 요리 사이를 끊임없이 질서정연하게 왔다 갔다 합니다.

4.5.1 레시피와 코드, 볶음 요리와 스레드

사실 CPU와 요리사는 같습니다. 요리사는 레시피에 따라 특정 작업을 실행하여 특정한 요리를 만들고, CPU는 기계 명령어에 따라 프로세스와 스레드를 실행합니다. 운영 체제 입장에서 볼 때, CPU가 사용자 상태에서 실행하는 명령어는 모두 그림 4-25와 같이 스레드 또는 특정 스레드에 속해 있습니다.

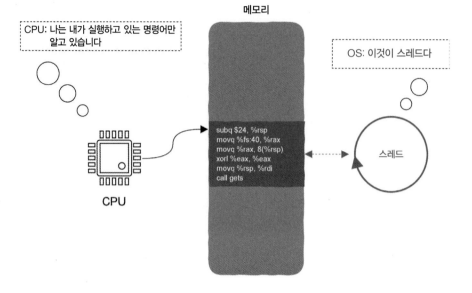

▼ **그림 4-25** 사용자 상태에서 CPU가 실행하는 명령어는 특정 스레드에 속한 것이다

이것은 볶음 요리와 동일합니다. 레시피에 따라 돼지고기를 볶으면 돼지 두루치기 스레드가 되는 것이고, 소시지와 야채를 볶으면 소시지 야채 볶음 스레드가 되는 것입니다.

요리사 수는 CPU 코어 수에 비유할 수 있으며, 일정 시간 동안 볶을 수 있는 요리 수는 스레드 수에 비유할 수 있습니다. 여러분은 요리사 수가 동시에 얼마나 많은 요리를 할 수 있는지 여부와 관련이 있다고 생각하나요?

물론 그렇지 않습니다. CPU 코어 수와 스레드 수 사이에는 어떤 필연 관계도 없습니다. CPU는 하드웨어인데 반해 스레드는 소프트웨어 개념, 더 정확하게는 실행 흐름이자 작업입니다. 따라서 단일 코어 시스템에서도 얼마든지 많은 스레드를 생성할 수 있습니다. 물론 메모리가 충분하고 운영 체제에 제한이 없어야 합니다.

CPU는 근본적으로 자신이 실행하는 명령어가 어떤 스레드에 속하는지 이해하지 못하며, 사실 CPU 입장에서도 이를 이해할 필요가 없습니다. 이를 이해해야 하는 것은 운영 체제입니다. CPU가 해야 하는 일은 그림 4-26과 같이 PC 레지스터 주소에 따라 메모리에서 기계 명령어를 꺼내 실행하는 것뿐입니다. PC 레지스터는 자료에 따라 다른 이름일 수 있지만, 다음에 실행할 기계 명령어를 가리키는 역할을 한다는 것은 동일합니다.

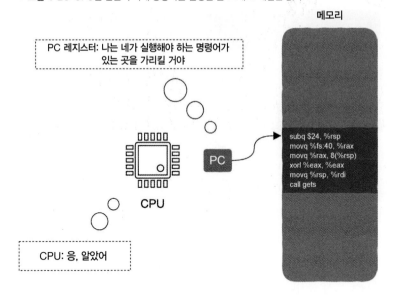

▼ **그림 4-26** CPU는 단순히 기계 명령어를 실행할 뿐 '스레드' 개념은 없다

이어서 스레드를 사용하는 몇 가지 일반적인 상황을 살펴보겠습니다. 일부 상황에서는 CPU 코어 수에 주의가 필요합니다.

4.5.2 작업 분할과 블로킹 입출력

작업 A와 작업 B 두 작업이 있고 각 작업이 완료되는 데 필요한 시간이 각각 5분이라고 가정해 봅시다. 작업 A와 작업 B를 연속으로 실행하든 스레드 두 개에 담아 병렬로 실행하든 간에 단일 코어 환경에서 두 작업을 완료하는 데 필요한 시간은 동일하게 10분입니다. 단일 코어 시스템에서 CPU는 일정 시간 동안 단 하나의 스레드만 실행할 수 있어 스레드 여러 개가 번갈아 실행되기는 하지만, 진정한 병렬 처리라고는 할 수 없습니다.

그렇다면 단일 코어에서는 다중 스레드가 의미 없을까요? 그렇지 않습니다.

사실 스레드라는 개념은 프로그래머에게 매우 편리한 추상화 방법을 제공합니다. 먼저 그림 4-27과 같이 작업 하나를 여러 개로 분할한 후 각각의 하위 작업을 별도의 스레드에 배치하면, 운영 체제에서 이를 스케줄링하고 실행할 수 있으므로 동시에 여러 작업을 실행할 수 있습니다. 여기에서 작업은 프로그래밍 개념이 아니라 단순한 작업 분류를 의미합니다. 예를 들어 사용자 요청을 처리하는 것도 하나의 작업이며, 디스크를 읽고 쓰는 것도 하나의 작업에 해당합니다.

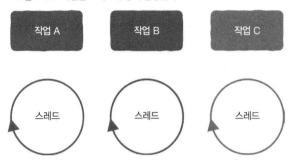

예를 들어 여러분 프로그램이 그래픽 사용자 인터페이스(graphical user interface)를 갖추고 있으며 사용자 인터페이스 요소 뒤에서 대량의 계산을 수행해야 한다고 합시다. 계산 작업을 별도의 스레드에 넣어 계산을 수행하는 동안 사용자 인터페이스가 멈추는 것을 방지할 수 있습니다.

이외에도 처리해야 하는 작업이 블로킹 입출력과 관련되었을 때 해당 블로킹 호출이 실행되면 운영 체제가 전체 스레드를 일시 중지하므로 해당 호출 뒤에 있는 코드도 실행되지 않습니다. 이때 블로킹 입출력 코드를 별도의 스레드에서 실행하면 나머지 코드는 영향 없이 계속 실행될 수 있습니다. 물론 이것은 높은 동시성을 요구하지 않는 경우에 해당합니다. 높은 동시성이 요구된다면 이는 다른 문제이므로 2.8절에서 다시 확인하기 바랍니다.

따라서 여러분 목적이 스레드가 특정 작업을 기다리지 않고 진행하는 것이라면, 이런 상황에서는 필요에 따라 스레드 여러 개를 생성하고 작업을 분할하여 스레드에서 실행해도 됩니다. 이때 근본적으로 시스템이 단일 코어인지 다중 코어인지는 신경 쓸 필요가 없습니다.

4.5.3 다중 코어와 다중 스레드

사실 스레드 개념은 2003년부터 유행하기 시작했습니다. 그 이유는 무엇일까요? 이 시기에는 다중 코어 시대가 도래했는데, 더 이상 단일 코어 성능을 끌어올리기가 어려워서 이를 해결하기 위해 다중 코어를 생산하기 시작했기 때문입니다.

물론 다중 프로세스도 다중 코어를 최대한 활용할 수 있지만 다중 프로세스 프로그래밍은 매우 번거롭습니다. 여기에는 더 복잡한 프로세스 간 통신 방식이 필요하며, 프로세스 간 전환에 드는 비용과 같은 문제가 있습니다. 스레드 개념이 이런 문제에 대한 좋은 해결책이 되면서 다중 코어 시대의 주인공이 되었습니다. 다중 코어 리소스를 최대한 활용해야 할 때 프로그래머가 가장 선호하는 도구는 스레드입니다.

다중 코어를 최대한 활용해야 한다면 시스템에 코어가 몇 개 있는지 알고 있어야 합니다. 일반적으로 생성되는 스레드 수는 코어 수와 일정한 선형 관계를 유지해야 합니다.

특히 스레드는 많다고 좋은 것이 아님을 잊지 말아야 합니다.

여러분 스레드가 순수하게 계산을 위한 것이고 입출력이나 동기화 같은 작업이 없다면, 코어당 스레드 하나가 가장 나은 선택입니다. 그러나 스레드에는 일정한 입출력과 동기화 등이 필요하므로 이때는 스레드 수를 적당히 늘려 운영 체제가 CPU에 할당할 수 있는 충분한 스레드를 확보하면 시스템 성능을 향상시킬 수 있습니다. 하지만 스레드 수가 한계에 달하면 운영 체제 성능이 떨어지기 시작하는데, 이는 한 스레드에서 다른 스레드로 전환할 때 부담이 증가하기 때문입니다.

여기에서 적당하다는 단어를 쓴 것은 단순히 수치화하기가 어렵고 실제로 프로그램을 사용하여 상황에 따라 지속적으로 테스트해야만 값을 얻을 수 있기 때문입니다.

지금까지 CPU와 스레드라는 개념 사이의 관계를 이야기해 보았습니다.

이렇게 CPU를 중심으로 운영 체제, 수치 체계, 프로그래밍 언어, 스레드의 관계를 살펴보았습니다. 지금부터는 역사적 진화 관점에서 CPU를 살펴볼 것입니다. CPU 역사는 매우 짧지만, 그 과정은 매우 거대하고 변화무쌍(變化無雙)했습니다. 이 책에서는 이 내용을 통틀어 'CPU 진화론'이라고 칭하며, 이를 상중하로 나누어 살펴볼 것입니다. 그럼 빠르게 시작해 봅시다.

4.6 / CPU 진화론(상): 복잡 명령어 집합의 탄생
SECTION

영국의 생물학자 다윈은 1859년 학계와 종교계를 뒤흔든 책 〈종의 기원(The Origin of Species)〉을 출판했습니다. 이 책에서 다윈은 끊임없이 진화하며 환경에 적응한 생물만 살아남는다는 적자생존(適者生存)을 기반으로 한 생물학적 진화론(進化論)을 제시했습니다.

컴퓨터 기술도 생명체와 마찬가지로 진화하고 있습니다. 기술을 논의할 때 그 진화 과정을 이해하지 못하고 현재에만 집중한다면 절대 이해할 수 없을 것입니다. 따라서 지금부터는 역사적 관점에서 CPU를 다시 이해해 보겠습니다.

먼저 프로그래머의 눈에는 CPU가 어떻게 보이는지 살펴보겠습니다.

4.6.1 프로그래머의 눈에 보이는 CPU

우리가 작성하는 모든 프로그램은 간단한 'helloworld' 프로그램이든 포토샵(Photoshop)과 같은 복잡한 대규모 응용 프로그램이든 간에 결국 컴파일러로 하나하나 간단한 기계 명령어로 변환합니다. 그렇기에 본질적으로 CPU 입장에서는 프로그램에 따른 차이가 없습니다. 하나는 많은 명령어를 포함하고, 다른 하나는 적은 수의 명령어를 포함하고 있을 뿐입니다. 이런 명령어는 실행 파일에 저장되며, 프로그램이 실행되면 메모리에 적재됩니다. CPU는 단순하게 메모리에서 명령어를 읽어 실행하기만 하면 됩니다.

따라서 프로그래머의 눈에 CPU는 매우 단순한 녀석입니다. 이제 우리 시선을 기계 명령어로 돌려 봅시다.

4.6.2 CPU의 능력 범위: 명령어 집합

한 사람의 능력을 어떻게 묘사할 수 있을까요? 이력서를 작성해 보았다면 분명히 알고 있을 테지만, 아마 다음과 같을 것입니다.

> 코드를 작성할 수 있습니다
> 공을 가지고 하는 스포츠를 할 줄 압니다
> 노래를 부를 줄 압니다
> 춤을 출 수 있습니다
> ...

워렌 버핏(Warren Buffett)은 능력 범위(circle of competence)[13]라는 용어를 잘 사용하는데, CPU도 마찬가지로 유형에 따라 고유한 능력 범위를 가지고 있습니다. 단지 CPU 능력 범위에는 특별한 이름이 있는데, 4.1절에서 설명했던 명령어 집합(instruction set architecture)이 그것입니다. 명령어 집합에는 여러 가지 명령어가 포함되어 있습니다.

> 덧셈이 가능합니다
> 메모리에서 레지스터로 데이터를 이동시킬 수 있습니다
> 점프가 가능합니다
> 크기의 비교가 가능합니다
> ...

---

13 [역주] 워렌 버핏이 버크셔 해서웨이(Berkshire Hathaway)의 1996년 연례 서한에서 언급한 멘탈 모델(mental model)입니다.

명령어 집합은 우리에게 CPU가 할 수 있는 일을 알려 줍니다. 여러분이 명령어 집합에서 명령어를 하나 찾아 CPU로 보내면 CPU는 해당 명령어가 지시하는 작업을 실행합니다. 예를 들어 ADD 명령어가 주어지면 CPU는 덧셈 계산을 수행합니다.

명령어 집합은 어디에 사용될까요? 맞습니다. 당연히 프로그래머가 프로그래밍에 사용합니다.

최초의 프로그램은 CPU에 대응하는 어셈블리어로 직접 작성되었으며, 이 시기의 코드는 객체 지향도 디자인 패턴도 그 어떤 화려한 개념도 전혀 없었기에 매우 소박했습니다. 즉, 이 시기의 프로그래머는 명령어 집합만 보면 코드를 작성할 수 있었습니다.

이것은 명령어 집합의 개념입니다. 이 명령어 집합은 CPU를 설명하는 데만 사용된다는 점에 주의하기 바랍니다.

서로 다른 형태의 CPU는 다른 유형의 명령어 집합을 가지고 있습니다. 명령어 집합의 유형은 프로그래머가 코드를 작성할 때뿐만 아니라 CPU의 하드웨어 설계에도 영향을 미칩니다. 도대체 CPU가 어떤 유형의 명령어 집합을 사용해야 하는지와 CPU는 어떻게 설계되어야 하는지에 대한 논쟁은 지금까지도 계속되고 있으며, 심지어는 점점 더 흥미로워집니다.

이어서 첫 번째 명령어 집합 유형이자 처음으로 탄생했던 명령어 집합인 복잡 명령어 집합 컴퓨터(Complex Instruction Set Computer, CISC)를 살펴보겠습니다. 오늘날 데스크톱 PC와 서버에 공통으로 사용되는 x86 구조(architecture)는 복잡 명령어 집합에 기초를 두고 있으며, 이런 x86 프로세서를 생산하는 제조업체는 우리에게 친숙한 인텔(Intel)과 AMD입니다.

4.6.3 추상화: 적을수록 좋다

1970년까지는 컴파일러가 아직 성숙되지 못했기 때문에 컴파일러를 신뢰하는 사람도 많지 않았습니다. 그래서 여전히 많은 프로그램이 어셈블리어로 작성되었는데, 이는 대부분의 현대 프로그래머에게는 상상할 수도 없는 일입니다. 이런 배경을 인식하는 것은 앞으로 설명할 복잡 명령어 집합을 이해하는 데 꼭 필요합니다.

물론 현대 컴파일러는 충분히 강력하고 지능적이며, 컴파일러에서 생성된 어셈블리어도 매우 훌륭합니다. 따라서 운영 체제와 드라이버를 작성하는 사람을 제외한 현대 프로그래머는 어셈블리어의 존재를 거의 인지하지 못합니다. 이는 생산성이 향상되고 있음을 의미하는 것이기 때문에 안타깝게 여길 필요는 없으며, 고급 언어 프로그래밍의 효율성은 이미 어셈블리어가 범접할 수 없는 곳에 있습니다.

정리하자면, 이 시기 대부분의 프로그램은 직접 어셈블리어로 작성되었기 때문에 일반적으로 명령어 집합이 더욱더 풍부해야 하며 명령어 자체 기능도 더 강력해야 한다고 여겼습니다. 프로그래머에게는 자주 사용하는 작업마다 대응하는 특정 명령어가 있는 것이 가장 합리적이었으며, 결국 모든 사람이 어셈블리어로 직접 프로그램을 작성했기 때문에 이 방식은 매우 편리했습니다. 명령어 집합이 매우 적거나 명령어 기능 자체가 단순했다면 프로그래머가 프로그램을 작성하는 일은 매우 번거로웠을 것입니다. 여러분도 당시 어셈블리어로 프로그램을 작성했다면 같은 생각을 했을 것입니다.

이것이 바로 이 시기 컴퓨터 과학자들이 말하는 의미상 간격(semantic gap)을 이어 주는 것에 해당합니다. 그렇다면 의미상 간격이란 무엇일까요?

당시에는 함수 호출, 순환 제어, 복잡한 주소 지정 패턴, 데이터 구조, 배열 접근 등 고급 언어의 개념과 이에 직접 대응하는 기계 명령어가 있어야 한다고 생각했습니다. 이렇게 기계 명령어와 고급 언어 개념 간 차이를 줄여야만 더 적은 코드로 더 많은 작업을 할 수 있었기 때문입니다.

어셈블리어로 코드를 작성할 때 편리하다는 점 외에도 고려해야 할 또 다른 사항은 저장 공간의 효율적인 사용에 대한 것입니다.

4.6.4 코드도 저장 공간을 차지한다

오늘날의 컴퓨터는 기본적으로 폰 노이만 구조(Von Neumann architecture)를 따릅니다. 이 구조의 핵심 사상은 '저장 개념에서 프로그램과 프로그램이 사용하는 데이터에 어떤 차이도 없어야 하며, 모두 컴퓨터의 저장 장치 안에 저장될 수 있어야 한다'는 것입니다. 그림 4-28은 모든 컴퓨팅 장치의 원조인 폰 노이만 구조를 보여 줍니다. 스마트폰, 태블릿, PC, 서버를 나눌 필요 없이 모든 것의 본질은 이 간단한 그림에 담겨 있습니다. 그야말로 모든 컴퓨터 장치의 기원인 것입니다.

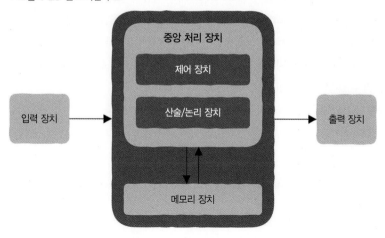

폰 노이만 구조에서 실행 파일은 기계 명령어와 데이터를 모두 포함하고 있다는 것을 알 수 있습니다. 또 이것에서 프로그래머가 작성한 코드는 디스크 저장 공간을 차지하며 실행 시에는 메모리에 적재되므로 메모리 저장 공간을 차지한다는 것을 알 수 있습니다. 1970년대에는 메모리 크기가 겨우 수 KB에서 수십 KB에 불과했습니다. 이는 최신 스마트폰의 메모리 크기가 이미 8GB 이상인 시대에 살고 있는 프로그래머에게는 상상할 수도 없이 작은 크기입니다. 그림 4-29는 1974년에 출시된 인텔 1103 메모리 칩으로, 그 크기가 고작 1KB에 불과합니다.

▼ 그림 4-29 1974년에 출시된 인텔 1103 메모리 칩

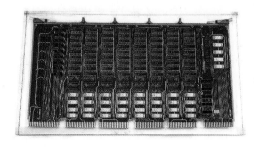

그러나 인텔 1103 메모리 칩의 출시는 컴퓨터 업계에 동적 램(DRAM) 시대의 서막을 알렸으며, 동적 램이 바로 우리에게 익숙한 메모리입니다.

생각해 보면 몇 KB의 메모리는 매우 작지만 금싸라기인 땅이라고 할 수 있습니다. 이렇게 작은 메모리에 더 많은 프로그램을 적재하려면 기계 명령어를 반드시 매우 세밀하게 설계해서 프로그램이 차지하는 저장 공간을 줄여야 합니다. 이에 따라 다음 요구 사항을 만족해야 합니다.

1. 하나의 기계 명령어로 더 많은 작업을 완료할 수 있으므로 프로그래머가 더 효율적으로 코드를 작성할 수 있게 해 줍니다. 우리는 '물 한 잔 주세요'라는 단일 명령어를 원하지, '오른쪽 다리 내밀기, 정지, 왼쪽 다리 내밀기, 식수대까지 이 동작을 반복……' 같은 명령어를 원하지 않습니다.
2. 기계 명령어 길이가 고정되어 있지 않습니다. 기계 명령어 길이가 가변적이므로 프로그램 자체가 차지하는 저장 공간을 줄일 수 있습니다.
3. 기계 명령어는 밀도를 높여 공간을 절약하려고 고도로 인코딩(encoding)됩니다.

4.6.5 필연적인 복잡 명령어 집합의 탄생

명령어를 사용한 편리한 프로그램을 작성하고 코드의 저장 공간을 절약해야 했기에 복잡 명령어 집합을 설계해야 하는 필요성이 대두되었습니다. 그 당시 이는 필연적인 선택이었으며, 복잡 명령어 집합을 탄생시켰습니다. 복잡 명령어 집합의 출현은 당시 산업계의 요구 사항을 충분히 만족시켰습니다.

그러나 얼마 후 새로운 문제가 발견되었습니다.

이 시기 CPU 명령어 집합은 모두 직접 연결(hardwired) 방식이었습니다. 즉, 명령어 인출(IF), 명령어 해독(ID), 실행(EX) 등 각 단계가 특정 조합 회로로 직접 제어됩니다. 이 방법은 명령어를 실행하는 데는 매우 효율적이지만, 유연성이 몹시 떨어지기 때문에 명령어 집합의 변경에 대응하기가 어렵습니다. 새로운 명령어를 추가하면 CPU 설계와 디버깅 복잡도가 높아지며, 특히 복잡 명령어 집합의 명령어는 길이가 고정되어 있지 않아 명령어에 복잡한 연산 등이 포함되면 문제가 더 악화될 수 있습니다.

문제 본질은 하드웨어를 변경하는 것은 매우 번거롭지만, 소프트웨어는 이와 다르게 쉽게 변경할 수 있다는 것입니다. 대부분의 명령어에 포함된 연산을 더 간단한 명령어로 구성된 작은 프로그램으로 정의하고 이를 CPU에 저장하면, 모든 기계 명령어에 대응하여 전용 하드웨어 회로를 설계할 필요가 없습니다. 즉, 소프트웨어가 하드웨어를 대체하게 되는 것입니다. 여기에서 사용되는 더 간단한 명령어가 바로 마이크로코드(microcode)입니다. 그림 4-30에서 마이크로코드 설계를 확인할 수 있습니다.

▼ **그림 4-30** 마이크로코드 설계

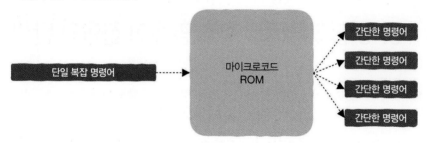

더 많은 명령어를 추가할 때, 주요 작업은 마이크로코드 수정에 집중되며 하드웨어 수정은 거의
필요하지 않기에 CPU 설계 복잡도를 낮출 수 있습니다.

4.6.6 마이크로코드 설계의 문제점

복잡 명령어 집합이 등장하면서 프로그래머는 어셈블리어로 프로그램을 더 쉽게 작성할 수 있
게 되었고, 프로그램이 많은 저장 공간을 차지하지도 않게 되었습니다. 복잡 명령어 집합으로
발생하는 프로세서 설계의 복잡한 문제는 마이크로코드로 단순화할 수 있습니다.

그러나 이 설계는 시간이 지나면서 또 다른 문제를 만들어 냈습니다.

우리 모두는 코드에서 버그를 피할 수 없다는 것을 알고 있습니다. 당연히 마이크로코드도 예외
는 아닙니다. 문제는 마이크로코드의 버그를 수정하는 것은 일반 프로그램의 버그를 수정하는
것보다 훨씬 더 어려울 뿐만 아니라, 마이크로코드 설계가 트랜지스터를 매우 많이 소모한다는
것입니다. 1979년에 출시된 모토로라(Motorola) 68000 프로세서는 마이크로코드 설계를 채택
했는데, 트랜지스터 3분의 1이 마이크로코드에 사용되었습니다.

1979년에 컴퓨터 과학자인 데이비드 패터슨(David Patterson)은 마이크로코드 설계를 개선하는
중요한 과제를 맡았고, 이에 대한 논문도 발표했습니다. 하지만 곧 그는 자신의 생각을 번복합
니다. 마이크로코드가 야기한 복잡한 문제는 해결하기가 매우 어려우며, 마이크로코드 자체가
해결해야 하는 대상이라고 생각했기 때문입니다.

그래서 그는 더 나은 설계가 있는지 고민하기 시작했습니다.

4.7
SECTION

CPU 진화론(중): 축소 명령어 집합의 탄생

4.6절에서 보았듯이, 복잡 명령어 집합의 출현은 더 많은 경우 아직 초보 단계였던 컴파일러[14]와 저장 장치의 용량 제한[15] 같은 객관적인 조건으로 제한을 받아 왔습니다.

그러나 시간이 흐르고 기술이 발전하면서 이런 제한이 완화되기 시작했습니다.

1980년대에는 그림 4-31과 같이 '최대' 용량이 64KB인 메모리가 나타나기 시작했습니다. 마침내 메모리 용량 대비 가격이 급격히 떨어지기 시작했습니다. 1977년에는 1MB 메모리 가격이 5000달러에 달했지만, 1994년에는 1MB 메모리 가격이 6달러 정도로 급격하게 떨어졌습니다. 이것이 첫 번째 흐름의 변화입니다.

▼ **그림 4-31** '최대' 용량이 64KB인 메모리

또 이 시기에는 컴파일 기술도 장족의 발전을 이루어 컴파일러는 점점 더 쓸 만한 물건이 되어갔고, 프로그래머도 점점 고급 언어로 프로그램을 작성하기 시작했습니다. 컴파일러에 의존하여 어셈블리어 명령어를 자동으로 생성했기에 대부분의 프로그래머에게 직접 어셈블리어로 코드를 작성하는 방식은 더 이상 의미가 없었습니다. 이것이 두 번째 흐름의 변화입니다.

이 두 가지 흐름의 변화로 사람들은 더 많은 생각을 하게 되었습니다.

---

14 역주 이 때문에 당시 대부분의 코드는 어셈블리어로 작성되었습니다.

15 역주 이 때문에 코드 크기를 최소한으로 줄여야만 했습니다.

4.7.1 복잡함을 단순함으로

19세기 말에서 20세기 초 사이, 이탈리아 경제학자 빌프레도 파레토(Vilfredo Federico Damaso Pareto)는 그 유명한 80–20 법칙(80–20 rule)[16]을 발견했습니다. 기계 명령어 실행 빈도에도 비슷한 규칙이 있습니다.

CPU는 약 80% 시간 동안 명령어 집합의 기계 명령어 중 20%를 실행합니다. 반면에 복잡 명령어 집합에서 비교적 복잡한 명령어 중 일부는 자주 사용되지 않으며, 컴파일러를 설계하는 프로그래머는 고급 언어를 더 간단한 기계 명령어의 조합으로 변환하는 경향이 있습니다.

4.6.6절에서 언급한 바 있는 컴퓨터 과학자인 데이비드 패터슨은 그의 초기 작업에서 핵심적인 부분을 언급했습니다. 복잡 명령어 집합에서 성능을 향상시키는 것으로 여겨지는 명령어는 실제로 CPU 내부에서 마이크로코드에 의해 가로막힌다는 것입니다. 따라서 마이크로코드를 제거하면 오히려 프로그램이 더 빠르게 실행되고, CPU를 구성하는 데 사용되는 트랜지스터를 절약할 수 있습니다.

마이크로코드 설계 아이디어는 복잡한 기계 명령어를 CPU 내부에서 비교적 간단한 기계 명령어로 변환하는 것이므로, 컴파일러는 이 프로세스를 알지 못합니다. 다시 말해 컴파일러가 생성된 기계 명령어를 이용하여 CPU 내부에서 실행되는 마이크로코드에 영향을 미칠 방법이 없습니다. 따라서 마이크로코드에 버그가 있으면 컴파일러는 이를 피하기 위해 할 수 있는 일이 아무것도 없습니다.

데이비드 패터슨은 이외에도 일부 복잡한 기계 명령어가 같은 일을 하는 간단한 명령어 여러 개보다 느리게 실행된다는 사실을 발견했습니다. 이 모든 결과는 다음 의문을 낳습니다. 과연 복잡한 명령어를 간단한 명령어 여러 개로 대체하면 안 되는 이유가 무엇일까요?

4.7.2 축소 명령어 집합의 철학

복잡 명령어 집합에 대한 반성을 바탕으로 축소 명령어 집합(reduced instruction set)의 철학이 탄생했으며, 이는 다음 세 가지 측면에 주로 반영되었습니다.

---

16 **역주** 파레토 법칙(Pareto principle)이라고도 하는데, 전체 결과의 80%가 전체 원인의 20%에서 일어난다는 법칙입니다.

1) 명령어 자체의 복잡성

축소 명령어 집합의 특징 중 하나는 복잡한 명령어를 제거하고 대신 간단한 명령어 여러 개로 대체하는 매우 단순한 아이디어라는 것입니다. 이 사상으로 CPU 내부 마이크로코드 설계가 필요하지 않으며, 마이크로코드가 없으면 컴파일러에서 생성된 기계 명령어의 CPU 제어 능력이 크게 향상됩니다.

명령어 집합을 줄인다는 아이디어는 명령어 집합의 명령어 개수가 줄어든다는 의미가 아니라, 하나의 명령어당 들여야 하는 연산이 더 간단하다는 의미입니다. 예를 들어 복잡 명령어 집합의 명령어는 '먹는다'는 작업의 전체 과정인 반면에, 축소 명령어 집합의 명령어는 그중에서 하나의 작은 단계인 '이로 한 입 베어 무는 것'을 의미할 수 있습니다.

2) 컴파일러

축소 명령어 집합의 또 다른 특징은 컴파일러가 CPU에 대해 더 강력한 제어권을 갖는다는 것입니다.

복잡 명령어 집합에서 CPU는 마이크로코드 같은 기계 명령어의 실행 세부 사항을 컴파일러에 숨기므로 컴파일러는 이에 대해 아무것도 할 수 없습니다. 하지만 축소 명령어 집합을 사용하는 CPU는 더 많은 세부 사항을 컴파일러에 제공하는데, 축소 명령어 집합은 '흥미로운 작업을 컴파일러에 넘기기(Relegate Interesting Stuff to Compiler)[17]'라는 이름으로 부르기도 합니다.

3) LOAD/STORE 구조

복잡 명령어 집합에서는 기계 명령어 하나만으로 메모리에서 데이터를 가져오고(IF), 작업을 수행하고(EX), 해당 데이터를 메모리에 다시 쓰는(WB) 작업을 모두 할 수 있습니다. 중요한 점은 이 작업이 단지 하나의 기계 명령어로 수행된다는 것입니다.

그러나 축소 명령어 집합에서 이것은 절대로 불가능한 금기 사항입니다. 축소 명령어 집합의 명령어는 레지스터 내 데이터만 처리할 수 있으며, 메모리 내 데이터는 직접 처리할 수 없습니다. 다시 말해 가산 명령어는 그림 4-32와 같이 메모리에 직접 접근하는 것이 불가능합니다.

---

17 <u>역주</u> 어찌 되었든 약어는 RISC입니다!

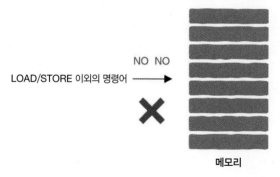

하지만 결국 데이터는 여전히 메모리 내에 저장되어 있습니다. 그렇다면 누가 메모리를 읽고 쓰는 것일까요?

원래 축소 명령어 집합에서는 LOAD와 STORE라는 전용 기계 명령어가 메모리의 읽고 쓰기를 책임집니다. 다른 명령어들은 CPU 내부의 레지스터만 처리할 수 있으며, 메모리를 읽거나 쓸 수는 없습니다. 이것이 복잡 명령어 집합과의 매우 분명한 차이점입니다.

이 두 전용 명령어를 사용하여 메모리를 읽거나 쓰면 어떤 장점이 있는지 궁금하나요? 이 절 후반부에서 다시 LOAD/STORE 명령어를 다루므로 서두를 필요가 없습니다.

이 세 가지가 바로 축소 명령어 집합의 설계 철학입니다.

이어서 예제를 통해 축소 명령어 집합과 복잡 명령어 집합의 차이점을 살펴보겠습니다.

4.7.3 복잡 명령어 집합과 축소 명령어 집합의 차이

그림 4-33은 단순화된 계산 모델을 보여 줍니다. 오른쪽은 기계 명령어와 데이터를 저장하는 메모리고, 왼쪽은 CPU이며, CPU 내부에 있는 것은 레지스터와 연산 장치인 ALU입니다.

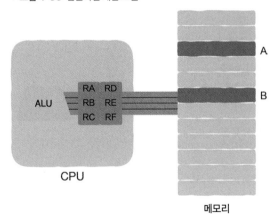

▼ **그림 4-33** 단순화된 계산 모델

두 숫자가 각각 메모리 주소 A와 주소 B에 저장됩니다. 이제 이 두 숫자를 곱한 값을 먼저 계산한 후 계산 결과를 다시 메모리 주소 A에 기록한다고 가정해 봅시다.

이 계산 과정이 복잡 명령어 집합과 축소 명령어 집합에서 각각 어떻게 구현되는지 살펴보겠습니다.

1) 복잡 명령어 집합의 경우

복잡 명령어 집합의 사상은 가능하면 적은 수의 기계 명령어로 가능한 한 많은 작업을 수행하는 것입니다. 따라서 복잡 명령어 집합의 CPU에는 MULT라는 기계 명령어가 있을 수 있으며, 이때 MULT는 곱셈(MULTiplication)의 약자입니다. CPU가 MULT라는 이 기계 명령어를 실행할 때는 다음 동작이 수행되어야 합니다.

1. 메모리 주소 A의 데이터를 읽어 레지스터에 저장합니다.
2. 메모리 주소 B의 데이터를 읽어 레지스터에 저장합니다.
3. ALU가 레지스터 값을 이용하여 곱셈 연산을 수행합니다.
4. 곱셈 결과를 다시 메모리에 씁니다.

이 몇 가지 단계는 하나의 명령어로 완료할 수 있습니다.

코드

```
MULT A B
```

MULT는 복잡한 명령어입니다. 이 명령어 하나에는 메모리 읽기, 두 숫자 곱하기, 결과를 다시 메모리에 쓰는 작업이 포함되어 있습니다. 여기에서 우리가 알 수 있는 것은 '복잡한 명령어'의 진정한 의미입니다. 예를 들어 MULT A B라는 명령어 자체가 얼마나 복잡한지 의미하는 것이 아니라, 그 뒤에서 일어나는 작업이 복잡하다는 의미입니다.

실제로 이 기계 명령어는 이미 고급 언어와 매우 유사합니다. 메모리 주소 A의 값을 a 변수라고 가정하고 메모리 주소 B의 값을 b 변수라고 가정하면, 이 기계 명령어는 고급 언어에서 다음과 같이 작성한 코드와 기본적으로 동일합니다.

> 코드

```
a = a * b;
```

4.6절에서 언급했던 것처럼, 이런 설계는 고급 언어와 기계 명령어 사이의 차이를 줄입니다. 이는 프로그래머가 최소한의 코드로 작업을 완료하고 프로그램 자체가 차지하는 저장 공간을 절약하려는 목적이 있습니다.

이어서 축소 명령어 집합을 살펴보겠습니다.

2) 축소 명령어 집합의 경우

반대로 축소 명령어 집합은 일련의 간단한 명령어를 여러 개 사용하여 작업을 완료하는 것을 선호합니다. 다시 한 번 곱셈 연산을 한 번 완료하는 데 필요한 몇 가지 단계를 살펴보겠습니다.

1. 메모리 주소 A의 데이터를 읽어 레지스터에 저장합니다.
2. 메모리 주소 B의 데이터를 읽어 레지스터에 저장합니다.
3. ALU가 레지스터 값을 이용하여 곱셈 연산을 수행합니다.
4. 곱셈 결과를 다시 메모리에 씁니다.

앞서 이미 이야기했듯이, 이 몇 가지 단계에는 메모리에서 데이터 읽기, 두 숫자 곱하기, 결과를 다시 메모리에 쓰는 작업이 포함되어 있습니다. 따라서 축소 명령어 집합에는 이런 작업에 각각 대응하는 LOAD, PROD, STORE 명령어를 사용하여 이 작업을 단계별로 완료해야 할 수 있습니다.

LOAD 명령어는 메모리에서 레지스터로 데이터를 적재하고, PROD 명령어는 두 레지스터에 저장된 숫자의 곱셈 연산을 수행하며, STORE 명령어는 레지스터의 데이터를 다시 메모리에 씁니다. 따라서 프로그래머가 축소 명령어 집합에서 이 작업을 수행하려면 다음과 같은 어셈블리어 코드를 작성해야 합니다.

```
LOAD RA, A
LOAD RB, B
PROD RA, RB
STORE A, RA
```

이와 같이 동일한 작업에 대해 복잡 명령어 집합을 사용하는 프로그램은 기계 명령어 하나가 필요한 반면에, 축소 명령어 집합을 사용하는 프로그램은 기계 명령어 네 개가 필요하다는 것을 알 수 있습니다. 분명히 축소 명령어 집합을 사용하는 프로그램은 복잡 명령어 집합보다 더 많은 저장 공간이 필요하며, 이는 어셈블리어로 코드를 작성하는 프로그래머를 더 번거롭게 합니다. 하지만 축소 명령어 집합 설계의 원래 의도는 프로그래머가 직접 어셈블리어로 코드를 작성하는 것이 아니라, 이 작업을 컴파일러에 맡기고 컴파일러가 구체적인 기계 명령어를 자동으로 생성하게 하는 것입니다.

4.7.4 명령어 파이프라인

축소 명령어 집합에서 생성된 다음 명령어를 자세히 살펴보겠습니다.

```
LOAD RA, A
LOAD RB, B
PROD RA, RB
STORE A, RA
```

이 명령어들은 매우 간단하므로 CPU 내에서 코드를 해석하는 데 복잡한 하드웨어 구조가 필요하지 않아 더 많은 트랜지스터를 절약할 수 있습니다. 그리고 이렇게 절약한 트랜지스터는 CPU의 다른 기능에 활용할 수 있습니다.

여기에서 가장 중요한 점은 각 명령어가 매우 간단하여 실행 시간이 모두 거의 동일[18]하다는 것입니다. 이 경우 기계 명령어의 실행 효율을 높이는 방법을 사용할 수 있는데, 이 기술은 무엇일까요?

바로 4.4절에서 언급한 파이프라인 기술입니다.

---

18 역주 물론 메모리와 레지스터의 속도 차이가 있기 때문에 메모리 관련 명령어의 실행 시간이 훨씬 깁니다.

파이프라인 기술은 비록 기계 명령어 하나가 실행되는 시간을 단축해 주지는 않지만 처리량을 늘릴 수 있으며, 축소 명령어 집합의 설계자 역시 이 사실을 당연히 매우 잘 알고 있습니다. 따라서 그들은 모든 명령어의 실행 시간을 대체적으로 동일하게 하여 가능한 한 파이프라인이 더 높은 효율로 기계 명령어들을 처리할 수 있도록 노력하고 있습니다. 이는 축소 명령어 집합에 LOAD와 STORE라는 두 메모리 관련 전용 명령어가 있는 이유이기도 합니다.

복잡 명령어 집합에서는 명령어 사이에 비교적 차이가 크기에 실행 시간이 고르지 않습니다. 따라서 기계 명령어를 효율적으로 실행하기 위해 파이프라인 방식을 제대로 활용할 방법이 없습니다. 앞으로 4.8절에서는 복잡 명령어 집합이 이 문제를 해결하는 방법도 살펴볼 것입니다.

1세대 축소 명령어 집합 프로세서는 전체가 파이프라인 기반으로 설계되어 일반적으로 5단계 파이프라인을 기준으로 명령어 하나가 1~2클럭 주기로 실행됩니다. 반면에 동시대의 복잡 명령어 집합 프로세서는 명령어 하나를 실행하는 데 5~10클럭 주기가 필요합니다. 축소 명령어 집합 구조에서 컴파일된 프로그램에는 더 많은 명령어가 필요합니다. 하지만 축소 명령어 집합의 간소화된 설계는 마이크로코드가 없기 때문에 더 적은 트랜지스터가 필요하며, 더 작은 CPU를 만들 수 있습니다. 또 더 높은 클럭 주파수를 가지게 되어 축소 명령어 집합 구조의 CPU는 동일한 작업을 할 때 복잡 명령어 집합 구조보다 훨씬 우수합니다.

파이프라인 기술의 축복 덕분에 축소 명령어 집합으로 설계된 CPU는 성능 면에서 복잡 명령어 집합으로 설계된 상대를 쓸어버리기 시작했습니다.

4.7.5 천하에 명성을 떨치다

1980년대 중반, 축소 명령어 집합을 사용하는 상용 CPU가 등장하기 시작했습니다. 1980년대 후반에는 축소 명령어 집합으로 설계된 CPU가 성능 면에서 기존 모든 전통적인 설계를 가볍게 진압하기에 이릅니다.

1987년 축소 명령어 집합 기반의 MIPS R2000 프로세서의 성능은 복잡 명령어 집합 구조를 사용하는 x86 플랫폼 인텔 i386DX의 두세 배에 달했습니다.

결국 다른 모든 CPU 제조업체는 축소 명령어 집합을 따르고, 축소 명령어 집합의 설계 사상을 적극적으로 채택했습니다. 심지어 운영 체제 MINIX 개발자인 앤드루 타넨바움(Andrew Tanenbaum)조차 1990년대 초 '5년 후에는 아무도 x86에 관심을 가지지 않을 것'이라고 예측했습니다. x86은 복잡 명령어 집합을 기반으로 하고 있으니까요.

이렇게 복잡 명령어 집합은 암흑기를 맞이하고 말았습니다.

이어서 복잡 명령어 집합이 어떻게 절체절명의 위기에서 반격했는지 살펴봅시다. x86 프로세서의 쌍두마차인 인텔과 AMD의 하드웨어 엔지니어들은 결코 평범한 인물들이 아니었으니까요.

미국에는 "그들을 이길 수 없다면 그들과 함께하라(If you can't beat them, join them)."라는 속담이 있습니다.

복잡 명령어 집합 진영은 당시 축소 명령어 집합 진영의 포위와 방해를 앞에 두고 이 문장을 생각했을 것입니다.

어떻게 해야 할까요? 정말로 복잡 명령어 집합을 포기하고 축소 명령어 집합을 전면적으로 도입해야 할까요? 당시 상황을 고려한다면 내부에서는 정말 이런 논의를 했을 수도 있습니다.

전면적으로 축소 명령어 집합을 도입하게 되면 이미 팔려 나간 수많은 칩은 어떻게 해야 할까요? 프로그래머들이 그렇게 많은 뇌세포를 소모해 가며 수년간 작성한 프로그램을 최신 CPU에서 더 이상 사용할 수 없다면 어떻게 해야 할까요? 이 문제는 쉽게 해결하기 어려워 보입니다.

하지만 똑똑한 엔지니어에게 이는 문제가 되지 않았습니다.

프로그래머는 모두 '인터페이스' 개념을 알고 있습니다. 여기에서 말하는 것은 함수 인터페이스입니다. 함수를 사용하는 큰 장점은 바로 다음 문장으로 집약됩니다. "함수의 인터페이스가 변경되지 않는 한 함수를 사용하는 코드는 변경될 필요가 없습니다. 심지어 함수의 내부 구현은 여러분이 원하는 대로 변경할 수 있습니다." 즉, 함수 인터페이스는 그림 4-34와 같이 외부에 내부 구현을 숨깁니다.

▼ **그림 4-34** 함수 인터페이스는 외부에 내부 구현 세부 사항을 숨긴다

소프트웨어 엔지니어는 이것을 확실히 알고 있으며, 하드웨어 엔지니어도 이런 일에는 정통합니다.

그렇다면 CPU에 있어 '인터페이스'란 무엇일까요? 이는 분명히 명령어 집합을 의미하는 것입니다. 인터페이스에 해당하는 명령어 집합은 변경할 수 없지만 CPU 내부 구현, 즉 명령어 실행 방식은 변경이 가능하다는 것을 알 수 있습니다.

이를 이해한 천재적인 엔지니어들은 밀리는 상황을 단번에 역전시킬 수 있는 마이크로 명령어 개념을 제시했습니다.

지금부터 마이크로 명령어를 자세히 살펴보겠습니다.

4.8.1 이길 수 없다면 함께하라: RISC와 동일한 CISC

당시 축소 명령어 집합의 주요 장점이 바로 파이프라인 기술을 잘 활용할 수 있다는 것인데, 반면에 복잡 명령어 집합은 명령어 실행 시간이 고르지 않아 파이프라인을 활용할 수 없었습니다.

그렇다면 간단하게 생각해서 복잡 명령어 집합이 축소 명령어 집합에 가깝게 변하면 문제가 해결될 텐데, 어떻게 해야 가능할까요? 바로 복잡 명령어 집합의 명령어를 CPU 내부에서 축소 명령어 집합의 간단한 명령어로 변환하는 것입니다. 이 축소 명령어 집합의 간단한 명령어와 유사한 명령어들을 마이크로 명령어(micro-operation)라고 합니다.

축소 명령어 집합의 명령어와 마찬가지로 마이크로 명령어도 모두 매우 간단하며 실행 시간도 거의 같기 때문에 축소 명령어 집합과 마찬가지로 파이프라인 기술을 충분히 활용할 수 있습니다. 비록 프로그래머는 어셈블리어로 프로그램을 작성하고 컴파일러가 실행 파일을 생성할 때도 여전히 복잡 명령어 집합을 사용하지만, CPU 내부에서 명령어를 실행할 때는 그림 4-35와 같이 축소 명령어 집합과 유사합니다.

▼ **그림 4-35** 복잡 명령어 집합을 사용하지만, 내부 실행 방식은 축소 명령어 집합과 유사하다

이 방식은 복잡 명령어 집합의 호환성을 유지하면서 동시에 축소 명령어 집합의 장점을 얻을 수 있기 때문에 일석이조입니다. 이제 축소 명령어 집합은 복잡 명령어 집합에 대해 특별한 기술적 장점을 가지고 있지 않습니다.

4.8.2 하이퍼스레딩이라는 필살기

복잡 명령어 집합 진영은 복잡 명령어 집합을 축소 명령어 집합처럼 보이게 하는 것 외에 또 다른 기술을 추가로 개발했는데, 바로 하이퍼스레딩(hyper-threading)입니다. 하이퍼스레딩은 하드웨어 스레드(hardware thread)라고도 하는데, 사실 기술적으로는 하드웨어 스레드가 더 적합한 표현이라고 생각합니다. 그러나 대부분의 자료에서는 하이퍼스레딩을 사용하므로 여기에서도 하이퍼스레딩이라는 표현을 사용하겠습니다.

지금까지는 그림 4-36과 같이 CPU가 한 번에 한 가지 일만 할 수 있다고 간단하게 간주할 수 있었습니다.

▼ **그림 4-36** CPU는 한 번에 한 가지만 할 수 있다

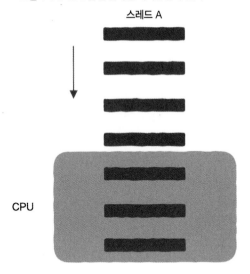

그림 4-36에서 작은 사각형은 각각 기계 명령어 하나를 나타내며, 이것으로 CPU가 한 번에 하나의 스레드에 속한 기계 명령어만 실행할 수 있다는 것을 알 수 있습니다. 시스템에 N개의 CPU 코어가 있다면 운영 체제는 N개의 준비 완료 상태인 스레드를 N개의 CPU 코어에 할당해서 동시에 실행할 수 있습니다.

하지만 하이퍼스레딩을 사용하면 하이퍼스레딩 기능이 탑재된 하나의 물리 CPU 코어는 운영 체제에 환각을 심어 주게 되는데, 실제로는 컴퓨터 시스템에 물리 CPU 코어가 하나만 있지만 운영 체제는 논리적으로 CPU 코어가 여러 개 있는 것으로 인식합니다. 하이퍼스레딩 기능이 있는 CPU 코어가 실제로 동시에 스레드 두 개를 실행할 수 있다는 것이 놀랍지 않나요? 지금 까지 우리는 원래 물리 CPU 코어 하나는 한 번에 스레드 하나만 실행할 수 있다고 알고 있었습니다. 어떻게 이를 구현한 것일까요?

그 비밀은 하이퍼스레딩 기술이 탑재된 CPU는 한 번에 스레드 두 개에 속하는 명령어 흐름을 처리할 수 있으며, 이를 통해 CPU 코어 한 개가 CPU 코어 여러 개인 것처럼 보이게 할 수 있다는 것입니다. 그림 4-37은 하이퍼스레딩의 본질을 설명하고 있습니다.

▼ **그림 4-37** 하이퍼스레딩의 본질

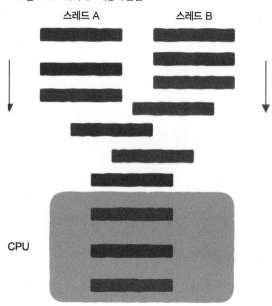

그렇다면 하이퍼스레딩 기술은 어떻게 가능할까요? 이것을 이야기하려면 다시 파이프라인 기술로 돌아가야 합니다.

원래 명령어 간 종속성으로 파이프라인이 항상 완벽하게 채워진 상태에서 실행될 수는 없으며 결국에는 '빈 공간'이 생기게 됩니다. 이때 추가 명령어 흐름을 도입하여 빈 공간을 채우면 전체 파이프라인을 채워서 실행할 수 있어 CPU의 리소스를 최대한 활용할 수 있습니다.

여기에서 강조하고 싶은 점은 소프트웨어 스레드, 즉 프로그래머가 인지할 수 있는 스레드는 생성, 스케줄링, 관리의 주체가 운영 체제라는 것입니다. 반면에 하드웨어 스레드에 해당하는 하이퍼스레딩은 CPU 하드웨어의 기능으로 운영 체제와는 상관없습니다. 따라서 운영 체제 입장에서는 알 수 없는 대상에 해당하며, 기껏해야 운영 체제가 시스템에 더 많은 CPU 코어가 사용 가능하다고 인식하게 하는 정도입니다. 물론 이것은 가상이며 실제 물리 코어는 운영 체제가 아는 것보다 적습니다.

4.8.3 장점은 취하고 약점은 보완하다: CISC와 RISC의 통합

하이퍼스레딩 기술은 복잡 명령어 집합 진영에서 제안되었지만 이 기술은 축소 명령어 집합에도 도입이 가능하며, 일부 고성능 축소 명령어 집합 구조 CPU에서도 하이퍼스레딩이 사용되는 것을 확인할 수 있습니다.

이렇게 복잡 명령어 집합과 축소 명령어 집합은 마치 무술 고수 두 명과 같아서 끊임없이 서로의 장점은 취하고 약점은 보완하고 있습니다. 복잡 명령어 집합의 내부는 점점 더 축소 명령어 집합에 가까워지고 있으며, 일부 고성능 축소 명령어 집합 구조의 CPU에도 마찬가지로 마이크로 명령어가 채용되어 있습니다. 복잡 명령어 집합과 축소 명령어 집합은 더 이상 처음 탄생했을 때처럼 확실하게 구분되지 않으며, 점점 그 차이는 줄어들고 있습니다.

비록 두 구조가 점점 닮아 가고 있음에도 복잡 명령어 집합과 축소 명령어 집합에는 다음과 같은 분명한 차이가 있습니다.

축소 명령어 집합에서 컴파일러는 여전히 중요한 역할을 하고 있으며, 축소 명령어 집합은 명령어 길이가 일정하기 때문에 명령어 길이가 가변적인 복잡 명령어 집합에 비해 컴파일러 최적화에서 여전히 더 많은 장점이 있습니다. 메모리에 접근할 때 축소 명령어 집합은 여전히 LOAD/STORE 구조인데 반해, 복잡 명령어 집합에는 이런 설계가 없습니다.

이제 복잡 명령어 집합과 축소 명령어 집합 구현의 기술적 차이점은 상업적으로 보이는 것만큼 크지 않습니다.

4.8.4 기술이 전부는 아니다: CISC와 RISC 간 상업적 전쟁

지금까지는 기술적 관점에서 이 두 명령어 집합을 논의해 왔지만, 사실 기술이 모든 것을 결정짓는 요소는 아닙니다.

1980~1990년대 축소 명령어 집합 사상의 출현은 프로세서 영역을 크게 발전시켰고 이는 x86으로 대표되는 복잡 명령어 집합 진영을 놀라게 했습니다. 비록 당시 x86 프로세서는 축소 명

령어 집합 프로세서에 비해 확실히 성능적으로 열세였지만, x86에는 소프트웨어 생태계라는 매우 훌륭한 기반이 존재했습니다. 개발자들이 많은 시간을 들여 축소 명령어 집합 기반의 소프트웨어를 개발하여 선보일 때쯤 이미 더 빠른 x86이 나오기 시작했고, 당시에는 축소 명령어 집합이 분명 기술적으로 앞서 있었지만 너무나 많은 훌륭한 소프트웨어가 x86 플랫폼에서 동작하고 있었습니다. 특히 인텔의 CPU와 윈도의 소프트웨어를 기반으로 형성된 윈텔(WinTel) 연합은 이 소프트웨어 생태계를 기반으로 끊임없이 번영했으며, 엄청나게 많은 출하량과 낮은 칩 설계 비용은 비교가 무색할 정도로 우세한 규모를 자랑했습니다. 동시에 x86은 축소 명령어 집합에서 여러 가지 우수한 사상들을 흡수하여 내부적으로 축소 명령어 집합과 유사한 방식으로 명령어를 실행했고 그 과정도 더 훌륭했습니다. 이런 노력으로 이후 x86은 성능 면에서 축소 명령어 집합 진영을 다시금 넘어서기 시작했고, 마침내 윈텔 연합이 컴퓨터 시장을 점령하기에 이릅니다. 애플의 매킨토시(Macintosh) 컴퓨터 사업은 2006년에 축소 명령어 집합 기반의 파워 PC(PowerPC) 프로세서 사용을 포기하고 인텔의 x86 프로세서를 도입합니다. 데스크톱 영역에서 유일하게 버티던 축소 명령어 집합의 여운도 결국 사라져 아무런 흔적조차 남지 않게 되었고, ARM으로 대표되는 축소 명령어 집합 진영은 임베디드와 저전력 영역으로 후퇴했습니다.

축소 명령어 집합은 서버에서도 마찬가지로 기구한 운명을 겪었습니다. 인터넷 시대가 처음에 도래했을 때는 축소 명령어 집합 서버가 주도적인 위치를 차지하고 있었습니다. 1990년대 인터넷 시대에서 선두를 달리던 썬 마이크로시스템즈(Sun Microsystems) 서버는 당시 많은 신생 기업의 선택을 받았으며, 해당 서버에는 자체 개발한 SPARC 축소 명령어 집합 프로세서가 탑재되어 있었습니다. 그러나 21세기 초 인터넷 버블이 꺼지면서 썬 마이크로시스템즈는 거의 한 줌의 재가 될 정도로 치명적인 타격을 입었고, x86은 데스크톱에서 위용을 기반으로 서버 시장을 정복하기 시작했습니다. 폐쇄적인 축소 명령어 집합 진영은 독자적으로 싸웠지만 결국 개방 전략을 취했던 x86의 상대가 되지 못했고, 인텔의 x86 프로세서는 서버 시장을 점령하게 되었습니다.

인텔은 끊임없는 노력 끝에 상업적으로 큰 성공을 거두었습니다. x86으로 대표되는 복잡 명령어 집합 프로세서는 서버와 데스크톱의 양쪽에서 모두 시장 지배적인 위치에 있었고, 바야흐로 x86의 시대가 도래했습니다. 한동안 라이벌도 찾을 수 없었죠.

그러나 한 시대를 무너뜨리는 것은 또 다른 시대일 수밖에 없습니다.

2007년에 획기적인 아이폰(iPhone)이 출시되면서 모바일 인터넷 시대에 진입하기 시작했고, 어느새 스마트폰은 필수품이 되었습니다. 너무나 오랫동안 독점적인 위치를 지켰기에 윈텔 진영이 이에 대응하는 데는 너무 큰 관성이 발생했습니다. 더군다나 대응하는 시기도 너무 늦어 ARM은 결국 기회를 손에 넣게 됩니다. 오늘날 스마트폰은 거의 모두 축소 명령어 집합을 채택한 ARM의 프로세서를 탑재하고 있으며, 인텔과 마이크로소프트(Microsoft)는 모바일 시장을 잃고 말았습니다.

과거 인텔과 마이크로소프트가 그랬던 것처럼 애플은 모바일 인터넷 시대의 선구자로서 엄청난 보상을 받았고, 이 책을 쓰는 지금까지도 세계에서 가장 높은 시가 총액을 자랑하고 있습니다.

애플은 과거 인텔의 성공을 재현하기 시작했습니다. 자체 개발한 A 시리즈 모바일 프로세서의 성능은 점점 높아져 데스크톱 프로세서의 성능에 필적하는 수준이 되었습니다. 애플은 더 높은 성능의 데스크톱 프로세서를 설계할 수 있는 능력을 갖추고 있었고, 그 결과 M1 칩이 탄생했습니다. 애플의 맥 컴퓨터는 인텔의 x86 프로세서에서 자체 개발한 M1 칩으로 전면적으로 이동하기 시작했는데, 이 칩의 프로세서는 축소 명령어 집합의 ARM을 기반으로 하고 있었습니다. 시간이 흘러 다시금 축소 명령어 집합의 별들이 데스크톱에서 빛나기 시작했습니다.

오늘날에도 복잡 명령어 집합 진영의 x86은 여전히 데스크톱과 서버 영역의 주도적인 위치를 점유하고 있습니다. 반면에 축소 명령어 집합 기반의 ARM은 모바일 시장의 대부분을 차지하고 있습니다. 양측 모두 상대방 시장을 공략했지만 효과는 미미했습니다. 기술은 빠르게 발전하고 시대는 변하고 있습니다. 미래가 어찌 될지는 아직 알 수 없지만, 복잡 명령어 집합과 축소 명령어 집합 간 경쟁은 더욱더 흥미진진하게 흘러갈 것입니다.

지금까지 CPU 역사를 간략하게 소개했습니다. 4.6절에서 언급한 바와 같이 기술 탄생은 필연적이며, 복잡 명령어 집합은 한정된 자원의 시대에 적응한 결과입니다. 하지만 기술 발전과 함께 축소 명령어 집합이 등장했고, 그 이후 두 기술은 서로 경쟁하고 서로를 거울로 삼아 가며 오늘날의 모습으로 발전해 왔습니다. 예측하건대 복잡 명령어 집합과 축소 명령어 집합은 오랫동안 공존하게 될 것입니다.

CPU는 컴퓨터에서 가장 핵심적인 하드웨어로, CPU가 하는 작업은 매우 간단해서 메모리에서 명령어를 가져와 실행하는 것이 전부입니다. 그러나 소프트웨어 관점에서 보면, 코드는 하나하나 실행되지 않고 명령어의 순차적인 실행은 함수 호출, 시스템 호출, 스레드 전환, 인터럽트 처리 등으로 끊어집니다. 하지만 이것 역시 컴퓨터 시스템에서 매우 중요한 실행 흐름 전환 구조에 해당합니다.

이 장 마지막에 다다르면 CPU가 앞의 구조를 구현하려고 하는 역할을 이해하게 될 것입니다.

4.9 SECTION

CPU, 스택과 함수 호출, 시스템 호출, 스레드 전환, 인터럽트 처리 통달하기

컴퓨터 시스템에는 함수 호출, 시스템 호출, 프로세스 전환, 스레드 전환, 인터럽트 처리 등 프로그래머에게 익숙하면서도 신비로운 구조들이 있습니다.

함수 호출로 프로그래머는 코드 재사용성을 개선할 수 있고, 시스템 호출로 프로그래머는 운영체제에 요청을 보낼 수 있습니다. 프로세스와 스레드 전환으로 다중 작업(multitasking)이 가능할 뿐만 아니라 인터럽트 처리로 운영 체제가 외부 장치를 관리하게 할 수 있습니다.

이런 구조는 컴퓨터 시스템의 기반이 됩니다. 여러분은 이 구조가 어떻게 구현되는지 알고 있나요?

4.9.1 레지스터

CPU에 레지스터가 필요한 이유는 무엇일까요?

이유는 매우 간단한데, 바로 속도 때문입니다. CPU가 메모리에 접근하는 속도는 레지스터에 접근하는 속도의 대략 100분의 1 정도이므로, CPU에 레지스터가 없어 전적으로 메모리에 의존한다면 계산 속도는 지금보다 매우 많이 느려지게 될 것입니다.

프로세스가 생성되면 코드와 코드에서 사용하는 데이터는 메모리에 적재되며, 기계 명령어를 실행할 때 메모리 데이터를 CPU가 사용할 레지스터로 옮겨야 합니다.

사실 레지스터와 메모리는 본질적으로 차이가 없으며, 둘 다 정보를 저장하는 데 사용됩니다. 단지 레지스터의 읽기와 쓰기 속도가 훨씬 빠르고 제조 비용도 훨씬 비싸기 때문에 용량에 한계가 있을 뿐입니다. 따라서 어쩔 수 없이 프로세스의 실행 시 정보를 모두 메모리에 저장하고 CPU가 사용할 때만 임시로 레지스터에 데이터를 보관하는 것입니다.

물론 임시로 중간 계산 결과를 저장하는 것 외에도 흥미로운 레지스터가 많이 있습니다. 용도에 따라 레지스터는 여러 유형으로 나눌 수 있으나, 일단 이어서 설명할 몇 가지 유형의 레지스터에 집중해 봅시다.

4.9.2 스택 포인터

3장에서 설명했듯이, 실행되는 모든 함수는 스택 프레임을 가집니다. 스택의 가장 중요한 정보는 스택 상단(stack top)으로, 이 스택 상단 정보는 스택 하단(stack bottom)을 가리키는 스택 포인터(stack pointer)에 저장됩니다. 그림 4-38과 같이 이 포인터로 함수 호출 스택의 추적이 가능합니다.

▼ 그림 4-38 스택 영역과 스택 상단

스레드 A

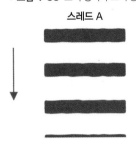

함수가 실행될 때 함수에 정의된 로컬 변수와 전달된 매개변수 등을 저장하는 독립적인 메모리 공간이 있는데, 이 독립적인 메모리 공간을 스택 프레임(stack frame)이라고 합니다. 함수 호출 단계가 깊어질수록 스택 프레임 수도 증가하며, 함수 호출이 완료되면 함수 호출의 반대 순서로 스택 프레임 수가 줄어듭니다. 이 스택 프레임이 모여 그림 4-39와 같이 스택 영역을 구성하며, 이것은 이미 3장에서 설명한 바 있습니다.

▼ 그림 4-39 스택 프레임은 프로세스의 스택 영역을 구성한다

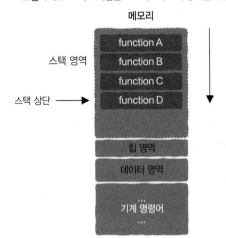

함수의 실행 시간 스택은 프로그램의 실행 상태 중 가장 중요한 정보에 해당합니다. 이외에도 '지금 어떤 명령어를 실행하고 있는지'에 대한 정보가 매우 중요한데, 이 정보는 명령어 주소 레지스터가 가지고 있습니다.

4.9.3 명령어 주소 레지스터

명령어 주소 레지스터는 이름이 여러 개입니다. 대다수 프로그래머는 프로그램 카운터(program counter), 줄여서 PC라고 부릅니다. x86에서는 명령어 포인터(instruction pointer), 줄여서 IP라고 부릅니다. 사실 이름보다 중요한 것은 어떻게 동작하는지 이해하는 것입니다. 이 책에서는 PC 레지스터라고 부르겠습니다.

프로그래머가 고급 언어로 프로그램을 작성하면 컴파일러는 일련의 기계 명령어를 생성합니다. 그림 4-40과 같이 이 기계 명령어로 된 망망대해에서 CPU는 어떤 명령어를 실행해야 하는지 어떻게 알 수 있을까요?

▼ **그림 4-40** CPU는 어떤 명령어를 실행해야 할까?

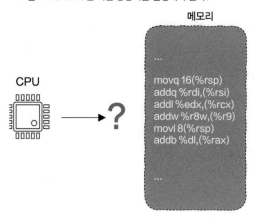

그 비밀은 PC 레지스터에 숨어 있습니다.

프로그램이 실행되면 첫 번째로 실행할 기계 명령어의 주소가 PC 레지스터에 저장되며, CPU는 이 PC 레지스터에 저장되어 있는 주소에 따라 메모리에서 명령어를 가져와 실행합니다.

일반적으로 명령어는 순차적으로 실행됩니다. 다시 말해 PC 레지스터 값은 순차적으로 증가합니다. 그러나 제어 이전과 관련된 일부 기계 명령어는 새로운 명령어 주소를 PC 레지스터에 저장합니다. if 문으로 대표되는 분기 점프, 함수 호출과 반환 등이 이에 해당합니다.

CPU의 PC 레지스터를 제어하는 것은 CPU의 실행 흐름을 장악하는 것이며, 기계 명령어가 직접 실행 상태에 따라 CPU가 다음에 어떤 명령어를 실행해야 하는지 결정할 수 있게 됩니다.

4.9.4 상태 레지스터

CPU 내부에는 스택 레지스터와 명령어 주소 레지스터 외에도 상태 레지스터(status register)라는 것이 있습니다. x86 구조에서는 이를 FLAGS 레지스터라고 하며, ARM 구조에서는 응용 프로그램 상태 레지스터(application program status register)라고 합니다. 여기에서는 상태 레지스터라고 하겠습니다.

이름에서 알 수 있듯이, 이 레지스터는 상태 정보를 저장합니다. 그런데 어떤 흥미로운 상태 정보를 저장하는 것일까요?

예를 들어 산술 연산이 포함된 명령어는 수행 중에 자리 올림수(carry)가 발생하거나 넘침(overflow)이 발생할 수 있습니다. 이때 이런 정보는 상태 레지스터에 저장됩니다.

이외에 CPU는 기계 명령어를 실행할 때 커널 상태와 사용자 상태 두 가지 상태를 가집니다.

대부분의 프로그래머에게 있어 자신이 작성한 응용 프로그램은 모두 사용자 상태에서 실행됩니다. 사용자 상태에서는 CPU가 특권 명령어를 실행할 수 없지만, 커널 상태에서 CPU는 특권 명령어를 포함한 어떤 명령어도 실행할 수 있습니다. 커널은 커널 상태에서 동작하므로 모든 것을 장악할 수 있는데 3.5절에서 이미 설명한 바 있습니다.

그런데 CPU가 사용자 상태에서 동작하는지 커널 상태에서 동작하는지 어떻게 알 수 있을까요?

이 답도 CPU 내부의 상태 레지스터에 있습니다. 이 레지스터에는 CPU가 현재 어떤 상태에서 동작 중인지 표시하는 특정한 비트가 있습니다. 따라서 당연히 상태 레지스터 값을 바꾸어 CPU 동작 상태를 변경할 수 있습니다. 다시 말해 CPU가 사용자 상태와 커널 상태 사이를 전환합니다.

이제 이 레지스터들이 얼마나 중요한 역할을 하는지 알았을 것입니다.

4.9.5 상황 정보

레지스터를 통해 프로그램이 실행된 직후부터 현시점까지 세세한 단면을 알 수 있으며, 현시점에 레지스터에 저장된 모든 정보를 일반적으로 상황 정보라고 합니다. 그렇다면 상황 정보는 무슨 일을 할까요?

프로그램의 실행 시 상황 정보를 가져오고 저장할 수 있다면 언제든지 프로그램의 실행을 일시 중지할 수 있으며, 반대로 이 정보를 이용하여 언제든지 프로그램의 실행을 재개할 수도 있습니다.

그렇다면 이 상황 정보를 저장하고 복원해야 하는 이유는 무엇일까요?

근본적인 원인은 CPU가 엄격한 오름차순(ascending order)으로 기계 명령어를 실행하지 않기 때문입니다.

1. CPU는 함수 A에서 함수 B로 점프할 수 있습니다.
2. CPU는 커널 코드를 실행하기 위해 사용자 상태에서 커널 상태로 전환할 수 있습니다.
3. CPU는 프로그램 A의 기계 명령어 실행 상태에서 프로그램 B의 기계 명령어 실행 상태로 전환할 수 있습니다.
4. CPU는 인터럽트를 처리하기 위해 실행하던 프로그램을 중지시킬 수 있습니다.

이 상황 중 어느 것도 CPU에 의한 기계 명령어의 순차적 실행을 방해할 수 없으며, 이때 CPU는 이후 복구를 대비해서 중단되기 전 상태를 저장해야 합니다.

이 네 가지 상황은 각각 함수 호출, 시스템 호출, 스레드 전환, 인터럽트 처리이며, 이 역시 프로그램 실행의 기반입니다. 사실 그림 4-41과 같이 이 기능들은 모두 상황 정보의 저장과 복원을 기반으로 구현됩니다.

▼ **그림 4-41** 네 가지 기능은 모두 상황 정보의 저장과 복원에 의존한다

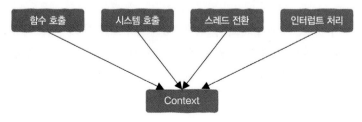

그럼 상황 정보를 저장하는 방법은 무엇이고 어디에 저장될까요? 그리고 어떻게 복원될까요? 마지막으로 앞에서 설명한 네 가지 상황은 어떻게 구현될까요?

4.9.6 중첩과 스택

그림 4-42는 중단과 재개를 도식화한 것입니다. 이 그림을 보면 무엇이 떠오르나요?

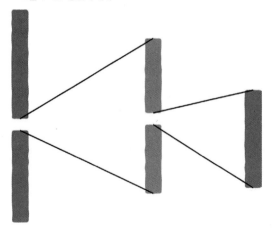

현재 프로그래머로서 회사에 다니고 있다면 코드를 작성하던 도중 회의에 끌려 갔다가 도중에 회의실을 나와 다시 전화를 받는 상황을 떠올려 보세요. 통화가 끝나면 회의실로 돌아갔다 회의가 끝나면 다시 코드를 작성해야 할 것입니다.

반면에 수학을 좋아하는 사람이라면 $f(g(h(x)))$를 떠올릴 수도 있습니다. 함수 f의 결괏값은 함수 g에 따라 달라지며, 함수 g의 결괏값은 함수 h에 따라 달라집니다. 따라서 가장 먼저 함수 h의 값을 계산한 후에 여기에서 얻은 결과를 다시 함수 g에 적용하여 계산하고, 최종적으로 이 결과를 함수 f에 적용해야 결과를 얻을 수 있습니다.

웹 브라우저에서 자료를 찾는 상황도 하나의 예시가 될 수 있습니다. 웹 페이지 A의 내용을 읽다 보면 웹 페이지 B에서 추가 정보를 찾아야 하고, 웹 페이지 B를 읽다 보면 웹 페이지 C에서 추가 정보를 찾아야 하는 경우가 있음을 알게 됩니다. 웹 페이지 C의 내용을 다 읽어야 웹 페이지 B의 내용을 온전히 이해할 수 있고, 웹 페이지 B의 내용을 다 읽어야 웹 페이지 A의 내용을 온전히 이해할 수 있습니다.

이와 같은 작업들은 모두 중첩된 구조를 가지고 있습니다. A는 B에 의존하고, B는 C에 의존합니다. 이 때문에 C의 처리가 완료되어야 B로 돌아올 수 있고, B의 처리가 완료되어야 A로 돌아올 수 있습니다. 다시 말해 그림 4–43과 같이 먼저 시작한 작업이 가장 마지막에 완료됩니다.

▼ **그림 4-43** 작업의 시작과 완료는 후입선출 순서로 완료

스택은 이런 중첩 구조를 처리하기 위해 탄생했습니다.

그리고 앞에서 방금 언급한 함수 호출, 시스템 호출, 스레드 전환, 인터럽트 처리는 모두 중첩 구조이기 때문에 스택을 이용하여 처리할 수 있습니다. 이제 스택이 컴퓨터 과학에서 중추적인 역할을 하는 이유를 이해했을 것이라고 생각합니다.

여기에서 특히 주목할 점은 스택은 일종의 구조(mechanism)로서 그 자체를 어떻게 구현할 것인가와는 전혀 관련이 없다는 사실입니다. 따라서 소프트웨어로 스택을 구현할 수도 있고, 하드웨어로 스택을 구현할 수도 있습니다.

이어서 스택을 사용하여 이 네 가지 상황을 어떻게 구현하는지 살펴보겠습니다.

4.9.7 함수 호출과 실행 시간 스택

사실 이 내용은 3.3절에서 이미 설명했지만, 이 절에서 전체적인 내용을 다루고 있으므로 한 번 더 간단히 설명하겠습니다.

함수를 호출할 때 어려운 점은 CPU가 호출된 함수의 첫 번째 기계 명령어로 점프한 이후 함수 실행이 완료되면, 다시 원래 위치로 점프해야 한다는 것입니다. 이는 함수 상태의 보존과 복원을 포함하는데, 보존해야 하는 상태 정보에는 반환 주소뿐만 아니라 사용한 레지스터 정보 등도 포함됩니다. 모든 함수 실행 시 모두 독점적인 자신만의 저장 공간을 가지고 있으며, 이 저장 공간에 함수 실행 시 상태 정보를 저장할 수 있습니다. 그리고 이 저장 공간을 스택 프레임(stack frame)이라고 합니다.

함수 A가 함수 B를 호출할 때 실행 시 정보는 함수 A의 스택 프레임에 저장되며, 함수 B의 실행이 완료되면 스택 프레임 정보를 기반으로 함수 A의 실행이 재개됩니다. 그림 4-44와 같이 함수를 호출할 때마다 스택에 후입선출(LIFO) 순서로 스택 프레임이 생성됩니다. 여기에서는 함수 A가 함수 B를 호출하고, 다시 함수 B가 함수 C를 호출하는 것으로 가정합니다.

▼ **그림 4-44** 함수 호출

이것이 스택이 함수 호출 중에 담당하는 작업입니다.

4.9.8 시스템 호출과 커널 상태 스택

디스크 파일을 읽고 쓰거나 새로운 스레드를 생성할 때, 누가 여러분을 위해 파일을 읽고 쓰는 작업을 하는지 궁금해 한 적이 있나요? 누가 여러분을 위해 스레드를 생성할까요?

정답은 바로 운영 체제입니다.

open 같은 함수를 호출하면, 실제로는 운영 체제가 여러분을 위해 파일을 여는 작업을 진행합니다. 응용 프로그램은 시스템 호출(system call)을 통해 운영 체제에 서비스를 요청합니다.

이런 요청을 완료하는 것은 운영 체제이기 때문에 운영 체제 역시 내부적으로 이 요청을 처리하는 함수를 호출해야 합니다. 그리고 함수를 호출할 때는 실행 시간 스택이 필요합니다. 그렇다면 운영 체제가 시스템 호출을 완료하는 데 필요한 실행 시간 스택은 어디에 있을까요?

바로 커널 상태 스택(kernel mode stack)에 있습니다.

그림 4-45에서 볼 수 있듯이, 본래 모든 사용자 상태 스레드는 커널 상태에 대응하는 커널 상태 스택을 가지고 있습니다.

▼ **그림 4-45** 사용자 상태 스택과 커널 상태 스택

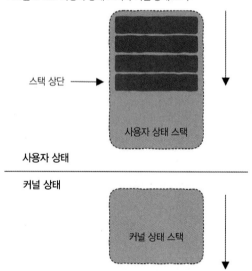

사용자 스레드가 운영 체제의 서비스를 요청해야 하는 경우 시스템 호출을 사용해야 합니다. 이때 시스템 호출은 특정 기계 명령어에 대응하며, 32비트 x86에서는 INT 명령어가 이에 해당합니다. CPU가 해당 명령어를 실행할 때 사용자 상태에서 커널 상태로 전환되며, 커널 상태에서 사용자 상태 스레드에 대응하는 커널 상태 스택을 찾은 후 여기에서 대응하는 커널 코드를 실행하여 시스템 호출 요청을 처리합니다.

이제 시스템 호출 과정을 살펴보겠습니다.

처음에 프로그램이 사용자 상태에서 실행됩니다. 그림 4-46과 같이 사용자 상태의 function D 함수에서 시스템 호출이 되면 시스템 호출에 대응하는 기계 명령어가 있으며, 이때 CPU는 해당 명령어를 실행합니다.

▼ **그림 4-46** CPU가 시스템 호출 명령어를 실행하기 시작

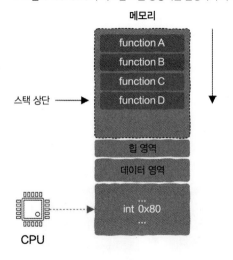

시스템 호출 명령어가 실행되면 CPU의 상태 전환이 일어나며, 이때 CPU는 사용자 상태에서 커널 상태로 전환되어 해당 사용자 상태 스레드에 대응하는 커널 상태 스레드를 찾습니다. 이때 사용자 상태 스레드의 레지스터 정보와 같은 실행 상황 정보는 커널 상태 스택에 저장되는 것에 유의해야 합니다.

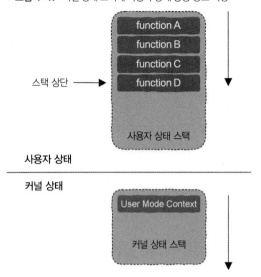

▼ **그림 4-47** 커널 상태 스택에 사용자 상태 상황 정보 저장

이어서 CPU는 그림 4-48과 같이 커널에서 관련 코드를 실행하기 시작하며, 이후 커널 상태 스택은 사용자 상태의 스택과 마찬가지로 함수의 호출과 반환에 따라 그 크기가 증가하고 감소합니다.

▼ **그림 4-48** 사용자 상태 스택과 커널 상태 스택의 기능은 같다

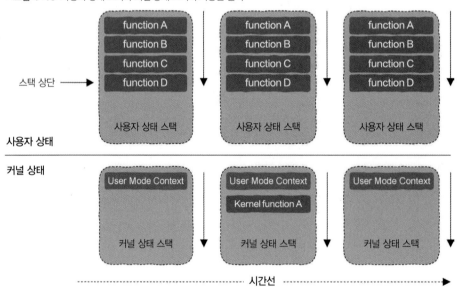

시스템 호출이 완료되면 그림 4-49와 같이 커널 상태 스택에 저장된 사용자 상태 프로그램의 상황 정보에 따라 CPU 상태가 복원되며, 커널 상태에서 사용자 상태로 전환됩니다. 이런 과정을 거쳐 사용자 상태 프로그램은 계속 실행됩니다.

▼ **그림 4-49** 시스템 호출에서 사용자 상태로 전환한 후 프로그램이 계속 실행된다

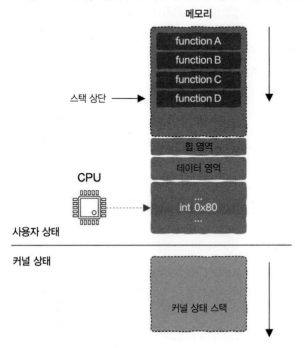

이제 이 전체 과정에 대해 이해했을 것입니다.

4.9.9 인터럽트와 인터럽트 함수 스택

컴퓨터가 프로그램을 실행하는 도중에도 키보드의 키 입력, 마우스의 움직임, 네트워크 수신 같은 작업을 처리할 수 있는 것은 모두 인터럽트 작동 방식을 이용하여 처리되기 때문입니다.

인터럽트는 본질적으로 현재 CPU의 실행 흐름을 끊고 특정 인터럽트 처리 함수로 점프하며, 인터럽트 처리 함수의 실행이 완료되면 원래 위치로 다시 점프합니다.

인터럽트 처리 함수 역시 함수이기 때문에 일반 함수와 마찬가지로 실행 시간 스택이 있어야 합니다. 그렇다면 인터럽트 처리 함수의 실행 시간 스택은 어디에 있을까요?

이 구현은 두 가지 방식으로 나눌 수 있습니다.

- 인터럽트 처리 함수에 자체적인 실행 시간 스택이 없는 경우 인터럽트 처리 함수는 커널 상태 스택을 이용하여 인터럽트 처리를 실행합니다.
- 인터럽트 처리 함수에 인터럽트 처리 함수(interrupt service routine) 스택, 즉 ISR 스택이라는 자체적인 실행 시간 스택이 있는 경우가 있습니다. 인터럽트를 처리하는 것은 CPU라서 이때는 그림 4-50과 같이 모든 CPU가 자신만의 인터럽트 처리 함수 스택을 가집니다.

▼ **그림 4-50** 인터럽트 처리 함수 스택

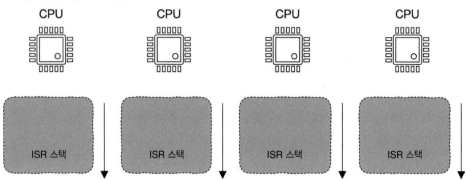

간단하게 알아보기 위해 커널 상태 스택을 공유하는 인터럽트 처리 함수를 예로 설명해 보겠습니다.

사실상 인터럽트 처리 함수와 시스템 호출은 비교적 유사하지만, 시스템 콜은 사용자 상태 프로그램이 직접 실행하는 데 반해 인터럽트 처리는 외부 장치로 실행된다는 차이점이 있습니다. 다시 말해 CPU가 사용자 상태에서 모든 기계 명령어를 실행할 때마다 인터럽트가 발생할 수 있습니다. 이것으로 그림 4-51과 같이 프로그램 실행이 일시적으로 중단되고 인터럽트 처리 함수로 점프할 수 있습니다.

▼ **그림 4-51** 인터럽트 신호가 발생하면 현재 프로그램의 실행이 일시 중지된다

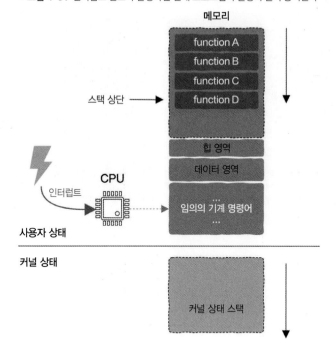

그 이후 진행되는 이야기는 시스템 호출과 유사합니다. CPU는 사용자 상태에서 커널 상태로 전환되며, 사용자 상태 스레드에서 대응하는 커널 상태 스택을 찾아 커널 상태 스택에 사용자 상태 스레드의 실행 상황 정보를 저장합니다. 이후 CPU는 인터럽트 처리 함수의 시작 주소로 점프합니다. 인터럽트 처리 함수가 실행되는 동안 커널 상태 스택은 사용자 상태 실행 시간 스택과 마찬가지로 함수의 호출과 반환에 따라 그 크기가 증가하거나 감소합니다.

인터럽트 처리 함수의 실행이 완료되면 커널 상태 스택에 저장된 상황 정보에 따라 CPU 상태가 복원되며, 커널 상태에서 다시 사용자 상태로 전환되어 사용자 상태 스레드가 계속 실행됩니다.

이제 인터럽트가 구현되는 방법을 알았으므로, 이어서 가장 흥미로운 스레드 전환이 구현되는 방법을 살펴보겠습니다.

4.9.10 스레드 전환과 커널 상태 스택

그림 4-52와 같이 시스템에 두 스레드 A와 스레드 B가 있을 때, 스레드 A는 현재 실행 중이라고 가정해 보겠습니다.

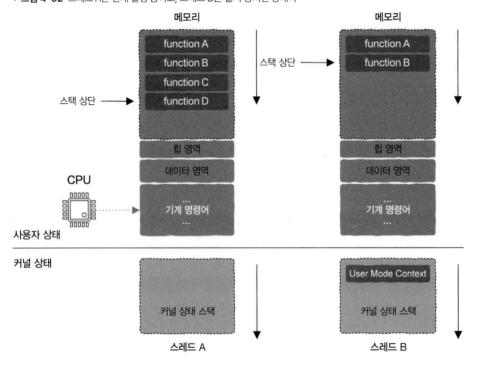

그림 4-52에서 시스템 내부의 타이머가 인터럽트 신호를 발생시키면 CPU는 인터럽트 신호를 수신한 후 현재 스레드의 실행을 일시 중지합니다. 이어서 사용자 상태에서 커널 상태로 전환하며 커널 안의 타이머 인터럽트 처리 프로그램(timer interrupt handler)을 실행하기 시작합니다. 이 과정은 앞서 설명한 것과 동일합니다.

타이머 인터럽트 처리 프로그램은 스레드 A에 할당된 CPU 시간 조각(time slice)이 전부 사용되었는지 판단하고, 시간이 남아 있다면 사용자 상태로 돌아가서 실행을 계속합니다. 스레드 A의 시간 조각이 모두 사용되었다면, CPU는 스레드 B와 같은 다른 스레드에 할당되어야 합니다. 이 작업은 우리가 흔히 스레드 전환이라고 하는 작업으로서 다음과 같은 두 가지 작업을 포함하고 있습니다.

첫 번째 부분은 주소 공간을 전환하는 것입니다. 스레드 A와 스레드 B는 서로 다른 프로세스에 속해 있을 수 있으며, 서로 다른 프로세스의 주소 공간은 다릅니다.

두 번째 부분은 CPU를 스레드 A에서 스레드 B로 전환하는 것으로, 이 작업의 주된 내용은 스레드 A의 CPU 상황 정보를 저장하고 스레드 B의 CPU 상황 정보를 복원하는 것을 포함합니다.

모든 리눅스 스레드에는 각각에 대응하는 프로세스 서술자(process descriptor)인 task_struct 구조체가 있으며, 그 안의 thread_struct 구조체가 CPU의 상황 정보를 저장하는 역할을 합니다.

```
struct task_struct
{
    ...
    /* CPU-specific state of this task */
    struct thread_struct thread;
    ...
}
```

CPU가 스레드 A에서 스레드 B로 전환할 때는 그림 4−53과 같이 일단 실행 중인 스레드 A의
CPU 상황 정보를 스레드 A의 서술자에 저장하고, 이어서 스레드 B의 서술자에 저장된 상황 정
보를 CPU로 복원합니다.

▼ 그림 4-53 상황 정보 저장과 복원

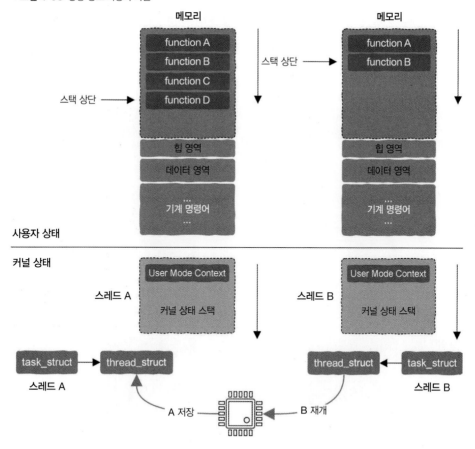

이렇게 CPU는 '두뇌 교체술'을 성공적으로 실시했습니다. CPU는 실행 중이던 스레드 A의 '기억'을 스레드 A의 thread_struct 구조체에 성공적으로 봉인하고, 스레드 B의 '기억'이 바뀌어서 들어왔습니다. 이때부터 스레드 B가 실행을 시작합니다.

그렇다면 이때 스레드 B의 '기억'은 무엇일까요?

스레드 A를 주의 깊게 살펴봅시다. 스레드 A는 인터럽트 처리 후 전환되어 사라졌는데, 스레드 B 역시 같은 상황일 가능성이 있습니다. 여기에서 '가능성'이라는 단어를 사용한 이유는 스레드 B가 블로킹 입출력과 같은 다른 이유로 일시 중지되었을 수도 있기 때문입니다. 여기에서는 설명의 편의를 위해 스레드 B도 시간 조각이 모두 사용되어 일시 중지되었다고 가정해 보겠습니다.

이렇게 **스레드 B의 현 시간의 '기억'은 타이머 인터럽트가 이제 막 처리했지만, 실제로 스레드 B는 이미 시간 조각을 모두 사용했기 때문에 일시 중지된 상태입니다. 하지만 스레드 B는 자신이 일시 중지되었다는 사실을 전혀 모르고 있으며,** 자신이 이어서 사용자 모드로 다시 전환해야 한다는 것만 기억하고 있습니다.

이후 스레드 B는 커널 상태 스택에 저장된 상황 정보를 이용하여 사용자 상태로 다시 점프하며, 스레드 B는 그림 4-54와 같이 마치 아무 일도 없었던 것처럼 사용자 상태에서 계속 실행됩니다.

▼ **그림 4-54** 스레드 A가 일시 중지되고, 스레드 B가 계속 실행된다

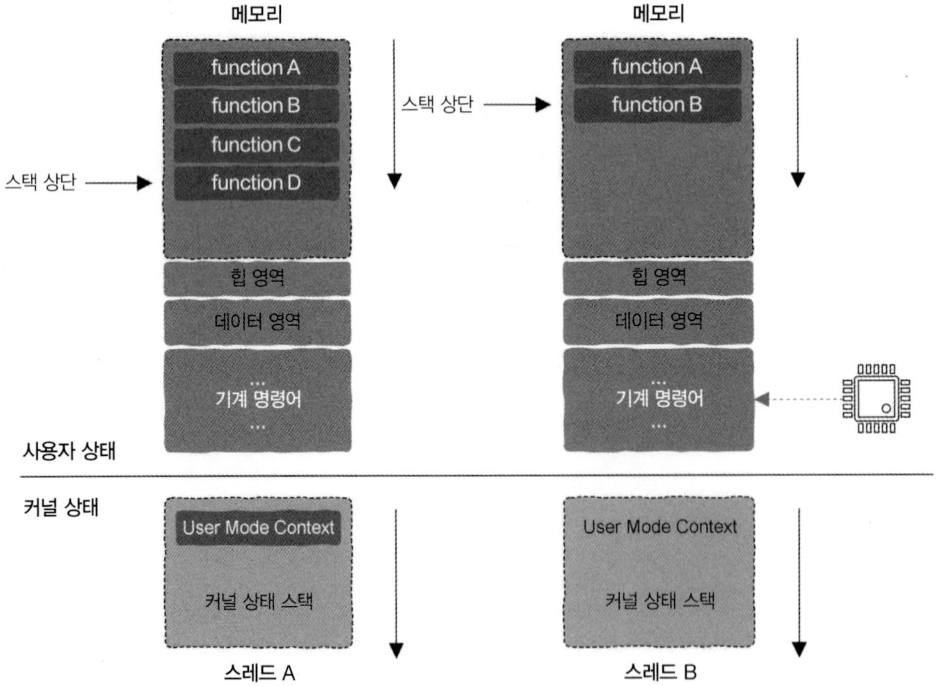

이렇게 이 절에서 언급했던 네 가지 상황에 대한 구현 원리를 모두 설명했습니다. 이런 상황의 구현은 CPU 상황 정보의 저장과 복원이 필수적이며, 이는 스택과 같은 구조로 완성됩니다.

이것들을 이해했다면 프로그램의 실행에 관해서는 더 이상 어떤 비밀도 남아 있지 않습니다.

4.10 / 요약

어땠나요? 역시 CPU는 매우 재미있는 존재입니다!

이 장에서는 가장 기본적인 트랜지스터부터 CPU의 기본 동작 원리를 단계별로 설명했고, CPU는 물론 운영 체제와 수치 체계, 스레드, 프로그래밍 언어까지 함께 이야기해 보았습니다. 그리고 역사적으로 CPU가 변화해 온 과정을 살펴보았고, 복잡 명령어 집합과 축소 명령어 집합이라는 두 진영이 나타난 이유도 이해했습니다. 마지막으로 함수 호출, 시스템 호출, 인터럽트 처리, 스레드 전환의 구현 원리를 전체적으로 설명했습니다. 이는 CPU의 상황 정보를 저장하고 복원하는 작업 없이는 불가능하며, 정보의 저장과 복원은 스택이라는 간결하고 우아한 구조로 처리됩니다.

우리는 CPU와 메모리 없이는 프로그램 실행이 불가능하다는 사실을 이미 알고 있습니다. 동시에 프로그램이 실행 중일 때 CPU가 메모리에서 명령어와 데이터를 읽어 오는 것을 비롯해서 많은 상호 작용이 있다는 것도 알고 있습니다. 명령어가 실행되면 그 결과를 메모리에 저장해야 한다는 것을 생각해 보면, CPU가 메모리와 직접 상호 작용을 하는 것처럼 보입니다. 정말 그럴까요? 그렇지 않다면 CPU는 어떻게 메모리와 상호 작용을 할까요?

5장에서 그 해답을 찾아봅시다.

작은 것으로
큰 성과 이루기, 캐시

3장과 4장에서 메모리와 CPU의 동작 방식과 용도를 살펴보았습니다. 이제 이 두 가지 컴퓨터 시스템의 가장 핵심적인 구성 요소가 어떻게 상호 작용하는지 살펴볼 시간입니다.

지금까지 한 모든 설명은 그림 5-1에서 볼 수 있는 간단한 모델을 기반으로 했습니다. 그리고 이 구조는 폰 노이만 구조(Von Neumann architecture)로 알려져 있습니다. 이 모델에서는 기계 명령어와 명령어에서 사용하는 데이터가 메모리에 저장되어 있어야 하며, CPU가 기계 명령어를 실행할 때 먼저 명령어를 메모리에서 읽어야 합니다. 또 명령어를 실행하는 과정에서 데이터를 메모리에서 읽어야 할 수도 있습니다. 그뿐만 아니라 명령어가 계산 결과 저장을 포함할 때는 이를 다시 메모리에 저장해야 합니다.

▼ **그림 5-1** 폰 노이만 구조

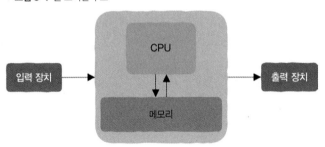

프로그램이 실행되는 동안 CPU는 메모리와 빈번하게 상호 작용을 해야 합니다. 그림 5-1을 보면 CPU가 직접 메모리를 읽고 쓰는 것처럼 보입니다. 이 모델은 매우 간단하지만 컴퓨터 동작 원리를 이해하는 데는 매우 유용합니다. 하지만 현실은 이것과는 거리가 멀고 그렇게 단순하지도 않습니다.

CPU와 메모리 간 상호 작용 방식은 CPU의 설계와 제조, 컴퓨터 시스템의 성능, 프로그래머의 프로그래밍에 지대한 영향을 미칩니다.

이번 여행의 다섯 번째 역에 다다른 것을 환영합니다. 이 장에서 우리는 이상에서 벗어나 현실로 들어가게 될 것입니다.

현실의 컴퓨터 세계는 위기에 직면해 있습니다.

캐시, 어디에나 존재하는 것

폰 노이만 구조는 CPU가 실행하는 기계 명령어와 명령어가 처리하는 데이터가 모두 메모리에 저장되어 있어야 한다는 사실을 알려 줍니다. 하지만 레지스터 용량은 극히 제한되어 있어 CPU는 반드시 빈번하게 메모리에 접근하여 명령어와 데이터를 가져와야 합니다. 또 명령어의 실행 결과도 메모리에 다시 기록해야 합니다.

따라서 CPU와 메모리의 속도가 서로 잘 맞는지 확인하는 것이 핵심입니다.

5.1.1 CPU와 메모리의 속도 차이

CPU와 메모리를 하나로 묶어 생각해 봅시다. 사실 시스템 성능은 속도가 상대적으로 느린 쪽에 맞추어 제한되므로 CPU와 메모리의 속도가 같아야 가장 좋은 성능을 발휘할 수 있다는 나무통 원리(cannikin law)[1]를 만족합니다. 과연 현실에서는 어떨까요?

안타깝게도 CPU와 메모리는 탄생 직후부터 시간이 지날수록 속도 차이가 점점 더 벌어지고 있어 개선의 여지가 보이지 않으며, 그림 5-2는 이 속도 차이를 보여 줍니다. CPU는 항상 배고픈 존재고 메모리는 매우 느릿느릿한 요리사에 비유할 수 있습니다. 따라서 CPU는 영원히 포만감을 느낄 수 없습니다.

▼ **그림 5-2** CPU와 메모리의 속도 차이

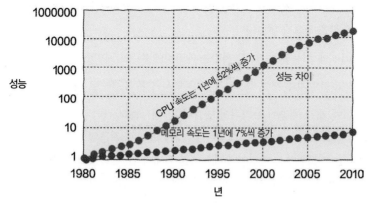

---

1 [역주] 캐나다 출신의 계층학자인 로렌스 존스턴 피터(Laurence J. Peter)가 제창한 인력 관리에 대한 원리 중 하나로, 나무판자 여러 개를 연결해서 만든 나무통에 담은 물의 높이는 가장 작은 나무판자의 높이를 넘을 수 없다는 법칙입니다.

속도가 미친듯이 빠른 CPU는 명령어를 실행할 때 어쩔 수 없이 느릿느릿한 메모리를 기다리고 있을 수밖에 없습니다. 메모리가 얼마나 느리기에 이럴까요? 일반적인 시스템에서 메모리의 속도는 CPU의 100분의 1에 불과합니다. 그림 5-3과 같이 CPU가 메모리를 직접 읽고 쓰는 컴퓨터 시스템의 저장 계층 구조가 있다면, CPU가 고속으로 기계 명령어를 실행하는 능력은 아무짝에도 쓸모가 없을 것입니다.

▼ **그림 5-3** CPU가 메모리를 직접 읽고 쓴다

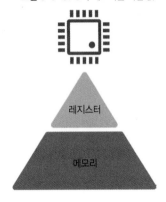

5.1.2 도서관, 책상, 캐시

도서관에 자주 가는 사람이라면 알다시피 필요한 자료가 서가에 있으면 그 책을 찾아서 가져오기 위해 시간을 들여야 합니다. 하지만 한번 가져온 후에는 일정 시간이 지나 다시 그 자료를 찾을 때 일이 훨씬 쉬워집니다. 그 책은 이미 여러분 책상 위에 놓여 있기 때문에 직접 조사하기만 하면 되니까요. 이후 책상은 분명히 최근 일정 시간 동안 사용했던 자료로 가득 찰 것이고, 이제 더 이상 서가로 가서 책을 찾을 필요가 없습니다.

여기에서 책상은 캐시(cache)에 비유할 수 있고, 서가는 메모리에 비유할 수 있습니다.

CPU와 메모리 사이의 속도 불일치 문제를 해결하는 것은 역시 같은 흐름으로 가능합니다.

최신 CPU는 메모리 사이에 캐시 계층이 추가되어 있습니다. 캐시는 가격이 비싸고 용량이 제한적이지만 접근 속도가 거의 CPU 속도에 필적합니다. 캐시 안에는 최근에 메모리에서 얻은 데이터가 저장되며, CPU는 메모리에서 명령어와 데이터를 꺼내야 할 때도 무조건 먼저 캐시에서 해당 내용을 찾습니다. 캐시가 적중하면 메모리에 접근할 필요가 없어 CPU가 명령어를 실행하는 속도를 크게 끌어올리는 목적을 쉽게 달성할 수 있습니다. 또 그림 5-4에서 볼 수 있듯이, CPU는 직접 메모리를 읽고 쓰지 않기 때문에 CPU와 메모리 사이의 속도 차이를 보완할 수 있습니다.

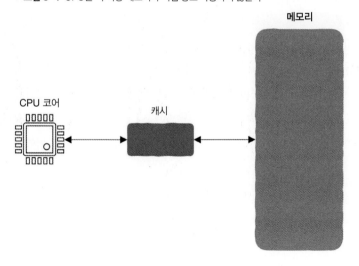

일반적으로 x86 같은 최신 CPU와 메모리 사이에는 실제로 세 단계의 캐시가 추가되어 있으며 L1 캐시, L2 캐시, L3 캐시로 구분됩니다.

L1 캐시의 접근 속도는 레지스터 접근 속도에 비해 약간 느리지만 거의 대동소이하기 때문에 대략 4클럭 주기가 소요됩니다. 또 L2 캐시의 접근 속도는 대략 10클럭 주기가 소요되며, L3 캐시의 접근 속도는 대략 50클럭 주기가 소요됩니다. 캐시 단계에 따라 접근 속도는 낮아지지만 용량은 증가합니다. 그림 5-5는 캐시 계층을 추가한 컴퓨터 시스템의 저장 계층 구조를 보여 줍니다.

▼ 그림 5-5 CPU와 메모리 사이에는 캐시 계층이 세 개 있다

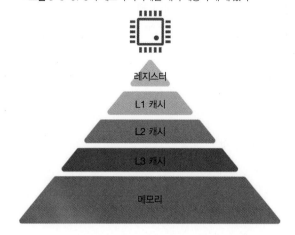

L1 캐시, L2 캐시, L3 캐시, CPU 코어는 레지스터 칩 내에 묶여 패키징(packaging)되어 있습니다.

CPU는 메모리에 접근할 필요가 있을 때, 먼저 L1 캐시를 살펴봅니다. 이때 적중하지 않으면 이어서 L2 캐시를 살펴보고, 여기에서도 적중하지 않으면 L3 캐시를 살펴봅니다. 마지막까지 적중하지 않으면 그제서야 메모리에 직접 접근하여 캐시에 데이터를 갱신합니다. 다음에 접근할 때 캐시가 적중하면 다시 메모리에 접근할 필요가 없습니다.

이렇게 캐시를 추가한 후 CPU는 마침내 느릿느릿한 메모리와 직접 대면할 필요가 없게 되었습니다.

캐시는 컴퓨터 시스템 성능을 향상시키는 데 매우 중요하므로 오늘날 CPU 칩에서 상당 부분의 공간을 캐시가 차지하고 있으며, 실제로 기계 명령어를 실행하는 CPU 코어가 차지하는 공간은 그리 크지 않습니다.

모든 것이 너무나 멋지게 보이지 않나요? 매우 적은 대가를 지불하고 시스템 성능을 극적으로 개선했으니까요! 하지만 캐시를 추가하는 것에는 정말 아무런 결점도 없는 것일까요?

5.1.3 공짜 점심은 없다: 캐시 갱신

소소한 캐시를 추가하면 시스템 성능이 극적으로 향상될 수 있지만, 이것에는 그만큼 대가도 따릅니다.

그 대가는 메모리에 기록할 때 나타납니다.

캐시가 있기 때문에 CPU는 더 이상 메모리와 직접 일하지 않으며, CPU는 캐시에 직접 기록합니다. 이때 문제가 발생할 수 있는데, 캐시의 데이터는 갱신되었지만 메모리의 데이터는 아직 예전 것이 남아 있습니다. 이것이 바로 불일치(inconsistent) 문제입니다.

그림 5-6은 캐시와 메모리 사이에 불일치가 발생한 것을 보여 주는데, 캐시의 변수 값은 4인 반면 메모리의 변수 값은 2입니다.

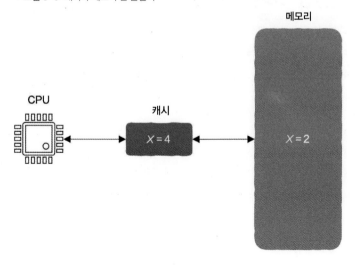

이것은 캐시를 사용하는 컴퓨터 시스템이 모두 가지고 있는 문제입니다.

이 문제를 해결하는 가장 간단한 방법은 바로 캐시를 갱신할 때 메모리도 함께 갱신하는 것입니다. 이 방식을 연속 기입(write-through)이라고 하는데, 이는 매우 직관적인 이름이라고 할 수 있습니다. 이 방식으로 캐시를 업데이트하면 어쩔 수 없이 메모리에 접근해야 합니다. 다시 말해 CPU는 메모리가 갱신될 때까지 대기하고 있어야 하는데, 이는 분명히 동기식 설계 방법에 해당합니다. 2.6절에서 언급했던 동기와 비동기의 개념을 기억하고 있을 것입니다. 이 두 개념을 이해하고 있다면, 이 상황을 최적화하는 방법은 동기를 비동기로 바꾸는 것이라고 명확하게 알 수 있습니다.

CPU가 메모리에 기록할 때는 캐시를 직접 갱신하지만, 이때 반드시 메모리가 갱신이 완료되기를 기다릴 필요 없이 CPU는 계속해서 다음 명령어를 실행할 수 있습니다. 그렇다면 캐시의 최신 데이터는 언제 메모리에 갱신되는 것일까요?

결국 캐시 용량에도 한계가 있어 용량이 부족하면 반드시 자주 사용되지 않는 데이터를 제거해야 하는데, 이때 캐시에서 제거된 데이터가 수정된 적이 있다면 이를 메모리에 갱신해야 합니다. 이렇게 캐시의 갱신과 메모리의 갱신이 분리되므로 이 방식은 비동기에 해당하며, 이를 후기입(write-back)이라고 합니다. 이 방법은 연속 기입보다 훨씬 복잡하지만 성능은 분명히 더 낫습니다.

이제 알겠죠? 세상에 공짜 점심은 없습니다. 당연히 공짜 저녁도 없습니다.

5.1.4 세상에 공짜 저녁은 없다: 다중 코어 캐시의 일관성

무어의 법칙(Moore's law)[2]이 점차 그 힘을 잃어 가자, '교활한' 인간들은 CPU 성능을 향상시키는 방법을 바꾸었습니다. 단일 CPU 성능은 쉽게 향상되지 않지만, 그 숫자를 늘릴 수는 있습니다. 이렇게 CPU는 다중 코어 시대에 진입했으며 프로그래머의 '고생길'이 열렸습니다. 이는 하드웨어 엔지니어에게도 별반 다르지 않습니다.

다중 코어를 최대한 활용하는 다중 스레드 또는 다중 프로세스가 없다면 다중 코어의 위력을 충분히 활용할 수 없습니다. 하지만 프로그래머는 다중 스레드 프로그래밍이 결코 쉽지 않으며, 정확하게 동작하는 다중 스레드 프로그램을 작성하는 것은 더 어려운 일임을 알고 있습니다. 다중 스레드는 소프트웨어 계층에 어느 정도 어려움을 주지만, 하드웨어 계층에도 어느 정도 어려움을 줍니다.

앞서 언급한 것처럼 CPU가 메모리에 접근하는 성능을 끌어올리기 위해 CPU와 메모리 사이에 캐시 계층을 추가했습니다. 하지만 CPU가 코어 여러 개를 가지고 있다면 또 다른 문제가 발생합니다. 시스템에 Core1[3]과 Core2[4]라는 CPU 코어가 두 개 있다면, 이 두 코어에서는 서로 다른 스레드 두 개가 실행됩니다. 그림 5-7과 같이 이 두 스레드가 모두 메모리 내 X 변수에 접근해야 하고, 변수의 초깃값이 2라고 가정해 봅시다.

▼ **그림 5-7** 코어 두 개는 모두 X 변수를 사용해야 한다

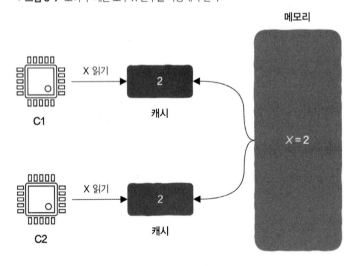

---

2 **역주** 인텔의 공동 설립자인 고든 무어(Gorden Earle Moore)가 1965년에 내놓은 의견으로, 반도체 집적 회로의 성능이 24개월마다 두 배로 증가한다는 법칙입니다.

3 **역주** 이후 C1로 표시합니다.

4 **역주** 이후 C2로 표시합니다.

이제 C1과 C2는 각각 메모리에 있는 X 변수 값을 읽어야 합니다. 캐시 동작 원리에 따르면, 처음으로 X 변수를 읽으면 캐시에 적중할 수 없으므로 X 변수를 메모리에서 읽어야 합니다. 이어서 대응하는 캐시에 갱신되므로, 이제 C1 캐시와 C2 캐시는 모두 X 변수를 가지고 있으며 그 값은 모두 2입니다.

이어서 C1은 X 변수에 2를 더해야 합니다. 이번에도 캐시 동작 원리에 따라 C1은 캐시에서 X 변수 값을 가져온 후 2를 더해서 다시 캐시를 갱신합니다. 이 시스템이 연속 기입 방식이라고 가정하면 메모리도 동기 방식으로 동시에 갱신될 것입니다. 이제 그림 5-8과 같이 C1 캐시와 메모리에 있는 X 변수 값은 4가 됩니다.

▼ **그림 5-8** C1이 캐시와 메모리를 갱신한다

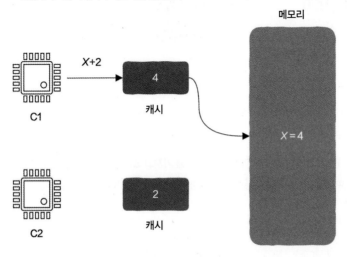

그런 다음 C2도 X 변수에 덧셈 연산을 수행해야 하는데, 여기에서는 4를 더해야 한다고 가정해 봅시다. 이번에도 캐시 동작 원리에 따라 C2는 캐시에서 X 변수 값을 가져온 후 4를 더해서 다시 캐시를 갱신합니다. 이때 캐시 값은 6으로 바뀌는데, 이어서 메모리를 갱신하면 이제 C2 캐시와 메모리의 X 변수 값은 그림 5-9와 같이 모두 6으로 바뀝니다.

▼ **그림 5-9** C2는 캐시를 갱신하고 메모리에 다시 기록한다

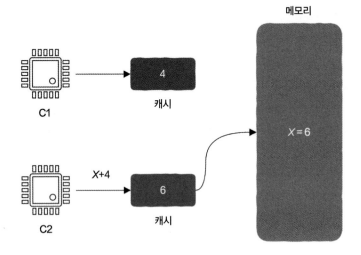

이제 무엇이 문제인지 알겠나요?

초깃값이 2인 변수에 2와 4를 각각 더한 후 정확한 결과는 8이 되어야 하지만, 그림 5-9에서 볼 수 있듯이 메모리의 X 변수 값은 6이 됩니다.

문제는 메모리의 X 변수에 대해 **C1과 C2의 캐시에 복사본 두 개를 가지고 있기 때문에 발생합니다.** 그림 5-10과 같이 **C1이 캐시를 갱신할 때, C2 캐시의 X 값은 동기적으로 수정되지 않습니다.**

▼ **그림 5-10** X 변수는 두 CPU 코어의 캐시에서 불일치 문제가 발생한다

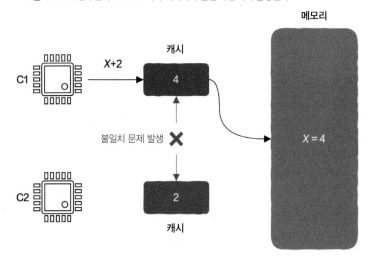

이 문제의 해결 방법은 무엇일까요?

당연하게도 캐시 한 개에서 갱신된 변수가 다른 CPU 코어의 캐시에도 존재한다면 이 캐시도 함께 갱신되어야 합니다.

이제 CPU는 변수를 업데이트할 때 단순히 자체 캐시와 메모리만 신경 쓰는 것이 아니라 해당 변수가 다른 CPU 코어의 캐시에도 있는지 확인하고, 있다면 해당 캐시도 갱신해야 합니다. 사실 최신 CPU에는 고전적인 MESI 규칙(MESI protocol)[5] 같은 다중 코어 캐시의 일관성을 유지하는 규칙이 있습니다.

물론 빈번하게 다중 코어 캐시의 일관성을 유지하면 성능에 그 대가가 따릅니다.

어떻습니까? CPU와 메모리 사이에 캐시 계층을 추가하는 것은 상상처럼 간단하지 않습니다. 캐시는 시스템 성능을 향상시키는 동시에 시스템에 또 다른 복잡함을 더하므로 하드웨어 엔지니어에게 어려움을 줄 뿐만 아니라, 경우에 따라서는 프로그래머에게도 예기치 않은 문제를 줄 수 있습니다. 이것은 5.3절에서 다시 살펴보겠습니다.

지금까지 CPU와 메모리 사이에 캐시 계층을 추가하여 CPU와 메모리 사이의 속도 차이를 완화하는 방법을 살펴보았습니다.

그러나 프로그램 실행에는 CPU와 메모리만 필요한 것이 아니라 디스크도 필요하다는 사실을 잊어서는 안 됩니다.

5.1.5 메모리를 디스크의 캐시로 활용하기

프로그램이 파일 입출력을 할 필요가 있을 때 디스크 관련 문제가 떠오릅니다.

메모리 접근 속도는 CPU 접근 속도의 100분의 1 가량에 불과하지만, 이것도 디스크의 접근 속도와 비교하면 비교 대상이 되지 않습니다. 디스크는 탐색(seek)을 위해 10ms 가량의 시간이 소요됩니다. 물론 모든 디스크 접근에 탐색이 필요하지는 않습니다. 하지만 10ms를 매우 짧은 시간이라고 생각하면 곤란합니다. 메모리와 비교하면 메모리 접근 속도는 디스크 탐색 속도보다 10만 배 가량 빠릅니다. 따라서 CPU 접근 속도는 말할 필요도 없습니다.

5 　**역주** 캐시의 데이터에 수정(modified), 배타(exclusive), 공유(shared), 무효(invalid) 네 가지 상태를 부여하여 다중 코어 캐시의 일관성을 관리하는 규칙입니다.

파일을 읽을 때 먼저 데이터를 디스크에서 메모리로 옮겨야 CPU가 메모리에서 파일의 데이터를 읽을 수 있습니다. 그렇다면 메모리와 디스크의 속도 차이를 어떻게 해결할 수 있을까요?

여러분 중에는 이 간단한 것을 왜 고민하느냐고 물어볼 사람도 있을 것입니다. 메모리와 디스크 사이에 직접 캐시를 추가하면 된다고 생각하겠죠. 그렇다면 왜 메모리를 직접 디스크의 캐시로 사용하지 않을까요? 일단 레지스터가 메모리의 캐시가 될 수 없는 이유는 레지스터 크기가 한정되어 있기 때문입니다. 하지만 메모리 용량은 사실 꽤 큰 편입니다. 최신 스마트폰만 보더라도 모두 GB 단위의 메모리를 탑재하고 있으니 말입니다.

맞습니다. 최신 운영 체제는 분명히 메모리를 디스크의 캐시로 사용합니다.

디스크의 접근 속도는 매우 느려 디스크에서 천신만고 끝에 읽어 온 메모리 내 데이터를 최대한 잘 활용해야 합니다. 따라서 이 메모리에 있는 데이터를 디스크의 캐시로 사용하는 것입니다. 이렇게 하면 다음에 파일에 접근할 때는 디스크를 이용한 입출력 과정을 거칠 필요 없이 직접 메모리에서 가져오기만 하면 됩니다.

컴퓨터 시스템의 메모리 사용률은 일반적으로 100%에 도달하지 않으며, 항상 일부 공간이 남아 있습니다. 하지만 이 여유 메모리 공간을 헛되이 낭비할 수는 없으므로 운영 체제는 항상 이 여유 메모리 공간을 디스크의 캐시로 활용하여 디스크에서 데이터를 읽어 오는 일을 최소화합니다. 이것은 리눅스 운영 체제에서 페이지 캐시의 기본 원리에 해당합니다.

캐시가 추가되면 반드시 캐시 갱신 문제가 발생합니다. 파일을 기록할 때 저수준 영역에서는 메모리 내 캐시에 기록하기만 하고 반환될 가능성이 높고, 이때 파일의 최신 데이터는 아직 디스크에 갱신되지 않았을 수 있습니다. 시스템이 충돌하거나 정전 같은 사태가 발생하면 데이터가 유실될 수 있어 대부분의 입출력 라이브러리가 동기화(sync) 또는 캐시 비우기(flush) 함수를 제공합니다.

매번 파일을 읽을 때마다 디스크 입출력이 발생하지는 않습니다. 컴퓨터를 사용하다 보면 큰 파일을 처음 적재할 때는 매우 느리지만 두 번째에는 매우 빠르게 적재되는 경험을 했을 것입니다. 이는 해당 파일 내용이 이미 메모리에 보관되어 있어 캐시가 적중할 경우 디스크 접근이 필요하지 않아 파일 적재 속도가 크게 빨라지는 것입니다.

이제 메모리가 디스크 캐시로 사용되므로 컴퓨터 저장 시스템은 그림 5-11과 같이 표현됩니다.

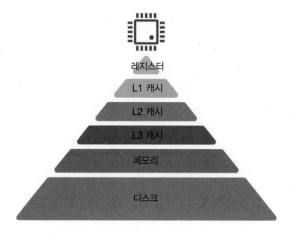

이 저장 시스템에서는 그림 5-12와 같이 CPU의 내부 캐시가 메모리 데이터를 저장하고, 메모리가 디스크 데이터를 저장한다는 것을 알 수 있습니다.

▼ 그림 5-12 캐시는 메모리의 데이터를 저장하고, 메모리는 디스크의 데이터를 저장한다

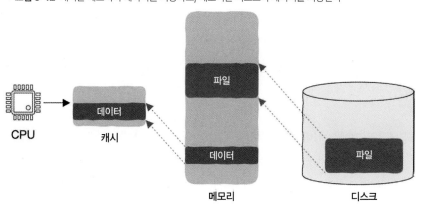

한마디 덧붙이면 서버에서는 최근 메모리가 디스크를 대체하는 것이 대세입니다. 이제 RAM 자체가 새로운 디스크 역할을 하고 있습니다.

그 이유는 아주 간단합니다. 메모리가 점점 더 저렴해지고 있기 때문입니다. 1995년부터 2015년까지 메모리의 GB당 가격은 6000분의 1까지 떨어졌습니다. 아마존 AWS(Amazon Web Services)는 이미 2TB 메모리를 탑재한 인스턴스(instance)를 제공하기 시작했습니다. 2TB 용량의 디스크가 아닌 2TB 용량의 메모리라는 것에 주목하기 바랍니다.

이것으로 일부 상황에서는 데이터베이스를 전부 메모리에 직접 설치하여 디스크 입출력이 필요하지 않을 때도 있습니다. 프레스토(Presto), 플링크(Flink), 스파크(Spark) 같은 메모리 기반 시스템이 디스크 기반의 경쟁자들을 빠르게 대체하고 있습니다.

그러나 이는 메모리가 디스크를 완전히 대체할 수 있다는 말은 아닙니다. 메모리는 데이터를 영구적으로 저장할 수 있는 기능이 없기 때문입니다. 하지만 메모리 용량이 증가함에 따라 메모리 용량 때문에 디스크에 의존해야 했던 많은 서비스가 다시 메모리로 옮겨 가고 있는 형국입니다.

이제 메모리를 디스크의 캐시로 취급하여 파일 접근 속도를 크게 향상시키고 디스크 입출력을 줄일 수 있게 되었습니다. 하지만 파일을 읽고 쓸 때 메모리가 디스크의 캐시 역할만 하는 것은 아니며, 메모리 자신을 읽고 쓸 때도 마찬가지입니다. 이것은 무엇을 의미할까요? 어쩔 수 없이, 이미 몇 번이나 언급했던 가상 메모리를 다시 이야기해야 할 때입니다.

5.1.6 가상 메모리와 디스크

우리는 앞서 모든 프로세스가 표준 크기의 자체적인 주소 공간을 가지고 있다고 여러 번 이야기했습니다. 이 주소 공간의 크기는 물리 메모리와는 관련이 없어 물리 메모리의 크기를 초과할 수 있습니다.[6] 여기에서 문제를 하나 내겠습니다. 시스템에 프로세스가 N개 있을 때, 이 프로세스 N개가 실제 물리 메모리를 모두 사용하고 있을 때, 새로운 프로세스가 생성되어 이 N + 1번째 프로세스도 메모리를 요청한다고 가정해 봅시다. 시스템은 이를 어떻게 처리할 수 있을까요?

사실 이 문제를 5.1절 안에서 이미 만난 적이 있습니다. 파일을 읽고 쓸 때 메모리를 디스크의 캐시로 쓸 수 있는데 이때 디스크는 메모리의 '창고' 역할을 할 수 있습니다. 이것은 무슨 의미일까요? 일부 프로세스에서 자주 사용하지 않은 메모리 데이터를 디스크에 기록하고 이 데이터가 차지하던 물리 메모리 공간을 해제합니다. 그러면 N + 1번째 프로세스가 다시 메모리를 요청할 수 있습니다.

정말 흥미롭지 않나요? 눈에 보이지 않는 곳에서 디스크가 메모리의 일부 작업을 넘겨받기에 모든 프로세스가 요청하는 메모리 크기는 물리 메모리를 넘어설 수 있으며, 더 이상 물리 메모리에 국한되지 않습니다. 더 중요한 점은 이 모든 과정을 프로그래머가 인식할 수 없다는 것이며, 운영 체제가 우리를 대신하여 뒤에서 묵묵히 이 일을 하고 있다는 것입니다.

---

6 역주 실제로 64비트 윈도 기준 128TB의 크기를 가지므로 항상 물리적 메모리보다 크다고 보아도 무방합니다.

프로세스 주소 공간의 데이터는 디스크로 대체될 수 있으므로 우리 프로그램이 디스크 입출력을 포함하고 있지 않더라도, 특히 메모리 사용률이 매우 높을 경우에는 CPU가 우리 프로그램을 실행할 때도 디스크에 접근해야 할 수 있습니다.

5.1.7 CPU는 어떻게 메모리를 읽을까?

이제 CPU가 어떻게 메모리를 읽는지 알았습니다. 다음 가설은 운영 체제가 가상 메모리를 사용한다고 가정한 것입니다.

우선 CPU가 볼 수 있는 것은 모두 가상 메모리 주소입니다. CPU가 메모리를 사용할 때 실행하는 읽기와 쓰기 명령어가 사용하는 것도 역시 가상 메모리 주소이며, 이 주소는 실제 물리 메모리 주소로 변환되어야 합니다. 변환이 완료되면 캐시를 검색하기 시작합니다. L1 캐시, L2 캐시, L3 캐시 중 어떤 계층이든 찾을 수 있다면 바로 직접 반환하며, 찾을 수 없을 때만 어쩔 수 없이 메모리에 접근하기 시작합니다. 여기에서 주의할 점은 가상 메모리의 존재로 프로세스의 데이터는 디스크에 임시로 보관되어 있을 수 있다는 것입니다. 이때는 해당 데이터를 메모리에서도 찾을 수 없을 가능성이 있으며, 디스크의 프로세스 데이터를 메모리에 다시 적재한 후 메모리를 읽어야 합니다.

현대 컴퓨터 시스템에서 메모리의 데이터를 읽는다는 한 번의 행위가 우리 상상만큼 결코 간단하지 않다는 것을 알 수 있습니다.

자, 다시 캐시 주제로 돌아가 봅시다.

이렇게 CPU와 메모리, 메모리와 디스크의 속도 차이 문제를 해결했습니다. 하지만 어느새 빅데이터 시대가 도래했고, 단일 장치의 디스크만으로는 더 이상 태평양처럼 방대한 사용자 데이터를 완전히 저장할 수 없습니다. 어떻게 해야 할까요?

5.1.8 분산 저장 지원

대용량 데이터의 저장 문제를 해결하는 것은 사실 매우 간단합니다. 장치 한 대로 부족하다면 여러 대를 사용하면 되니까 말입니다. 이것이 바로 분산 파일 시스템(distributed file system)입니다.

사용자 장치는 분산 파일 시스템을 직접 장착(mount)할 수 있고, 로컬 디스크(local disk)는 원격의 분산 파일 시스템에서 전송된 파일을 저장합니다. 따라서 이를 사용할 때는 그림 5-13과 같이 네트워크를 통하지 않고 로컬 디스크에 직접 접근하므로 로컬 디스크를 원격의 분산 파일 시스템의 캐시로 간주할 수 있습니다.

▼ **그림 5-13** 로컬 디스크를 원격 분산 파일 시스템의 캐시로 간주할 수 있다

로컬 컴퓨터 시스템

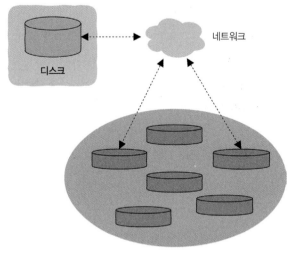

분산 파일 시스템

물론 응답 속도를 더 높이려고 그림 5-14와 같이 원격 분산 파일 시스템의 데이터를 데이터 흐름(data stream) 형태로 직접 로컬 컴퓨터 시스템의 메모리로 끌어올 수도 있습니다. 이런 사용 패턴은 현재 매우 보편적인 형태로, 메시지 미들웨어인 아파치 카프카(apache kafka) 시스템의 경우 대용량 메시지는 원격 분산 파일 시스템에 저장되어 있지만 실시간으로 해당 데이터의 소비자에게 전달됩니다. 이 경우 메모리를 원격 분산 파일 시스템의 캐시로 간주할 수 있습니다.

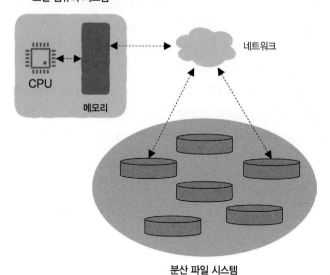

최신 컴퓨터 시스템의 저장 체계는 그림 5-15와 같습니다.

▼ 그림 5-15 최신 컴퓨터 시스템의 저장 체계

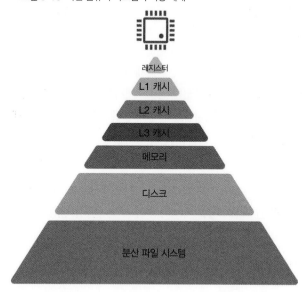

이제 우리는 컴퓨터 저장 체계의 각 계층이 다음 계층에 대한 캐시 역할을 한다는 것을 알았습니다. 여기에서 반드시 주의해야 할 점이 하나 있는데, 각 계층의 저장 용량은 반드시 다음 계층보다 작아야 한다는 것입니다. 예를 들어 L3 캐시는 반드시 메모리 용량보다 작아야 합니다. 그렇지 않으면 L3 캐시를 직접 메모리로 사용하면 되기 때문입니다. 이에 근거하여 전체 저장 체계가 최대 성능을 발휘하려면 프로그램이 매우 캐시 친화적이어야 합니다. 이것은 매우 중요한 문제이며, 이런 프로그램은 캐시의 성능을 최대한 발휘할 수 있습니다. 결국 이 체계에서 아래 계층으로 내려갈수록 낮은 비용과 속도를 가진 장치를 사용하여 데이터를 저장하고, 적은 대가만으로 CPU가 거의 최대 속도로 프로그램을 실행할 수 있도록 하는 데 캐시의 설계 사상은 필수 불가결한 존재입니다.

이제 어떻게 캐시 친화적인 프로그램을 작성해야 하는지 고민할 때입니다.

5.2 / 어떻게 캐시 친화적인 프로그램을 작성할까?

5.1절에서 살펴보았듯이 최신 컴퓨터 시스템에서는 CPU와 메모리 사이의 속도 차이를 보완하려고 CPU가 메모리에 직접 접근하는 대신 CPU와 메모리 사이에 캐시를 추가했습니다. 일반적으로 캐시는 L1 캐시, L2 캐시, L3 캐시 세 계층으로 나뉩니다. L1 캐시에서 L3 캐시로 갈수록 캐시 용량은 점점 커지지만 접근 속도는 점점 느려집니다. 이 세 계층의 캐시는 메모리의 데이터를 저장하는데, CPU는 메모리에 접근해야 할 때 캐시를 먼저 확인합니다. 캐시가 적중하면 느릿느릿한 메모리에 접근할 필요가 없다는 의미이므로 CPU는 매우 기뻐할 것입니다.

따라서 최신 컴퓨터 시스템에서는 프로그램이 메모리에 접근할 때 캐시의 적중률이 매우 중요합니다. 그렇다면 어떻게 해야 캐시 친화적인 프로그램을 작성하여 캐시 적중률을 향상시킬 수 있을까요?

이 이야기는 프로그램 지역성의 원칙에서 시작됩니다.

5.2.1 프로그램 지역성의 원칙

프로그램 지역성의 원칙(locality of reference or principle of locality)의 본질은 프로그램이 '매우 규칙적으로' 메모리에 접근한다는 것입니다. 이것은 수능을 준비하고 있는 학생에 비유할 수 있습니다. 매일 반복해서 교실, 식당, 침실 세 곳을 방문하고 주말에는 기껏해야 학교 근처에 가서 좀 더 나은 식사를 하는 고3 학생의 모습을 상상해 보세요.

그림 5-16과 같이 프로그램이 메모리 조각에 접근하고 나서 이 조각을 여러 번 참조하는 경우 이를 일컬어 시간적 지역성(temporal locality)이라고 합니다. 이는 오늘 교실에서 공부를 했던 학생이 내일도 또 교실에 가는 것에 비유할 수 있습니다.

▼ **그림 5-16** 시간적 지역성

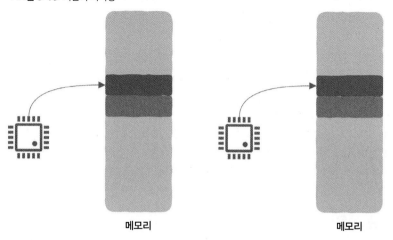

메모리   메모리

시간적 지역성은 캐시 친화성이 매우 높은데, 이는 데이터가 캐시에 있는 한 메모리에 접근하지 않아도 반복적으로 캐시의 적중이 가능하다는 단순한 이유 때문입니다.

프로그램이 메모리 조각을 참조할 때는 그림 5-17과 같이 인접한 메모리도 참조할 수 있는데, 이를 공간적 지역성(spatial locality)이라고 합니다. 공간적 지역성은 마치 학생이 학교 근처에 산책하러 가는 것에 비유할 수 있습니다.

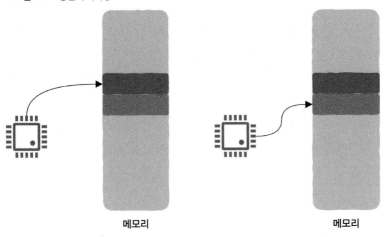

▼ 그림 5-17 공간적 지역성

메모리   메모리

공간적 지역성 역시 캐시 친화적입니다. 캐시가 적중하지 않으면 메모리의 데이터를 캐시에 적재해야 합니다. 이때 일반적으로 요청한 메모리의 인접 데이터도 함께 캐시에 저장되므로 프로그램이 인접 데이터에 접근할 때 캐시가 적중하게 됩니다.

프로그램 지역성 원칙을 알면 다음 내용은 간단합니다. 이어서 캐시 친화적인 프로그래밍 원칙 몇 가지를 소개하겠습니다.

5.2.2 메모리 풀 사용

C/C++ 언어 프로그래머가 사용하는 malloc/new처럼 일반적인 상황에서 사용되는 메모리 할당자는 매우 잘 동작하지만, 메모리 풀 기술은 일반적으로 고성능 요구 사항이 있을 때만 사용됩니다.

메모리를 동적으로 할당받을 때 일반적으로 malloc을 사용하는데, 이는 비교적 복잡한 과정에 속합니다. 이외에도 malloc에는 또 다른 문제점이 있습니다. 우리 프로그램이 메모리에서 조각을 N개 할당받아야 하는 경우 malloc을 사용해서 할당받으면 메모리 조각 N개가 힙 영역의 이곳저곳에 흩어져 있을 가능성이 높기 때문에 공간적 지역성이 그다지 좋지 않습니다.

메모리 풀 기술은 커다란 메모리 조각을 미리 할당받으며, 이후에는 메모리를 요청하거나 해제할 때 더 이상 malloc을 거치지 않습니다. 따라서 malloc에 따라오는 부담이 없을 뿐만 아니라 매우 캐시 친화적입니다. 이는 메모리 풀을 초기화할 때 일반적으로 연속적인 메모리 공간을 할당받으며, 우리가 사용하는 데이터 역시 이 연속적인 메모리 공간 내에서 요청되므로 데이터가 매우 집중적으로 모여 있는 형태로 접근이 가능하기 때문입니다. 따라서 이 경우 공간적 지역성이 훨씬 더 우수하며 캐시의 적중률도 훨씬 더 높아집니다.

메모리 풀 구현은 3.6절을 참고하기 바랍니다.

5.2.3 struct 구조체 재배치

연결 리스트에 특정 조건을 만족하는 노드가 있는지 판단하려고 할 때, 연결 리스트의 구조체는 다음과 같이 정의됩니다.

코드

```
#define SIZE 100000

struct List
{
    List* next;
    int arr[SIZE];
    int value;
};
```

연결 리스트의 노드에는 필요한 값 value와 다음 노드를 가리키는 next 포인터 외에도 배열 arr이 포함되어 있습니다. 이때 탐색 프로그램은 다음과 같이 작성할 수 있습니다.

코드

```
bool find(struct List* list, int target)
{
    while (list)
    {
        if(list->value == target)
        {
            return true;
        }

        list = list->next;
    }

    return false;
}
```

이 코드는 매우 간단해서 연결 리스트를 순회하면서 연결 리스트 값을 차례로 살펴보는 것이 전부입니다. 여기에서 빈번하게 사용되는 항목은 next 포인터와 value 값이며, 배열 arr는 전혀 사용되지 않습니다. 하지만 next 포인터와 value 값이 배열 arr에 의해 멀리 떨어져 있기 때문에 공간적 지역성이 나빠질 수 있습니다. 따라서 더 좋은 방법은 next 포인터와 value 값을 함께 배치하는 것입니다.

코드

```
#define SIZE 100000

struct List
{
    List* next;
    int value;
    int arr[SIZE];
};
```

이와 같이 수정하면 next 포인터와 value 값이 서로 인접해 있기 때문에 캐시에 next 포인터가 있다면 매우 높은 확률로 value 값도 포함되어 있을 수 있습니다. 이것이 바로 공간적 지역성 원리로 구조체의 형태를 최적화하는 방법 중 하나입니다.

5.2.4 핫 데이터와 콜드 데이터의 분리

앞서 설명한 구조체는 더 최적화될 수 있는데, 앞의 예제와 마찬가지로 next 포인터와 value 값을 빈번하게 접근하지만 배열 arr는 거의 접근하지 않는다고 가정해 봅시다.

일반적으로 연결 리스트에 노드가 하나뿐인 경우는 거의 없으며, 노드가 비교적 많을 때는 연결 리스트에 접근할 때 캐시해야 하는 노드도 비교적 많아집니다. **그러나 프로그래머는 캐시 용량이 제한되어 있다는 점을 반드시 인식하고 있어야 합니다.** 연결 리스트 자체가 차지하는 저장 공간이 크면 클수록 캐시에 저장할 수 있는 노드는 줄어듭니다. 따라서 배열 arr를 다른 구조체에 넣고 List 구조체 안에 이 구조체를 가리키는 포인터를 추가할 수 있습니다.

코드

```
#define SIZE 100000

struct List
{
```

```
    List* next;
    int value;
    struct Arr* arr;
};

struct Arr
{
    int arr[SIZE];
};
```

이렇게 하면 List 구조체 크기는 크게 줄어들고 캐시는 더 많은 노드를 저장할 수 있습니다.

여기에서 구조체의 배열 arr는 콜드 데이터(cold data)이며, next 포인터와 value 값은 더 빈번하게 접근하는 핫 데이터(hot data)입니다. 콜드 데이터와 핫 데이터를 서로 분리하면 더 나은 지역성을 얻을 수 있습니다. 물론 이런 방법을 사용하려면 구조체의 각 항목마다 접근 빈도를 알고 있어야 합니다.

5.2.5 캐시 친화적인 데이터 구조

지역성 원칙 관점에서는 배열이 연결 리스트보다 낫습니다. C++ 언어를 예로 들면 std::vector 컨테이너를 사용하는 것이 std::list 컨테이너를 사용하는 것보다 낫습니다. 그 이유는 매우 간단합니다. 배열은 하나의 연속된 메모리 공간에 할당[7]되지만, 연결 리스트는 일반적으로 이곳저곳에 흩어져 있을 수 있기 때문입니다. 물론 이는 지역성 원칙 관점에서 이야기하는 것이지만, 연속된 메모리는 확실히 더 나은 공간적 지역성을 보여 주며 캐시 친화적이기도 합니다.

여기에서 다루는 데이터 구조의 장단점 논의는 캐시 친화적인가 그렇지 않은가에 국한된다는 것을 반드시 염두에 두어야 하며, 실제로 사용할 때는 구체적인 상황에 맞추어 선택해야 합니다. 예를 들어 배열의 공간적 지역성은 연결 리스트의 공간적 지역성보다 낮지만, 상황에 따라 노드가 빈번하게 추가되고 삭제될 때는 연결 리스트가 배열에 비해 우수한 것이 명백합니다. 연결 리스트의 노드 추가와 삭제에 드는 시간 복잡도는 $O(1)$에 불과하기 때문입니다.

7 　역주　가상 메모리로 실제 물리 메모리에서는 연속적인 공간에 할당되어 있지 않을 수 있습니다.

연결 리스트가 가지고 있는 자유로운 노드의 추가와 삭제라는 장점을 유지하면서 캐시 친화적이고 싶다고요? 그것도 매우 간단합니다. 연결 리스트를 생성할 때, 직접 정의한 메모리 풀에서 메모리를 요청하면 됩니다. 이 경우 각 연결 리스트 노드의 메모리 분포가 비교적 간결해지기 때문에 더 나은 공간적 지역성을 보여 줍니다. **다시 한 번 강조하지만, 이런 최적화를 할 때는 반드시 일종의 분석 도구를 사용하여 캐시의 적중률이 시스템 성능의 병목(bottleneck)이 되는지 판단해야 합니다. 병목이 되지 않는다면 굳이 이런 최적화를 할 필요가 없습니다.**

마지막으로 지역성 원칙의 고전적인 사례를 살펴봅시다.

5.2.6 다차원 배열 순회

다음과 같이 2차원 배열을 합산하는 코드가 있다고 가정해 봅시다.

> 코드

```
int matrix_summer(int A[M][N])
{
    int i, j, sum = 0;

    for (i = 0; i < M; i++)
    {
        for (j = 0; j < N; j++)
        {
            sum += A[i][j];
        }
    }

    return sum;
}
```

이 코드는 매우 간단합니다. 배열을 행(row)과 열(column) 순서로 순회하면서 값을 모두 더하는데, C 언어 역시 행 우선 방식으로 배열을 저장[8]합니다.

---

8 역주 메모리에 저장될 때 첫 번째 행이 첫 번째 열부터 마지막 열까지 저장되고, 이어서 두 번째 행이 첫 번째 열부터 마지막 열까지 저장되는 것을 반복하는 구조를 의미합니다.

이제 배열에 행 네 개와 열 여덟 개가 있다고 가정합니다. 다시 말해 M은 4고 N은 8입니다. 그리고 그림 5-18과 같이 캐시가 최대 네 개의 int 형식 데이터를 저장할 수 있다고 가정합니다.

▼ **그림 5-18** 캐시와 메모리

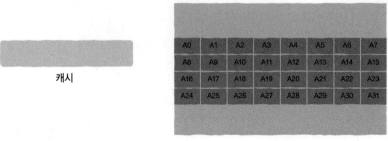

순회가 시작되면 캐시에 아직 배열에 대한 데이터가 없기 때문에 캐시는 비어 있습니다. 따라서 배열 A의 첫 번째 요소인 A0에 접근하는 시점에는 캐시가 적중할 수 없습니다. 이때 그림 5-19와 같이 A0을 포함한 요소 네 개가 캐시에 저장됩니다.

▼ **그림 5-19** A0을 포함한 요소 네 개를 캐시에 저장한다

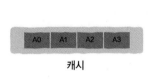
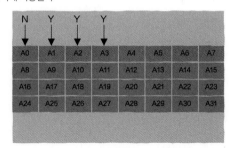

캐시 준비가 완료되어 A1부터 A3에 접근할 때는 모두 캐시가 적중하기 때문에 메모리에 접근할 필요가 없습니다. 하지만 A4에 접근할 때는 캐시가 적중할 수 없는데, 이는 캐시 용량이 제한되어 있기 때문입니다.

A4에 접근할 때 캐시가 적중에 실패하면, 다시 A4를 포함한 후 요소 네 개가 캐시에 저장되어 이전 데이터와 교체됩니다. A5부터 A7에 접근할 때는 그림 5-20과 같이 다시 캐시가 적중됩니다.

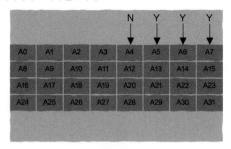

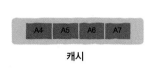

캐시

메모리

이후 배열의 두 번째 행에 대한 접근 패턴은 배열의 첫 번째 행에 대한 접근 패턴과 완전히 동일합니다.

즉, 배열에 접근할 때 매 행마다 캐시에 적중할 수 없는 요소가 두 개씩 있으므로 모두 요소 여덟 개[9]가 캐시에 적중하지 못합니다. 이때 캐시 적중률은 75%[10]이므로 꽤 괜찮아 보입니다.

이번에는 배열에 접근할 때 행 우선 방식이 아니라 열 우선 방식으로 접근해 보겠습니다.

코드

```c
int matrix_summer(int A[M][N])
{
    int i, j, sum = 0;

    for (j = 0; j < N; j++)
    {
        for (i = 0; i < M; i++)
        {
            sum += A[i][j];
        }
    }

    return sum;
}
```

그럼 어떤 상황이 벌어질까요?

---

9 **역주** 행마다 두 개씩 네 개의 행이 있으므로 2 × 4 = 8개의 요소가 캐시에 적중되지 않습니다.
10 **역주** 두 개의 전체 요소 중 여덟 개가 적중되지 않았으므로 (32–8) ÷ 32 = 0.75로, 적중률은 75%가 됩니다.

첫 번째 요소인 A0에 접근하면 아직 캐시가 적중할 수 없기 때문에 캐시는 이번에도 그림 5-19와 같이 행복하고 즐겁게 A0부터 A3까지 저장합니다. 그러나 우리 코드에서 다음에 접근할 요소는 A8이며, 이 데이터는 여전히 캐시가 적중할 수 없습니다. 캐시는 어쩔 수 없이 A0에서 A3의 데이터를 버리고 A8부터 A11까지 요소를 다시 저장해야 하는데, 이것은 이전의 작업을 그냥 버리는 것과 같습니다.

그러나 최악의 상황은 계속됩니다. 다음에 접근할 요소는 A16이며, 캐시는 여전히 적중할 수 없습니다. 이제 더 이상 설명은 필요하지 않을 것입니다. 열 우선 방식에 따라 배열을 순회하면 캐시는 매번 적중에 실패하며 캐시 적중률은 0이 됩니다.

이는 행 우선 탐색의 75% 적중률과는 매우 거리가 멉니다. 그런데 이 차이가 코드 탐색 패턴에 약간의 차이만 생겨도 발생한다는 것이 중요합니다.

캐시 설명은 이것으로 마칩니다. 여기에서 설명된 원칙은 예시로만 사용된 것이며 모든 것을 설명하고 있지 않습니다. 핵심은 프로그램 지역성 원칙을 이해하는 것입니다. 프로그램 지역성이 우수하면 할수록 최신 CPU의 캐시를 최대한 활용할 수 있습니다.

다시 한 번 강조하지만, **반드시 성능 분석 도구를 사용하여 캐시 적중률이 시스템 성능의 병목이 되는지 판단해야 합니다. 병목이 되지 않는다면 굳이 여기에서 언급한 원칙에 너무 신경 쓸 필요가 없습니다.**

다중 코어 시대가 도래하면서 다중 스레드 프로그래밍은 다중 코어 리소스를 최대한 활용하는 필수적인 무기가 되었습니다. 캐시가 다중 스레드를 만나면 새로운 문제가 발생합니다. 이 흥미로운 문제를 살펴보고 프로그래머가 무엇을 주의해야 하는지도 알아보겠습니다.

5.3
SECTION / 다중 스레드 성능 방해자

CPU가 4바이트 정수에 접근해야 하는데, 캐시가 적중하지 않는다면 이제 어떻게 해야 할까요?

여러분이 그림 5-21과 같이 메모리에 있는 4바이트 정수를 캐시에 저장하면 된다고 생각했다면, 이보다 더 간단한 일이 있느냐고 반문할 수도 있습니다.

▼ **그림 5-21** 메모리 데이터를 캐시에 저장한다

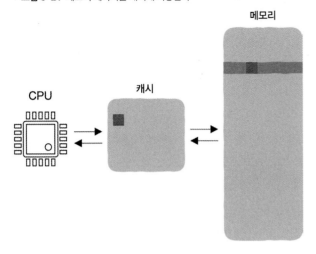

아니요. 사실은 그렇지 않습니다.

5.3.1 캐시와 메모리 상호 작용의 기본 단위: 캐시 라인

프로그램의 공간적 지역성 원리는 어떤 의미가 있을까요? 프로그램이 어떤 데이터에 접근하면 다음에는 인접한 데이터에 접근할 가능성이 높으므로 접근해야 할 데이터만 캐시에 저장하는 것은 현명하지 않습니다. 따라서 더 나은 방법은 해당 데이터가 있는 곳의 '묶음' 데이터를 캐시에 저장하는 것입니다.

이 '묶음' 데이터는 캐시 라인(cache line)이라는 이름을 갖고 있으며, 그림 5-22에서 볼 수 있듯이 이 이름은 데이터 한 줄이라는 의미가 있습니다.

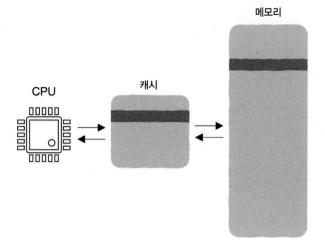

이제 캐시와 메모리 상호 작용의 기본 단위는 캐시 라인이며 이는 '묶음' 데이터를 의미한다는 것을 알았습니다. 이 '묶음' 데이터의 크기는 일반적으로 64바이트이며, 캐시가 적중하지 못하면 이 '묶음' 데이터가 캐시에 저장됩니다.

캐시와 메모리 사이의 이 상호 작용에 대한 세부 내용은 다중 스레드 프로그래밍에 일반인이라면 생각해 낼 수 없으면서도 매우 흥미로운 문제를 가져옵니다.

여기까지 캐시의 이론적인 부분에 대한 모든 설명을 마쳤습니다. 이제 성과를 확인할 시간입니다. 지금부터는 몇 가지 흥미로운 코드를 살펴보겠습니다.

5.3.2 첫 번째 성능 방해자: 캐시 튕김 문제

여기에 C++ 프로그램 두 개가 있습니다. 먼저 첫 번째 프로그램은 다음과 같습니다.

코드

```cpp
atomic<int> a;

void threadf()
{
    for (int i = 0; i < 500000000; i++)
    {
        ++a;
    }
```

```
    }

    void run()
    {
        thread t1 = thread(threadf);
        thread t2 = thread(threadf);

        t1.join();
        t2.join();
    }
```

두 번째 프로그램은 다음과 같습니다.

코드

```
atomic<int> a;

void run()
{
    for (int i = 0; i < 1000000000; i++)
    {
        ++a;
    }
}
```

이 두 프로그램은 모두 매우 간단합니다. 첫 번째 프로그램은 두 개의 스레드를 시작하는데, 각각의 스레드는 전역 변수 a 값을 1씩 5억 번 증가시킵니다. 두 번째 프로그램은 단일 스레드로서 전역 변수 a 값을 1씩 10억 번 증가시킵니다.

어떤 프로그램이 더 빨리 실행될 것이라고 생각하나요?

첫 번째 프로그램은 두 스레드가 병렬로 a에 값을 추가하고 두 번째 프로그램은 단일 스레드에서 실행되므로, 첫 번째 프로그램이 더 빠를 뿐만 아니라 실행 시간이 두 번째 프로그램 실행 시간의 절반에 불과하다고 생각할 수 있습니다.

하지만 실제 결과는 어떨까요?

필자 다중 코어 컴퓨터 기준으로 첫 번째 프로그램의 실행 시간은 16초였고, 두 번째 프로그램의 실행 시간은 8초에 불과했습니다. 병렬 계산임에도 다중 스레드가 단일 스레드보다 느린 이유가 무엇일까요?

다시 한 번 리눅스의 perf 도구를 사용하여 이 두 프로그램을 분석해 봅시다. perf stat 명령어는 실행 시에 나타나는 각종 주요 정보의 통계를 보여 줍니다. 그림 5-23은 다중 스레드 프로그램의 통계 정보를 나타내며, 그림 5-24는 단일 스레드 프로그램의 통계 정보를 나타냅니다.

▼ **그림 5-23** 다중 스레드 프로그램의 통계 정보

```
   32638.65 msec task-clock:u                #     1.974 CPUs utilized
          0      context-switches:u          #     0.000 K/sec
          0      cpu-migrations:u            #     0.000 K/sec
        117      page-faults:u               #     0.004 K/sec
99713693995      cycles:u                    #     3.055 GHz
15002052403      instructions:u              #     0.15  insn per cycle
 4000393789      branches:u                  #   122.566 M/sec
      43988      branch-misses:u             #     0.00% of all branches
```

▼ **그림 5-24** 단일 스레드 프로그램의 통계 정보

```
    8176.64 msec task-clock:u                #     0.995 CPUs utilized
          0      context-switches:u          #     0.000 K/sec
          0      cpu-migrations:u            #     0.000 K/sec
        111      page-faults:u               #     0.014 K/sec
25019081462      cycles:u                    #     3.060 GHz
15001989876      instructions:u              #     0.60  insn per cycle
 4000358303      branches:u                  #   489.243 M/sec
      19489      branch-misses:u             #     0.00% of all branches
```

오른쪽의 'insn per cycle' 항목을 주의해서 살펴보세요. 이 항목은 하나의 클럭 주기에 CPU가 실행하는 프로그램에서 기계 명령어를 몇 개 실행하는지 알려 줍니다. 이 항목은 자동차 주행 속도처럼 실행된 기계 명령어의 수 관점에서 프로그램 실행 속도에 대해 직관적인 정보를 제공합니다. 물론 이는 영향을 미치는 여러 요소 중 하나일 뿐이므로 이 항목이 전적으로 프로그램 실행 속도를 의미하지는 않습니다.

다중 스레드 프로그램의 'insn per cycle'은 0.15로, 이는 하나의 클럭 주기 동안 기계 명령어가 0.15개 실행되었음을 의미합니다. 반면에 단일 스레드 프로그램의 'insn per cycle'은 0.6으로, 하나의 클럭 주기 동안 기계 명령어가 0.6개 실행되었음을 의미하며, 실제로 다중 스레드 프로그램의 네 배에 달합니다.

참고로 다중 스레드 프로그램과 차이를 줄이고자 단일 스레드 프로그램의 전역 변수 a도 원자적 변수(atomic variable)로 정의했습니다. 단일 스레드 프로그램에서 a 변수를 일반적인 int 형으로 정의하면 실행 시간은 더욱 빨라져 필자 컴퓨터에서 다중 스레드보다 여덟 배 빠른 2초 만에 실행이 완료됩니다. 이때 'insn per cycle'은 1.03이 됩니다. 즉, 클럭 주기 한 번에 기계 명령어를 하나 이상 실행할 수 있습니다.

여기에서 의문점이 하나 떠오릅니다. 왜 이렇게 다중 스레드 프로그램의 성능은 좋지 않을까요?

사실 캐시 일관성이 어떻게 이루어지는지 확실히 이해하고 있다면 그리 놀랄 일이 아닙니다.

앞서 이미 설명했듯이 캐시 일관성을 보장하기 위해 두 코어의 캐시에 이 예제의 전역 변수 a처럼 동일한 변수가 모두 사용될 때는 C1 캐시와 C2 캐시에 모두 저장됩니다. 또 필자 다중 코어 컴퓨터에서 운영 체제는 그림 5-25와 같이 C1과 C2로 표시된 두 코어에 각각 스레드 두 개를 할당했을 확률이 매우 높습니다.

▼ 그림 5-25 두 코어가 동시에 a 변수를 읽고 쓴다

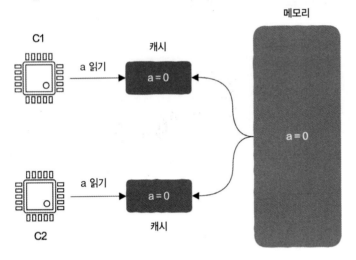

이제 두 스레드는 모두 해당 변수에 1을 더해야 합니다. 이때 첫 번째 스레드가 그림 5-26과 같이 a 변수에 덧셈 연산을 실행하기 시작한다면 반드시 C2 캐시의 a 변수를 무효화(invalidation) 해야 합니다. 여기에서 첫 번째 캐시 튕김이 발생합니다.

▼ **그림 5-26** C1이 a 변수를 쓸 때 C2 캐시의 a 변수를 무효화해야 한다

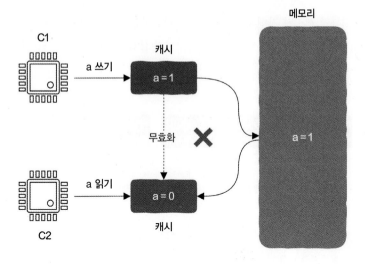

이제 C2는 캐시가 무효화되어 있기 때문에 어쩔 수 없이 메모리에서 직접 a 변수 값을 읽어야 합니다. 하지만 C2도 그림 5-27과 같이 a 변수에 1을 더해야 하므로 캐시의 일관성을 보장하기 위해 이번에는 C1 캐시의 a 변수를 무효화해야 합니다. 결국 또다시 캐시 튕김이 발생합니다.

▼ **그림 5-27** C2가 a 변수를 쓸 때 C1 캐시의 a 변수를 무효화해야 한다

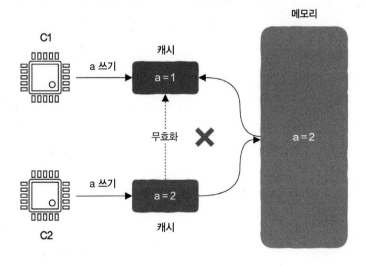

이번에는 C1이 메모리에서 a 변수의 최신 값을 읽어야 하지만, 안타깝게도 C1은 그 이후에도 a 변수 값을 계속 수정해야 하며, 결국 C2 캐시를 무효화해야 합니다. 이번에도 캐시 튕김은 피할 수 없습니다.

이와 같이 C1 캐시와 C2 캐시는 끊임없이 서로 상대 캐시를 무효화하면서 튕겨 냅니다.

빈번하게 캐시 일관성을 유지하면 캐시가 자신의 역할을 하지 못할 뿐만 아니라 프로그램 성능까지 저하시킵니다. 이것이 바로 그림 5-28에서 볼 수 있는 캐시 튕김(cache line bouncing) 또는 캐시 핑퐁(cache ping-pong)이라는 흥미로운 문제입니다.

▼ **그림 5-28** 캐시 튕김 문제

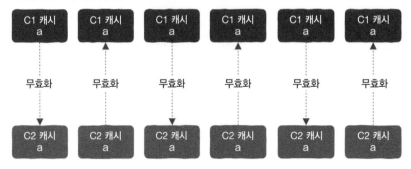

이런 상황에서는 캐시를 유지하는 데 드는 부담과 메모리에서 매번 새로 데이터를 읽어 오는 부담이 전체 흐름을 방해할 만큼 매우 커서 이런 다중 스레드 프로그램의 성능은 단일 스레드 프로그램의 성능에 미치지 못합니다.

이 예제는 여러 스레드 사이에 데이터 공유를 피할 수 있다면 가능한 한 피해야 한다는 것을 알려 줍니다.

데이터를 공유하지 않으면 아무런 문제가 없다고 생각할 수 있지만, 그렇게 간단하지 않습니다. 다음 예제를 이용해서 더 고민해 봅시다.

5.3.3 두 번째 성능 방해자: 거짓 공유 문제

다음과 같은 데이터 구조체 data를 통해 전역 변수를 하나 정의해 보겠습니다.

코드

```
struct data
{
    int a;
    int b;
};

struct data global_data;
```

그리고 이어서 두 프로그램을 준비합니다. 먼저 첫 번째 프로그램은 다음과 같습니다.

코드

```
void add_a()
{
    for (int i = 0; i < 500000000; i++)
    {
        ++global_data.a;
    }
}

void add_b()
{
    for (int i = 0; i < 500000000; i++)
    {
        ++global_data.b;
    }
}

void run()
{
    thread t1 = thread(add_a);
    thread t2 = thread(add_b);

    t1.join();
    t2.join();
}
```

이 프로그램은 스레드 두 개를 시작한 후 구조체의 a 변수와 b 변수를 1씩 각각 5억 번 증가시킵니다.

이어서 두 번째 프로그램은 다음과 같습니다.

코드

```
void run()
{
    for (int i = 0; i < 500000000; i++)
    {
        ++global_data.a;
    }
```

```
    for (int i = 0; i < 500000000; i++)
    {
        ++global_data.b;
    }
}
```

두 번째 프로그램은 단일 스레드로, 동일하게 a 변수와 b 변수를 1씩 5억 번 증가시킵니다.

이제 이 두 프로그램 중 어떤 프로그램이 더 빨리 실행되고 얼마나 빨리 실행되는지 생각해 봅시다.

앞의 예제에서 얻은 경험을 기반으로 자세히 살펴봅시다. 두 스레드는 변수를 공유하지 않으므로 앞서 언급한 캐시 튕김 문제가 없을 것이라고 유추할 수 있습니다. 따라서 대담하게 추론해 보면, 첫 번째 다중 스레드 프로그램이 더 빠르게 실행되며 두 번째 단일 스레드 프로그램보다 두 배 더 빠르게 실행될 것처럼 보입니다.

하지만 실제 결과는 어떨까요?

필자 다중 코어 컴퓨터에서 첫 번째 다중 스레드 프로그램의 실행 시간은 3초였고, 두 번째 단일 스레드 프로그램의 실행 시간은 2초에 불과했습니다. 여러분은 또다시 의아하게 느낄 수도 있습니다. 실제로는 어떤 변수도 공유하지 않으며, 다중 코어를 충분히 활용하는 다중 스레드 프로그램이 어째서 단일 스레드 프로그램보다 느리게 실행될까요?

사실 두 스레드는 어떤 변수도 공유하지 않지만, 이 두 변수는 동일한 캐시 라인(cache line)에 있을 가능성이 매우 높습니다. 다시 말해 이 두 변수가 하나의 캐시 라인을 공유하고 있을 수 있습니다. 캐시와 메모리는 캐시 라인 단위로 상호 작용한다는 것을 잊으면 안 됩니다. a 변수에 접근할 때 캐시가 적중하지 않으면 그림 5-29와 같이 a 변수가 포함된 캐시 라인이 캐시에 저장되는데, 이때 b 변수도 캐시에 함께 저장될 가능성이 매우 높습니다.

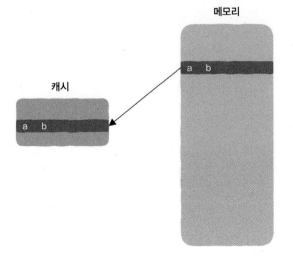

비록 스레드 두 개가 어떤 데이터도 공유하지 않는 것처럼 보이더라도 캐시의 동작 방식에 따라 캐시 라인을 공유할 가능성이 있습니다. 이것은 거짓 공유(false sharing)라고 하는 흥미로운 문제이며, 이 역시 캐시 튕김 문제를 발생시킵니다.

이제 다중 스레드 프로그램이 느리게 실행되는 이유를 이해하게 되었을 것입니다.

원인을 알면 개선도 매우 간단합니다. 여기에서 선보이는 방법은 다음과 같이 두 변수 사이에 사용되지 않는 데이터를 채우는 것입니다.

코드

```
struct data
{
    int a;
    int arr[16];
    int b;
};
```

필자 다중 코어 컴퓨터에서는 캐시 라인 크기가 64바이트이며, a 변수와 b 변수 사이에 요소 16개를 가진 int 형식의 배열[11]을 채우면, a 변수와 b 변수는 배열로 쪼개지므로 그림 5-30과 같이 같은 캐시 라인에 위치하지 않게 됩니다.

---

11 **역주** 일반적으로 int 형식은 4바이트이므로, 요소가 16개인 배열의 전체 크기는 64바이트입니다. 이는 캐시 라인의 크기와 동일합니다.

▼ **그림 5-30** a 변수와 b 변수를 서로 다른 캐시 라인으로 분리한다

메모리

코드를 수정한 후 다시 테스트해 보면, 다중 스레드 프로그램의 실행 시간이 3초에서 1초로 단축되었습니다. 이제 다중 스레드 프로그램이 단일 스레드 프로그램보다 두 배 빨라졌습니다.

물론 변수 사이에 데이터를 채우는 대신에 변수 순서를 조정할 수도 있습니다. a 변수와 b 변수로 발생하는 거짓 공유 문제를 확인했으며, 구조체에 다음과 같이 다른 변수가 있다고 가정해 봅시다.

코드

```
struct data
{
    int a;
    int b;
    ... // 다른 변수
};
```

다른 변수의 크기가 캐시 라인보다 크면 a 변수와 b 변수 사이로 다른 변수의 위치를 조정할 수 있습니다.

코드

```
struct data
{
    int a;
    ... // 다른 변수
    int b;
};
```

398

이렇게 하면 a 변수와 b 변수는 동일한 캐시 라인을 공유하지 않습니다.

이 절에서는 다중 스레드 프로그램의 성능 '방해자' 두 가지를 알아보았습니다. 첫 번째는 캐시 튕김 문제고, 다른 하나는 거짓 공유 문제입니다. 이 중 캐시 튕김 문제는 다중 스레드의 공유 리소스로 발생하며, 거짓 공유 문제도 동일하게 캐시 튕김 문제를 발생시킵니다.

이 절에서 한 실험에서도 알 수 있듯이, 다중 스레드 프로그램에 성능 병목 현상이 발생했을 때 주의 깊게 성능 테스트를 하고 여러 가지 다른 가능성을 모두 검토했음에도 여전히 문제 원인을 찾을 수 없다면, 캐시 튕김 문제가 있는지 고민해 보아야 합니다. 일반적으로 이 문제는 스레드 사이의 리소스 공유를 회피하면 해결할 수 있지만, 다중 스레드 공유 리소스를 정리할 때 오히려 거짓 공유 함정에 빠지는 것도 주의해야 합니다.

어떻습니까? 보기에는 간단해 보이는 캐시가 컴퓨터의 이곳저곳에 모두 적지 않은 영향을 미치고 있지 않습니까? 메모리, CPU, 캐시를 이해했으니 이제 이 세 가지 요소에 관련된 매우 흥미로운 문제인 메모리 장벽(memory barrier) 문제를 전체적으로 살펴보겠습니다. 혹시라도 잠금 없는 프로그래밍(lock-free programming)에 관심이 없다면 5.4절은 건너뛰어도 무방합니다.

5.4 SECTION 봉화희제후와 메모리 장벽

중국의 양치기 소년 이야기인 봉화희제후(烽火戏诸侯)[12]에 따르면, 서주(西周) 시대 말기 주유왕(周幽王)은 포사(褒姒)의 웃음소리를 듣기 위해 봉화대에 불을 붙이라고 명령했습니다. 모든 제후(诸侯)들은 봉화를 보고 적극적으로 전투를 준비했지만, 이는 주유왕이 제후들을 놀리려는 것이었습니다. 이후 그 누구도 더 이상 봉화를 신뢰하지 않았고, 결국 견융(犬戎)이 수도인 호경(镐京)을 침공했을 때 실제로 불이 붙은 봉화마저 믿지 않았습니다. 결국 이 때문에 서주는 멸망하고 말았습니다.

이 이야기가 컴퓨터와 무슨 관계가 있을까요? 사실 이 이야기는 고전적인 스레드 사이의 동기화에 해당합니다. 주유왕이 하나의 스레드고 제후들이 다른 스레드라고 가정하면, 봉화는 두 스레드 사이의 동기화 신호(synchronization signal)에 해당합니다. 그림 5-31과 같이 주유왕 스레

---

12 역주 봉화로 제후들을 놀리고 희롱한다는 의미로, 양치기 소년 이야기와 동일한 구조를 따르는 중국의 역사적 사건입니다.

드가 봉화 신호를 설정하면 제후 스레드는 이 봉화 신호를 감지하고, 해당 신호가 참이면 제후 스레드는 필요한 작업을 수행합니다.

▼ **그림 5-31** 봉화를 통해 주유왕 스레드와 제후 스레드가 동기화된다

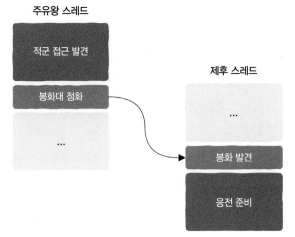

이 상황은 다음과 같이 코드로 표현할 수 있습니다.

코드

```
bool is_enemy_coming = false;
int enemy_num = 0;

// 주유왕 스레드
void thread_zhouyouwang()
{
    enemy_num = 100000;
    is_enemy_coming = true;
}

// 제후 스레드
void thread_zhuhou()
{
    int n;

    if(is_enemy_coming)
    {
        n = enemy_num;
    }
}
```

이 코드에는 전역 변수 두 개와 스레드 두 개가 있습니다. is_enemy_coming은 적군이 오고 있는지 여부를 나타내며 enemy_num은 적군 수를 나타냅니다. thread_zhouyouwang은 주유왕 스레드로, 적군을 발견하면 적군 수를 계산하고 봉화대에 불을 붙입니다. thread_zhuhou는 제후 스레드로, 봉화를 발견하면 적군 수를 얻고 전투를 준비합니다.

여기에서 문제는 제후 스레드 안에서 n 값은 얼마냐는 것입니다.

분명히 많은 사람이 100,000이라고 답할 것입니다. 주유왕 스레드는 먼저 enemy_num을 100,000으로 설정하고 난 후 봉화대에 불을 붙입니다. 따라서 제후 스레드가 봉화대의 불을 보고 난 후 enemy_num을 읽으면 반드시 100,000이어야 할 것입니다.

그러나 사실 그렇지 않습니다. 이 코드를 일부 유형의 CPU에서 실행하여 얻은 n 값은 0일 수 있습니다. 마치 제후가 주유왕에게 놀림을 당한 것처럼 말입니다. 이를 보고 매우 놀랄 수도 있겠습니다. 이것이 어떻게 가능할까요? 직관과는 반대되는 결과인데 말이죠. 이때 주의할 점은 이 문제가 x86 플랫폼에서는 발생하지 않는다는 것입니다. 이유는 이 절 뒷부분에서 설명하겠습니다.

여기에서 두 번째 예제를 살펴봅시다. 두 전역 변수 X와 Y가 있으며, 초깃값은 모두 0입니다. 또 스레드가 두 개 있어 동시에 다음 코드를 실행한다고 가정해 봅시다.

코드

```
스레드 1      스레드 2
  X = 1;       Y = 1;
  a = Y;       b = X;
```

이 안에서 a와 b의 마지막 값은 얼마일까요? 다음과 같은 몇 가지 상황이 있습니다.

1. 스레드 1이 먼저 실행되며, 이때 a = 0, b = 1입니다.
2. 스레드 2가 먼저 실행되며, 이때 a = 1, b = 0입니다.
3. 스레드 1과 스레드 2가 동시에 코드의 첫 줄을 실행하며, 이때 a = 1, b = 1입니다.

이외에 네 번째 상황이 있을까요?

더 이상 다른 상황이 있을 수 없다고 생각하겠지만, 우리에게 익숙한 x86 플랫폼에서는 이 코드가 실행된 후에 a와 b가 모두 0일 수도 있습니다. 이 또한 놀라운 결과입니다. 어떻게 가능할까요? 어째서 코드가 비순차적으로 실행되는 것처럼 보일까요?

이 절에서 다루는 내용을 모두 읽은 후에는 이 모든 것을 이해할 수 있을 것입니다.

5.4.1 명령어의 비순차적 실행: 컴파일러와 OoOE

원래 CPU는 반드시 엄격하게 프로그래머가 코드를 작성한 순서대로 기계 명령어를 실행하지는 않습니다. 이것이 여기에서 기억해야 할 첫 번째 문장입니다.

그 이유도 매우 간단한데, 모든 것이 성능 향상과 직결됩니다.

명령어의 비순차적 실행은 다음과 같이 두 단계를 거칩니다.

1. **기계 명령어를 생성하는 단계**: 컴파일 중에 명령어를 재정렬합니다.
2. **CPU가 명령어를 실행하는 단계**: 실행 중에 명령어가 비순차적으로 실행됩니다.

1.2절에서 설명했던 컴파일러 원리에 따르면, 컴파일러는 프로그래머가 작성한 코드를 CPU가 실행할 수 있는 기계 명령어로 변환하는 역할을 합니다. 이 과정에서 컴파일러는 '수작을 부릴' 기회를 가집니다.

다음 코드를 살펴봅시다.

```
int a;
int b;

void main()
{
    a = b + 100;
    b = 200;
}
```

필자 인텔 프로세서 환경에서 먼저 gcc의 기본 컴파일 옵션으로 컴파일한 후 objdump를 사용하여 컴파일된 기계 명령어를 확인해 봅시다.

```
mov    0x200b54(%rip),%eax  # %eax = b
add    $0x64,%eax           # %eax = %eax + 100
mov    %eax,0x200b4f(%rip)  # a = %eax
movl   $0xc8,0x200b41(%rip) # b = 200
```

이렇게 기계 명령어는 코드 순서로 생성됩니다. 이번에는 −O2 선택 사항을 적용하여 다시 컴파일합니다. 이 옵션은 컴파일러가 코드를 최적화할 수 있도록 합니다.

```
mov    0x200c4e(%rip),%eax    # %eax = b
movl   $0xc8,0x200c44(%rip)  # b = 200
add    $0x64,%eax            # %eax = %eax + 100
mov    %eax,0x200c3f(%rip)   # a = %eax
```

여기에서 컴파일러가 b = 200 코드 줄을 a = b + 100 코드 줄 앞에 놓는다는 것을 확실히 알수 있습니다. 이때 오류가 발생하지 않는 것은 eax 레지스터가 b 변수의 초깃값인 100을 저장하고 있기 때문임을 눈여겨보기 바랍니다.

이것이 컴파일하는 동안 명령어를 재정렬하는 동작입니다. 일반적으로 다음 코드를 추가하여컴파일러에 명령어를 재정렬하지 않도록 지시할 수 있습니다.

```
asm volatile("" ::: "memory");
```

하지만 컴파일러가 명령어를 재정렬하지 못하게 하는 것만으로는 부족합니다. CPU가 명령어를 실행할 때도 '수작을 부립니다'. 이것이 실행 시 명령어의 비순차적 실행입니다.

지금까지는 CPU의 작업 과정이 간단하게 다음과 같다고 여겨 왔습니다.

1. 기계 명령어(opcode)를 가져옵니다.
2. 명령어의 피연산자(operand)가 레지스터에 저장되는 등 이미 준비 완료 상태라면 명령어는 실행 단계에 들어갑니다. 가끔 명령어의 피연산자가 아직 메모리에서 레지스터로 저장되지 않아 준비가 완료되지 않았다면, CPU는 피연산자가 메모리에서 레지스터로 저장될 때까지 기다려야 합니다. 이는 CPU 속도에 비해 메모리의 접근 속도가 매우 느리기 때문입니다.
3. 데이터가 이미 준비되었다면 명령어가 실행되기 시작합니다.
4. 실행 결과를 다시 기록합니다.

이 명령어 실행 방법은 매우 직관적이지만 필요한 피연산자가 아직 준비되지 않은 경우 CPU가반드시 대기해야 하기 때문에 비효율적입니다. 이 문제는 다음과 같이 개선할 수 있습니다.

1. 기계 명령어를 가져옵니다.
2. 명령어를 대기열(reservation station)에 넣고 명령어에 필요한 피연산자를 읽습니다.
3. 명령어는 대기열에서 피연산자의 준비가 완료될 때까지 대기합니다. 이때 이미 준비가 완료된 명령어가 먼저 실행 단계에 들어갈 수 있습니다.

4. 기계 명령어를 실행하면 실행 결과를 대기열[13]에 넣습니다.

5. 이전 명령어의 실행 결과가 기록될 때까지 기다렸다가 현재 명령어의 실행 결과를 기록합니다. 이는 명령어의 원래 실행 순서에 따라 유효한 결과를 얻기 위한 것입니다.

이 과정에서 명령어 실행은 사실 엄격한 순서대로 진행되지 않는다는 것을 알 수 있으며, 이것이 바로 비순차적 명령어 처리(Out of Order Execution, OoOE)입니다.

CPU와 메모리 사이의 속도 차이가 엄청나기 때문에 CPU가 기계 명령어를 엄격한 순서대로 실행하면 명령어가 의존하는 피연산자를 기다리는 동안 파이프라인 내부에 '빈 공간'인 슬롯(slot)이 생깁니다. 이때 이미 준비 완료된 다른 명령어로 이 '빈 공간'을 메꿀 수 있다면, 명령어의 실행 속도를 확실히 끌어올릴 수 있습니다. 따라서 비순차적 명령어 실행 기능은 파이프라인을 최대한 활용할 수 있으며, 단지 CPU 외부에서 볼 때는 명령어가 순서대로 실행되는 것처럼 보일 뿐만 아니라 명령어가 순서대로 실행된 것과 같은 결과를 얻습니다.

하지만 이는 전후 관계의 두 명령어가 서로 어떤 의존 관계도 없을 때에 한하면, CPU가 이런 방식으로 뒤의 명령어를 미리 실행할 수 있다는 점을 반드시 유의해야 합니다.

비순차적 명령어 실행 기능이 있는 CPU에서는 명령어가 비순차적으로 실행될 수 있지만, 모든 CPU가 이 기능을 가지고 있지는 않다는 점을 다시 한 번 강조합니다.

5.4.2 캐시도 고려해야 한다

이어서 캐시로 돌아가 봅시다. 그림 5-32는 캐시 계층을 세 개 포함하고 있는 컴퓨터 시스템을 보여 줍니다. L1 캐시와 L2 캐시는 각각의 CPU 코어마다 별도로 존재하며, L3 캐시와 메모리는 모든 코어가 공유합니다.

---

13 **역주** 앞서 명령어가 대기하는 대기열과 다른 재배치 버퍼(reorder buffer)입니다. 정확하게는 대기열에 들어가는 순간 함께 들어갔다가 대기열은 실행 시 먼저 빠져나오며, 재배치 버퍼는 실행 순서에 맞게 처리가 완료되면 빠져나옵니다.

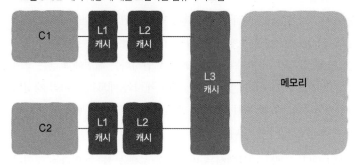

캐시가 있는 모든 시스템은 반드시 동일한 문제에 맞닥뜨리게 되는데, 그것은 바로 어떻게 캐시를 갱신하고 캐시의 일관성을 유지시키느냐 하는 것입니다. 이 과정은 비교적 시간을 많이 소모하고, 이 작업 전에 CPU는 반드시 대기 상태를 중지해야 합니다. 이 과정을 최적화하기 위해 일부 시스템은 그림 5-33과 같이 저장 버퍼(store buffer) 등 대기열을 추가합니다. 기록 작업이 있을 때 대기열에 직접 기록하기 때문에 캐시는 즉시 갱신되지 않습니다. 그리고 CPU는 캐시가 갱신되기를 기다리지 않고 다음 명령어를 계속 실행할 수 있습니다.

▼ 그림 5-33 저장 버퍼를 사용하여 명령어 실행 속도 향상시키기

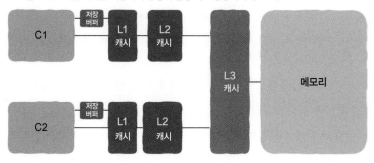

CPU가 실행하는 명령어와 비교할 때 기록 작업은 사실 비동기 과정입니다. 다시 말해 CPU는 기록 작업이 실제로 캐시와 메모리를 갱신할 때까지 기다리지 않고 다음 명령어를 실행할 수 있습니다. 이런 비동기 기록 작업은 매우 흥미로운 현상을 보여 줍니다. 다음과 같은 코드가 있을 때, a 변수의 초깃값은 0이고 y 변수의 초깃값은 100이라고 가정해 봅시다.

코드

```
a = 1;
b = y;
```

CPU의 코어 A가 a = 1 코드 줄을 실행할 때, 1이라는 데이터는 아직 코어 A의 캐시에 갱신되지 않았지만 저장 버퍼에는 있어, 코어 A는 1이라는 데이터가 캐시에 완전히 갱신되기를 기다릴 필요 없이 바로 다음 줄의 코드인 b = y를 실행할 수 있습니다. 이때 b 변수 값은 100이 됩니다. 하지만 코어 B와 같은 또 다른 CPU 코어가 b 값이 100임을 인지하는 시점에 a 값은 코어 B 입장에서 볼 때 여전히 초깃값인 0일 가능성이 있습니다. 이는 캐시와 메모리가 아직 갱신되지 않았기 때문입니다. 따라서 최종적으로는 마치 두 번째 줄의 코드가 먼저 실행되고, 이어서 첫 번째 줄의 코드가 실행된 것처럼 보일 수 있습니다.

여기에서 꼭 주의해야 할 점은 해당 스레드 내부에서는 비순차적 실행을 볼 수 없다는 것입니다. 예를 들어 a = 1과 b = y 두 줄의 코드를 실행한 후 a 값을 출력하면 분명히 초깃값인 0이 아닌 1이 출력됩니다. 이것은 CPU 설계가 이를 보장하기 때문입니다.

코드

```
a = 1;
b = y;

print(a);
```

다시 말해 **이런 비순차적 실행은 자기 자신 이외의 또 다른 코어가 해당 코어를 바라볼 때만 나타나는 현상입니다.** C1이 1, 2, 3 순서로 명령어를 실행하더라도 C2에서는 1, 3, 2 순서로 명령어를 실행하는 것처럼 보입니다. 이는 마치 C1이 '123이라고 외칩니다'고 이야기했지만, C2가 들은 것은 '132'이며, C1에 '언행불일치(言行不一致)' 상황이 발생한 것과 같습니다. 이것 역시 명령어의 비순차적 실행 일종으로, 적어도 그렇게 보입니다.

이런 CPU의 관련 없는 명령어를 미리 실행하는 형태의 '부정 출발'처럼 보이는 동작은 명백하게 더 나은 성능을 얻는 것입니다. 이것은 모든 명령어의 비순차적 실행이 발생하는 근본적인 원인에 해당합니다.

가장 흥미로운 점은 어떤 유형의 명령어가 비순차적으로 실행되더라도 단일 스레드 내에서는 어쨌든 이런 비순차적 실행을 볼 수 없으며, 다른 스레드 역시 해당 공유 데이터에 접근해야만 이런 비순차적 실행을 볼 수 있다는 것입니다. 이것이 우리가 반드시 기억해야 할 두 번째 문장입니다. **다시 말해 단일 스레드 환경에서 프로그래밍할 경우, 근본적으로 이 문제를 신경 쓸 필요가 없습니다.**

여기에서 설명한 저장 버퍼는 모든 프로세서에 포함되어 있는 것은 아니며 CPU 유형에 따라 내부적으로 자신만의 최적화 방법이 있을 수 있습니다. 자, 진정한 저수준 계층의 세계에 오신 것을 환영합니다. 이곳에서는 천차만별인 하드웨어 일면을 확인할 수 있는데, CPU는 유형에 따라 자신만의 기질(氣質)과 천성(天性)이 있습니다. 어떤 것은 비순차적 실행이 가능하지만 어떤 것은 불가능하기도 하며, 어떤 기능은 이 CPU에서는 지원되지만 저 CPU에서는 지원되지 않기도 합니다. 이것이 진짜 하드웨어의 모습입니다.

프로그래머 대부분은 사용하는 프로그래밍 언어에서 이런 차이를 메꾸어 주므로 신경 쓸 필요가 없습니다. 하지만 잠금 없는 프로그래밍(lock-free programming)을 하고 있다면 이 문제를 신경 써야만 하며, 이것이 우리가 반드시 기억해야 할 세 번째 문장입니다. 잠금 없는 프로그래밍은 잠금을 통한 보호를 사용하지 않는 상태에서 다중 스레드의 공유 리소스를 처리하는 것입니다. 일반적으로 다중 스레드에서 공유 리소스를 사용하는 작업은 잠금을 통한 보호가 필요하다고 이야기합니다. 하지만 실제로는 잠금이 반드시 필요한 것은 아니며, 잠금이 없어도 공유 리소스에 접근할 수 있습니다. 그 원리는 비교와 교환(compare-and-swap), 즉 CAS 알고리즘과 같은 원자성 작업을 사용하는 것입니다. 이런 명령어는 실행되거나 되지 않는 두 가지 상태만 존재하며, 중간 상태는 존재하지 않습니다.

그렇다면 여기에서 언급된 명령어의 비순차적 실행 문제는 어떻게 해결해야 할까요?

그 답은 이 절의 주제이기도 한 메모리 장벽(memory barrier)이며, 이는 사실 구체적인 기계 명령어입니다.

명령어는 비순차적으로 실행될 수 있지만, 메모리 장벽 기계 명령어를 통해 해당 스레드의 CPU 코어에 다음 명령을 내릴 수 있습니다. '여기에서는 어떤 수작도 부릴 생각하지 말고 성실하게 순서에 따라 실행해서 다른 코어가 이 코어를 보았을 때 비순차적 명령어 실행을 하는 것으로 보이면 안 됩니다.' 간단히 말해 메모리 장벽의 목적은 특정 코어를 다른 코어가 보았을 때 언행이 일치하도록 하는 것입니다.

메모리를 이야기할 때는 읽기와 쓰기, 즉 Load와 Store 단 두 가지 유형의 작업만 존재합니다. 따라서 이를 조합하면 LoadLoad, StoreStore, LoadStore, StoreLoad 네 가지 메모리 장벽 유형이 존재합니다. 이때 모든 이름은 이런 비순차적 실행을 금지한다는 의미를 가집니다.

이어서 이 유형들을 자세히 살펴보겠습니다.

5.4.3 네 가지 메모리 장벽 유형

첫 번째 메모리 장벽 유형은 LoadLoad입니다.

이름에서 알 수 있듯이, 이는 CPU가 Load 명령어를 실행할 때 그림 5-34와 같이 다음에 오는 Load 명령어가 '부정 출발' 형태로 먼저 실행되는 것을 방지합니다.

▼ **그림 5-34** LoadLoad 메모리 장벽

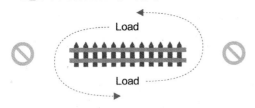

여기에서 알 수 있는 것은 상대적으로 간단한 메모리 읽기 명령어조차도 일부 CPU에서는 더 높은 성능을 위해 '부정 출발' 형태로 실행된다는 것입니다.

봉화희제후를 예로 들면, 제후 스레드는 is_enemy_coming과 enemy_num 변수를 읽어야 합니다. 이때 제후 스레드를 실행하는 CPU는 '부정 출발' 형태로 먼저 enemy_num 변수를 읽을 가능성이 있으며, 공교롭게도 이 시점에 enemy_num 변수는 여전히 0일 수 있습니다. 하지만 is_enemy_coming 변수를 읽을 때 이 변수 값은 true이므로, if 문에서 n 값을 설정하기 전에 LoadLoad 메모리 장벽을 추가해서 이 유형의 재정렬(reorder)을 방지할 수 있습니다. 이렇게 하면 그림 5-35와 같이 is_enemy_coming 변수가 true일 때, enemy_num 변수에 저장되어 있던 '예전 값'을 읽지 않도록 보장할 수 있습니다.

▼ **그림 5-35** LoadLoad 메모리 장벽을 통한 읽기 재정렬 방지

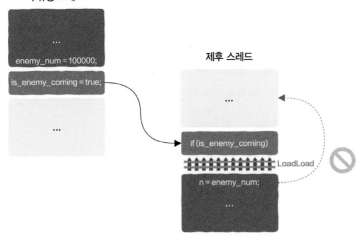

두 번째 메모리 장벽 유형은 StoreStore입니다.

앞의 유형과 마찬가지로 이름에서 알 수 있듯이, 이는 CPU가 Store 명령어를 실행할 때 그림 5-36과 같이 다음에 오는 Store 명령어가 '부정 출발' 형태로 먼저 실행되는 것을 방지합니다.

▼ **그림 5-36** StoreStore 메모리 장벽

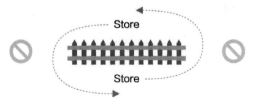

봉화희제후를 예로 들어 보겠습니다. 주유왕 스레드는 is_enemy_coming과 enemy_num 변수를 앞뒤 연속적으로 설정해야 합니다. 주유왕 스레드를 실행하는 CPU는 '부정 출발' 형태로 is_enemy_coming 변수를 먼저 설정할 수 있는데, 이때 제후 스레드는 봉화 신호를 감지했지만 적군은 아직 오지 않은 상황과 같습니다. 따라서 주유왕이 제후를 농락하는 상황을 방지하기 위해 그림 5-37과 같이 두 변수 값을 설정하는 중간에 StoreStore 메모리 장벽을 추가할 수 있습니다.

▼ **그림 5-37** StoreStore 메모리 장벽을 통한 봉화 신호 우선 설정 방지

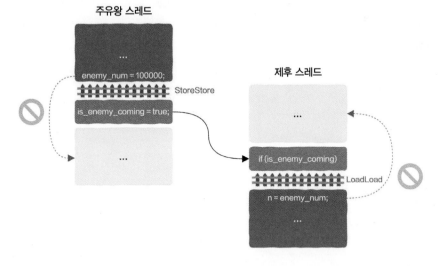

시스템에 캐시 등이 추가되면 쓰기와 같은 이런 작업은 비동기적으로 처리될 수 있습니다. 기본 설정 상황에서는 변수 값이 실제로 언제 메모리에 갱신되는지 어떤 가정도 할 수 없지만, StoreStore 메모리 장벽을 추가하면 다른 코어에서 보기에 변수의 갱신 순서와 코드 순서가 일

치하게 됩니다. 다시 말해 a = 100과 update_a = true라는 코드 두 줄 사이에 StoreStore 메모리 장벽을 추가하면 다른 코어에서 update_a 변수 값이 true임을 확인한 후, a 값을 읽으면 반드시 100이라는 최신 값을 얻을 수 있다고 확신할 수 있게 됩니다.

세 번째 메모리 장벽 유형은 LoadStore입니다.

그림 5-38은 LoadStore 메모리 장벽을 묘사하고 있습니다.

▼ **그림 5-38** LoadStore 메모리 장벽

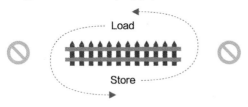

쓰기 작업은 상대적으로 무거운데, 어떻게 Load 명령어보다 먼저 실행될 수 있을까요? Load 명령어가 캐시에 적중하지 못하면 일부 CPU에서는 다음에 오는 Store 명령어가 먼저 실행될 수 있습니다.

다시 봉화희제후를 예로 들어 보겠습니다.

코드

```
// 제후 스레드
void thread_zhuhou()
{
    int n;
    int important;

    if(is_enemy_coming)
    {
        LoadLoad_FENCE(); // LoadLoad 메모리 장벽

        n = enemy_num;
        important = 10;    // 반드시 봉화 신호가 보일 때까지 기다려야 실행 가능
    }
}
```

important = 10 줄의 코드처럼 일부 특정 쓰기 동작이 반드시 봉화 신호가 보일 때까지 기다려야 실행할 수 있다고 가정합시다. 이는 다른 어떤 변수에도 의존하지 않지만, 제후 스레드에 LoadLoad 메모리 장벽을 추가하는 것만으로는 이 코드가 반드시 봉화 신호를 확인한 후 실행

되도록 하는 것이 불가능합니다. 따라서 그림 5-39와 같이 LoadStore 메모리 장벽을 함께 추가해야만 CPU가 이 코드를 '부정 출발' 방식으로 실행하지 않음을 보장할 수 있습니다.

▼ **그림 5-39** LoadStore 메모리 장벽을 통한 우선 쓰기 작업 방지

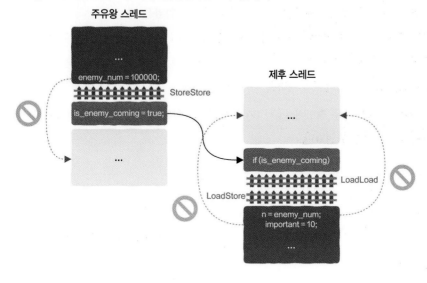

네 번째 메모리 장벽 유형은 StoreLoad입니다.

그림 5-40은 StoreLoad 메모리 장벽을 묘사하고 있습니다.

▼ **그림 5-40** StoreLoad 메모리 장벽

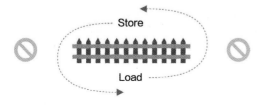

이름 그대로, StoreLoad 메모리 장벽은 쓰기 명령어를 실행할 때 CPU가 '부정 출발' 형식으로 읽기 명령어를 먼저 실행하는 것을 방지합니다. 이 메모리 장벽은 네 가지 메모리 장벽 중에서 가장 '무겁습니다'.

StoreLoad 메모리 장벽을 사용하면 CPU가 쓰기 명령어를 실행할 때 해당 쓰기 명령어에 필요한 작업이 얼마나 복잡하든 대기해야 하는 시간이 얼마나 길든 간에 이 유휴 시간 동안 CPU는 다음에 오는 관련 없는 읽기 작업을 미리 실행할 수 없으며, StoreLoad 메모리 장벽 이전에 쓰기 작업이 모든 다른 코어에서 반드시 확인 가능해야 합니다. 다시 말해 StoreLoad 메모리 장벽

이 실행되기 전의 변수를 다른 코어가 해당 장벽 이후에 읽으면 그 값이 반드시 최신 값이라는 것을 보장할 수 있습니다.

StoreLoad 메모리 장벽과 StoreStore 메모리 장벽의 차이에 주의하세요. StoreStore 메모리 장벽은 장벽이 실행된 후 다른 코어가 메모리 장벽 이전의 변수를 읽었을 때 곧바로 최신 값이라는 것을 보장하지 않습니다. StoreStore 메모리 장벽은 갱신 순서와 코드 순서가 일치하는 것만 보장하며, 다른 코어가 즉시 최신 값을 확인하는 것은 보장해 주지 않습니다.

따라서 본질적으로 StoreLoad 메모리 장벽은 동기 작업입니다.

StoreLoad 메모리 장벽은 다음 코드에서 a가 0이고 b도 0인 상황이 나타나지 않음을 유일하게 보장해 주는 메모리 장벽 유형입니다.

> **코드**

```
스레드 1          스레드 2
 X = 1;          Y = 1;
 StoreLoad();    StoreLoad();
 a = Y;          b = X;
```

x86 환경에서는 mfence 명령어를 StoreLoad 메모리 장벽으로 사용할 수 있습니다.

네 가지 메모리 장벽을 이미 이해했다면, 앞서 설명한 네 가지 메모리 장벽이 사실 매우 사소하다는 것을 알아챌 수 있어야 합니다. 예로 든 제후 스레드에서 CPU가 Load 명령어 뒤에 있는 Load와 Store 명령어의 '부정 출발' 형식의 실행을 방지하기 위해 해당 스레드에서 두 가지 메모리 장벽이 필요할 수 있는데, 이는 역시 매우 짜증나는 일입니다. 이제 이 문제를 해결할 수 있는 획득-해제 의미론을 이해할 차례입니다.

5.4.4 획득-해제 의미론

다중 스레드 프로그래밍을 사용할 때 프로그래머는 주로 다음과 같은 두 가지 문제에 직면합니다.

1. 공유 데이터에 대한 상호 배타적인 접근
2. **스레드 간 동기화 문제:** 이것은 이 절에서 예로 든 봉화희제후 예에 비유할 수 있으며, 봉화 신호를 이용하여 두 스레드 사이에 동기화를 진행하는 것입니다.

획득-해제 의미론(acquire-release semantics)은 두 번째 문제를 해결하는 데 사용되지만, 공식적인 획득-해제 의미론 정의는 존재하지 않습니다. 따라서 여기에서는 필자가 이해한 바를 바탕으로 내용을 설명합니다.

획득(acquire) 의미론은 메모리 읽기 작업에 대한 것입니다. 즉, 그림 5-41과 같이 이번 Load 뒤에 있는 모든 메모리 작업은 이 Load 작업 이전에는 실행 불가능합니다.

▼ **그림 5-41** 획득 의미론

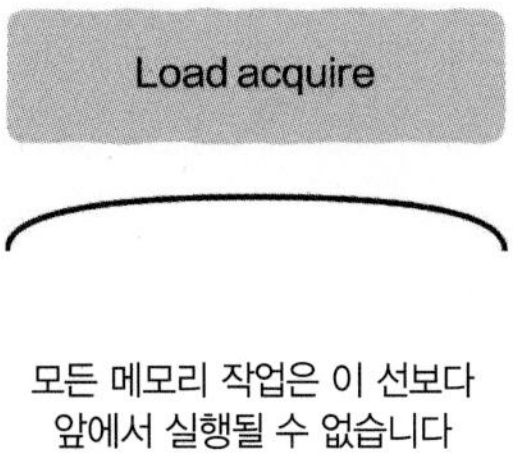

모든 메모리 작업은 이 선보다
앞에서 실행될 수 없습니다

해제(release) 의미론은 메모리 쓰기 작업에 대한 것입니다. 즉, 그림 5-42와 같이 이번 Store 앞에 있는 모든 메모리 작업은 이 Store 작업 이후에는 실행 불가능합니다.

▼ **그림 5-42** 해제 의미론

모든 메모리 작업은 이 선보다
뒤에서 실행될 수 없습니다

획득-해제 의미론을 진정으로 이해했다면 사실상 LoadLoad와 LoadStore 조합은 획득 의미론이며, StoreStore와 LoadStore 조합은 해제 의미론임을 알 수 있을 것입니다.

더 흥미로운 것은 획득-해제 의미론을 얻기 위해 StoreLoad처럼 매우 무거운 메모리 장벽이 필요하지 않으며, 나머지 세 종류의 메모리 장벽만 사용하면 된다는 것입니다.

이제 봉화희제후 예에서도 획득-해제 의미론을 직접 사용하여 문제를 해결할 수 있습니다.

그림 5-43과 같이 주유왕 스레드에서는 해제 의미론을 사용하여 모든 메모리의 읽기와 쓰기 작업을 봉화 신호를 설정한 후 하지 않도록 하고, 제후 스레드에서는 획득 의미론을 사용하여

모든 메모리 읽기와 쓰기 작업이 봉화 신호 이전에는 하지 않도록 합니다. 이런 식으로 봉화 신호가 감지되면 적군이 다가오고 있음을 확신할 수 있으며, 주유왕은 더 이상 제후들을 농락할 수 없게 됩니다.

▼ **그림 5-43** 획득-해제 의미론을 사용한 스레드 동기화 문제 해결

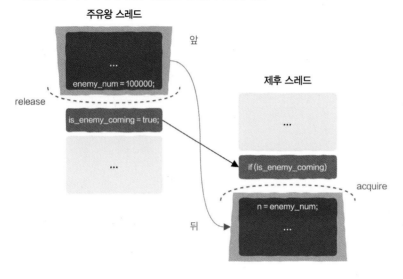

5.4.5 C++에서 제공하는 인터페이스

방금 언급했던 것처럼, 서로 다른 유형의 CPU는 서로 다른 기질(氣質)과 천성(天性)을 가질 수 있습니다. 예를 들어 x86에서는 실제로 StoreLoad 재정렬만 발생할 수 있습니다. 또 서로 다른 유형의 CPU에는 서로 다른 명령어 집합이 있을 수 있습니다. x86에서 mfence 기계 명령어를 사용하여 StoreLoad 재정렬을 제거하는 것처럼 특정 유형의 CPU만 대상으로 코드를 작성하면 이 코드를 ARM 플랫폼에 이식할 방법이 없습니다.

따라서 이식성이 높은 잠금 없는 프로그래밍을 하고 싶다면 언어 수준에서 제공하는 획득−해제 의미론을 사용해야만 합니다. 프로그래밍 언어는 실제로 프로그래머가 서로 다른 유형의 CPU에서 오는 명령어 집합의 차이를 메꾸는 데 도움을 줍니다. 예를 들어 C++11의 atomic 원자 라이브러리에서 제공하는 코드는 다음과 같습니다.

```
#include <atomic>

std::atomic_thread_fence(std::memory_order_acquire);
std::atomic_thread_fence(std::memory_order_release);
```

앞의 코드를 사용하면 바로 획득-해제 의미론을 얻을 수 있으며, 해당 코드는 거의 모든 유형의 CPU에서 정확하게 동작합니다.

봉화희제후 예에도 이렇게 획득-해제 의미론을 추가할 수 있습니다. 다음은 C++11로 구현된 코드입니다.

```
std::atomic<bool> is_enemy_coming(false);
int enemy_num = 0;

// 주유왕 스레드
void thread_zhouyouwang()
{
    enemy_num = 100000;

    // 해제 장벽
    std::atomic_thread_fence(std::memory_order_release);

    is_enemy_coming.store(true, std::memory_order_relaxed);
}

// 제후 스레드
void thread_zhuhou()
{
    int n;

    if(is_enemy_coming.load(std::memory_order_relaxed))
    {
        // 획득 장벽
        std::atomic_thread_fence(std::memory_order_acquire);

        n = enemy_num;
    }
}
```

획득-해제 의미론을 추가한 것 외의 변경 사항은 봉화 신호인 is_enemy_coming 변수를 기존의 int 형식에서 원자 변수로 변경한 것입니다. 원자 변수의 읽기와 쓰기에 std::memory_order_ relaxed 선택 사항을 사용했는데, 이 선택 사항이 의미하는 바는 변수의 원자성을 확보하면 충분하며 명령어 재정렬을 금지하는 것 등 추가적인 제한을 두지 않는다는 것입니다. 이는 이미 획득-해제 의미론이 이 문제를 보장하기 때문입니다.

다중 스레드의 공유 변수를 읽고 쓸 때 is_enemy_coming 변수와 동일한 방법을 사용한다면 거의 항상 원자 변수로 선언해야 하며, 이것으로 다른 스레드가 변수의 변경 중인 상태를 보지 못하도록 해야 합니다.

이제 CPU가 유형마다 어떻게 다른지 확인할 시간입니다.

5.4.6 다른 CPU, 다른 천성

이 절에서 LoadLoad, LoadStore, StoreStore, StoreLoad 같은 다양한 명령어 재정렬을 살펴보았습니다. 그러나 모든 유형의 CPU에 이런 명령어 재정렬이 있는 것은 아닙니다.

아키텍처별 명령어 재정렬은 그림 5-44와 같습니다.

▼ 그림 5-44 아키텍처별 명령어 재정렬[14]

Type	Alpha	ARMv7	MIPS	RISC-V WMO	RISC-V TSO	PA-RISC	POWER	SPARC RMO	SPARC PSO	SPARC TSO	x86 [a]	AMD64	IA-64	z/Architecture
Loads can be reordered after loads	Y	Y	depend on implementation	Y		Y	Y	Y					Y	
Loads can be reordered after stores	Y	Y		Y		Y	Y	Y					Y	
Stores can be reordered after stores	Y	Y		Y		Y	Y	Y	Y				Y	
Stores can be reordered after loads	Y	Y		Y	Y	Y	Y	Y	Y	Y	Y	Y	Y	Y
Atomic can be reordered with loads	Y	Y		Y			Y	Y					Y	
Atomic can be reordered with stores	Y	Y		Y			Y	Y					Y	
Dependent loads can be reordered	Y													
Incoherent instruction cache pipeline	Y	Y		Y	Y		Y	Y	Y	Y	Y		Y	

Alpha, ARMv7, POWER 등 CPU에서는 거의 모든 유형의 명령어 재정렬을 볼 수 있는데, 이런 플랫폼을 약한 메모리 모델(weak memory model)이라고 합니다.

---

14 역주 출처는 Memory Ordering, Wikipedia(https://en.wikipedia.org/wiki/Memory_ordering)입니다.

비교적 가혹한 것은 x86 플랫폼으로, 해당 플랫폼에는 StoreLoad 재정렬 하나만 있습니다. x86 에는 LoadLoad, LoadStore, StoreStore 재정렬이 없는데, 이는 x86에 자체적인 획득-해제 의미론이 있다는 의미입니다. 이 절의 봉화희제후 예에 굳이 획득-해제 의미론을 따로 추가하지 않아도 x86에서는 문제가 발생하지 않습니다. 따라서 x86을 강한 메모리 모델(strong memory model)이라고 합니다.

무엇보다 흥미로운 점은 그림 5-44에서 모든 유형의 CPU가 StoreLoad 재정렬을 가지고 있다는 것입니다. 필자 역시 추측에 불과하지만, 우리는 프로그래밍을 할 때 StoreLoad 같은 순서의 일관성을 거의 사용하지 않을 것입니다.

다양한 유형의 CPU에서 재정렬 상황을 이해했으니, 다음으로 중요한 문제는 도대체 누가 이 명령어 재정렬에 관심을 가져야 하는가입니다.

5.4.7 누가 명령어 재정렬에 관심을 가져야 하는가: 잠금 없는 프로그래밍

한마디로 잠금 없는 프로그래밍을 해야 할 때만 명령어 재정렬에 신경 쓰면 됩니다. 이 문제는 공유 변수가 잠금 보호 없이 여러 스레드에서 사용될 때 발생하며, 다른 경우에는 여기에 관심을 가질 필요가 없습니다.

다중 스레드 프로그래밍에서 일반적으로 잠금은 공유 변수를 보호하는 데 사용됩니다. 하지만 잠금을 유지하는 스레드가 운영 체제에 의해 일시 중지된 후, 잠금이 필요한 모든 다른 스레드는 앞으로 나아갈 수 없습니다. 잠금 없는 프로그래밍은 운영 체제가 어떻게 순서 스케줄링을 하든 스레드 하나는 무조건 앞으로 나아갈 수 있는 스레드를 확보할 수 있습니다. 운영 체제가 이런 특징을 가지고 있으면 이를 잠금 없음(lock-free)이라고 합니다.

예를 들어 이 절의 주유왕 스레드와 제후 스레드는 잠금이 없어 운영 체제가 이 두 스레드를 어떻게 스케줄링하든 상관없이 스레드 하나는 계속 앞으로 나아갑니다. 스레드 하나가 운영 체제로 일시 중지되더라도 다른 스레드가 블로킹되어 계속 실행되지 않는 문제가 없습니다.

여기에서 언급해야 할 또 다른 사항은 잠금을 사용하여 프로그래밍을 할 때 잠금이 명령어 재정렬 문제를 자동으로 처리한다는 것입니다. 그림 5-45에서 볼 수 있듯이, 잠금은 코드가 임계 영역 외부에서 실행되지 않도록 합니다.

Lock (&mutex) ;

모든 메모리 작업은 반드시
임계 영역 내에서 실행되기를
기다려야 합니다

Unlock (&mutex) ;

잠금 없는 프로그래밍이 잠금을 사용하는 프로그래밍보다 더 효율적이라고 생각할 수도 있지만, 사실 그렇지 않습니다.

5.4.8 잠금 프로그래밍과 잠금 없는 프로그래밍

먼저 시스템에서 일반적으로 사용되는 잠금(lock)을 살펴보겠습니다.

다중 스레드 프로그래밍에서 일반적으로 사용되는 상호 배제(mutual exclusion)[15]는 공유 리소스를 보호하는 데 사용됩니다. 동시에 최대 스레드 하나만 상호 배제를 보유할 수 있으며, 해당 잠금이 사용되면 해당 잠금을 요청하는 다른 스레드는 운영 체제에 의해 대기 상태로 진입합니다. 이는 잠금을 사용한 스레드가 잠금을 해제할 때까지 계속됩니다.

이외에도 또 다른 형태의 잠금이 있는데, 해당 잠금이 사용된 후 잠금을 요청하는 스레드는 계속 잠금이 해제되었는지 여부를 반복적으로 확인합니다. 이때 잠금을 요청하는 다른 스레드는 운영 체제에 의해 대기 상태로 진입하지 않으므로 이를 스핀 잠금(spinlock)이라고 합니다.

이 두 가지 모두 잠금을 이용한 프로그래밍입니다. 잠금을 이용한 프로그래밍의 가장 큰 특징은 잠금을 사용하고 있을 때, 잠금을 요청하는 다른 스레드는 반드시 그 자리에서 대기해야 한다는 것입니다. 이것이 운영 체제가 대기 상태로 만드는 것이든 계속 반복적으로 검사를 하는 것이든 간에 이 스레드들은 모두 계속 앞으로 나아갈 수 없습니다.

---

15 역주 줄여서 뮤텍스(mutex)라고 합니다.

잠금 없는 프로그래밍은 어떤 스레드가 공유 자원을 사용하고 있을 때, 다른 스레드도 해당 공유 자원의 사용이 필요하더라도 상호 배제 사용을 요청하는 스레드와 달리 운영 체제에서 대기 상태로 만들지 않으며, 스핀 잠금처럼 제자리에서 순환 대기하지 않음을 의미합니다. 또 공유 리소스가 사용되는 것을 감지[16]하면 일단 다른 필요한 작업으로 넘어가는데, 이것이 잠금 프로그래밍과 잠금 없는 프로그래밍의 가장 큰 차이입니다.

여기에서 알 수 있듯이, 잠금 없는 프로그래밍은 시스템 성능 향상에 사용되지 않고 스레드가 항상 대기 없이 어떤 일을 하도록 하는 것에 가치를 두고 있습니다. 이것은 실시간 요구 사항이 높은 시스템에는 매우 중요하지만, 잠금 없는 프로그래밍은 매우 많고 복잡한 리소스 경쟁 문제와 ABA 문제를 처리해야 하며 잠금 프로그래밍에 비해 코드 구현이 훨씬 복잡합니다. 그러나 매우 간단한 특정 상황에서는 적은 수의 원자적 작업으로 구현 가능하며, 이 경우 잠금 없는 프로그래밍 성능이 더 나을 수 있습니다.

따라서 프로그래머는 대부분의 경우 간단한 잠금 프로그래밍을 일단 선택하지만, 잠금으로 보호해야 하는 임계 영역이 너무 커서는 안 되므로 주의해야 합니다. 또 경쟁이 치열할 때는 상호 배제(mutex)로 상황 정보 전환 부담 역시 증가할 수 있습니다.

5.4.9 명령어 재정렬에 대한 논쟁

바라건대 여기까지 별 탈 없이 도착했다면 재정렬 문제가 비교적 '골머리를 앓게 한다'는 것을 이해했을 것이고, 그 와중에 이런 질문이 떠오를 수 있습니다. CPU를 설계하는 하드웨어 엔지니어 입장에서 반드시 소프트웨어 엔지니어에게 명령어 재정렬 문제를 떠넘겨서 프로그램 정확성을 보장하기 위해 메모리 장벽을 사용할 수밖에 없도록 해야 할까요?

하드웨어 엔지니어 입장에서 명령어 재정렬은 확실히 CPU 성능 향상에 도움이 됩니다. 하지만 명령어 재정렬 문제는 매우 어려우며, 리누스 토르발스(Linus Benedict Torvalds)는 많은 종류의 버그를 일으키는 주요 원인이라고 지적하기도 했습니다. 소프트웨어 엔지니어 입장에서 소프트웨어를 이용하여 문제를 해결하기보다 하드웨어 내부에서 해결하는 것이 훨씬 더 낫습니다. 물론 여기에는 CPU 성능에 영향을 미치지 않는다는 전제 조건이 있습니다.

필자는 명령어 재정렬 문제가 어떻게 귀결될 것인지에 대한 해답은 가지고 있지 않습니다. 하지만 여기에서 설명한 내용은 적어도 겹겹이 쌓인 추상화 계층 위에서 조용한 세월을 즐기며 작업하는 프로그래머들이 지금 이 시간을 더 소중히 여기도록 해 줄 것입니다. 반면에 저수준 계층

---

16 [역주] 일반적으로 원자성 작업으로 감지합니다.

에서 작업하고 있는 프로그래머들은 하드웨어의 추악한 면과 직접 대면할 수밖에 없을 것입니다. 그러나 하드웨어도 끊임없이 진화하고 있으며, 언젠가는 하드웨어도 충분히 영리해질 것입니다. 이 절에서 설명한 다양한 기술은 하드웨어에서도, 소프트웨어에서도 언젠가는 역사의 뒤편으로 사라질 것입니다. 그때가 오면 메모리 장벽이라는 단어는 일부 프로그래머의 머릿속에만 남은 화석이 될 것입니다.

이 절에서 다룬 내용이 약간 복잡하게 느껴졌을 수도 있습니다. 따라서 잠금 없는 프로그래밍을 할 필요가 없다면 이 절에서 다룬 내용 따위는 잊어버리고 이 절을 읽기 전의 아름다웠던 옛날로 돌아가는 것을 선택할 수도 있습니다. CPU는 프로그래머가 코드를 작성한 순서대로 기계 명령어를 실행한다고 간단하게 정리하고 넘어가면 그만입니다. 하지만 여전히 머릿속에 무언가 남기고 싶다면 다음 문장을 기억해 주셨으면 합니다.

1. 성능을 위해, CPU는 반드시 프로그래머가 코드를 작성한 순서대로 엄격하게 기계 명령어를 실행할 필요가 없습니다.
2. 프로그램이 단일 스레드인 경우 프로그래머는 명령어의 비순차적 실행을 볼 수 없으므로, 단일 스레드 프로그램은 명령어 재정렬에 신경 쓸 필요가 없습니다.
3. 메모리 장벽의 목적은 특정 코어가 명령어를 실행하는 순서와 다른 코어에서 보이는 순서가 코드 순서와 일치하도록 만드는 것입니다.
4. 멀티 스레드 잠금 없는 프로그래밍을 사용할 필요가 없다면 명령어 재정렬을 걱정할 필요가 없습니다.

5.5 / 요약
SECTION

폰 노이만의 구조 관점에서 보면, 컴퓨터 모델에는 캐시가 필요하지 않습니다. 명령어를 실행할 수 있는 프로세서, 명령어와 데이터를 저장하는 메모리, 입출력 장치가 있다면 완전한 기능을 갖춘 컴퓨터를 구성할 수 있습니다. 폰 노이만 등 컴퓨터 선구자들은 컴퓨터를 이론에서 현실로 바꾸는 과정에서 프로세서와 메모리 사이에 캐시 계층을 추가하는 것을 전혀 생각하지 않았을 것입니다. 이론적으로 캐시는 불필요한 것입니다.

그러나 이후 CPU와 메모리 사이의 속도 차이가 엄청나게 크고, 캐시 계층의 추가가 컴퓨터의 전반적인 성능을 향상시키는 데 중요한 역할을 한다는 것을 알았습니다. 따라서 엔지니어링 관점에서 캐시는 매우 중요한 의미가 있습니다. 오늘날 CPU 칩 내부의 상당 부분이 캐시에 할당되어 있으며, 동시에 다중 코어, 다중 스레드에 캐시까지 추가되면서 소프트웨어 설계에 새로운 도전 과제가 부여되었습니다.

대부분은 캐시 존재를 신경 쓸 필요가 없지만, 프로그램 성능이 극도로 요구되는 상황에서는 캐시 친화적인 프로그램 작성도 무시할 수 없습니다. 여기에서 중요한 점은 다음 몇 가지를 주의해야 한다는 것입니다. ❶ 캐시 용량은 제한되어 있으므로 프로그램에 필요한 데이터에 더 '집중'하는 것이 좋습니다. ❷ 여러 스레드 사이에 캐시 일관성을 유지할 필요가 있다면 다중 스레드 프로그래밍을 할 때 캐시 튕김 문제를 경계해야 합니다. 스레드 사이에 데이터를 공유하지 않을 수 있다면 가능한 한 데이터를 공유하지 않습니다. 데이터를 공유하지 않는다는 전제하에 여러 스레드가 빈번하게 접근하는 데이터가 같은 캐시 라인에 들어가지 않는지 주의해야 합니다. 이것으로 거짓 공유 문제가 발생할 수 있으며, 거짓 공유는 여전히 캐시 튕김 문제를 일으킵니다. 다시 강조하지만, 분석 도구를 이용하여 캐시 적중률이 시스템 성능의 병목이 된다고 판단될 때만 이에 집중하여 최적화를 수행해야 합니다. '섣부른 최적화는 만악(萬惡)의 근원'임을 꼭 기억하기 바랍니다.

마지막으로 지금까지 이야기했던 흥미로운 명령어 재정렬 문제는 메모리 장벽을 추가하면 해결할 수 있지만, 다중 스레드 기반의 잠금 없는 프로그래밍을 해야 할 때가 아니라면 이 문제를 신경 쓸 필요가 없습니다.

좋습니다. 이 장 내용은 여기에서 마치겠습니다. 시간은 항상 빠르게 흘러가죠. 우리 여행도 곧 종착역에 도착합니다. 이미 CPU, 메모리, 캐시를 이해했으니 지금부터는 컴퓨터 입출력을 살펴보겠습니다.

입출력이 없는
컴퓨터가 있을까?

인간이 컴퓨터와 상호 작용하는 방식의 변혁은 종종 새로운 산업 형태로 이어집니다.

그래픽 인터페이스(graphics interface)의 발명은 과거 소수의 전문 연구자만 사용할 수 있던 기계였던 컴퓨터를 일반인의 생활 속으로 끌어들였습니다. 이제 컴퓨터는 사람들의 삶에 없어서는 안 될 부분이 되었습니다. 터치 스크린을 통해 손가락으로 직접 휴대폰을 제어하는 상호 작용 방식은 모바일 인터넷 산업을 탄생시켰습니다. 오늘날 우리는 간단하게 핸드폰을 꺼내 몇 번 터치하는 것만으로도 쇼핑을 하거나 커피를 포장해서 들고 나오거나 택시를 타는 등 편리한 생활을 누릴 수 있습니다. 가상 현실(virtual reality)이나 증강 현실(augmented reality)처럼 대중화되고 있는 착용 장비(wearable device)는 더 말할 필요도 없습니다.

여기에서 상호 작용이란 사실 컴퓨팅 장치의 입력과 출력(input and output)[1]을 의미합니다. 컴퓨터는 사용자가 사용할 수 있도록 일정한 입출력 기능을 갖추고 있어야 합니다. 하지만 우리 관심을 더 끄는 것은 입출력을 구현하는 원리와 프로그래머로서 어떻게 하면 더 효율적으로 프로그램이 입출력을 처리하도록 할 것인가입니다.

드디어 이번 여행의 마지막 역에 도착한 여러분을 환영합니다. 여기에서는 저수준 계층에서 시작하여 하드웨어에서 소프트웨어 순으로 CPU, 운영 체제, 프로세스와 입출력 관계를 이해하는 시간을 가지겠습니다. 그리고 마지막으로 두 가지 고급 입출력 기술을 설명하겠습니다.

먼저 입출력이 저수준 계층에서 어떻게 구현되는지 살펴보겠습니다.

6.1 SECTION / CPU는 어떻게 입출력 작업을 처리할까?

사용자는 키보드의 키를 눌러 컴퓨터에 정보를 입력하고, 마우스로 화살표를 움직여 컴퓨터에 명령을 내리고, 대화형 인터페이스 정보를 표시하도록 화면을 최적화하여 사용자가 컴퓨터를 직접 느끼도록 할 수 있습니다. 이것은 모두 사용자 관점에서 외부에 노출된 장치를 바라보는 것입니다. 그렇다면 프로그래머로서 이런 장치들을 어떻게 이해해야 할까요?

CPU 내부에 레지스터가 있는 것과 마찬가지로, 장치에도 자체적인 레지스터인 장치 레지스터(device register)가 있습니다.

---

1 역주 흔히 줄여서 I/O로 표현합니다.

CPU의 레지스터는 메모리에서 읽은 데이터를 임시로 저장하거나 CPU에서 계산한 중간 결과를 저장하는 데 사용됩니다. 반면에 장치 레지스터는 주로 장치에 관련된 일부 정보를 저장하며, 다음 두 가지 레지스터가 있습니다.

1. **데이터를 저장하는 레지스터:** 예를 들어 사용자가 키보드의 키를 누르면 그 정보는 이런 레지스터에 저장됩니다.
2. **제어 정보와 상태 정보를 저장하는 레지스터:** 이런 레지스터를 읽고 쓰는 작업을 이용하여 장치를 제어하거나 장치 상태를 볼 수 있습니다.

따라서 프로그래머 관점에서 장치는 저수준 계층의 레지스터를 한데 묶은 것에 불과하며, 장치에서 생성된 데이터를 얻거나 장치를 제어하는 작업은 모두 이런 레지스터를 읽고 쓰는 것으로 합니다.

이제 남은 문제는 어떻게 장치 레지스터를 읽고 쓰는가 하는 것입니다. 사실 매우 간단한데, 바로 우리에게 익숙한 기계 명령어로 실행합니다. 그렇다면 이런 기계 명령어는 또 어떻게 설계되어야 할까요?

6.1.1 전문적으로 처리하기: 입출력 기계 명령어

CPU 내부에서 자주 볼 수 있는 작업들을 생각해 봅시다. 산술 계산, 점프, 메모리 읽기와 쓰기 등은 모두 특정한 기계 명령어가 있습니다. 따라서 자연스럽게 전문적으로 장치 레지스터를 읽고 쓰는 특정한 기계 명령어를 설계할 수 있습니다. 이 특정한 기계 명령어를 입출력 명령어(input and output instruction)라고 하는데, x86의 IN과 OUT 기계 명령어가 이에 해당합니다.

하지만 아직 해결되지 않은 문제가 하나 있습니다. 어떤 장치 레지스터를 읽고 써야 하는지 어떻게 알 수 있을까요? 원래 이런 구현 방식에서는 장치마다 고유한 주소가 부여되며, 입출력 명령어에 장치 주소를 지정합니다. 이것으로 CPU가 입출력 명령어를 실행하면 하드웨어 회로가 어떤 장치 레지스터를 읽고 써야 하는지 알 수 있습니다.

특정한 입출력 기계 명령어를 설계하는 방법 외에 장치를 작동시키는 또 다른 방법이 있을까요?

실제로 잘 생각해 보면 CPU 입장에서는 메모리 역시 하나의 '외부 장치'로 간주할 수 있으며, 메모리를 읽고 쓰는 축소 명령어 집합의 LOAD와 STORE 명령어 등 특정한 명령어가 있습니다. 그렇다면 메모리를 읽고 쓰는 것처럼 간단하게 장치 레지스터도 읽고 쓸 수 있지 않을까요?

비록 이 설계가 괜찮아 보이지만, 여기에는 문제가 하나 있습니다. CPU가 LOAD와 STORE 명령어를 실행하면 이 명령어는 메모리를 읽고 쓰는 것일까요? 아니면 장치 레지스터를 읽고 쓰는 것일까요?

6.1.2 메모리 사상 입출력

분명히 LOAD와 STORE 명령어 그 자체만으로는 메모리를 읽고 쓰는 것인지 장치 레지스터를 읽고 쓰는 것인지 구분할 수 없으며, LOAD와 STORE 명령어가 함께 전달하는 정보로만 작업을 시작할 수 있습니다.

그렇다면 LOAD와 STORE 명령어가 전달하는 정보는 무엇일까요?

당연하게도 메모리 주소, 더 정확하게 이야기하면 메모리 주소 공간(memory address space)을 전달합니다.

이때 메모리 주소 공간과 실제 메모리 주소는 사실 서로 다른 개념이라는 점에 유의해야 합니다. 기계 명령어 관점에서 CPU에 보이는 것은 주소 공간이며, CPU는 주소 공간의 특정 주소에서 데이터를 읽어 온다는 사실만 알고 있습니다. 즉, CPU는 해당 주소의 데이터가 어디에서 오는지 관심을 가질 필요가 없습니다.

그렇기 때문에 주소 공간의 일부분을 장치에 할당할 수 있습니다.

주소 공간이 8비트라고 가정하면 2진법으로 표기한 주소 범위는 그림 6-1과 같이 00000000~11111111 범위에 해당합니다. 이 중 00000000~11101111 범위는 메모리에 할당할 수 있고, 나머지 11110000~11111111 범위는 장치에 할당할 수 있습니다.

▼ **그림 6-1** 메모리 사상 입출력

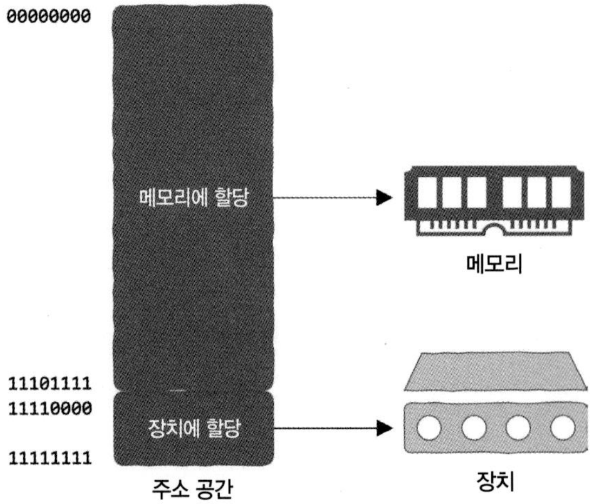

이 상황에서 CPU가 데이터 적재 명령어를 실행하려고 하는데, 해당 명령어가 주소 0xf2에서 데이터를 읽도록 지정되어 있다고 가정해 봅시다. CPU가 이 명령어를 실행할 때 먼저 내부의 하드웨어 논리가 해당 명령어가 전달하는 정보를 감지합니다. 이때 앞의 4비트가 모두 1이면 해당 명령어는 장치를 대상으로 동작하고, 그렇지 않으면 일반적인 메모리 읽기 명령어로 동작합니다. 참고로 0xf2는 2진법으로 11110010이며, 여기에서 앞의 4비트가 모두 1이므로 이 명령어는 실제로 입출력 명령어에 해당합니다.

이렇게 주소 공간의 일부분을 장치에 할당하여, 메모리를 읽고 쓰는 것처럼 장치를 제어하는 방법이 바로 메모리 사상 입출력(memory mapping input and output)입니다.

따라서 컴퓨터의 저수준 계층에는 본질적으로 두 가지 입출력 구현 방법이 있습니다. 첫 번째는 특정 입출력 기계 명령어를 사용하는 것이고, 두 번째는 메모리의 읽기와 쓰기 명령어를 함께 사용하지만 주소 공간의 일부분을 장치에 할당하는 것입니다.

이제 CPU가 입출력 작업을 할 수 있는 방법이 모두 구현되었으므로 지금부터 코드 작성을 시작할 수 있습니다!

6.1.3 CPU가 키보드를 읽고 쓰는 것의 본질

키보드 정보를 얻는 것을 예로 들어 설명하겠습니다.

메모리 사상 입출력 방식을 채용하고 키보드의 레지스터가 주소 공간의 0xfe00에 사상되어 있다고 가정하면, CPU가 키보드를 읽는 기계 명령어는 다음과 같이 작성할 수 있습니다.

코드

```
Load R1 0xFE00
```

주소 0xfe00 값을 CPU 레지스터에 적재하는 이 명령어를 이용하여 CPU가 어떻게 키보드에서 데이터를 가져오는지 확인할 수 있습니다.

고수준 계층이 아무리 복잡하게 구성되어 있더라도 CPU가 키보드의 데이터를 읽는 데는 이 명령어 하나면 충분합니다. 이것이 CPU가 키보드 데이터를 읽는 것의 본질입니다. 일단 여기까지는 이해했을 것이라고 믿습니다.

이제 키보드의 데이터를 어떻게 읽는지 알았습니다. 하지만 문제는 사용자가 언제 키보드를 누를지 확실하지 않다는 사실입니다. 키보드는 어떻게 데이터를 언제 읽어야 할지 알 수 있을까요?

이 질문에 답하기 전에 먼저 간단한 계산 문제를 살펴보겠습니다.

최신 CPU의 클럭 주파수는 일반적으로 2~3GHz입니다. CPU의 클럭 주파수를 2GHz라고 가정하면, 이는 하나의 클럭 주기에 0.5ns가 소요된다는 것을 의미합니다. 여기에서 단위가 ns임에 주의해야 합니다. 1초는 1,000,000,000ns에 해당합니다.

이와 동시에 하나의 기계 명령어가 하나의 클럭 주기마다 실행된다고 가정해 봅시다. 즉, CPU가 하나의 기계 명령어를 실행하는 데 걸리는 시간은 0.5ns에 불과합니다. 1초에 키보드로 문자 몇 개를 입력할 수 있는지 한번 생각해 보세요. CPU의 속도에 맞추려면 글자를 1초에 20억 개 입력해야 하는데, 이는 명백하게 불가능한 일입니다.

다시 말해 CPU 동작 규칙과 외부 장치는 매우 다르며, 대다수 장치는 사람이 조작하는 것이기 때문에 사람이 언제 마우스를 움직이고 키보드를 누를지 알 수 없습니다.

따라서 여기에서 관건은 CPU는 특정한 방법을 사용하여 장치의 작업 상태를 얻어야 한다는 것입니다. 예를 들어 키보드의 키 데이터가 들어오고 있는지, 마우스의 데이터가 들어오고 있는지 알 수 있는 방법이 필요합니다. 그렇다면 CPU는 어떻게 장치의 작업 상태를 알 수 있을까요?

이것이 바로 장치 상태 레지스터의 역할입니다. 앞서 언급했듯이, 이런 레지스터 값을 읽음으로써 CPU는 장치를 읽을 수 있는지 쓸 수 있는지 알 수 있습니다.

이 문제를 해결했으니 이제 코드를 계속 작성할 수 있습니다. 그중에서 가장 쉬운 방법을 먼저 살펴보겠습니다.

6.1.4 폴링: 계속 검사하기

이제 장치 상태 레지스터를 지속적으로 읽는 작업으로 키보드를 누르면 바로 해당 키보드의 문자를 읽을 수 있으며, 누르지 않을 때는 계속 검사를 반복한다는 흐름을 떠올려 볼 수 있습니다.

이전 절에서 LOAD 기계 명령어를 사용하여 CPU 레지스터 값을 읽을 수 있다는 것을 알 수 있었습니다. 이번에는 BLZ라는 분기 점프 명령어가 있다고 가정해 봅시다. 이 명령어 기능은 이전 명령어 결과가 0이면 지정된 위치로 점프합니다. 이외에도 지정된 위치로 무조건 점프하는 기능을 가진 BL이라는 명령어도 있다고 가정합니다.

이제 키보드에서 누른 키의 데이터를 저장하는 레지스터가 주소 공간의 0xfe01 위치에 사상되어 있고, 상태 레지스터는 주소 공간의 0xfe00 위치에 사상되어 있다고 가정해 봅시다.

이런 준비 작업이 완료되었으니, 이제 드디어 코드를 작성할 수 있습니다.

```
START
    Load R1 0xFE00
    BLZ   START
    Load R0 0xFE01
    BL    OTHER_TASK
```

이 코드는 매우 간단합니다. Load R1 0xFE00 줄의 코드는 현재 키보드 상태를 읽습니다. BLZ START 줄의 코드는 현재 키보드 상태 레지스터 값이 0이면, 다시 말해 아무도 키보드를 누르지 않았다면 시작 위치(START)로 점프하여 키보드의 현재 상태를 다시 확인한다는 것을 의미합니다. 따라서 이 코드는 본질적으로 순환(loop)입니다.

반면에 누군가 키를 누르면 상태 레지스터 값은 1이 되므로 Load R0 0xFE01 명령어가 실행되기 시작합니다. 이때 키보드의 데이터는 R0 레지스터에 저장되며, 이후 아무런 조건 없이 다른 작업(OTHER_TASK)으로 점프합니다.

이 코드를 고급 언어로 번역하면 다음과 같습니다.

코드

```
while (키가 눌리지 않음)
{
    ; // 키가 눌릴 때까지 대기
}

키보드 데이터 읽기
```

이런 입출력 구현 방법에는 폴링(polling)이라는 매우 직관적인 이름이 붙어 있습니다.

어떤 사람들은 이 폴링 입출력 구현에 문제가 있다는 것을 한눈에 눈치챘을 것입니다. 문제는 사용자가 키를 누르지 않으면 CPU는 항상 불필요하게 순환하며 대기하게 된다는 것입니다.

CPU가 불필요하게 사용자의 키 입력을 대기하는 이 시간 동안 완전히 다른 의미 있는 기계 명령어를 실행할 수 있습니다. 그렇다면 어떻게 이런 폴링 방식을 개선할 수 있을까요?

본질적으로 폴링은 일종의 동기식 설계 방식입니다. CPU는 누군가가 키를 누를 때까지 계속 대기하므로, 이를 자연스럽게 개선할 수 있는 방법은 바로 동기를 비동기로 바꾸는 것입니다. 동기를 비동기로 바꾸는 것은 컴퓨터 과학에서 매우 일반적인 최적화 방법입니다. 소프트웨어나 하드웨어 할 것 없이 적용 가능한 방식이며, 이미 앞서 많이 살펴본 방식입니다.

그렇다면 어떻게 동기를 비동기로 바꿀 수 있을까요? 이를 이해하기 위해 일단 배달 음식을 받는 과정이 어떻게 진행되는지 살펴보겠습니다.

6.1.5 배달 음식 주문과 중단 처리

배달 음식을 주문하고 난 후 아무것도 하고 싶지 않아 계속 휴대폰만 쳐다보며 배달 기사가 어디쯤 왔는지 화면을 쓸어내리며 새로고침을 하고 있다고 가정해 봅시다. 이때 여러분과 배달 주문 처리는 동기입니다. 이렇게 새로고침만 하기보다는 여러분이 해야 할 일을 하는 것이 훨씬 낫겠죠? 배달 음식이 도착하면 자연스럽게 여러분에게 알림이 올 테니까요. 이때 여러분과 배달 주문 처리는 비동기입니다. 그리고 이 과정은 2장에서 이미 설명했습니다.

비동기 방식을 채택하기로 결정하고, 배달 음식을 주문한 후 즐겁게 게임을 한다고 가정해 보겠습니다. 얼마 후 초인종이 울리고 배달 음식이 도착합니다. 이때 배달 음식을 빠르게 받지 않으면 음식이 반품되거나 상해 점심을 굶어야 하기 때문에 배달 음식을 받는 것이 게임을 하는 것보다 우선순위가 높습니다. 따라서 먼저 게임을 일시적으로 중지한 후에 몸을 일으켜 배달 음식을 받고 자리로 다시 돌아와야 게임을 이어서 할 수 있습니다.

이것이 바로 일반적인 인터럽트 처리 과정입니다.

컴퓨터 시스템에도 그림 6-2와 같이 매우 기초적인 인터럽트 처리 구조가 있습니다.

▼ **그림 6-2** 인터럽트 처리와 반환

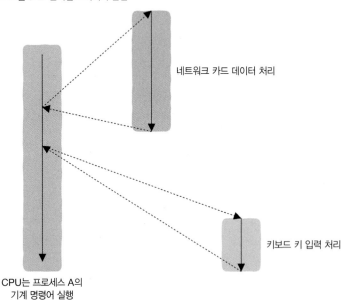

네트워크 카드 데이터 처리

키보드 키 입력 처리

CPU는 프로세스 A의
기계 명령어 실행

CPU가 특정 프로세스의 기계 명령어를 즐겁게 실행하고 있을 때(게임에 해당) 새로운 이벤트가 발생하는 경우를 살펴봅시다. 예를 들어 네트워크 카드에 새로운 데이터가 들어오면 외부 장치가 인터럽트 신호를 보내고(초인종에 해당), CPU는 실행 중인 현재 작업의 우선순위가 인터럽트 요청보다 높은지 판단(게임과 점심 식사)합니다. 인터럽트가 더 높다면 현재 작업 실행을 일시 중지하고 인터럽트를 처리하며(배달 음식을 받는 것에 해당), 인터럽트 처리를 끝낸 후에 다시 현재 작업으로 돌아옵니다.

이것으로 알 수 있듯이, 프로그램은 계속 끊임없이 실행되는 것이 아니라 언제든지 장치에 의해 실행이 중단될 수 있습니다. 하지만 이 과정은 프로그래머에게 드러나지 않으며, 인터럽트 처리와 반환 작동 방식은 운영 체제와 협조하여 프로그래머에게 프로그램이 중단 없이 실행되고 있는 것처럼 느끼게 만듭니다.

6.1.6 인터럽트 구동식 입출력

인터럽트 작동 방식을 이용하여 CPU는 어리석게 계속 키보드에 '데이터 없어요? 데이터 없어요? 데이터 없어……'라고 물어 보러 가는 대신에 해야 할 일을 합니다. 그리고 누군가 키보드를 누르면 적극적으로 CPU를 중단시키고, 'Hey CPU, 방금 눌린 신선한 데이터가 들어왔으니 얼른 가져가요!'라고 외쳐야 합니다.

CPU는 해당 신호를 받으면 처리 중인 작업을 내려놓고 키보드의 데이터를 읽으며, 데이터를 얻은 후에는 이전에 중단했던 작업을 계속 실행합니다.

CPU가 실행하는 명령어 흐름은 다음과 같은 형태를 가집니다.

```
프로그램 A의 기계 명령어 n 실행
프로그램 A의 기계 명령어 n + 1 실행
프로그램 A의 기계 명령어 n + 2 실행
프로그램 A의 기계 명령어 n + 3 실행
인터럽트 신호 감지
프로그램 A의 실행 상태 저장
인터럽트 처리 기계 명령어 m 실행
인터럽트 처리 기계 명령어 m + 1 실행
인터럽트 처리 기계 명령어 m + 2 실행
인터럽트 처리 기계 명령어 m + 3 실행
프로그램 A의 실행 상태 복원
프로그램 A의 기계 명령어 n + 4 실행
프로그램 A의 기계 명령어 n + 5 실행
프로그램 A의 기계 명령어 n + 6 실행
프로그램 A의 기계 명령어 n + 7 실행
```

이 방법은 CPU의 어떤 시간도 낭비하지 않는다는 것을 알 수 있습니다. 장치에 데이터가 없다면 CPU는 계속 다른 유용한 작업을 실행하기 때문에 이는 분명히 폴링 방식보다 훨씬 효율적입니다.

하지만 이 방법에서도 CPU는 실제로 약간의 시간을 낭비하는데, 이 부분의 시간은 주로 프로그램 A의 실행 상태를 저장하고 복원하는 데 사용됩니다.

```
프로그램 A의 실행 상태 저장
...
프로그램 A의 실행 상태 복원
```

이 두 가지 작업이 실행되는 동안은 시스템의 어떤 작업도 계속 진행되지 않지만, 이 두 가지 작업은 프로그램 A가 중단된 후 실행을 다시 시작할 수 있도록 하는 데 반드시 필요합니다.

프로그램 A 관점에서 CPU가 실행하는 명령어 흐름은 다음과 같습니다.

```
프로그램 A의 기계 명령어 n 실행
프로그램 A의 기계 명령어 n + 1 실행
프로그램 A의 기계 명령어 n + 2 실행
프로그램 A의 기계 명령어 n + 3 실행
프로그램 A의 기계 명령어 n + 4 실행
프로그램 A의 기계 명령어 n + 5 실행
프로그램 A의 기계 명령어 n + 6 실행
프로그램 A의 기계 명령어 n + 7 실행
```

프로그램 A 관점에서 보면, CPU는 마치 중단된 적이 없는 것처럼 자신의 명령어를 계속 실행합니다. 이것이 바로 프로그램 A의 실행 상태를 저장하고 복원하는 작업이 필요한 이유입니다.

입출력을 비동기로 처리하는 이 방법이 바로 인터럽트 구동식 입출력(interrupt driven input and output)이며, 이 방법은 1954년에 DYSEAC 시스템에서 처음 사용되었습니다.

이제 동기 기반의 폴링에서 비동기 인터럽트 처리로 바뀌었지만, 아직 해결되지 않은 두 가지 문제가 남아 있습니다.

1. CPU는 인터럽트 신호가 오는 것을 어떻게 감지할까요?
2. 중단된 프로그램의 실행 상태를 저장하고 복원하는 방법은 무엇일까요?

지금부터 하나씩 해결해 봅시다.

6.1.7 CPU는 어떻게 인터럽트 신호를 감지할까?

앞서 이미 언급했듯이, CPU가 기계 명령어를 실행하는 과정은 명령어 인출(instruction fetch), 명령어 해독(instruction decode), 실행(execute), 다시 쓰기(writeback) 같은 몇 가지 전형적인 단계로 나눌 수 있습니다. 이제 여기에 CPU가 하드웨어의 인터럽트 신호를 감지하는 단계가 추가되어야 합니다.

인터럽트 신호가 없으면 모든 것이 정상적으로 동작하며, CPU는 다음 기계 명령어를 실행하기 시작합니다. 신호가 감지되는 것은 어떤 하나의 장치에서 CPU 처리가 필요한 이벤트가 나타났음을 의미하는데 이 이벤트를 처리할지 여부를 반드시 결정해야 합니다. 이때 우선순위 문제가 뒤따라옵니다. 이는 마치 여러분이 바쁜 일정 가운데 잠시 짬을 내어 하고 있던 카드 게임 프로그램을 CPU가 실행하고 있는데, 발생한 인터럽트 신호가 핵폭탄 예보 레이더인 것과 같습니다. 이때 CPU는 반드시 여러분 게임을 일시 중지하고 인터럽트를 처리해야 합니다. 하지만 인터럽트 신호의 우선순위 등급이 지금 실행 중인 프로그램보다 높지 않다면 인터럽트를 처리하지 않는 것을 선택할 수도 있습니다. 이어서 인터럽트를 어떻게 처리하는지 살펴보겠습니다.

인터럽트를 처리할 때는 그림 6-3과 같이 먼저 중단된 작업 상태를 보존해야 합니다. 이어서 CPU는 인터럽트 처리 함수의 시작 위치로 점프하여 인터럽트 처리 함수의 명령어를 실행한 후 처리가 끝나면 다시 원래 자리로 점프하여 중단되었던 작업을 계속 실행합니다.

▼ **그림 6-3** 인터럽트 처리와 반환

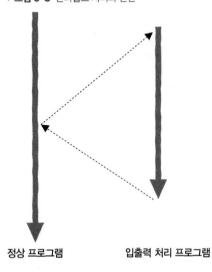

정상 프로그램　　　　**입출력 처리 프로그램**

그런데 이런 질문이 떠오를 수 있습니다. 인터럽트 처리와 일반 함수 호출에는 무슨 차이가 있을까요?

6.1.8 인터럽트 처리와 함수 호출의 차이

인터럽트 처리는 일반 함수의 호출과 비교했을 때 점프와 반환을 포함하고 있다는 점에서 매우 유사합니다. 단, 여기에서는 사용자 상태의 함수 호출만 고려한 것입니다.

3장에서 이미 설명했기 때문에 잘 알고 있듯이, 함수를 호출하기 전에는 반환 주소, 일부 범용 레지스터의 값, 매개변수 등 정보를 저장하는 것이 필요한데 이것이 귀찮은 일의 전부입니다. 하지만 인터럽트 처리 함수로 점프할 때 저장해야 하는 정보는 절대 이 정도로 그치지 않습니다.

이런 차이가 발생하는 근본적인 이유는 사용자 상태든 커널 상태든 간에 함수 호출은 단일 스레드 내부에서만 발생하기 때문이고, 동일한 실행 흐름 내에 존재하기 때문입니다. 반면에 인터럽트 처리 점프는 서로 다른 두 실행 흐름을 포함하므로 함수 호출에 비해 인터럽트 점프는 저장해야 할 정보가 훨씬 많습니다.

이제 마지막 문제를 해결할 차례입니다. 바로 중단된 프로그램의 실행 상태를 어떻게 저장하고 복원해야 할까요? 사실 이 문제는 4.9절의 인터럽트 처리 부분에서 이미 다룬 바 있지만, 여기에서 좀 더 상세하게 이야기해 보겠습니다. 잘 떠오르지 않는다면 앞부분을 다시 복습하기 바랍니다.

6.1.9 중단된 프로그램의 실행 상태 저장과 복원

그림 6-4로 약간 더 복잡한 예를 살펴보겠습니다.

▼ **그림 6-4** 인터럽트 처리 프로그램 역시 인터럽트될 수 있다

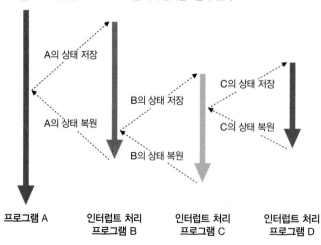

프로그램 A가 실행 중일 때 인터럽트가 발생하면 프로그램 A 실행은 중단되고, CPU는 인터럽트 처리 프로그램(interrupt handler) B로 점프합니다. CPU가 인터럽트 처리 프로그램 B를 실행할 때 다시 인터럽트가 발생하면 인터럽트 처리 프로그램 B의 실행은 중단되고, CPU는 인터럽트 처리 프로그램 C로 점프합니다. CPU가 인터럽트 처리 프로그램 C를 실행할 때 또다시 인터럽트가 발생하면 인터럽트 처리 프로그램 C의 실행은 중단되고, CPU는 인터럽트 처리 프로그램 D로 점프합니다.

인터럽트 처리 프로그램 D의 실행이 완료되면 프로그램 C, 프로그램 B, 프로그램 A 순서대로 반환됩니다.

이때 상태 저장과 복원의 순서에 유의할 필요가 있습니다. 먼저 상태 저장 순서를 보겠습니다.

```
프로그램 A의 상태 저장
프로그램 B의 상태 저장
프로그램 C의 상태 저장
```

이제 상태 복원 순서를 보겠습니다.

```
프로그램 C의 상태 복원
프로그램 B의 상태 복원
프로그램 A의 상태 복원
```

여기에서 알 수 있듯이, 상태가 먼저 저장될수록 상태 복원은 더 나중에 됩니다. 이는 자연스럽게 스택을 사용하여 구현할 수 있으므로 프로그램 실행 상태를 저장하는 전용 스택을 만들 수 있습니다. 물론 이 스택은 반드시 커널에 있어야 합니다. 다시 말해 일반적인 프로그램은 이 스택을 보거나 수정할 수 없습니다. 따라서 CPU가 커널 상태에 진입했을 때만 이 스택을 사용할 수 있습니다.

앞의 예제를 좀 더 상세화해 봅시다. 이 절의 시작 부분에 있는 예제에서 메모리 상태가 그림 6-5와 같다고 가정해 보겠습니다.

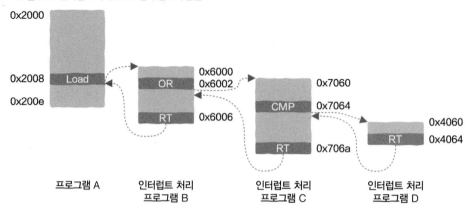

▼ **그림 6-5** 인터럽트 처리 프로그램의 점프와 반환

CPU가 0x2008번지에서 프로그램 A에 속하는 Load 명령어를 실행한 후 인터럽트 발생을 감지하면 CPU는 커널 상태로 진입하기 시작합니다. 프로그램 A에서 실행될 다음 기계 명령어 주소인 0x2009와 프로그램 A의 상태를 스택에 넣습니다(push). 이때 스택 상태는 그림 6-6과 같습니다.

▼ **그림 6-6** 프로그램 B로 점프할 때 스택 상태

프로그램 A에서 필요한 정보를 모두 저장한 후 CPU는 프로그램 B, 즉 주소 0x6000으로 점프합니다. 이후 CPU가 주소 0x6002에서 프로그램 B의 OR 명령어를 실행할 때 다시 인터럽트의 발생을 감지합니다. 이때 다음 기계 명령어 주소인 0x6003과 프로그램 B의 상태를 스택에 넣습니다. 스택 상태는 그림 6-7과 같습니다.

▼ **그림 6-7** 프로그램 C로 점프할 때 스택 상태

이후 흐름은 매우 명확합니다. CPU는 프로그램 C로 점프하고, 일정 시간 후 다시 인터럽트가 발생합니다. 이때 CPU는 그림 6-8과 같이 다음에 실행할 명령어 주소와 프로그램 C의 상태를 스택에 넣습니다.

▼ **그림 6-8** 프로그램 D로 점프할 때 스택 상태

이후 CPU는 프로그램 D로 점프하고, 드디어 CPU는 인터럽트 없이 해당 작업을 마칠 수 있습니다.

여기에서 관건은 CPU가 프로그램 D의 마지막 명령인 RT 명령어를 실행하고 나면 어떻게 해야 하는가 하는 것입니다. RT 명령어의 기능은 중단된 프로그램으로 다시 점프해서 돌아가는 것입니다. 이 명령어는 스택에서 가장 위의 데이터를 꺼내(pop) PC 레지스터와 상응하는 상태 레지스터를 복원합니다. 그 결과, CPU가 프로그램 D의 RT 명령어를 실행하고 나면 PC 레지스터 값이 0x7065가 되며, 이것은 프로그램 C에서 다음에 실행할 명령어에 해당합니다.

이렇게 프로그램 C는 마치 중단된 적이 없었던 것처럼 계속 실행됩니다. 재미있지 않나요? 이와 유사하게 프로그램 C가 마지막 RT 명령어를 실행할 때 스택의 가장 위에 있던 데이터를 꺼내 PC 레지스터를 복원하며, 프로그램 B를 계속 실행합니다. 프로그램 B의 마지막 명령까지

모두 실행되면, 스택에서 가장 위의 데이터를 다시 꺼내 PC 레지스터를 복원하여 프로그램 A가 계속 실행되도록 합니다.

이것이 인터럽트 처리의 구현 원리로, 스택이 멋지게 사용된 하나의 예입니다.

폴링과 인터럽트 두 가지 유형의 입출력 처리 방식을 알아보았습니다. 앞서 그래 왔던 것처럼 단순한 입출력에서 벗어나 CPU, 운영 체제, 디스크와 입출력 사이에 어떤 관계가 있고 얼마나 절묘한 설계가 숨어 있는지 계속해서 살펴보겠습니다.

6.2 / 디스크가 입출력을 처리할 때 CPU가 하는 일은 무엇일까?

뜸 들이지 않고 대답부터 말하겠습니다. 최신 컴퓨터 시스템의 경우, 사실 디스크가 입출력을 처리할 때 CPU 개입이 필요하지 않습니다. 디스크가 입출력 요청을 처리하는 동안 운영 체제는 CPU가 다른 작업을 수행하도록 스케줄링합니다. CPU는 다른 스레드를 실행 중이거나 커널 모드에서 커널 프로그램을 실행하느라 바쁠 수도 있고, 아니면 유휴 상태일 수도 있습니다.

CPU가 스레드 1을 실행하기 시작하고 일정 시간이 지난 후 파일 읽기와 같은 디스크 관련 입출력을 요청한다고 가정해 보겠습니다. 디스크 입출력은 CPU 속도에 비해 매우 느리기에 입출력 요청의 처리가 완료되기 전까지 스레드 1은 앞으로 나아갈 수 없습니다. 이때 스레드 1의 실행은 일시 중지되고 CPU가 준비 완료 상태인 스레드 2에 할당됩니다. 이렇게 스레드 2가 실행되기 시작하고 디스크는 스레드 1에서 요청한 입출력 작업을 처리하기 시작합니다. 그동안 CPU와 디스크는 모두 자신의 작업을 독립적으로 처리하며, 디스크가 입출력 요청의 처리를 완료하면 CPU는 스레드 1을 이어서 실행합니다.

디스크의 입출력 처리와 CPU가 실행하는 작업은 그림 6-9와 같이 서로 의존하지 않는 독립적인 두 작업이므로 병행 처리가 가능합니다.

스레드 1	스레드 1	스레드 1	스레드 1	스레드 2	스레드 2	스레드 2	스레드 2	스레드 2	스레드 2	스레드 1	스레드 1	스레드 1	스레드 1	CPU

------------------------- 시간선 ------------------------- ▶

유휴	유휴	유휴	유휴	작업	작업	작업	작업	작업	작업	유휴	유휴	유휴	유휴	디스크

디스크가 입출력 요청을 처리하는 전체 과정에서 왜 CPU 개입이 필요하지 않을까요?

이를 이해하려면 장치 제어기, 직접 메모리 접근, 인터럽트의 관계를 이해해야 합니다.

가장 먼저 장치 제어기(device controller)부터 살펴보겠습니다.

6.2.1 장치 제어기

그림 6-10의 디스크와 같은 입출력 장치는 대체로 두 부분으로 나눌 수 있습니다. 그중 하나는 기계 부분입니다.

▼ **그림 6-10** 디스크

그림 6-10에서 헤드(head), 실린더(cylinder) 등을 볼 수 있는데, 입출력 요청이 들어왔을 때 읽어야 하는 데이터가 헤드가 위치한 트랙(track)에 없을 가능성이 있습니다. 이때 헤드가 특정 트랙으로 이동해야 하는데 이 과정을 탐색(seek)이라고 하며, 이 작업은 디스크 입출력 중에서 매우 시간을 많이 소모하는 작업에 해당합니다. 그 이유는 매우 간단합니다. 이것은 기계 장치(mechanical device)이기 때문에 CPU 속도와 비교하면 극도로 느릴 수밖에 없기 때문입니다.

눈에 보이고 만질 수 있는 기계 부분을 제외한 나머지 부분은 전자 부분입니다.

전자 부분은 전자 부품으로 구성되어 있으며, 이를 장치 제어기(device controller)라고 합니다.

이번에도 디스크를 예로 들어 보겠습니다. 초창기에는 전자 부분의 역할이 매우 간단했지만, 이제 전자 부분은 마이크로 컴퓨터 시스템으로 발전하여 자체적인 프로세서와 펌웨어(firmware)를 갖추고 있습니다. 따라서 CPU가 직접 도와주지 않는 상황에서도 복잡한 작업을 할 수 있으며, 이와 동시에 자신만의 버퍼나 레지스터를 갖추고 있어 장치에서 읽은 데이터나 장치에 저장할 데이터를 저장할 수 있습니다.

장치 제어기와 장치 드라이버를 혼동하지 않도록 주의하기 바랍니다. 우리가 흔히 말하는 장치 드라이버(device driver)는 운영 체제에 속한 코드인데 반해, 장치 제어기는 그림 6-11과 같이 장치 드라이버에서 명령을 받아 외부 장치를 제어하는 하드웨어에 해당합니다.

▼ **그림 6-11** 운영 체제, 장치 제어기, 장치

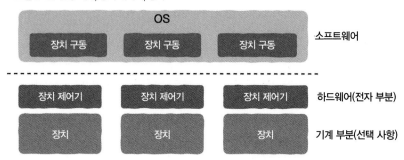

장치 제어기는 운영 체제에 해당하는 장치 드라이버와 외부 장치를 연결하는 다리에 해당하며, 장치 제어기가 점점 더 복잡해지는 목적 중 하나가 바로 CPU를 해방시키는 것입니다.

6.2.2 CPU가 직접 데이터를 복사해야 할까?

장치 제어기는 이제 어느 정도의 독립성과 자율성을 가지고 명령을 받은 후 자체적으로 작업을 처리할 수 있습니다. 디스크에서 자체 버퍼로 데이터를 읽었다면, 이후 CPU는 직접 데이터 전송 명령어를 실행하여 장치 제어기 버퍼에 있는 데이터를 따로 메모리로 복사해야 할까요?

그림 6-12에서 볼 수 있듯이, 그렇지 않습니다.

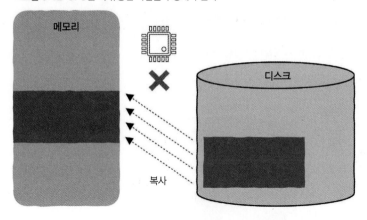
▼ 그림 6-12 CPU는 더 유용한 작업을 수행해야 한다

메모리

디스크

복사

CPU 입장에서 데이터를 직접 복사하는 것은 계산 리소스를 극도로 낭비하는 일입니다. CPU 의 시간은 매우 소중하기에 이런 데이터 복사 같은 일에 낭비되어서는 안 됩니다.

비록 CPU가 이런 지저분한 작업을 수행해서는 안 되지만 데이터는 항상 장치와 메모리 사이에 전송되어야 하므로, 어찌 되었든 누군가는 이 작업을 수행해야만 합니다.

따라서 똑똑한 인간은 CPU 개입이 없는 상황에서 직접 장치와 메모리 사이에 데이터를 전송 할 수 있는 하나의 작동 방식을 설계했으며, 이 작동 방식은 직접 메모리 접근(direct memory access)[2]이라는 매우 직관적인 이름을 가지고 있습니다.

여기까지 입출력 장치와 메모리 사이에서 데이터를 전송하는 두 가지 작동 방식인 폴링과 인터 럽트를 살펴보았습니다. 세 번째로 살펴볼 작동 방식은 직접 메모리 접근입니다.

6.2.3 직접 메모리 접근

사실 디스크에서 메모리로 데이터를 읽는 것은 원양 무역(遠洋貿易)에 비할 수 있습니다. 화물 은 대양을 천천히 건너와 항구로 운송되며, 다시 특정 공장으로 운송되어야 합니다. CPU가 직 접 화물을 항구에서 공장으로 운반할 수도 있지만, CPU는 너무나 중요합니다. 따라서 CPU가 이렇게 기술적이지 않은 일을 하는 것은 큰 낭비입니다. CPU가 해야 할 일은 사무실에서 명령 을 내려서 아랫사람이 일을 할 수 있도록 하는 것입니다. 이때 메모리와 외부 장치 사이에서 데 이터를 이동시키는 역할을 하는 것이 바로 직접 메모리 접근입니다.

2 　역주　흔히 약어로 DMA라고 부릅니다.

따라서 직접 메모리 접근 작동 방식의 목적은 매우 명확합니다. 바로 그림 6-13과 같이 CPU 개입 없이 장치와 메모리 사이에 직접 데이터를 전송하는 것입니다.

▼ **그림 6-13** CPU 개입 없이 장치와 메모리 사이에 직접 데이터를 전송한다

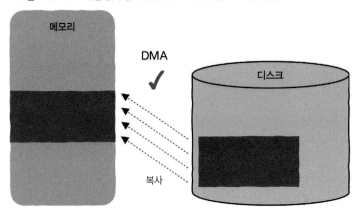

이어서 직접 메모리 접근의 동작 과정을 간단하게 살펴보겠습니다.

우선 CPU가 직접 데이터를 복사할 필요는 없습니다. 그러나 CPU는 반드시 어떻게 데이터를 복사할지 알려 주는 명령어를 DMA에 전달해야 합니다. 메모리에서 장치로 데이터를 기록할지 아니면 장치에서 메모리로 기록할지 알려 주어야 하고, 데이터를 얼마나 기록해야 할지와 어느 메모리 위치에서 데이터를 읽어야 하는지도 알려 주어야 합니다. 그리고 어떤 장치에서 데이터를 읽고 쓸지에 대한 정보도 빠뜨릴 수 없습니다. 이런 정보를 반드시 DMA에 알려 주어야 DMA가 작업을 시작할 수 있습니다.

DMA는 자신의 작업 목표를 명확히 하고 버스 중재(bus arbitration), 다시 말해 버스의 사용 권한을 요청한 후 이어서 장치를 작동시킵니다. 디스크에서 데이터를 읽는다고 가정했을 때, 장치 제어기의 버퍼에서 데이터를 읽으면 DMA가 지정된 메모리 주소에 데이터를 쓰는 방식으로 데이터 복사가 완료됩니다.

메모리에서 장치로 데이터를 쓰는 과정도 이와 거의 동일합니다.

실제로 DMA는 그림 6-14와 같이 원래 CPU가 해야 할 작업 일부를 대신합니다.

▼ 그림 6-14 DMA는 원래 CPU가 해야 할 작업 일부를 대신한다

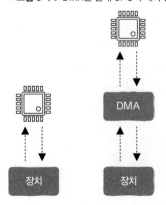

이것으로 장치와 메모리 사이에 데이터를 전송하는 전체 과정에 CPU는 거의 관여하지 않음을 확인할 수 있었습니다.

물론 세상에 공짜 점심은 없습니다. 컴퓨터 세계에서는 특히 더 그렇습니다. DMA가 CPU를 해방시키면서 또 다른 문제가 생겼습니다. 과연 어떤 시스템에서 문제가 생겼을까요? 바로 가상 메모리와 캐시를 지원하는 시스템에서 문제가 발생했습니다.

가상 메모리는 앞서 수차례 언급했고, CPU와 메모리 사이의 캐시는 5장에서 설명했습니다. 기억할 것이라고 믿습니다.

가상 메모리를 지원하는 시스템에는 사실 두 종류의 메모리 주소가 있습니다. 그중 하나는 가상 주소고 다른 하나는 물리 메모리 주소입니다. 이때 장치에서 읽은 데이터를 메모리에 저장한다고 하면 DMA는 읽은 데이터를 가상 주소와 물리 메모리 주소 중 도대체 어느 쪽에 저장해야 할까요? 한 가지 해결책은 운영 체제가 DMA에 필요한 가상 주소와 물리 메모리 주소 사이의 사상 정보를 제공하는 것입니다. 이것으로 DMA가 가상 주소를 기반으로 직접 데이터를 전송할 수 있게 됩니다.

이외에도 CPU의 L1 캐시, L2 캐시 같은 캐시가 존재하는 시스템에서는 메모리의 데이터가 두 개 있을 수 있습니다. 그중 하나는 메모리에, 다른 하나는 캐시에 있습니다. 이때 중요한 점은 그림 6-15에서 볼 수 있듯이 이 두 데이터가 때에 따라 서로 동일하지 않을 수 있다는 것입니다.

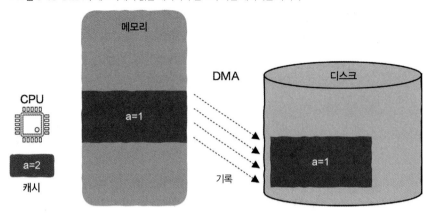

▼ **그림 6-15** DMA가 메모리에서 읽은 데이터가 반드시 최신 데이터는 아니다

특정 순간에 a 변수가 1에서 2로 변경되어 캐시에 갱신되었지만, 아직 a 변수의 최신 값은 메모리에 갱신되지 않았다고 가정해 봅시다. 이때 DMA가 a 변수를 메모리에서 읽어 장치에 저장해야 한다면, DMA가 기록한 것은 a 변수의 최신 값이 아닙니다. 이것은 또 다른 형태의 일관성 문제입니다. 이 문제의 해결 방법 중 하나는 상응하는 캐시의 데이터를 즉시 메모리에 갱신하여 일관성 문제가 나타나지 않도록 하는 것입니다.

이제 장치와 메모리 사이에 데이터를 독립적으로 전송할 수 있지만 아직 마지막 문제가 남아 있습니다. CPU는 데이터 전송이 완료되었는지 어떻게 알 수 있을까요?

매우 간단합니다. DMA가 데이터 전송을 완료하면 6.1절에서 설명했던 인터럽트 작동 방식을 사용하여 CPU에 알려 줍니다.

이제 이 절을 시작할 때 언급했던 질문에 답을 할 시간입니다.

6.2.4 전 과정 정리

CPU로 실행되는 스레드 1이 시스템 호출로 입출력 요청을 시작하면, 운영 체제는 스레드 1의 실행을 일시 중지하고 CPU를 스레드 2에 할당합니다. 그리고 스레드 2가 실행되기 시작합니다.

이때 디스크가 동작하여 데이터 준비가 완료되면 DMA 작동 방식이 직접 장치와 메모리 사이에서 데이터를 전송합니다. 이 데이터 전송이 완료되면 인터럽트 작동 방식을 이용하여 CPU에 알리고, CPU는 스레드 2의 실행을 일시 중지하고 인터럽트를 처리합니다. 이때 운영 체제는 스레드 1이 요청한 입출력 작업이 처리된 것을 확인했기 때문에 CPU를 다시 스레드 1에 할당하기로 결정하며, 결국 스레드 1이 마지막으로 중단되었던 위치부터 계속 실행됩니다.

여기에서 핵심은 디스크가 입출력 요청을 처리할 때 CPU가 그 자리에서 기다리지 않고 그림 6-16과 같이 운영 체제의 스케줄링에 따라 스레드 2를 실행한다는 것입니다.

▼ 그림 6-16 운영 체제의 스케줄링에 따라 CPU 리소스를 최대한 활용한다

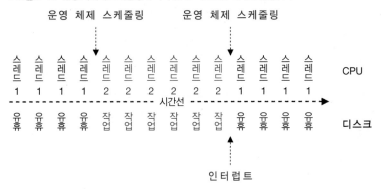

이 과정에서 운영 체제, 장치, DMA, 인터럽트 등 소프트웨어와 하드웨어의 정밀한 조합 덕분에 컴퓨터 시스템의 리소스를 최대한 활용할 수 있었습니다. 결국 전체 과정이 매우 효율적으로 동작한다는 것을 알 수 있었습니다.

6.2.5 프로그래머에게 시사하는 것

동기와 비동기 관점에서 볼 때, 디스크의 입출력 요청 처리는 CPU가 기계 명령어를 실행하는 것에 비추어 보면 사실상 비동기이기에 디스크가 입출력 요청을 처리하는 동안 CPU는 자신의 업무를 처리하느라 바쁩니다.

소프트웨어 관점에서 볼 때는 디스크의 입출력 요청 처리를 하나의 단독 스레드로 간주하고, CPU가 기계 명령어를 실행하는 것도 또 하나의 단독 스레드로 간주할 수 있습니다. CPU 스레드가 입출력 요청을 시작하면 직접 디스크 스레드를 생성하여 해당 작업을 처리합니다. 이후 CPU는 자신이 해야 할 업무를 처리하며, CPU 스레드와 디스크 스레드는 병행적으로 실행되기 시작합니다. 디스크 스레드가 입출력 요청의 처리를 완료하면 CPU 스레드에 알리므로, CPU 스레드와 디스크 스레드도 비동기 방식으로 실행됩니다.

이와 같이 소프트웨어든 하드웨어든 간에 높은 효율성을 이끌어 내는 비결 중 하나는 지금까지 여러 번 확인한 것처럼 비동기입니다. 다른 말로는 '무의존성' 또는 '분리(decoupling)'가 이에 해당합니다. 상대적으로 독립적일 때만 시스템의 리소스를 더 효율적으로 사용합니다. 물론 이를

위해서는 효율적인 스케줄링이 필요합니다. 그림 6-17과 같이 소프트웨어에 비유하여 하드웨어를 이해할 수 있습니다.

▼ **그림 6-17** 소프트웨어에 비유하여 하드웨어를 이해한다

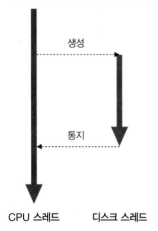

CPU 스레드   디스크 스레드

자, 지금까지 6.1절과 6.2절에서는 주로 컴퓨터의 기본 입출력 처리 작동 방식을 설명하고 CPU, 디스크, 운영 체제가 서로 어떻게 상호 작용하는지 살펴보았습니다. 그러나 프로그래머에게 더 흥미로운 것은 프로그램이 어떻게 파일이라는 이 추상화된 계층을 읽는가 하는 것입니다. 따라서 이번에는 우리 시선을 저수준 계층에서 프로그래밍으로 끌어올려 프로그램이 어떻게 파일을 읽는지 살펴봅시다.

파일을 읽을 때 프로그램에는 어떤 일이 발생할까?

프로그래머에게 가장 친근한 작업은 입출력 작업이라고 해도 과언이 아닙니다.

C 언어에서는 printf, C++ 언어에서는 <<, 파이썬 언어에서는 print, 자바 언어에서는 System.out.println 등을 사용하는데, 이것이 입출력입니다. 다양한 프로그래밍 언어를 사용하여 파일을 읽고 쓰는 것 역시 입출력입니다. 마우스를 움직이거나 키보드를 눌러 댓글 창에서

떠들거나, 모래 속에 머리를 파묻고 열심히 버그를 만들고 있거나, 화면에 멋진 그래픽 인터페이스가 표시되는 것 역시 모두 입출력입니다.

입출력 기능이 없는 컴퓨터란 얼마나 지루한 장치일지 생각해 보세요. 영화도 볼 수 없고, 게임도 할 수 없으며, 인터넷을 돌아다닐 수도 없습니다. 이런 컴퓨터는 기껏해야 커다란 계산기에 불과합니다.

입출력이 이렇게 중요하다면, 메모리 관점에서는 어떤 것을 입출력이라고 할까요?

6.3.1 메모리 관점에서 입출력

메모리 관점에서 입출력은 단순한 메모리의 복사(copy)일 뿐, 그 이상도 이하도 아닙니다.

그렇다면 복사 데이터는 어디에서 어디로 복사될까요? 데이터가 외부 장치에서 메모리로 복사되면 그것이 바로 입력(input)이며, 반대로 데이터가 메모리에서 외부 장치로 복사되면 그것이 바로 출력(output)입니다. 즉, 메모리와 외부 장치 사이에 복사 데이터가 왔다 갔다 하는 것을 입출력(input/output)이라고 하며, 흔히 약어로 I/O라고 표현합니다.

▼ **그림 6-18** 메모리와 외부 장치 사이에서 데이터를 주고받는 것이 입출력이다

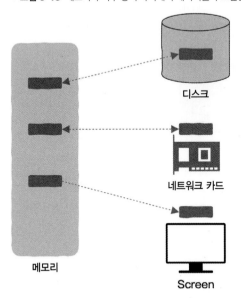

디스크

네트워크 카드

메모리

Screen

입출력이 사실 데이터 복사라고 할 때, 파일 내용을 읽는 것을 예로 들면 데이터는 장치에서 프로세스 주소 공간으로 어떻게 복사될까요?

이어서 프로세스가 파일을 읽는 전체 과정을 예로 설명해 보겠습니다. 이 내용은 6.2절에서 설명한 디스크 입출력 과정과 유사하지만, 여기에서는 프로그래머 관점에서 설명합니다. 특히 메모리와 프로세스의 스케줄링을 중점적으로 설명합니다.

6.3.2 read 함수는 어떻게 파일을 읽는 것일까?

그림 6-19에서 볼 수 있는 단일 코어 CPU 시스템에 프로세스 A와 프로세스 B 두 개가 있을 때, 프로세스 A가 현재 실행 중이라고 가정해 보겠습니다.

▼ 그림 6-19 프로세스 A가 실행 중이다

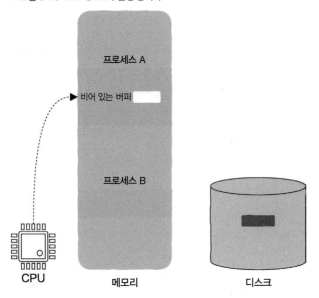

프로세스 A에는 파일을 읽는 코드가 있습니다. 어떤 프로그래밍 언어를 사용하든 일반적으로 먼저 데이터를 저장하는 버퍼를 정의한 후 다음과 같이 read 계열의 함수를 호출합니다.

코드

```
char buffer[LEN];

read(buffer);
```

이것은 전형적인 입출력 작업으로, 해당 함수는 저수준 계층에서 시스템 호출을 이용하여 운영 체제에 파일 읽기 요청을 보냅니다. 이 요청은 커널에서 디스크가 이해할 수 있는 명령어로 변환되어 디스크로 전송됩니다. CPU가 명령어를 실행하는 속도에 비해 디스크 입출력은 매우 느려 운영 체제는 귀중한 계산 리소스를 불필요한 대기에 낭비할 수 없습니다. 여기에서 중요한 내용이 등장합니다.

외부 장치가 입출력 작업을 실행하는 것은 매우 느리기 때문에 입출력 작업이 끝나기 전까지 프로세스는 앞으로 나아갈 수 없으며, 이것이 3장에서 이야기했던 블로킹(blocking)입니다. 운영 체제는 그림 6-20과 같이 현재 프로세스의 실행을 일시 중지하고 입출력 블로킹 대기열에 넣습니다. 물론 운영 체제에 따라 구현 방식은 다르지만, 이런 구현 세부 사항의 차이는 내용에 영향을 주지 않습니다.

▼ **그림 6-20** 프로세스 A는 일시 중지되며 입출력 블로킹 대기열에 배치된다

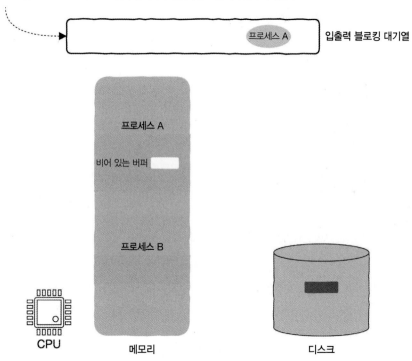

이때 운영 체제는 이미 디스크에 입출력 요청을 보낸 상태이며, 디스크는 6.2절에서 설명한 DMA 작동 방식을 사용하여 데이터를 특정 메모리 영역으로 복사하는 작업을 시작합니다. 이 메모리 영역이 바로 read 함수를 호출할 때 지정했던 buffer이며, 전체 과정은 그림 6-21에서 볼 수 있습니다.

▼ 그림 6-21 디스크 데이터를 메모리에 기록한다

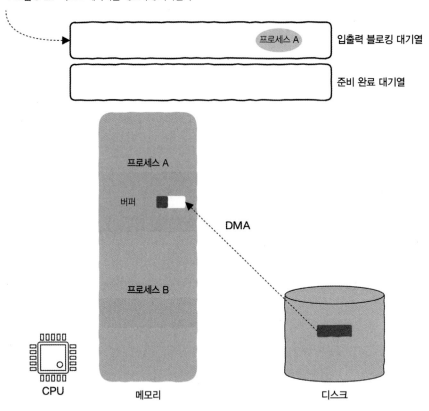

디스크는 바쁜 채로 놔두고, 이번에는 운영 체제를 살펴봅시다.

사실 운영 체제에는 블로킹 대기열 외에도 준비 완료 대기열이 존재하는데, 이 준비 완료 대기열은 대기열 안의 프로세스가 다시 실행되는 조건이 준비되었음을 의미합니다. 왜 직접 실행하는 대신 준비 완료 대기열이 존재하는지 궁금할 것입니다. 그 이유는 매우 간단한데, '열 놈에 죽 한 사발'[3]이라는 속담을 떠올려 보세요. 단일 코어 장비에서도 프로세스 수천 수백 개를 생성할 수 있으며, CPU의 코어 수는 그리 많지 않을 것입니다. 따라서 다시 실행될 준비는 완료되었지만 바로 CPU에 할당되지 못하는 스레드가 있을 수 있으며, 이런 프로세스는 준비 완료 대기열에 들어갑니다.

3　**역주** 원서에서는 같은 뜻의 중국 속담인 '중은 많고 죽은 적다(僧多粥少)'를 사용하고 있습니다.

이제 프로세스 B가 준비 완료 대기열에 들어가고, 그림 6-22와 같이 CPU를 제외한 다른 것들은 모두 준비가 완료됩니다.

▼ **그림 6-22** 프로세스 B에는 실행 조건이 있다

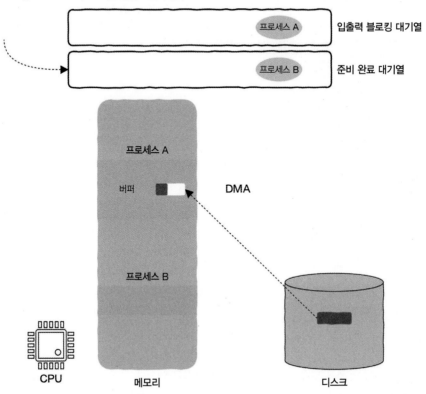

프로세스 A가 블로킹 입출력 요청을 시작해서 일시 중지되더라도 CPU는 쉴 수가 없습니다. 이는 준비 완료 대기열에는 이미 다른 프로세스가 대기하고 있으며, 운영 체제가 이미 준비 완료 대기열에서 실행할 수 있는 프로세스 B와 같은 다음 프로세스를 찾기 때문입니다.

이때 운영 체제는 그림 6-23과 같이 프로세스 B를 준비 완료 대기열에서 꺼내 CPU를 이 프로세스에 할당하며, 이것으로 프로세스 B가 실행되기 시작합니다.

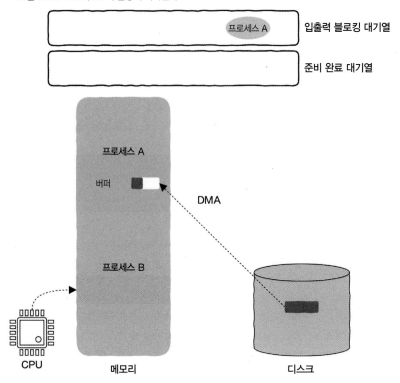

▼ **그림 6-23** 프로세스 B의 실행이 시작된다

입출력 블로킹 대기열

준비 완료 대기열

프로세스 A

프로세스 A

버퍼

DMA

프로세스 B

CPU

메모리

디스크

그림 6-23에서 볼 수 있듯이, 프로세스 B는 CPU가 실행하고 있으며 디스크는 프로세스 A의 메모리 공간에 데이터를 쓰고 있습니다. 모두가 매우 바쁘고 어느 누구도 쉬고 있지 않습니다. 운영 체제의 스케줄링에 따라 CPU와 디스크가 모두 충분히 활용됩니다.

이제 운영 체제가 왜 그렇게 중요한지 이해했을 것입니다.

이후 디스크가 드디어 데이터를 모두 프로세스 A의 메모리에 복사하는 작업이 완료되면, 디스크는 CPU에 인터럽트 신호를 보냅니다. CPU는 인터럽트 신호를 받은 후 처리가 중단되었던 함수로 점프하며, 디스크의 입출력 처리가 완료되어 프로세스 A가 계속 실행될 수 있는 자격을 다시 얻었음을 알 수 있게 됩니다. 이때 운영 체제는 그림 6-24와 같이 프로세스 A를 매우 조심스럽게 입출력 블로킹 대기열에서 꺼내 다시 준비 완료 대기열에 넣습니다.

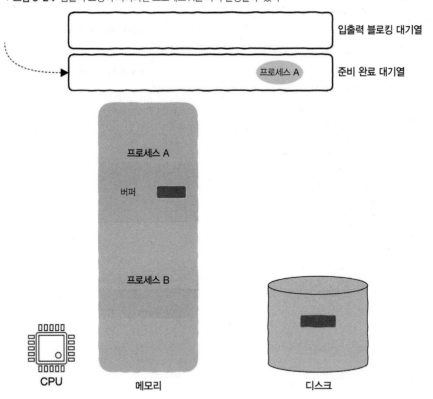

▼ **그림 6-24** 입출력 요청이 처리되면 프로세스 A를 다시 실행할 수 있다

입출력 블로킹 대기열

프로세스 A

준비 완료 대기열

프로세스 A

버퍼

프로세스 B

CPU

메모리

디스크

이때 운영 체제는 CPU를 프로세스 A에 할당할지 아니면 프로세스 B에 할당할지 결정해야 합니다. 여기에서는 프로세스 B에 할당된 CPU 시간이 아직 남아 있기 때문에 운영 체제가 프로세스 B를 계속 실행하는 것으로 결정했다고 가정합니다.

이후 프로세스 B는 계속 실행되고 프로세스 A는 계속 대기합니다. 프로세스 B가 일정 시간 실행된 후 시스템의 타이머가 타이머 인터럽트 신호를 보내면 CPU는 인터럽트 처리 함수로 점프합니다. 이때 운영 체제는 그림 6-25와 같이 프로세스 B의 실행 시간이 충분히 길었다고 생각하고, 준비 완료 대기열에 넣음과 동시에 프로세스 A를 준비 완료 대기열에서 꺼내 CPU를 할당합니다. 이렇게 프로세스 A가 계속 실행됩니다.

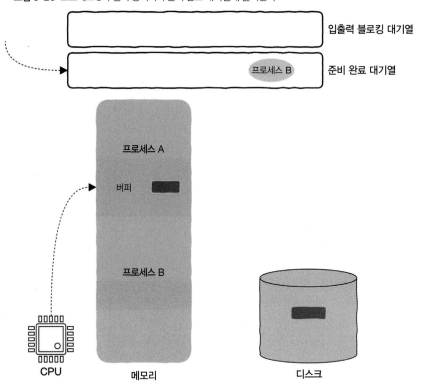

▼ **그림 6-25** 프로세스 B가 일시 중지되어 준비 완료 대기열에 들어간다

이때 운영 체제가 프로세스 B를 준비 완료 대기열에 넣어 프로세스 B가 일시 중지된 것은 할당된 시간을 모두 사용했기 때문이지, 블로킹 입출력을 요청했기 때문이 아님에 유의합니다.

이제 프로세스 A가 계속 실행되며, 버퍼는 이미 프로그래머에게 필요한 데이터로 채워져 있습니다. 이렇게 프로세스 A는 마치 중단된 적이 없는 것처럼 계속 행복하게 실행되며, 심지어 프로세스는 자신이 일시 중지되었다는 사실조차 알지 못합니다. 이것이 바로 운영 체제의 마법입니다.

이제 프로그램이 파일을 읽는 과정을 이해할 수 있을 것입니다.

여기에서는 파일 데이터가 직접 프로세스의 주소 공간에 복사된다고 가정했지만, 실제로는 일반적으로 입출력 데이터는 먼저 운영 체제 내부로 복사되며 이후 운영 체제가 프로세스의 주소 공간으로 복사합니다. 따라서 여기에는 실제로 운영 체제를 통한 복사라는 하나의 계층이 더 존재함을 알 수 있습니다. 물론 운영 체제를 우회하여 직접 데이터를 프로세스 주소 공간에 복사할 수도 있는데, 이를 일컬어 무복사(zero-copy) 기법이라고 합니다.

입출력의 이론적인 부분을 적잖게 소개했습니다. 이어서 입출력 응용으로 입출력 다중화(input/output multiplexing)와 mmap이라는 두 가지 고급 입출력 기술을 소개하겠습니다.

먼저 첫 번째 기술인 입출력 다중화를 살펴보겠습니다.

6.4 / 높은 동시성의 비결: 입출력 다중화
SECTION

프로그래머가 입출력 작업을 실행하는 코드를 작성한다면 결국 파일이라는 개념을 벗어나는 것이 불가능합니다.

유닉스(UNIX)/리눅스 세계에서 파일은 매우 간단한 개념으로, 프로그래머는 파일을 N바이트의 수열(sequence)로 이해하면 됩니다.

```
b1, b2, b3, b4, ..., bN
```

사실상 모든 입출력 장치는 파일이라는 개념으로 추상화됩니다. '모든 것이 파일(everything is file)'이라는 개념입니다. 디스크, 네트워크 데이터, 터미널(terminal), 심지어 프로세스 간 통신 도구인 파이프(pipe)까지 모두 파일로 취급됩니다.

모든 입출력 작업은 파일 읽기와 쓰기로 구현할 수 있습니다. 프로그래머는 이 추상화를 이용하여 일련의 인터페이스로 모든 외부 장치를 사용할 수 있습니다. open 함수를 사용하여 파일을 열고, read 함수와 write 함수를 사용하여 파일을 읽고 쓰며, seek 함수를 사용하여 파일을 읽고 쓰는 위치(file pointer)를 변경할 수 있고, close를 사용하여 파일을 닫을 수 있습니다. 이것이 바로 파일이라는 개념에서 발휘되는 큰 힘입니다.

6.4.1 파일 서술자

6.3절에서 언급했듯이, read 함수를 사용하여 파일 내용을 읽을 때 코드는 다음과 같습니다.

코드

```
read(buffer);
```

잠시만요. 여기에서 중요한 문제가 하나 생략되어 있습니다. 어떤 버퍼에 데이터를 읽어 오는지는 알고 있습니다. 그렇다면 어디에서 데이터를 읽는 것일까요?

여기에서 누락된 것이 바로 파일입니다. 파일은 어떤 방식으로 사용해야 할까요?

주말에 인기 레스토랑에서 식사를 하려면 일반적으로 줄을 서야 합니다. 이때 종업원이 대기 번호를 알려 주며, 이 번호를 이용하여 종업원은 여러분을 찾을 수 있습니다. 이 방식의 장점은 종업원이 여러분이 누구인지, 이름은 무엇인지, 어디에서 왔는지, 무엇을 좋아하는지 기억할 필요가 없다는 것입니다. 종업원은 여러분에 대해 아는 것이 아무것도 없음에도 여전히 번호 하나만으로 여러분을 찾을 수 있다는 것이 중요합니다.

이와 마찬가지로 유닉스/리눅스 세계에서 파일을 사용하려면, 번호를 하나 빌려 올 필요가 있습니다. 이 번호는 파일 서술자(file descriptor)라는 이름을 가지고 있으며, 이 번호의 역할은 앞서 예로 든 대기 번호와 동일합니다. 그렇기에 파일 서술자는 그냥 숫자에 불과합니다. 파일을 열 때 커널은 파일 서술자를 반환하며, 파일 작업을 실행할 때 해당 파일 서술자를 커널에 전달해 주어야 합니다. 커널은 이 숫자를 얻은 후 해당 숫자에 대응하는 파일에 관련된 모든 정보를 찾아 파일 작업을 완료할 수 있습니다.

외부 장치라는 것은 사실 천차만별이고 커널에서 이 장치들을 표현하거나 처리하는 방법도 모두 다르지만, 이것들을 모두 프로그래머에게 이야기할 필요는 없습니다. 프로그래머가 알아야 할 것은 파일 서술자라는 숫자 하나뿐입니다. 그림 6-26에서 파일 서술자를 사용하여 입출력을 처리하는 모습을 볼 수 있습니다.

▼ **그림 6-26** 파일 서술자를 사용한 입출력 처리

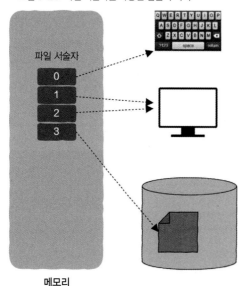

파일 서술자를 사용하면 프로세스는 파일에 대해 아무것도 몰라도 됩니다. 예를 들어 파일이 디스크에 저장되어 있는지, 디스크의 어느 위치에 저장되어 있는지, 지금 읽고 있는 위치는 어디인지 등 정보를 운영 체제가 대신 처리하므로 프로세스는 이것을 신경 쓸 필요가 없습니다. 따라서 프로그래머는 파일 서술자만 프로그래밍하면 됩니다.

이 정보를 따라 앞서 보았던 파일 읽기 프로그램을 개선해 보겠습니다.

> **코드**

```
char buffer[LEN];
int fd = open(file_name); // 파일 서술자 얻기

read(fd, buffer);
```

어떻습니까? 매우 간단하지 않습니까?

6.4.2 다중 입출력을 어떻게 효율적으로 처리하는 것일까?

수많은 사전 지식을 쌓은 끝에, 드디어 높은 동시성이라는 주제에 도달하게 되었습니다. 여기에서 높은 동시성이란 서버가 동시에 많은 사용자 요청을 처리할 수 있음을 의미합니다. 최근의 네트워크 통신은 대부분 소켓 프로그래밍을 사용하므로 이 역시 파일 서술자와 떼어 놓고 이야기할 수 없습니다.

웹 서버에서 3방향 주고받기(3 way handshake)에 성공하면 accept 함수를 호출하여 연결을 얻을 수 있고, 추가로 파일 서술자도 얻을 수 있습니다. 파일 서술자를 얻고 나면 이것으로 사용자와 통신을 진행할 수 있습니다.

> **코드**

```
// accept 함수로 사용자의 파일 서술자 획득
int conn_fd = accept(...);
```

서버의 처리 작동 방식은 일반적으로 먼저 사용자 요청 데이터를 읽고, 이에 따라 특정한 처리를 실행하는 것입니다.

```
if(read(conn_fd, buff) > 0)
{
    do_something(buff);
}
```

매우 간단하지 않습니까?

여기에서 주제가 높은 동시성임을 상기해 보면, 서버가 단 하나의 사용자와 통신할 때는 없으며 동시에 사용자 수천수만 명과 통신하는 것이 일반적입니다. 이때 이 작업은 파일 서술자 한 개를 처리하듯이 간단하지 않으며, 파일 서술자 수천수만 개를 처리해야 합니다.

단순한 이해를 위해 서버가 동시에 사용자 요청 두 개를 처리한다고 가정해 보겠습니다. 어떤 분은 이런 작업은 매우 간단하지 않느냐고 반문할 수도 있습니다. 하나씩 처리하면 충분하다고 생각할 수 있으니까요.

```
if(read(socket_fd1, buff) > 0)
{
    // 첫 번째 처리
    do_something();
}

if(read(socket_fd2, buff) > 0)
{
    // 두 번째 처리
    do_something();
}
```

여기에서 read 함수는 일반적으로 블로킹 입출력입니다. 이때 첫 번째 사용자가 어떤 데이터도 보내지 않으면 해당 코드를 사용하는 스레드 전체가 일시 중지됩니다. 두 번째 사용자가 요청 데이터를 이미 보냈더라도 두 번째 사용자 요청을 처리할 방법이 없습니다. 이는 동시에 사용자 요청 수천수만 개를 처리해야 하는 서버에 있어서는 안 되는 일입니다.

총명한 여러분은 분명히 다중 스레드를 사용하는 것에 생각이 미쳤을 것입니다. 각각의 사용자 요청에 스레드를 생성해서 특정 스레드가 블로킹되어도 다른 스레드 처리에 영향을 미치지 않도록 할 수 있습니다. 하지만 이 방법은 스레드 수가 너무 많아질 수 있고 스레드의 스케줄링과 전환에 너무 많은 부담이 가해지므로 높은 동시성을 발휘해야 하는 상황에 최적의 방법이 아닌 것은 확실합니다.

그렇다면 이 문제를 어떻게 해결해야 할까요? 여기에서 핵심은 파일 서술자 하나에 대응하는 입출력 장치가 읽을 수 있는 상태인지 쓸 수 있는 상태인지 미리 알 수 없다는 것입니다. 외부 장치를 읽을 수 없거나 쓸 수 없는 상태에서 입출력 요청을 보내면 스레드가 블로킹되어 일시 중지될 뿐입니다.

따라서 생각을 바꿀 필요가 있습니다.

6.4.3 상대방이 아닌 내가 전화하게 만들기

여러분도 판매 권유 전화를 받아 보았을 테지만, 절대 한 번으로 그치지 않습니다. 여기에서 핵심은 여러분이 물건을 살지 여부를 영업 사원은 알 수 없어 물건이 나올 때마다 물어볼 수밖에 없다는 것입니다. 따라서 더 나은 전략은 그들이 여러분에게 전화를 계속 걸게 하는 대신에 전화번호를 적어 두었다가 필요할 때 그들에게 전화를 거는 것입니다. 물론 이런 일은 거의 일어나지 않겠지만, 혹시 가능하다면 영업 사원이 더 이상 여러분을 귀찮게 하지 않을 것입니다.

이 예시에서 여러분은 커널에 해당하고, 영업 사원은 응용 프로그램에 해당하며, 전화번호는 파일 서술자에 해당합니다. 이때 영업 사원과 여러분이 전화로 서로 소통하는 것은 입출력에 해당합니다. 많은 수의 파일 서술자를 처리하는 더 나은 방법은 사실 '커널에 계속 전화를 거는 대신에 필요할 때 커널이 응용 프로그램에 통지'하도록 하는 것입니다.

따라서 6.3절에서 read 함수를 사용하여 해당 파일 서술자에 대응하는 파일을 읽을 수 있는지 여부를 주동적으로 커널에 묻는 방법은 항상 '첫 번째 파일 서술자를 읽고 쓸 수 있습니까?', '두 번째 파일 서술자를 읽고 쓸 수 있습니까?', '세 번째 파일 서술자를 읽고 쓸 수 있습니까?'처럼 매번 질문하는 것입니다. 따라서 이보다 더 나은 방법은 관심 대상인 파일 서술자를 커널에 알려 주고, 커널에 '여기 파일 서술자가 10,000개 있으니 대신 감시하다가 읽고 쓸 수 있는 파일 서술자가 있을 때 알려 주면 처리하겠습니다.'라고 이야기하는 것입니다.

이것으로 응용 프로그램은 주동적이고 바쁜 상태에서 수동적이고 여유 있는 상태로 변합니다. 사실 어찌 되었든 커널이 파일 서술자를 읽고 쓸 수 있는 시점을 알려 주기 때문에 게을러질 수 있는 상황에서 쓸데없이 열심히 일할 필요는 없습니다.

이것이 프로그래머가 동시에 많은 수의 파일 서술자를 다룰 수 있는 방법인 입출력 다중화 (input/output multiplexing) 기술입니다.

6.4.4 입출력 다중화

다중화(multiplexing)라는 용어는 사실 통신 분야에서 많이 사용됩니다. 통신 선로를 최대한 활용하려면 하나의 채널에서 여러 신호를 전송할 수 있어야 하므로 여러 신호를 하나로 합칠 필요가 있습니다. 이렇게 여러 신호를 하나로 합치는 장치를 다중화기(multiplexer)라고 합니다. 물론 이 신호를 수신하는 쪽에서는 신호를 수신한 후 원래의 여러 신호로 복원해야 하는데, 이 장치를 역다중화기(demultiplexer)라고 합니다.

▼ **그림 6-27** 통신 영역의 입출력 다중화

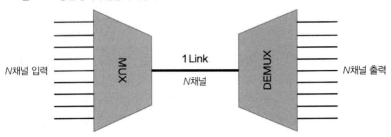

이제 다시 주제로 돌아가 보겠습니다.

입출력 다중화는 다음과 같은 과정을 의미합니다.

1. 파일 서술자를 획득합니다. 이때 서술자 종류는 네트워크 관련이든 파일 관련이든 어떤 파일 서술자든 간에 상관없습니다.
2. 특정 함수를 호출하여 커널에 다음과 같이 알립니다. '이 함수를 먼저 반환하는 대신, 이 파일 서술자를 감시하다 읽거나 쓸 수 있는 파일 서술자가 나타날 때 반환해 주세요.'
3. 해당 함수가 반환되면 읽고 쓸 수 있는 조건이 준비된 파일 서술자를 획득할 수 있으며, 이를 통해 상응하는 처리를 할 수 있습니다.

이 기술로 여러 입출력을 한꺼번에 처리할 수 있습니다. 리눅스 세계에서 입출력 다중화 기술을 사용하는 방법에는 select, poll, epoll 세 가지가 있습니다.

이어서 입출력 다중화 기술의 삼총사를 간단하게 소개하겠습니다.

6.4.5 삼총사: select, poll, epoll

본질적으로 select, poll, epoll은 모두 동기 입출력 다중화 기술입니다. 이런 함수가 호출될 때 감시해야 하는 파일 서술자에서 읽기 가능 또는 쓰기 가능 같은 관심 대상 이벤트가 나타나지 않으면 호출된 스레드가 블로킹되어 일시 중지되고, 파일 서술자가 해당 이벤트를 생성할 때까지 함수는 반환되지 않습니다.

select 같은 입출력 다중화 기술에서 감시할 수 있는 파일 서술자 묶음에는 제한이 있으며, 일반적으로 1024개를 넘을 수 없습니다. 이 기술 구현 면에서 select가 호출될 때 대응하는 프로세스 또는 스레드는 감시 대상인 파일의 대기열에 배치되므로 select 호출로 블로킹되며 일시 중지됩니다. 파일 서술자 중 하나라도 읽기 가능 또는 쓰기 가능 이벤트가 나타나면 해당 프로세스 또는 스레드가 다시 깨어납니다. 여기에서 문제는 프로세스가 깨어났을 때 프로그래머는 도대체 어떤 파일 서술자가 읽고 쓸 수 있는지 알 수 없어, 어떤 파일 서술자가 이미 준비 완료 상태인지 알려면 처음부터 끝까지 다시 확인해야 한다는 것입니다. 이것이 select가 대량의 파일 서술자를 감시할 때 효율이 매우 떨어지는 근본적인 원인입니다.

poll과 select는 매우 유사하며, poll이 select에 비해 최적화된 점은 감시 가능한 파일 서술자 수가 1024개라는 제한을 넘지 못한다는 문제를 해결하는 것뿐입니다. poll도 마찬가지로 감시해야 하는 파일 서술자 수가 늘어날수록 성능이 저하되는 문제가 있으므로, 높은 동시성을 요구하는 상황에 제대로 대응이 불가능합니다. 이 문제를 해결하려고 epoll이 등장했습니다.

epoll이 문제를 해결하는 방법은 커널에 필요한 데이터 구조를 생성하는 것이며, 이 데이터 구조에서 비교적 중요한 것은 준비 완료된 파일 서술자 목록입니다. 감시되고 있는 파일 서술자에서 관심 이벤트가 발생하면 해당 프로세스를 깨우면서 준비 완료된 파일 서술자가 준비 완료 목록에 추가됩니다. 따라서 프로세스와 스레드에서 모든 파일 서술자를 처음부터 끝까지 확인할 필요 없이 준비 완료된 파일 서술자를 직접 획득할 수 있는데, 이는 매우 효율적입니다.

실제로 리눅스에서 epoll은 기본적으로 높은 동시성의 대명사입니다. 수많은 네트워크 관련 프레임워크와 라이브러리의 저수준 계층에서 epoll 그림자를 확인할 수 있습니다.

여기까지 입출력 다중화를 알아보았습니다. 이어서 또 다른 고급 입출력 기술인 mmap을 살펴보겠습니다.

6.5 SECTION / mmap: 메모리 읽기와 쓰기 방식으로 파일 처리하기

프로그래머에게 메모리를 읽고 쓰는 것은 매우 자연스러운 일이지만, 파일을 읽고 쓰는 것은 그리 편리하거나 자연스러운 일이 아닙니다.

코드에서 메모리를 읽고 쓰는 것이 얼마나 쉬운지 한번 떠올려 보세요. 간단하게 배열을 정의하고 값을 할당하기만 하면 됩니다.

코드

```
int a[100];

a[10] = 2;
```

이때 여러분은 메모리에 값을 저장하고 있지만, 이 코드를 작성할 때는 메모리에 값을 저장한다는 의식조차 하지 않았을 것입니다.

이제 파일을 어떻게 읽는지 다시 한 번 생각해 보기 바랍니다.

코드

```
char buf[1024];

int fd = open("/filepath/abc.txt");

read(fd, buf, 1024);
// buf 등을 이용한 작업
```

보다시피 디스크의 파일을 읽고 쓰는 작업은 사실 매우 번거로운 일입니다. 먼저 파일을 열어야 하는데, 이 코드는 운영 체제에 이렇게 이야기하는 것과 같습니다. "이봐요, 운영 체제 님. 지금부터 abc.txt 파일을 읽을 테니 이 파일의 모든 정보를 준비한 후에 접근할 수 있는 번호도 주세요." 여기에서 번호는 6.4절에서 설명한 파일 서술자이며, 이 번호를 알고 있는 한 운영 체제에서 이 번호로 대표되는 파일의 모든 정보를 얻을 수 있습니다.

이렇게 파일을 사용하는 것이 메모리를 사용하는 것보다 훨씬 더 복잡함을 알 수 있습니다. 근본적인 이유는 디스크에서 특정 주소를 지정(addressing)하는 방법과 메모리에서 특정 주소를 지정하는 방법이 다른 데다, CPU와 외부 장치 간 속도에 차이가 있기 때문입니다.

메모리는 바이트 단위로 직접 주소를 지정할 수 있지만 디스크에 저장된 파일은 그렇지 않습니다. 일반적으로 디스크에 저장되는 파일은 조각(block) 밀도에 따라 주소가 지정됩니다. 이때 조각 크기는 수 바이트에서 수십 킬로바이트까지 다를 수 있습니다. 이외에도 CPU와 디스크의 속도 차이가 너무 커서 디스크의 파일은 그림 6-28과 같이 반드시 먼저 메모리에 저장한 후 메모리에서 바이트 단위로 파일 내용을 처리합니다.

▼ 그림 6-28 메모리의 읽기와 쓰기에 비해 파일 사용은 상대적으로 복잡하다

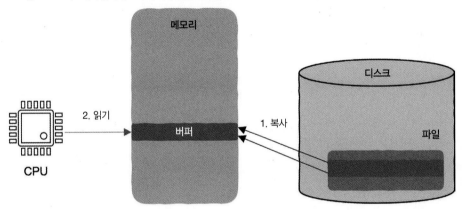

직접 메모리를 사용하는 것은 매우 간단하고 편리합니다. 메모리를 읽고 쓰는 것처럼 디스크의 파일을 읽고 쓸 수는 없을까 하고 고민하는 사람도 있을 것입니다.

사실 그 일은 가능합니다.

6.5.1 파일과 가상 메모리

사용자 상태에서 프로그래밍을 하는 프로그래머 눈에 보이는 메모리는 하나의 연속된 공간입니다.

공교롭게도 디스크에 저장된 파일도 프로그래머 눈에는 그림 6-29와 같이 하나의 연속된 공간에 저장됩니다. 물론 실제로는 파일이 디스크에 흩어져 저장된다고 하는 사람도 있을 것입니다. 하지만 여기에서는 파일 사용자 입장에서 이야기하는 것입니다.

그럼 이 두 공간을 연관 짓는 방법은 없을까요?

방법은 있습니다. 그렇다면 어떻게 연관 지을 수 있을까요?

바로 가상 메모리를 통해서 할 수 있습니다. 여러분은 올바른 답이 떠올랐나요?

이 가상 메모리라는 개념은 거의 이 책 전체를 관통하고 있기 때문에 이미 여러 번 설명했습니다. 가상 메모리의 목적은 모든 프로세스가 각자 독점적으로 메모리를 소유하고 있다고 생각하게 하는 것입니다. 가상 메모리를 지원하는 시스템에서 기계 명령어는 가상 주소를 전달하지만, 가상 주소는 메모리에 도달하기 전에 실제 물리 메모리 주소로 변환됩니다.

프로세스가 만나는 주소 공간은 가상이기 때문에 모든 것을 다루기 편합니다. 또 가상이기 때문에 '수작을 부려' 작업할 수 있는 공간이기도 합니다.

파일은 개념적으로 연속된 디스크 공간에 저장되어 있다고 생각할 수 있으므로 그림 6-30과 같이 이 공간을 프로세스 주소 공간에 직접 사상할 수 있습니다.

▼ **그림 6-30** 프로세스 주소 공간에 파일 사상

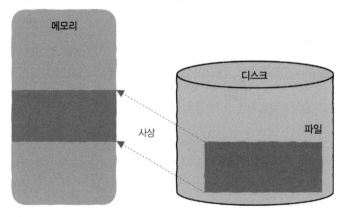

길이가 200바이트인 파일을 프로세스 주소 공간에 사상한 결과로 파일이 600~799 주소 범위에 위치하고 있다고 가정하면, 이 주소 공간에서 바이트 단위로 파일을 처리할 수 있습니다. 다시 말해 600~799 범위에 있는 주소 공간의 메모리를 직접 읽거나 쓰면 실제로는 디스크 파일을 사용하는 것이 되며, 마치 메모리를 직접 읽고 쓰는 것처럼 디스크의 파일을 사용할 수 있습니다.

듣기만 해도 매우 놀랍지 않습니까? 이 모든 것이 어떻게 가능할까요?

6.5.2 마술사 운영 체제

이 모든 것은 운영 체제 덕분에 가능합니다.

먼저 600~799 범위의 이 주소 공간을 읽을 때, 대응하는 파일이 아직 메모리에 적재되지 않아 페이지 누락(page fault) 인터럽트가 발생할 수 있습니다. 이후 CPU가 운영 체제의 인터럽트 처리 함수를 실행하기 시작합니다. 해당 과정에서 실제 디스크 입출력 요청이 시작되며, 파일을 메모리로 읽고 가상 메모리와 실제 메모리 사이의 연결이 수립되면 프로그램에서 메모리를 읽고 쓰듯이 직접 디스크의 내용을 사용할 수 있습니다.

쓰기 작업도 마찬가지로 매우 간단합니다. 응용 프로그램은 여전히 이 메모리 조각을 직접 수정할 수 있으며, 운영 체제는 뒤에서 디스크에 해당 내용을 다시 기록합니다.

여기에서 알 수 있듯이 mmap을 사용하더라도 여전히 실제로 디스크를 읽고 써야 하기는 하지만, 이 과정은 운영 체제가 진행합니다. 또 가상 메모리를 경유하기 때문에 고수준 계층에 있는 사용자는 이 사실을 신경 쓰지 않아도 됩니다. 사용자 상태 프로그램은 그림 6-31과 같이 일반 메모리를 읽고 쓰는 것처럼 디스크의 파일을 직접 읽고 쓸 수 있는 것처럼 '느껴집니다'.

▼ **그림 6-31** 메모리를 읽고 쓰는 것처럼 파일 읽고 쓰기

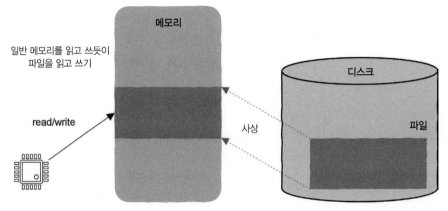

이제 mmap이 무엇을 의미하고 어떻게 일하는지 이해했을 것입니다.

이어지는 질문은 mmap이 가지는 이점이 어떤 것인가에 대한 것입니다. 이미 read/write 같은 함수가 있는데 왜 굳이 mmap을 사용해야 할까요?

6.5.3 mmap 대 전통적인 read/write 함수

우리가 자주 사용하는 read/write 함수 같은 입출력 함수는 저수준 계층의 시스템 호출을 사용합니다. 또 read 함수를 사용하여 파일을 읽을 때는 데이터를 커널 상태에서 사용자 상태로 복사해야 하며, 반대로 write 함수를 사용하여 데이터를 쓸 때는 데이터를 사용자 상태에서 커널 상태로 복사해야 합니다. 그림 6-32에서 볼 수 있듯이, 이런 작업들은 모두 큰 부담을 수반합니다.

▼ 그림 6-32 read/write 함수는 시스템 호출과 데이터 복사를 사용한다

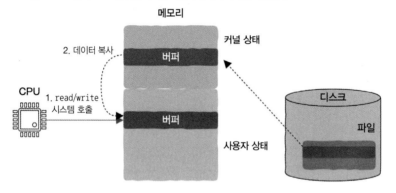

mmap에는 이런 문제가 없는데, mmap으로 디스크의 파일을 읽고 쓸 때는 시스템 호출과 데이터 복사가 주는 부담이 없기 때문입니다. 그러나 mmap도 완벽하지는 않습니다. 커널은 프로세스 주소 공간과 파일의 사상 관계를 유지하기 위해 특정 데이터 구조를 사용해야 하며, 이 역시 성능에 부담을 가져옵니다. 이외에도 페이지 누락 문제가 있습니다. 물론 페이지 누락 인터럽트는 반드시 필요한데, 페이지 누락 인터럽트가 발생하면 이에 상응하는 인터럽트 처리 함수가 실제로 파일을 메모리에 적재하기 때문입니다.

당연한 이야기이지만, 페이지 누락 인터럽트에도 부담이 걸리고 커널마다 구현 방식이 다르기 때문에 mmap이 성능 면에서 항상 read/write 함수보다 더 낫다고 할 수는 없습니다. 따라서 구체적인 상황을 보고 read/write 함수의 시스템 호출과 메모리 복사에서 오는 부담과 mmap 방식으로 인한 부담 중 어떤 것이 더 적은가 비교하면 부담이 더 적은 쪽이 더 나은 성능을 보여 줄 것입니다.

같은 말을 계속하고 있네요. 하지만 성능을 이야기할 때 단순한 이론적 분석은 때로는 적합하지 않으며, 실제 상황을 기반으로 테스트한 후 결론을 내려야 합니다.

6.5.4 큰 파일 처리

지금까지 내용을 기초로 mmap에 대해 가장 직관적으로 이해한 결과는 메모리를 직접 읽고 쓰는 것처럼 디스크의 파일을 사용할 수 있어 매우 편리하다는 것입니다. 이외에도 mmap은 운영 체제의 가상 메모리와 밀접한 관련이 있어 mmap에 흥미로운 장점을 더해 줍니다.

이 장점은 큰 파일을 다룰 때 발휘되는데, 여기에서 큰 파일이란 물리 메모리 용량을 초과할 정도의 파일을 의미합니다. 전통적인 read/write 함수를 사용하면 파일을 조금씩 나누어 메모리에 적재해야 하며, 파일의 일부분에 대한 처리가 끝나면 다시 다음 부분에 대한 처리를 하는 방식[4]을 사용해야 합니다. 너무 많은 메모리를 요청하게 되면 메모리 부족 강제 종료(out of memory killer)를 일으킬 수도 있습니다. 더군다나 전체 파일에 임의로 접근해야 하는 경우라면 일은 더 번거로워질 것입니다.

하지만 mmap을 사용하면 상황이 달라집니다. 가상 메모리의 도움하에 프로세스 주소 공간이 충분하다면 큰 파일 전체를 프로세스 주소 공간에 직접 사상할 수 있으며, 해당 파일의 크기가 실제 물리 메모리의 크기보다 크더라도 아무 문제없습니다. mmap을 호출할 때 매개변수가 MAP_SHARED라면 사상된 영역의 변경 내용은 디스크의 파일에 직접 기록됩니다. 이때 시스템은 작업 중인 파일의 크기가 물리 메모리의 크기보다 큰지는 전혀 관심이 없습니다. 매개변수로 MAP_PRIVATE을 사용하면 시스템이 실제로 메모리를 할당한다는 의미입니다. 이때 물리 메모리의 크기에 교환 영역(swap area)의 크기를 더한 크기가 기준이 됩니다. 사용할 파일의 크기는 이 두 영역을 더한 크기를 넘을 수 없으며, 그렇지 않으면 메모리 부족 오류가 발생합니다.

어쨌든 mmap을 사용하여 제한된 물리 메모리임에도 매우 큰 파일을 처리할 수 있습니다. 시스템이 어떻게 메모리를 이동시키는지 프로그래머는 신경 쓸 필요가 전혀 없으며, 가상 메모리가 대신해서 이를 처리합니다. mmap과 가상 메모리의 결합은 큰 파일을 처리할 때, 특히 임의 위치에서 읽거나 써야 할 때 코드 설계를 단순화할 수 있습니다. 하지만 이 방법이 전통적인 read/write 함수를 사용하는 방법보다 성능 면에서 우수하다고는 할 수 없습니다. 이미 여러 번 강조했듯이, 성능에 관심이 있다면 실제 응용 상황을 기반으로 테스트할 필요가 있습니다.

---

4 **역주** 가상 메모리도 없던 DOS 기반으로 프로그래밍하던 시절에 개발된 파일 보기 도구(file viewer)나 텍스트 편집기(text editor)는 메모리 부족 문제를 해결하기 위해 이 방식을 응용하여 화면에 보이는 부분만 메모리에 적재하는 방식을 사용했습니다.

mmap을 사용하여 큰 파일을 처리할 때 주의할 점은 다음과 같습니다. 32비트 시스템은 프로세스의 주소 공간이 4GB에 불과하며, 그나마도 그중 일부는 운영 체제를 위해 예약되어 있다는 것입니다. 처리할 파일이 나머지 사용자 영역의 주소 공간보다 클 때는 해당 파일을 사상할 연속된 주소 공간을 찾으려고 하지만 공간 자체가 부족하므로 mmap 호출이 실패할 수 있습니다. 64비트 시스템은 주소 공간 부족 문제를 걱정할 필요가 없습니다.

6.5.5 동적 링크 라이브러리와 공유 메모리

많은 프로세스가 하나의 파일을 참조하고 있으며, 더군다나 이 프로세스가 모두 읽기 전용 (read-only) 방식으로 이 파일을 참조하는 경우가 있다고 가정해 봅시다. 이런 경우가 얼마나 있을지 궁금하겠지만, 매우 많은 프로세스가 읽기 전용 방식으로 이 파일을 참조합니다. 이런 파일이 실제로 있을까요?

네, 이 파일은 바로 1장에서 설명했던 동작 링크 라이브러리입니다.

정적 링크는 라이브러리 내용을 모두 실행 파일에 복사합니다. 코드 크기는 2MB에 불과하지만, 정적 라이브러리 크기가 100MB라고 가정하면 결과적으로 실행 파일 크기는 최대 102MB가 될 수도 있습니다.

정적 라이브러리를 사용하는 프로그램이 열 개라면 이 실행 파일들이 차지하는 공간 중 정적 라이브러리 내용만 1GB에 육박할 것입니다. 이 프로그램에서 정적 라이브러리 부분은 모두 중복되어 있으므로 실행 파일 열 개가 모두 메모리에 적재되면 그만큼 메모리의 저장 공간도 낭비됩니다.

동적 링크 라이브러리는 이런 문제를 해결할 수 있습니다.

동일하게 코드 크기는 2MB에 불과하지만, 동적 링크 라이브러리 크기가 100MB라고 가정하면 실행 파일 크기는 2MB에 불과할 것입니다. 이 동적 라이브러리를 참조하는 프로그램이 아무리 많더라도 실행 파일에는 라이브러리의 코드와 데이터가 포함되지 않습니다. 가장 멋진 부분은 라이브러리를 참조하는 모든 프로그램이 메모리에 적재되더라도 동일한 동적 라이브러리를 공유하므로 디스크와 메모리의 공간을 절약할 수 있고, 제한된 메모리에서 더 많은 프로세스를 실행할 수 있다는 것입니다. 멋지지 않습니까?

그렇다면 이 멋진 동적 링크 라이브러리와 mmap 사이에는 어떤 관계가 있을까요?

많은 프로세스가 동일한 동적 링크 라이브러리에 의존하므로, mmap으로 해당 라이브러리를 사용하는 모든 프로세스의 주소 공간에 직접 사상할 수 있습니다. 이때 그림 6-33과 같이 각각의 프로세스는 모두 해당 라이브러리가 자신의 주소 공간에 적재되었다고 생각하지만, 실제 물리 메모리에서 이 라이브러리가 차지하는 공간은 한 개 크기일 뿐입니다.

▼ **그림 6-33** 동적 링크 라이브러리를 각 프로세스의 주소 공간에 사상한다

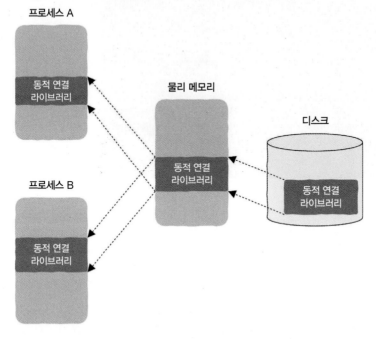

mmap은 이렇게 신비로운 방법으로 동적 링크 라이브러리와 연결됩니다.

6.5.6 mmap 직접 조작하기

mmap과 동적 링크 라이브러리의 관계를 더 직관적으로 느낄 수 있도록 예를 들어 설명해 보겠습니다.

우리가 사용할 도구는 strace 명령어입니다. 이 도구는 프로그램 실행 과정과 관련된 모든 시스템 호출을 출력하므로 프로그램 실행의 많은 비밀을 우리에게 알려 줍니다.

리눅스에서 ls는 가장 자주 사용되는 프로그램일 것입니다. 이 프로그램은 현재 디렉터리에 어떤 파일이 있는지 출력해 줍니다. 그림 6-34는 strace 명령어를 사용하여 ls를 추적한 실행 결과입니다.

▼ **그림 6-34** strace 명령어로 ls를 추적한 결과

```
1   $ strace ls
2   execve("/bin/ls", ["ls"], [/* 19 vars */]) = 0
3   brk(NULL)                               = 0x18fa000
4
5   ...
6
7   open("/etc/ld.so.cache", O_RDONLY|O_CLOEXEC) = 3
8   fstat(3, {st_mode=S_IFREG|0644, st_size=36768, ...}) = 0
9   mmap(NULL, 36768, PROT_READ, MAP_PRIVATE, 3, 0) = 0x7fd18fd97000
10  close(3)                                = 0
11
12  open("/lib/x86_64-linux-gnu/libselinux.so.1", O_RDONLY|O_CLOEXEC) = 3
13  read(3, "\177ELF\2\1\1\0\0\0\0\0\0\0\0\0\3\0>\0\1\0\0\0260Z\0\0\0\0\0\0"..., 832) = 832
14  fstat(3, {st_mode=S_IFREG|0644, st_size=130224, ...}) = 0
15  mmap(NULL, 2234080, PROT_READ|PROT_EXEC, MAP_PRIVATE|MAP_DENYWRITE, 3, 0) = 0x7fd18f7d0000
16  ...
17  close(3)                                = 0
18
19
20  open("/lib/x86_64-linux-gnu/libc.so.6", O_RDONLY|O_CLOEXEC) = 3
21  read(3, "\177ELF\2\1\1\3\0\0\0\0\0\0\0\0\0\3\0>\0\1\0\0\0P\t\2\0\0\0\0\0"..., 832) = 832
22  fstat(3, {st_mode=S_IFREG|0755, st_size=1868984, ...}) = 0
23  mmap(NULL, 3971488, PROT_READ|PROT_EXEC, MAP_PRIVATE|MAP_DENYWRITE, 3, 0) = 0x7fd18f400000
24  ...
25  close(3)                                = 0
26
27  ...
```

출력되는 내용이 많기 때문에 여기에서는 일부 생략되었습니다. 이 내용에 지레 겁먹을 필요는 없으며, 처음 몇 줄을 뛰어넘고 7번째 줄부터 읽으면 됩니다.

7번째 줄에서 ld.so.cache라는 파일을 여는데, 이 안에는 동적 링크 라이브러리의 디스크 경로가 저장되어 있습니다. 링커는 이 파일 정보를 이용하여 필요한 동적 링크 라이브러리를 찾을 수 있습니다. 9번째 줄에서 mmap을 이용하여 이 파일을 ls의 주소 공간에 사상합니다. open이 반환한 파일 서술자는 3이며, mmap의 두 번째 매개변수도 3이므로 여기에서 사상된 것은 ld.so.cache 파일입니다.

12번째 줄에서 libselinux.so.1이라는 동적 링크 라이브러리가 열리고, 마찬가지로 mmap을 이용하여 ls의 주소 공간에 사상됩니다.

20번째 줄에서는 libc.so.6이라는 동적 링크 라이브러리가 열립니다. 이 라이브러리 기능은 무엇일까요? 이것이 바로 그 유명한 C 표준 라이브러리로, 거의 모든 프로그램은 이 C 표준 라이브러리를 참조합니다. C 언어로 프로그램을 작성할 때 include 예약어로 많은 헤더 파일(header file)을 포함한 후 표준 라이브러리의 함수를 사용하는데, 이런 라이브러리의 함수가 바로 libc.so에 구현되어 있습니다. 여기에서도 마찬가지로 mmap을 이용하여 ls의 주소 공간에 사상됩니다. strace를 사용하여 다른 프로그램을 추적해 보면, 거의 모든 프로그램에서 프로그램이 실행될 때 libc 라이브러리를 적재해야 한다는 것을 발견할 수 있습니다.

이것이 ls 프로그램이 실행될 때의 비밀이며, 필요한 동적 링크 라이브러리가 적재되면 ls 프로그램이 실행되기 시작합니다.

실제로 strace 명령어를 사용하여 다른 프로그램을 추적해 보면, 프로그램의 실행 시작 과정이 모두 비슷하다는 것을 알 수 있습니다. 거의 모든 프로그램은 모두 여기에서 언급한 몇 가지 동적 링크 라이브러리를 참조합니다. 심지어는 자신이 독점적으로 해당 라이브러리를 참조한다고 생각함에도 해당 라이브러리는 메모리에 단 하나의 복사본만 존재합니다. 이런 구현 방법은 메모리를 크게 절약해 주며, 제한된 메모리 리소스에서 더 많은 프로세스를 실행할 수 있게 해 줍니다. 물론 이것은 운영 체제의 가상 메모리 도움과 떼어 놓고 생각할 수 없으며, 실제로 mmap이 동작할 수 있게 해 주는 것도 가상 메모리입니다.

이것이 mmap과 동적 링크 라이브러리의 전형적인 응용이며, mmap은 리눅스에서 프로그램을 시작할 때마다 뒤에서 이를 뒷받침합니다.

이 예제에서 볼 수 있듯이, 많은 프로세스가 읽기 전용 방식으로 동일한 데이터를 참조하는 유사한 상황에서는 mmap이 이런 요구 사항을 매우 잘 충족할 수 있습니다.

자, 지금까지 mmap을 알아보았습니다. 비록 책에서 이 기술을 설명하기는 했지만, 사실 많은 프로그래머가 그들의 커리어 내내 이 기술을 제대로 사용하지 않거나 심지어는 전혀 건드리지 않는다는 것을 알고 있습니다. 필자 눈에 mmap은 매우 독특한 작동 방식입니다. 이 작동 방식의 가장 큰 매력은 메모리를 읽고 쓰는 것처럼 디스크의 파일을 쉽게 다룰 수 있다는 것입니다. 이것은 마치 마법과 같아서 특정 상황에서는 코드 설계를 매우 간단하게 만들 수 있습니다.

그러나 mmap 사용에도 분명히 정해진 한계가 있기 때문에 여러분 상황과 mmap 작동 방식에 대한 철저한 이해가 수반되어야 합니다. 다른 성능에도 관심이 있다면 자주 사용되는 read/write에 비해 mmap이 더 나은 결과를 보여 주는지 실제 응용 상황을 기반으로 테스트하고 결론을 내려야 합니다.

지금까지 CPU, 메모리, 캐시, 입출력을 알아보았습니다. 이 장 마지막 부분에서는 컴퓨터 시스템의 전형적인 각종 작업이 가져오는 지연이 얼마나 되는지 살펴보겠습니다. 이는 시스템 설계와 시스템 성능 평가에 매우 중요한 참고 자료입니다.

6.6 / 컴퓨터 시스템의 각 부분에서 얼마큼 지연이 일어날까?

SECTION

제프 딘(Jeffrey Adgate Dean)은 구글의 부사장 겸 수석 과학자(chief scientist)로 맵리듀스(MapReduce), 텐서플로(TensorFlow), 빅테이블(Bigtable), LevelDB처럼 잘 알려진 수많은 소프트웨어의 핵심 개발자이기도 합니다. 그는 2012년 스탠포드대학에서 한 강연에서 그림 6-35와 같은 통계 자료[5]를 언급했습니다.

▼ **그림 6-35** 컴퓨터의 전형적인 작업에서 일어나는 지연 시간에 대한 경험치

```
L1 cache reference                      0.5 ns
Branch mispredict                         5  ns
L2 cache reference                        7  ns                          14x L1 cache
Mutex lock/unlock                        25  ns
Main memory reference                   100  ns                          20x L2 cache, 200x L1 cache
Compress 1K bytes with Zippy          3,000  ns         3 us
Send 1K bytes over 1 Gbps network    10,000  ns        10 us
Read 4K randomly from SSD*          150,000  ns       150 us             ~1GB/sec SSD
Read 1 MB sequentially from memory  250,000  ns       250 us
Round trip within same datacenter   500,000  ns       500 us
Read 1 MB sequentially from SSD*  1,000,000  ns     1,000 us    1 ms    ~1GB/sec SSD, 4X memory
Disk seek                        10,000,000  ns    10,000 us   10 ms    20x datacenter roundtrip
Read 1 MB sequentially from disk 20,000,000  ns    20,000 us   20 ms    80x memory, 20X SSD
Send packet CA->Netherlands->CA 150,000,000  ns   150,000 us  150 ms
```

그림 6-35에서는 컴퓨터 시스템의 여러 가지 주요 작업에서 발생하는 지연 시간이 얼마인지 명확하게 확인할 수 있습니다. 이 자료는 시스템을 구축하는 방법을 설계하고 성능을 평가하는 데 중요한 참고 자료 중 하나입니다. 유의할 점은 이 자료가 처음 작성된 것은 2012년으로 이미 많은 시간이 흘렀다는 것이며, 매년 이 값은 지연 시간이 줄어들어 점점 더 속도가 빨라지고 있다는 것입니다.

당연하게도 이 데이터는 경험에 기반을 둔 것이며, 프로세서나 구성이 달라지면 다른 통계 데이터가 나올 것입니다. 그럼에도 이런 사실이 이 데이터를 이용하여 시스템의 다양한 작업 지연 시간에 대한 인식을 구축하는 데 방해가 되지 않는다는 것은 확실합니다.

여기에서는 제프 딘의 통계를 예로 들어 다양한 데이터와 비교해 보겠습니다.

---

5 역주 출처: 〈Numbers Everyone Should Know〉(Jeff Dean, 2012)

먼저 캐시와 메모리 관련 항목을 살펴봅시다. L2 캐시 접근 시간은 L1 캐시 접근 시간에 비해 14배나 길고, 메모리 접근 시간은 L2 캐시 접근 시간보다 20배, L1 캐시 접근 시간보다 200배나 더 깁니다. 이 통계는 CPU 속도에 비해 메모리 접근이 매우 느리다는 사실을 알려 주며, 이것이 바로 CPU와 메모리 사이에 캐시 계층이 추가된 이유입니다.

다음으로 분기 예측 실패에 대한 대가를 살펴봅시다. 분기 예측은 4장에서 이미 살펴본 바 있습니다. 최신 CPU 내부에서는 일반적으로 파이프라인 방식으로 기계 명령어를 처리하는 방식을 채택하고 있으므로, if 판단 구문에 대응하는 기계 명령어가 없다면 다음 명령어가 바로 파이프라인에 들어갑니다. 이때 CPU는 반드시 if 구문이 참인지 여부를 추측해야 합니다. CPU 추측이 맞으면 파이프라인이 평소처럼 실행되지만, 추측에 실패하면 파이프라인에서 이미 실행되었던 일부 명령어가 무효화됩니다. 통계에서 보면 분기 예측 실패에 따른 대가는 몇 ns 수준임을 알 수 있습니다.

모든 프로그래머는 메모리에 접근하는 속도가 SSD에 접근하는 속도보다 빠르고, SSD에 접근하는 속도가 디스크에 접근하는 속도보다 빠르다는 것을 알고 있습니다. 그렇다면 도대체 얼마나 빠를까요? 동일한 1MB 데이터를 순차적으로 읽을 때(sequential read) 걸리는 시간은 메모리의 경우 250,000ns, SSD는 1,000,000ns, 디스크는 20,000,000ns입니다. 즉, 디스크가 처리하는 시간은 SSD보다 20배, 메모리보다 80배 오래 걸리고, SSD는 메모리보다 네 배 더 오래 걸리는 것을 알 수 있습니다. 디스크를 순차적으로 읽는 속도는 생각만큼 그렇게 느리지 않습니다. 하지만 디스크 탐색 시간은 수 ms 단위로 매우 오래 걸립니다. 디스크를 임의로 읽을 때(random read) 디스크 탐색이 발생할 가능성이 높으므로, 많은 고성능 데이터베이스는 '추가(append)' 방식을 채택하고 있습니다. 다시 말해 순차 기록 방식으로 디스크에 데이터를 기록합니다.

6.6.1 시간 지표로 환산

그림 6-35에서 알 수 있듯이, 컴퓨터 세계의 시간은 매우 빠른데 반해 ns, μs, ms 같은 단위[6]는 감이 잘 오지 않을 수 있습니다. 따라서 이런 속도 차이를 좀 더 직관적으로 느낄 수 있도록 그림 6-35에서 컴퓨터 세계의 0.5ns를 1초로 환산한 결과를 그림 6-36에 나타냈습니다.

---

6 **역주** 각각 10억 분의 1초, 100만 분의 1초, 1000분의 1초에 해당하는 단위입니다.

▼ 그림 6-36 0.5ns를 1초로 환산

```
L1 cache reference                      0.5 ns         1    s
Branch mispredict                         5 ns        10    s
L2 cache reference                        7 ns        14    s
Mutex lock/unlock                        25 ns        50    s
Main memory reference                   100 ns         3    min
Compress 1K bytes with Zippy          3,000 ns        90    min
Send 1K bytes over 1 Gbps network    10,000 ns         5    hour
Read 4K randomly from SSD*          150,000 ns         3    day
Read 1 MB sequentially from memory  250,000 ns         5    day
Round trip within same datacenter   500,000 ns        10    day
Read 1 MB sequentially from SSD*  1,000,000 ns        20    day
Disk seek                        10,000,000 ns       200    day
Read 1 MB sequentially from disk 20,000,000 ns         1    year
Send packet CA->Netherlands->CA 150,000,000 ns         7    year
Physical system reboot      120,000,000,000 ns      5600 year
```

이제 이 통계가 매우 흥미진진해지는데, L1 캐시의 접근 지연이 1초라고 가정하면 메모리 접근 지연은 최대 3분이 됩니다. 1MB 데이터를 읽는 데 메모리는 5일, SSD는 20일, 디스크는 최대 1년이 걸립니다.

더 재미있는 것은 컴퓨터를 다시 시작하는 데 걸리는 시간이 2분이라고 가정하면, 이와 같이 0.5ns를 1초로 환산한 경우 2분은 5600년에 해당합니다. 동아시아 문명이 탄생한 것이 5000년 쯤 되었으니 CPU가 보기에 컴퓨터의 재시작은 이 정도로 느립니다.

6.6.2 거리 지표로 환산

지금까지는 시간을 기준으로 환산했다면, 이제 거리를 기준으로 환산해 보겠습니다. 0.5ns를 1m로 삼고 환산한 결과는 그림 6-37과 같습니다.

▼ 그림 6-37 0.5ns를 1m로 환산

```
L1 cache reference                      0.5 ns            1    m
Branch mispredict                         5 ns           10    m
L2 cache reference                        7 ns           14    m
Mutex lock/unlock                        25 ns           50    m
Main memory reference                   100 ns          200    m
Compress 1K bytes with Zippy          3,000 ns            6    km
Send 1K bytes over 1 Gbps network    10,000 ns           20    km
Read 4K randomly from SSD*          150,000 ns          300    km
Read 1 MB sequentially from memory  250,000 ns          500    km
Round trip within same datacenter   500,000 ns         1000    km
Read 1 MB sequentially from SSD*  1,000,000 ns         2000    km
Disk seek                        10,000,000 ns        20000    km
Read 1 MB sequentially from disk 20,000,000 ns        40000    km
Send packet CA->Netherlands->CA 150,000,000 ns       300000    km
Physical system reboot      120,000,000,000 ns    240000000    km
```

CPU가 L1 캐시에 접근하는 지연 시간인 0.5ns를 1m라는 거리로 환산한다고 가정하면, 이는 집 안에서 두어 걸음 걸어 문 앞에 있는 택배를 가져오는 거리와 비슷합니다.

CPU가 메모리에 접근하는 지연 시간은 200m 거리로 환산되며, 대략 집에서 편의점에 다녀오는 거리와 같습니다.

CPU가 메모리에서 1MB 데이터를 읽는 데 걸리는 지연 시간은 500km 거리로 환산되며, 서울에서 제주도까지 가는 거리보다 좀 더 깁니다.

데이터 센터 내부에서 네트워크 패킷이 한 바퀴 도는 지연 시간은 1000km로 환산되며, 이는 서울에서 일본까지 갈 수 있는 거리입니다.

SSD에서 1MB 데이터를 읽는 지연 시간은 2000km로 환산되며, 이는 서울에서 홍콩까지 갈 수 있는 거리입니다.

디스크에서 1MB 데이터를 읽는 지연 시간은 4만 km로 환산되며, 이는 대략적으로 지구를 한 바퀴 돌 수 있는 거리입니다.

미국 캘리포니아에서 네덜란드로 이동하는 네트워크 패킷의 지연 시간은 30만 km로 환산되며, 이는 지구에서 달까지 가는 거리입니다.

컴퓨터를 한 번 다시 시작하는 지연 시간은 2억 4000만 km로 환산되며, 이는 그림 6-38에서 볼 수 있는 지구에서 화성까지 가는 거리입니다.

▼ **그림 6-38** 컴퓨터 재시작 지연 시간과 지구에서 화성까지 가는 거리

이제 컴퓨터 시스템의 다양한 지연 시간을 이해했을 것입니다.

6.7
요약

지금까지 하드웨어부터 소프트웨어까지, 그리고 저수준 계층에서 고수준 계층까지 입출력을 전방위적으로 살펴보았습니다.

오늘날 컴퓨터 시스템에서 CPU는 단독으로 동작할 수 있는 구성 요소가 아니며, 폰 노이만 구조에 따르면 적어도 CPU를 지휘하는 기계 명령어와 기계 명령어가 연산하는 데이터는 메모리와 같은 저장 장치에 저장되어야 합니다. CPU가 기계 명령어를 실행하려면 반드시 메모리와 상호 작용해야 하지만, 프로그램이 실행되기 전에 모든 데이터가 항상 준비된 상태일 것이라고 보장할 수 없습니다. 이 때문에 프로그램은 실행 도중에 외부 장치에서 들어오는 데이터를 받고, 처리가 끝나면 결과를 내보내야 합니다. 이것이 입출력이 존재하는 목적입니다.

이와 동시에 외부 장치에서 생성된 데이터는 CPU가 실행하는 기계 명령어와 비동기입니다. 외부 장치의 속도는 CPU에 비해 매우 느리므로 어떻게 하면 높은 효율의 입출력 처리와 컴퓨터 내에 있는 각양각색의 속도를 가진 하드웨어 리소스를 최대한 활용할 수 있는가 하는 고민은 매우 흥미롭습니다. 이런 문제는 인터럽트 작동 방식, DMA 등에 운영 체제의 스케줄링 능력을 한데 결합하는 것으로 해결할 수 있습니다.

자, 입출력 내용은 여기에서 마칩니다.

시간이 참 빠르게 흘러갔네요. 눈 깜짝할 사이에 이번 여행의 종점에 다다랐습니다!

우리는 이번 여행에서 많은 것을 살펴보았습니다. 가장 먼저 프로그래밍 언어는 무엇인지, 고급 언어로 작성된 코드가 어떻게 단계별로 기계 명령어로 변환되는지, 실행 파일은 어떻게 생성되는지, 프로그램은 어떻게 실행되는지 등을 살펴보았습니다. 운영 체제, 프로세스, 스레드, 코루틴 같은 개념이 존재하는 이유는 무엇인지도 알아보았습니다. 메모리 특성은 무엇이고, 힙 영역과 스택 영역은 무엇이며, 프로그램이 어떻게 메모리를 요청하는지도 생각해 보았습니다. CPU 동작 원리를 거쳐, 복잡 명령어 집합과 축소 명령어 집합이 생겨난 이유도 알아보았습니다. CPU와 메모리 사이에 캐시 계층이 있는 이유는 무엇인지도 살펴보았고, 마지막으로 입출력은 도대체 어떤 것인지도 들여다보았습니다.

이것들이 바로 컴퓨터 시스템의 저수준 계층이 깊은 곳에 품고 있던 비밀입니다.

물론 컴퓨터 세계의 온갖 흥미롭고 멋진 설계를 이 책 한 권에 모두 담기에 필자는 많이 부족한 사람입니다. 여러분이 여기에서 얻은 지식을 바탕으로 더 많은 것을 이해하고 탐색하고 연구하는 과정은 끝없이 아득하고 도움의 손길 하나 느낄 수 없는 고독한 길일지도 모릅니다. 하지만 모든 것에는 얻는 것이 있습니다. 끝까지 포기하지 않는 여러분이 마침내 대오각성(大悟覺醒)의 순간을 맞이할 것이라고 믿습니다. 또 이 책의 종점이 곧 여러분의 출발점이 될 것이라고도 믿습니다.

더 많은 이해로 언젠가는 여러분이 작성한 프로그램과 컴퓨터 시스템을 더 깊이 이해할 수 있을 것입니다. 코드 한 줄이 컴퓨터에서 어떻게 실행되는지 알고, 컴퓨터에 어떤 영향을 미치는지 알 수 있다면 코드는 항상 정확하게 동작하는 것처럼 느껴지지 않을 것입니다. 여러분은 코드가 어떤 방식으로 실행될지 정확하게 예측할 수 있을 것입니다. 결국 프로그래밍과 시스템 설계에 대해 강력한 제어 능력을 갖추게 될 것입니다.

이제는 진짜로 여러분과 작별 인사를 해야 할 것 같습니다. 필자와 함께 끝까지 이 여행을 함께 해 주어 진심으로 감사하며, 모바일 인터넷 시대에도 감사를 표합니다. 여러분은 위챗(WeChat) 공개 계정인 '프로그래머의 무인도 서바이벌(码农的荒岛求生)'에서 필자를 찾을 수 있습니다. 마지막으로 다시 만날 날이 올 것이라고 믿으며 이 여행을 마칩니다.